ISBN 978-92-1-157363-3

N° de vente	
Sales number:	**1161**

La Cour internationale de Justice

Manuel

Avertissement

La Cour internationale de Justice (CIJ), qui a son siège à La Haye (Pays-Bas), a pour mission de régler conformément au droit international les différends que les Etats lui soumettent. Elle est également à la disposition d'un certain nombre d'institutions ou organes internationaux pour leur donner des avis consultatifs. Aussi appelée la «Cour mondiale», la CIJ est l'organe judiciaire principal de l'Organisation des Nations Unies (ONU). Elle a été instituée en juin 1945 par la Charte des Nations Unies et a entamé ses activités en avril 1946.

La CIJ est la plus haute juridiction du monde et la seule à avoir une compétence à la fois universelle et générale : elle est ouverte à tous les Etats Membres des Nations Unies et peut connaître, dans les conditions prévues par son Statut, de toute question de droit international.

La CIJ ne doit pas être confondue avec d'autres institutions judiciaires internationales également établies à La Haye, pénales pour la plupart, dont la création est beaucoup plus récente, comme par exemple le Tribunal pénal international pour l'ex-Yougoslavie (ou TPIY, juridiction *ad hoc* créée par le Conseil de sécurité et qui a fonctionné de 1993 à 2017) ou la Cour pénale internationale (CPI, la première juridiction pénale internationale permanente, créée par traité, qui n'appartient pas au système des Nations Unies). La compétence de ces cours et tribunaux pénaux est limitée au jugement d'individus pour des actes constitutifs de crimes internationaux (génocide, crimes contre l'humanité, crimes de guerre).

Le présent manuel est destiné à faciliter, sans entrer dans les détails, une meilleure compréhension pratique des faits qui concernent l'histoire, la composition, la compétence, la procédure et la jurisprudence de la Cour internationale de Justice. Il ne saurait en aucune façon engager la Cour ni offrir le moindre élément d'interprétation de ses décisions, dont seul le texte même doit faire foi.

La première édition de ce manuel a paru en 1976, la deuxième en 1979, la troisième en 1986, la quatrième en 1996, à l'occasion du cinquantième anniversaire de la séance inaugurale de la Cour, la cinquième en 2004 et la sixième en 2014. Le manuel a été rédigé par le Greffe, seul responsable de son contenu, et ne constitue en rien une publication officielle de la Cour.

*

La Cour internationale de Justice doit être distinguée de la Cour permanente de Justice internationale, qui l'a précédée (1922-1946, voir ci-après p. 13-15). Afin d'éviter toute confusion dans les références aux affaires jugées par ces deux institutions, les titres des affaires de la Cour permanente de Justice internationale sont précédés d'un astérisque (*). Pour désigner chacune des deux Cours, les abréviations CIJ et CPJI sont respectivement employées.

Aux fins des indications statistiques, il est tenu compte des affaires qui faisaient l'objet d'une inscription au rôle général de la Cour avant l'adoption du Règlement de 1978 (voir ci-après p. 18), alors même que la requête reconnaissait que la partie adverse refusait d'accepter la compétence de la Cour. Depuis l'adoption du Règlement de 1978, les requêtes de cette nature ne sont plus considérées comme des requêtes ordinaires et ne font plus l'objet d'une inscription au rôle ; elles n'ont donc pas été prises en considération dans les statistiques, à moins que l'Etat contre lequel était formée la requête ait accepté la compétence de la Cour pour l'affaire.

La mise à jour des informations contenues dans ce manuel a été arrêtée au 31 décembre 2018.

Les groupes régionaux entre lesquels sont répartis les Etats du globe dans le présent manuel sont ceux qui ont été institués au sein de l'Assemblée générale des Nations Unies.

Pour toute information concernant la Cour, s'adresser à
Monsieur le Greffier de la Cour internationale de Justice,
Palais de la Paix,
2517 KJ La Haye, Pays-Bas
(téléphone (31 70) 302 23 23 ;
télécopie (31 70) 364 99 28 ;
courrier électronique : information@icj-cij.org).

Table des matières

1. Les origines

La fondation de la Cour a représenté l'aboutissement d'une longue évolution des méthodes de règlement pacifique des différends internationaux, dont on peut faire remonter l'origine à l'Antiquité.

L'article 33 de la Charte des Nations Unies énumère, comme méthodes de solution pacifique des différends entre Etats: la négociation, l'enquête, la médiation, la conciliation, l'arbitrage, le règlement judiciaire et le recours aux organisations ou accords régionaux, auxquelles il convient d'ajouter les bons offices. Parmi ces méthodes, certaines consistent à faire appel à des tiers. Ainsi, par la médiation, les parties à un litige sont mises en mesure de le résoudre elles-mêmes grâce à l'intervention d'un tiers. L'arbitrage va plus loin, en ce sens que le différend est effectivement soumis, aux fins de son règlement obligatoire, à la décision ou à la sentence d'un tiers impartial. Dans le règlement judiciaire, il en est de même, mais le juge est lié par des règles plus strictes que celles de l'arbitre, notamment en matière de procédure. Historiquement, la médiation et l'arbitrage ont précédé le règlement judiciaire. La première était connue, par exemple, de l'Inde ancienne. Quant à l'arbitrage, on en trouve de nombreux exemples dans la Grèce antique, en Chine, parmi les tribus de l'Arabie, dans l'Islam primitif, dans le droit coutumier des ports européens du Moyen Age et dans la pratique des papes.

C'est toutefois au traité Jay de 1794 que l'on fait généralement remonter l'histoire moderne de l'arbitrage international. Conclu entre les Etats-Unis d'Amérique et la Grande-Bretagne, ce traité d'amitié, de commerce et de navigation prévoyait la constitution de trois commissions mixtes composées en nombre égal de nationaux américains et britanniques et chargées de régler un certain nombre de questions pendantes que les deux pays n'avaient pu résoudre par la négociation. Sans constituer à strictement parler des organes de règlement par recours à une tierce partie, ces commissions mixtes étaient destinées à fonctionner dans une certaine mesure comme des tribunaux. Elles ont éveillé un nouvel intérêt pour la méthode de l'arbitrage. Durant tout le XIXe siècle, les Etats-Unis et la Grande-Bretagne y ont recouru, ainsi que d'autres Etats d'Europe ou d'Amérique.

L'arbitrage de 1872 en l'affaire anglo-américaine de l'Alabama a constitué le début d'une deuxième étape, plus importante encore, du développement de l'arbitrage international. Aux termes du traité de Washington de 1871, les Etats-Unis et la Grande-Bretagne étaient convenus de soumettre à un tribunal arbitral les réclamations que les premiers formulaient contre la seconde pour avoir violé sa neutralité pendant la guerre de Sécession. Les deux pays énoncèrent les règles définissant les devoirs des gouvernements neutres qui devaient être appliquées par le tribunal et ils disposèrent que celui-ci comprendrait cinq membres, respectivement nommés par les chefs d'Etat des Etats-Unis, de la Grande-Bretagne, du Brésil, de l'Italie et de la Suisse, ces trois derniers pays n'étant pas parties en cause. Le tribunal arbitral a rendu une sentence par laquelle il a condamné la Grande-Bretagne au versement d'une indemnité et cette sentence a été exécutée. Cela a servi à démontrer l'efficacité de l'arbitrage pour le règlement d'un litige important et a suscité pendant la dernière partie du XIXᵉ siècle une évolution qui s'est manifestée dans plusieurs directions :

— très nette extension de la pratique consistant à introduire dans les traités des clauses qui prévoient le recours à l'arbitrage en cas de contestation entre les parties ;

— conclusion de traités généraux d'arbitrage pour le règlement de catégories déterminées de conflits entre Etats ;

— travaux en vue d'élaborer un droit général de l'arbitrage, de sorte que les pays souhaitant recourir à cette méthode de règlement ne soient pas obligés de convenir entre eux à chaque occasion de la procédure à suivre, de la composition du tribunal arbitral ainsi que des règles à appliquer ou des facteurs à prendre en considération dans la décision ;

— formulation de propositions visant à la création d'un tribunal permanent d'arbitrage international afin d'éviter la constitution de tribunaux *ad hoc* pour régler à mesure chaque différend.

La Cour permanente d'arbitrage a été fondée en 1899

La conférence de la paix de La Haye de 1899 a marqué l'ouverture d'une troisième période dans l'histoire moderne de l'arbitrage international. Cette conférence, à laquelle ont participé — remarquable innovation à l'époque — les petits Etats d'Europe, des Etats asiatiques et le Mexique, avait pour objet principal de discuter de la paix et du désarmement. Elle a fini par adopter une convention pour le règlement pacifique des conflits internationaux, traitant de l'arbitrage en même temps que d'autres méthodes de règlement comme les bons offices et la médiation. Pour ce qui est de l'arbitrage, la convention de 1899 a prévu la création d'une institution permanente permettant de constituer des tribunaux arbitraux et facilitant leur fonctionnement. Cette institution, connue sous le nom de Cour permanente d'arbitrage (CPA), consistait essentiellement en une liste de jurisconsultes qui devaient être désignés par chacun des pays ayant adhéré à la convention —

jusqu'à concurrence de quatre par pays — et parmi lesquels on pouvait choisir pour composer chaque tribunal arbitral[1]. En outre, la convention a fondé un bureau permanent, installé à La Haye et chargé de fonctions correspondant à celles d'un greffe ou d'un secrétariat, et elle a défini une série de règles de procédure applicables à la conduite des arbitrages. On voit que l'appellation de Cour permanente d'arbitrage ne décrivait pas exactement le mécanisme prévu : il s'agissait seulement d'une méthode ou d'un moyen propre à faciliter la constitution de tribunaux arbitraux en tant que de besoin. Toutefois, le système ainsi établi était permanent et la convention institutionnalisait dans une certaine mesure le droit et la pratique de l'arbitrage en lui donnant un statut plus précis et plus généralement accepté.

La CPA, mise en place en 1900, a fonctionné dès 1902. Quelques années plus tard, en 1907, une seconde conférence de la paix de La Haye, à laquelle les Etats d'Amérique centrale et d'Amérique du Sud ont aussi été invités, a revisé la convention et amélioré les règles applicables à la procédure arbitrale. Certains des participants auraient voulu qu'on ne se limitât pas à améliorer le mécanisme institué en 1899. Le Secrétaire d'Etat Elihu Root avait chargé la délégation des Etats-Unis d'Amérique de travailler à la création d'un tribunal permanent composé de magistrats n'ayant aucune autre occupation et consacrant la totalité de leur temps à l'examen et au jugement des affaires internationales selon la méthode judiciaire. «Ces juges devraient, disait E. Root, être choisis parmi les différentes nations, afin que les divers systèmes de droit et de procédure, ainsi que les principaux langages, fussent équitablement représentés. » Les Etats-Unis, la Grande-Bretagne et l'Allemagne ont présenté un projet commun de tribunal permanent, sur lequel la conférence n'a pu se mettre d'accord. Il est apparu au cours des débats que l'une des principales difficultés portait sur la définition d'une méthode acceptable de désignation des juges, aucune des formules proposées ne parvenant à réunir l'approbation générale. La conférence s'est bornée à recommander aux Etats d'adopter un projet de convention pour l'établissement d'une cour de justice arbitrale dès qu'un accord serait intervenu «sur le choix des juges et la constitution de la cour ». Bien que cette cour n'ait jamais pu être constituée, le texte du projet formulait certaines des idées fondamentales qui devaient inspirer quelques années plus tard les rédacteurs du Statut de la Cour permanente de Justice internationale (CPJI). La cour de justice arbitrale, «réunissant des juges représentant les divers systèmes juridiques du monde, et capable d'assurer la continuité de la jurisprudence arbitrale », aurait eu son siège à La Haye et aurait été compétente pour connaître de toutes les affaires portées devant elle en vertu d'un traité général ou d'un accord spécial. Une procédure sommaire devant une délégation spéciale de

---

[1] Les pays signataires de la convention sont communément appelés : Etats membres de la Cour permanente d'arbitrage, et les jurisconsultes désignés par eux : membres de la Cour permanente d'arbitrage.

trois juges élus annuellement était prévue et la convention devait être complétée par des règles à fixer par la cour elle-même.

Quel qu'ait été le sort de ces projets, la CPA, installée en 1913 au Palais de la Paix construit de 1907 à 1913 grâce à un don d'Andrew Carnegie, a apporté une contribution positive au développement du droit international. Parmi les affaires classiques qui ont été réglées avant la seconde guerre mondiale par son mécanisme figurent celles de la *Saisie du* Manouba *et du* Carthage (1913), des *Frontières de l'île de Timor* (1914) ou de la *Souveraineté sur l'île de Palmas* (1928). Puis une longue période s'est écoulée, pendant laquelle la CPA est entrée dans un profond sommeil, en raison, en partie peut-être, de la création de la Cour permanente de Justice internationale, à laquelle a succédé la Cour internationale de Justice.

Dans les années 1990, cependant, la CPA a connu une certaine renaissance. Aujourd'hui, de nombreuses affaires sont pendantes devant son mécanisme, portant sur une grande variété de litiges entre diverses combinaisons d'Etats, d'organes de l'Etat, d'organisations internationales et de parties privées. Parmi les différends interétatiques les plus récents pour lesquels la CPA a servi de greffe figurent l'affaire opposant l'Erythrée et le Yémen sur des questions de souveraineté territoriale et de délimitation maritime (1998 et 1999) ; celles de la commission de délimitation entre l'Erythrée et l'Ethiopie (2008) et de la commission des réclamations entre l'Erythrée et l'Ethiopie (2009), concernant, respectivement, la délimitation de leur frontière et diverses demandes en dommages-intérêts à la suite d'hostilités entre elles ; l'arbitrage entre l'Irlande et le Royaume-Uni (2008) dans le cadre de la convention pour la protection du milieu marin de l'Atlantique du Nord-Est de 1992 (convention OSPAR) ; l'arbitrage entre le Pakistan et l'Inde relatif aux Eaux de l'Indus Kishenganga ; l'arbitrage relatif au différend territorial et maritime entre la République de Croatie et la République de Slovénie (2017) ; et divers arbitrages en application de l'annexe VII de la convention des Nations Unies sur le droit de la mer de 1982, dont un différend lié à l'environnement dans l'affaire de l'usine MOX entre l'Irlande et le Royaume-Uni (2008), l'arbitrage relatif à l'*Arctic Sunrise* entre les Pays-Bas et la Fédération de Russie (2015), l'arbitrage relatif à une aire marine protégée autour de l'archipel des Chagos entre Maurice et le Royaume-Uni (2015), l'arbitrage relatif à la mer de Chine méridionale entre la République des Philippines et la République populaire de Chine (2016), et plusieurs délimitations maritimes : Barbade/Trinité-et-Tobago (2006), Guyana/Suriname (2007) et Bangladesh/Inde (2014). La CPA a également fait fonction de greffe dans le différend frontalier opposant le Gouvernement du Soudan au Mouvement/Armée populaire de libération du Soudan (2009).

Les litiges entre des parties privées et des Etats ou des organes de l'Etat entrent depuis longtemps dans le mandat de la CPA, comme l'arbitrage Radio Corporation of America c. Chine, premier du genre en 1935. Actuellement, les différends liés aux investissements entre parties privées et Etats hôtes liés par des traités d'investissement bilatéraux ou multilatéraux représentent environ deux tiers de ses arbitrages.

La CPJI (1922-1946) a été établie par la Société des Nations

Aux termes de l'article 14 du Pacte de la Société des Nations (SDN), le Conseil de la Société était chargé de formuler un projet de Cour permanente de Justice internationale. Cette juridiction devait non seulement connaître de tout différend d'un caractère international que les parties lui soumettraient, mais aussi donner des avis consultatifs sur tout différend ou tout point dont la saisirait le Conseil ou l'Assemblée.

Il restait au Conseil à prendre les mesures nécessaires pour donner effet à l'article 14. A sa deuxième session, au début de l'année 1920, le Conseil a constitué un comité consultatif de juristes qu'il a chargé de lui faire rapport sur l'établissement de la CPJI et qui a siégé à La Haye sous la présidence du baron Descamps, homme d'Etat et universitaire de renom (Belgique). En août 1920, un rapport contenant un avant-projet de Statut de la future Cour a été soumis pour examen au Conseil, qui, après y avoir apporté certaines modifications, l'a transmis à la première Assemblée de la SDN, ouverte à Genève au mois de novembre. L'Assemblée a chargé sa Troisième Commission d'examiner la question de la constitution de la Cour. En décembre 1920, après une étude approfondie par une sous-commission, la Commission a présenté à l'Assemblée un projet revisé, qui a été adopté à l'unanimité et est devenu le Statut de la CPJI. L'Assemblée a estimé qu'un simple vote ne serait pas suffisant pour instituer la CPJI et que chaque Etat représenté à l'Assemblée devait formellement ratifier le Statut. Par sa résolution du 13 décembre 1920, elle a chargé le Conseil de soumettre aux Membres de la SDN un protocole d'adoption du Statut et elle a décidé que, dès que ce protocole aurait été ratifié par la majorité des Etats Membres, le Statut entrerait en vigueur. Le protocole a été ouvert à la signature le 16 décembre. Avant que l'Assemblée ne se réunît de nouveau en septembre 1921, une majorité des Membres de la SDN l'avaient signé et ratifié. Le Statut était ainsi en vigueur. Il ne devait subir qu'une seule refonte — en 1929, entrée en vigueur en 1936.

Le nouveau Statut réglait entre autres le problème jusqu'alors insurmontable de l'élection des membres d'un tribunal international permanent: il était prévu que l'Assemblée et le Conseil de la SDN procéderaient simultanément mais indépendamment à l'élection des juges, qui devraient assurer «dans l'ensemble la représentation des grandes formes de civilisation et des principaux systèmes juridiques du monde». Aussi simple que cette solution puisse paraître aujourd'hui, c'était en 1920 un progrès remarquable que de l'avoir conçue. La première élection a eu lieu le 14 septembre 1921. A la suite de démarches faites par le Gouvernement néerlandais dès le printemps 1919, il avait été convenu que la CPJI aurait son siège permanent au Palais de la Paix de La Haye. C'est là que s'est ouverte le 30 janvier 1922 sa session préliminaire consacrée à l'élaboration du Règlement et que s'est tenue le 15 février 1922, sous la présidence du jurisconsulte néerlandais Loder, sa séance inaugurale.

La CPJI était donc devenue une réalité vivante. On peut mesurer les innovations qu'elle apportait dans l'histoire de la justice internationale en se plaçant à divers points de vue :

— Contrairement aux tribunaux arbitraux, la CPJI était constituée de manière permanente et elle était régie par un Statut et par des règles de procédure propres qui étaient fixés à l'avance et liaient toutes les parties se présentant devant elle.

— Elle disposait d'un Greffe permanent qui, entre autres, servait d'intermédiaire pour toutes ses communications avec les gouvernements et les organismes internationaux.

— La procédure devant la CPJI était largement publique et des dispositions étaient prises pour la publication des pièces de procédure écrite, des comptes rendus d'audience et de toutes les pièces produites comme éléments de preuve.

— En tant que tribunal permanent, elle était en mesure d'élaborer une pratique homogène et de donner une certaine continuité à ses décisions, contribuant ainsi à la fois à la sécurité juridique et au développement du droit international.

— La CPJI était en principe ouverte à tous les Etats pour le règlement judiciaire de leurs différends internationaux et ils pouvaient à l'avance déclarer reconnaître comme obligatoire, à l'égard des autres Etats acceptant la même obligation, la compétence de la Cour pour certaines catégories de différends d'ordre juridique.

— La CPJI avait le pouvoir de donner des avis consultatifs sur tout différend ou tout point dont la saisirait le Conseil ou l'Assemblée de la SDN.

— Son Statut énumérait expressément les sources de droit qu'elle devait appliquer pour régler les affaires et questions à elle soumises, sans préjudice de sa faculté de statuer *ex aequo et bono* si les parties étaient d'accord.

— La CPJI était plus représentative de la communauté internationale et des grands systèmes juridiques qu'aucune juridiction internationale ne l'avait jamais été avant elle.

Bien qu'instituée par la SDN et mise en place par ses soins, la CPJI n'en faisait pas formellement partie. Il y avait un lien étroit entre les deux organismes, qui s'exprimait entre autres par le fait que le Conseil et l'Assemblée de la SDN procédaient périodiquement à l'élection des juges et qu'ils avaient l'un et l'autre la faculté de demander des avis consultatifs à la CPJI. En outre, l'Assemblée adoptait le budget de la Cour. Mais celle-ci n'a jamais fait partie intégrante de la SDN et le Statut n'a jamais fait partie du Pacte; en particulier, un Etat Membre de la SDN n'était pas, de ce seul fait, automatiquement partie au Statut.

De 1922 à 1940, la CPJI a connu de 29 procès entre Etats et donné 27 avis consultatifs. En même temps étaient élaborés plusieurs centaines de traités, conventions ou déclarations qui lui attribuaient compétence pour telle ou telle catégorie de différends. Aussi les doutes que l'on avait pu avoir sur la possibilité de faire fonctionner un tribunal judiciaire permanent de manière pratique et effective étaient-ils dissipés. La CPJI a prouvé son utilité pour la communauté internationale de plus d'une manière et d'abord par l'établissement progressif d'une véritable technique de procédure judiciaire. Celle-ci a trouvé son expression dans le Règlement que la CPJI a élaboré dès 1922 puis revisé à trois reprises, en 1926, en 1931 et en 1936. Il y a lieu de mentionner aussi la résolution de la CPJI concernant sa pratique en matière judiciaire adoptée en 1931 et revisée en 1936, qui fixait la procédure interne applicable au délibéré des juges sur chaque affaire. Par ailleurs, nombre de décisions de la CPJI ont éclairé des aspects du droit international demeurés ambigus ou ont contribué au développement de ce droit, tout en aidant à la solution de sérieux litiges internationaux dont beaucoup étaient des suites de la première guerre mondiale.

La CIJ est l'organe judiciaire principal de l'Organisation des Nations Unies

L'ouverture des hostilités en septembre 1939 ne pouvait qu'avoir de graves conséquences pour la CPJI, déjà moins active depuis quelques années. Après sa dernière audience publique, le 4 décembre 1939, elle n'a plus eu d'activité judiciaire et il n'y a plus eu aucune élection de juge. En 1940, elle s'est transportée à Genève, un seul juge demeurant à La Haye avec quelques fonctionnaires du Greffe de nationalité néerlandaise.

Les bouleversements entraînés par la guerre ont relancé le débat sur l'avenir de la Cour et la création d'un nouvel ordre juridique international. En 1942, le secrétaire d'Etat des Etats-Unis et le ministre des affaires étrangères du Royaume-Uni se sont prononcés en faveur de l'établissement ou de la remise en place d'une Cour internationale après la guerre, et le comité juridique interaméricain a recommandé l'extension de la compétence de la CPJI. Au début de 1943, le Gouvernement britannique a pris l'initiative d'inviter plusieurs experts se trouvant à Londres à constituer un comité interallié officieux pour examiner la question. Ce comité a tenu dix-neuf séances en présence de jurisconsultes de onze pays et sous la présidence de sir William Malkin (Royaume-Uni). Dans son rapport, publié le 10 février 1944, il a recommandé:

— que le Statut de toute nouvelle juridiction internationale qui serait créée soit fondé sur celui de la CPJI;

— que la nouvelle Cour conserve une compétence consultative ;

— que l'acceptation de la juridiction de la nouvelle Cour ne soit pas obligatoire ;

— que les questions de nature essentiellement politique ne soient pas de son ressort.

Dans l'intervalle, le 30 octobre 1943, à l'issue d'une conférence réunissant la Chine, les Etats-Unis, le Royaume-Uni et l'URSS, avait été publiée une déclaration conjointe reconnaissant la nécessité

«d'établir aussitôt que possible une organisation internationale générale fondée sur le principe de l'égalité souveraine de tous les Etats pacifiques et ouverte à tous les Etats pacifiques, grands ou petits, en vue du maintien de la paix et de la sécurité internationales».

A la suite de cette déclaration, des entretiens ont eu lieu entre les quatre puissances à Dumbarton Oaks et ont abouti à la publication de propositions relatives à l'établissement d'une organisation internationale générale comprenant notamment une Cour internationale de Justice (9 octobre 1944). L'étape suivante a été la convocation à Washington, en avril 1945, d'un comité de juristes composé des représentants de 44 Etats. Ce comité, présidé par M. Hackworth (Etats-Unis), était chargé de rédiger un projet de Statut de la future Cour internationale de Justice, afin de le présenter à la conférence de San Francisco qui allait élaborer, d'avril à juin 1945, la Charte des Nations Unies. Le projet de Statut rédigé par le comité était établi sur la base du Statut de la CPJI ; ce n'était donc pas un texte entièrement nouveau. Le comité s'est toutefois refusé à prendre parti sur un certain nombre de points qu'il estimait être du ressort de la conférence : convenait-il de créer une Cour nouvelle ? Sous quelle forme sa mission, en qualité d'organe judiciaire principal de l'ONU, devait-elle être définie ? Sa juridiction serait-elle obligatoire et, si oui, dans quelle mesure ? Quel serait le mode d'élection des juges ? Les décisions définitives sur ces points et sur la forme finale du Statut ont été prises à la conférence de San Francisco, à laquelle cinquante Etats ont pris part.

Cette conférence s'est prononcée contre la compétence obligatoire et pour la création d'une Cour entièrement nouvelle qui serait un organe principal de l'ONU, au même titre que l'Assemblée générale, le Conseil de sécurité, le Conseil économique et social, le Conseil de tutelle et le Secrétariat, et dont le Statut serait annexé à la Charte et en ferait partie. Les raisons qui ont motivé la décision de la conférence d'instituer une nouvelle Cour ont été essentiellement les suivantes :

— La Cour devant être l'organe judiciaire principal de l'ONU, il paraissait inopportun de confier ce rôle à la CPJI, liée jusqu'alors à la SDN qui allait être dissoute.

— La création d'une nouvelle Cour était plus logique compte tenu de ce que plusieurs Etats parties au Statut de la CPJI n'étaient pas représentés à la conférence de San Francisco et, inversement, que plusieurs des pays représentés à la conférence n'étaient pas parties au Statut.

— On avait le sentiment dans certains milieux que la CPJI participait d'un ordre ancien, dans lequel les Etats européens dominaient les affaires politiques et juridiques de la communauté internationale, et que la création d'une Cour nouvelle favoriserait l'accès au règlement judiciaire des Etats non européens. Et c'est en effet ce qui s'est passé à mesure que s'est accru le nombre des Etats Membres de l'ONU, passant de 51 en 1945 à 193 en 2013.

Les participants à la conférence de San Francisco se sont toutefois montrés soucieux de ne pas rompre toute continuité avec le passé, considérant en particulier que le Statut de la CPJI s'inspirait lui-même d'expériences passées et qu'il était souhaitable de ne pas changer un état de choses qui, dans l'ensemble, avait bien fonctionné. Aussi la Charte soulignait-elle que le Statut de la CIJ était établi sur la base de celui de la CPJI. En outre, des dispositions y furent incluses pour assurer que la compétence de la CPJI fût autant que possible transférée à la CIJ. En octobre 1945, la CPJI a tenu sa dernière session, au cours de laquelle elle a décidé de prendre toutes mesures utiles pour assurer le transfert de ses archives et de ses biens à la nouvelle CIJ, qui allait également s'installer au Palais de la Paix. Le 31 janvier 1946, tous les juges de la CPJI encore formellement en fonctions ont remis leur démission et, le 5 février 1946, l'Assemblée générale des Nations Unies, au cours de sa première session, et le Conseil de sécurité ont procédé à l'élection des membres de la CIJ. En avril 1946, la CPJI a été formellement dissoute et la CIJ, réunie pour la première fois, a élu président M. Guerrero, dernier président de la CPJI, et a constitué son Greffe (en reprenant en général les anciens fonctionnaires de la CPJI). La nouvelle Cour a tenu, le 18 avril 1946, sa séance publique inaugurale.

Le Statut et le Règlement de la Cour

Le Statut de la CIJ développe certains principes généraux énoncés au chapitre XIV de la Charte. S'il fait partie intégrante de celle-ci, il n'y est pas incorporé mais seulement annexé. Cette présentation a évité de déséquilibrer les 111 articles de la Charte par l'adjonction des 70 articles du Statut et elle a rendu plus facile l'accession à la Cour des Etats non membres de l'ONU (voir ci-après p. 34). Les articles du Statut sont groupés en cinq chapitres: «Organisation de la Cour» (art. 2-33), «Compétence de la Cour» (art. 34-38), «Procédure» (art. 39-64), «Avis consultatifs» (art. 65-68) et «Amendements» (art. 69-70). La procédure d'amendement du Statut reprend celle de la Charte — vote de l'Assemblée générale à la majorité des deux tiers et ratification par les deux tiers des Etats, dont les membres permanents du Conseil de sécurité —, la seule différence étant que les Etats parties au Statut sans être membres de l'ONU sont admis à participer au vote de l'Assemblée. Si la CIJ estime opportun que son Statut soit modifié, elle doit soumettre des propositions à l'Assemblée générale par la voie d'une communication écrite adressée au Secrétaire général. Le Statut de la CIJ n'a encore fait l'objet d'aucun amendement.

Le Règlement est élaboré par la Cour dans l'exercice d'une faculté que lui confère le Statut. Il a pour objet de compléter les règles générales énoncées dans le Statut et de spécifier les mesures à prendre pour s'y conformer, mais il ne saurait comprendre aucune disposition contrevenant à celles du Statut ou conférant à la Cour des pouvoirs dépassant ceux que le Statut lui accorde.

Le Règlement précise les dispositions du Statut relatives au fonctionnement de la Cour et du Greffe et à la procédure, de telle sorte que, sur de nombreux points, il y a lieu de consulter à la fois les deux textes. La CIJ a le pouvoir de modifier son Règlement, ne serait-ce que pour y inclure des dispositions concernant sa pratique telle qu'elle a pu se développer. Le 5 mai 1946, elle a adopté un Règlement largement fondé sur le dernier texte établi par la CPJI en 1936. En 1967, consciente de l'expérience acquise et de la nécessité d'une adaptation aux transformations intervenues dans le monde et au rythme des événements internationaux, elle a entrepris une large revision du Règlement et constitué un comité permanent à cet effet. Le 10 mai 1972, elle a adopté des amendements partiels qui sont entrés en vigueur le 1er septembre de la même année. Le 14 avril 1978, elle a adopté un Règlement totalement revisé, qui est entré en vigueur le 1er juillet. Les modifications ainsi apportées au Règlement, dans une période d'incontestable ralentissement de l'activité de la CIJ, ont eu notamment pour objet, dans la mesure où cela dépend de la Cour, de rendre la procédure aussi simple et rapide que possible, de lui donner plus de souplesse et de contribuer à en réduire les frais pour les parties. Le 5 décembre 2000, la Cour a amendé deux articles du Règlement de 1978: l'article 79, concernant les exceptions préliminaires, et l'article 80, relatif aux demandes reconventionnelles. Les amendements ainsi introduits visaient à raccourcir la durée de ces procédures incidentes ainsi qu'à clarifier les règles en vigueur afin qu'elles reflètent plus fidèlement la pratique développée par la Cour. Les articles 79 et 80 tels que revisés sont entrés en vigueur le 1er février 2001, les versions précédentes continuant de régir toutes les phases des affaires soumises à la Cour avant cette date. Des versions revisées, légèrement simplifiées, du préambule et de l'article 52 sont entrées en vigueur le 14 avril 2005. Le 29 septembre 2005 est entré en vigueur un nouvel article 43, qui précisait les circonstances dans lesquelles la Cour devait aviser une organisation internationale publique partie à une convention dont l'interprétation pouvait être en question dans une affaire portée devant elle.

Depuis octobre 2001, la Cour édicte par ailleurs des instructions de procédure à l'usage des Etats apparaissant devant elle. Ces instructions de procédure n'entraînent aucune modification du Règlement, mais lui sont complémentaires. Elles sont le fruit du réexamen constant, par la Cour, de ses méthodes de travail —

une démarche motivée par la nécessité de s'adapter à l'accroissement considérable de son activité au cours des dernières années. Il sera fait allusion à certaines de ces instructions dans la suite du manuel.

Au 31 décembre 2018, 148 procès avaient été engagés devant la Cour (voir ci-après p. 309-316) et celle-ci avait rendu 129 arrêts (certains des procès ayant été conclus par un désistement). Elle avait par ailleurs donné 27 avis consultatifs (voir ci-après p. 317-318). Le peu d'affaires soumises initialement à la Cour conduisit à l'adoption d'une résolution de l'Assemblée générale soulignant la nécessité de l'utiliser davantage (1947). Rapidement par la suite, la Cour connut un rythme de travail comparable à celui de la CPJI. Puis, à partir de 1962, les Etats qui avaient créé la CIJ ont paru plus réticents à lui soumettre leurs différends. Le nombre d'affaires introduites chaque année, qui avait été en moyenne de deux ou trois dans les années 1950, est tombé à zéro ou une dans les années 1960; de juillet 1962 à janvier 1967, aucune nouvelle affaire n'a été introduite, et il en a été de même de février 1967 à août 1971. Au cours de l'été 1970, en une période où l'activité de la Cour avait fléchi sensiblement, douze Etats Membres de l'ONU ont suggéré

«d'entreprendre une étude des obstacles qui s'opposent à un fonctionnement satisfaisant de la Cour internationale de Justice et des voies et moyens de lever ces obstacles»,

y compris les «possibilités additionnelles d'utiliser la Cour qui n'ont pas encore été suffisamment explorées». L'Assemblée générale a inscrit à son ordre du jour la question de l'examen du rôle de la CIJ et, à la suite de plusieurs séries de débats et d'observations écrites, elle a adopté le 12 novembre 1974 une nouvelle résolution sur la CIJ, qui demandait aux Etats «de garder à l'étude la possibilité d'identifier les affaires pour lesquelles il [pouvait] être fait usage de la Cour internationale de Justice» (résolution 3232 (XXIX)). A partir de 1972, le rythme des affaires nouvelles portées devant la Cour s'est accéléré. De 1972 à 1989, elle a enregistré une moyenne de une à trois nouvelles affaires par an. Entre 1990 et 1999 — période déclarée «Décennie des Nations Unies pour le droit international» par l'Assemblée générale dans sa résolution 44/23 du 17 novembre 1989 — , la Cour a été saisie de 35 affaires contentieuses et de trois demandes d'avis consultatifs. Le Secrétaire général a souligné, dans son rapport final sur la Décennie des Nations Unies pour le droit international (A/54/362), que la «promotion des moyens pacifiques de règlement des différends entre Etats, y compris le recours à la Cour internationale de Justice», avait remporté un franc succès durant cette période, ce dont se sont félicités tous les Etats ayant pris la parole lors de la séance de clôture de la Décennie (séance plénière de l'Assemblée générale du 17 novembre 1999 (A/54/PV.55)). L'activité judiciaire de la Cour est demeurée à un niveau très élevé jusqu'à ce jour. Depuis 2000, la Cour a rendu 60 arrêts et donné 3 avis consultatifs. En 2012, l'Assemblée générale a salué «la contribution qu'apporte la Cour internationale de Justice, principal organe judiciaire des Nations Unies, notamment en réglant des différends entre Etats, ainsi que le rôle qu'elle joue dans la promotion de l'état de droit» (Déclaration de la Réunion de haut niveau de l'Assemblée générale sur l'état de droit aux niveaux national et international (A/RES/67/1)).

> Voir en annexe ci-après (p. 288-293) le texte des deux résolutions de l'Assemblée générale sur l'utilisation de la CIJ, ainsi que de celle relative à la «Décennie des Nations Unies pour le droit international»; le texte de la résolution adoptée par l'Assemblée le 13 décembre 2016, à l'occasion de la «Célébration du soixante-dixième anniversaire de la Cour internationale de Justice», est également reproduit en annexe (p. 294-295). La Charte des Nations Unies, le Statut de la Cour et le Règlement sont publiés, avec certains autres documents de base concernant la Cour, dans la série *C.I.J. Actes et documents*; leur texte est également disponible sur le site Internet de la Cour (www.icj-cij.org).

2. Les juges et le Greffe

La Cour est un corps de magistrats élus et indépendants

Les membres de la Cour sont élus par les Etats Membres de l'ONU (au nombre de 193) et les autres Etats parties au Statut de la CIJ sur une base *ad hoc* (telle était par exemple la situation de la Suisse jusqu'à son adhésion à l'ONU en 2002, voir ci-après p. 34). Pour d'évidents motifs d'ordre pratique, leur nombre ne saurait être égal à celui desdits Etats. Il a été fixé à quinze au cours de la revision du Statut de la CPJI entrée en vigueur en 1936 et, bien que l'on ait parfois proposé de l'augmenter, il n'a pas varié depuis lors. La durée du mandat des juges est de neuf ans. En vue d'assurer une certaine continuité institutionnelle, leur renouvellement se fait tous les trois ans par tiers, c'est-à-dire pour cinq d'entre eux. Ils peuvent être réélus. Si un juge décède ou démissionne pendant son mandat, il est procédé dès que possible à une élection complémentaire pour la durée restant à courir.

La CIJ étant l'organe judiciaire principal de l'ONU, c'est dans le cadre de cette organisation que se font les élections. En sont chargés l'Assemblée générale, où sont admis pour l'occasion des représentants des Etats parties au Statut qui ne seraient pas membres de l'ONU, et le Conseil de sécurité, où le droit de veto ne joue pas et où la majorité requise est de huit voix. Les deux organes votent en même temps mais dans des locaux séparés. Pour être déclaré élu, un candidat doit avoir obtenu la majorité absolue dans l'un et l'autre organe, ce qui oblige souvent à procéder à plusieurs tours de scrutin. Pour le cas où un ou plusieurs sièges resteraient encore à pourvoir après trois séances d'élections, il est prévu une procédure de conciliation et, en ultime ressort, une procédure de nomination par les juges déjà élus. S'agissant de la CIJ, il n'a jamais été recouru à l'une ou l'autre de ces deux possibilités ; il a en revanche été fait recours à la procédure de conciliation, déjà prévue dans le Statut de la CPJI, lors des premières élections à celles-ci. Les élections se déroulent en général à New York à l'occasion de la session annuelle d'automne de l'Assemblée générale. Les membres élus tous les trois ans (2008, 2011, 2014, 2017, etc.) entrent en fonctions le 6 février suivant, après quoi la Cour se choisit au scrutin secret un président et un vice-président pour les trois années suivantes ; comme pour toutes les autres désignations à faire par la Cour par voie d'élection, la majorité absolue est requise et il n'y a pas de condition de nationalité. Après le président et le vice-président, l'ordre de préséance est déterminé par l'ordre d'entrée en fonctions, puis, dans le cas des juges qui prennent leurs fonctions le même jour, par l'âge.

Les dispositions du Statut concernant la composition de la CIJ, en vue de gagner à la Cour la confiance du plus grand nombre possible d'Etats, ont été conçues de façon à ce qu'aucun pays ou aucun ensemble de pays ne jouisse ou ne paraisse jouir d'un avantage quelconque sur les autres :

— Le droit de proposer des candidats appartient à tous les Etats parties au Statut. Les présentations sont faites non par le gouvernement de l'Etat concerné mais par le groupe des membres de la Cour permanente d'arbitrage (CPA) désignés par cet Etat — c'est-à-dire par les quatre jurisconsultes susceptibles d'être appelés à faire partie d'un tribunal arbitral dans le cadre des conventions de La Haye de 1899 et de 1907 (voir ci-dessus p. 10-11) — ou, pour les pays non représentés à la CPA, par un groupe constitué de la même manière. Chaque groupe peut présenter jusqu'à quatre personnes, dont deux au maximum peuvent avoir sa nationalité, les autres pouvant être de n'importe quel pays sans exception, qu'il soit partie au Statut ou non, qu'il ait déclaré reconnaître la compétence obligatoire de la Cour ou non. Les noms des candidats sont communiqués au Secrétaire général de l'ONU dans un délai fixé par celui-ci.

— La Cour ne peut comprendre plus d'un ressortissant d'un même Etat. Si deux candidats de même nationalité sont élus en même temps, seule l'élection du plus âgé est considérée comme valable. Il est cependant possible qu'un Etat partie à une affaire devant la Cour désigne un juge *ad hoc* ayant la même nationalité qu'un juge élu (voir ci-après p. 25). Rien ne s'oppose à une telle désignation (par exemple : *Question de la délimitation du plateau continental entre le Nicaragua et la Colombie au-delà de 200 milles marins de la côte nicaraguayenne (Nicaragua c. Colombie)*). Ainsi, dans l'affaire concernant la *Demande en interprétation de l'arrêt du 15 juin 1962 en l'affaire du* Temple de Préah Vihéar (Cambodge c. Thaïlande) *(Cambodge c. Thaïlande)*, aussi bien le Cambodge que la Thaïlande ont désigné un juge *ad hoc* de nationalité française. Compte tenu de la présence d'un juge titulaire de nationalité française, trois juges de nationalité française siégeaient dans cette affaire.

— Dans toute élection, l'Assemblée générale et le Conseil de sécurité doivent avoir en vue que les juges «assurent dans l'ensemble la représentation des grandes formes de civilisation et des principaux systèmes juridiques du monde». Ce principe s'est traduit dans la pratique par une répartition des membres de la CIJ entre les principales régions du globe. Comme suite au renouvellement triennal de la composition de la Cour en 2018, cette répartition est la suivante : Afrique, 3 ; Amérique latine et Caraïbes, 2 ; Asie, 4 ; Europe occidentale et autres Etats, 4 ; Europe orientale, 2. Bien qu'aucun siège n'appartienne de droit à un quelconque pays, il y a en règle générale toujours eu au sein de la CIJ des juges de la nationalité des membres permanents du Conseil de sécurité. Les seules exceptions concernent la Chine et le Royaume-Uni : en effet, la Cour n'a compté sur le siège aucun membre de nationalité chinoise entre 1967 et 1984, et ne compte plus sur le siège, depuis le renouvellement triennal de sa composition en 2018, un membre de nationalité britannique.

Il convient de souligner qu'une fois élu un membre de la Cour n'est le délégué ni du gouvernement de son pays ni du gouvernement d'aucun autre Etat. Contrairement à la plupart des autres organes des organisations internationales, la Cour n'est pas composée de représentants de gouvernements. Un juge est un magistrat indépendant dont le premier devoir sera, avant d'entrer en fonctions, de prendre l'engagement solennel d'exercer ses attributions en pleine et parfaite impartialité. La CIJ a elle-même souligné qu'elle

> «ne se prononce que sur la base du droit, indépendamment de toute influence ou de toute intervention de la part de quiconque, dans l'exercice de la fonction juridictionnelle confiée à elle seule par la Charte et par son Statut».

En vue de garantir son indépendance, un juge ne pourra être relevé de ses fonctions que si ses collègues estiment à l'unanimité qu'il ne répond plus aux conditions requises. Cela ne s'est jamais produit.

Le Statut dispose que les membres de la Cour doivent être élus

> «parmi les personnes jouissant de la plus haute considération morale, et qui réunissent les conditions requises pour l'exercice, dans leurs pays respectifs, des plus hautes fonctions judiciaires, ou qui sont des jurisconsultes possédant une compétence notoire en matière de droit international».

Comment cela s'est-il traduit dans la pratique? Des 108 personnalités élues entre février 1946 et décembre 2018, 34 avaient exercé des fonctions de juge, dont 8 avaient présidé la Cour suprême de leur pays; 44 avaient été avocats et 79 professeurs de droit; 71 avaient occupé de hautes fonctions administratives, comme celles de conseiller juridique du ministère des affaires étrangères ou d'ambassadeur, et 25 des fonctions gouvernementales, deux d'entre elles ayant même exercé celles de chef d'Etat. Presque toutes avaient eu une activité internationale pertinente: membres de la CPA (43) ou de la Commission du droit international de l'ONU (41), participants à de grandes conférences internationales en tant que plénipotentiaires, etc. Certaines personnalités élues avaient pris part antérieurement à des affaires devant la CPJI ou la CIJ, comme agent, conseil ou juge *ad hoc* (41). La durée moyenne de leur appartenance à la Cour a été de dix ans et un mois (maximum M. Oda, 27 ans; minimum M. Golunsky, 17 mois).

La Cour est une institution internationale permanente

En vertu du paragraphe 1 de l'article 22 du Statut, «le siège de la CIJ est fixé à La Haye», ville de résidence du Gouvernement des Pays-Bas. La Cour a la faculté de tenir des sessions ailleurs, si elle le juge désirable, mais cela ne s'est jamais produit. La Cour occupe au Palais de la Paix les locaux mis à sa disposition par la fondation néerlandaise Carnegie moyennant une contribution financière de l'ONU, qui s'est élevée, en 2017, à 1 375 080 euros. Elle est assistée de son Greffe (voir ci-après p. 29-31) et bénéficie des services de la bibliothèque du Palais de la Paix ; elle voisine avec la CPA et avec l'Académie de droit international, créée en 1923.

Bien que la CIJ soit considérée comme étant en permanence en fonction, seul son président a l'obligation de résider à La Haye même. Ses autres membres sont pour leur part tenus d'être à sa disposition à tout moment, en dehors des vacances judiciaires, des congés qu'ils peuvent obtenir ou de leurs périodes d'empêchement pour cause de maladie ou autre motif grave. De fait, la plupart des membres de la Cour résident à La Haye et tous sont appelés à y passer la majeure partie de l'année.

Les juges ne peuvent se livrer à aucune autre occupation de caractère professionnel. Ils ne sauraient exercer aucune fonction politique ou administrative ni être agents, conseils ou avocats dans aucune affaire. En cas de doute en la matière, c'est la Cour qui décide. Sous réserve de leurs obligations envers la Cour, les juges peuvent appartenir à des sociétés savantes et donner occasionnellement des conférences. Ils peuvent aussi exercer des fonctions d'arbitre dans des différends interétatiques, dans l'éventualité où ils seraient sollicités, à titre exceptionnel, par un ou plusieurs Etats préférant recourir à l'arbitrage plutôt qu'au règlement judiciaire ; leur participation est dans ce cas subordonnée au respect des règles régissant ce type d'activités telles qu'édictées par la Cour (obtention d'une autorisation préalable, obligation de refuser toute désignation de la part d'un Etat qui serait également partie à une affaire pendante devant la Cour), et limitée à une seule procédure arbitrale à la fois. Les membres de la Cour sont donc soumis à un régime d'incompatibilités de fonctions particulièrement strict.

Dans l'exercice de leurs fonctions, les juges jouissent de privilèges et immunités comparables à ceux d'un chef de mission diplomatique. A La Haye, le président a la préséance sur le doyen du corps diplomatique, après quoi les autres juges et les ambassadeurs alternent. Le traitement annuel des membres de la Cour ainsi que les pensions qui leur sont allouées lorsqu'ils quittent la Cour sont fixés par l'Assemblée générale, dans le cadre d'un chapitre spécial du budget des Nations Unies adopté sur la proposition de la Cour (le budget total de la Cour représentait moins de 2 % du budget régulier de l'ONU en 1946, et en représente moins de 1 % actuellement).

Le président dirige les travaux de la Cour et contrôle ses services. La Cour a constitué les organes suivants pour l'assister dans ses tâches : une commission administrative et budgétaire, un comité du Règlement et un comité de la bibliothèque, tous composés de membres de la Cour. En outre, d'autres comités *ad hoc* ont été créés pour traiter de questions telles que les technologies de l'information. Le vice-président remplace le président en cas d'absence, d'empêchement ou de vacance de la présidence, et il reçoit alors une indemnité journalière spéciale. A défaut du vice-président, ce rôle est dévolu au juge le plus ancien, dit juge doyen.

La composition de la Cour peut varier d'une affaire à une autre

Lorsqu'une affaire est soumise à la CIJ, divers problèmes quant à sa composition peuvent se poser (voir également ci-après p. 65-66, 70-74 et 89-90). En premier lieu, aucun juge ne saurait participer au règlement d'une affaire dans laquelle il est intervenu antérieurement à un titre quelconque. De même, si un membre de la Cour estime pour une raison spéciale qu'il ne doit pas participer à une affaire, il en prévient le président. Il arrive ainsi de temps à autre qu'un ou plusieurs juges s'abstiennent de siéger dans une affaire. La CIJ ne comptant pas de suppléants, ils ne sont pas remplacés. Le président peut de son côté prendre l'initiative d'avertir un collègue qu'à son avis il ne devrait pas siéger. En cas de doute ou de désaccord, la Cour décide. Depuis 1978, le Règlement prévoit à son article 34 que les parties peuvent informer confidentiellement le président par écrit des faits qu'elles considèrent comme pouvant concerner l'application des dispositions du Statut pertinentes à ce sujet.

Tout juge qui, sans être intervenu dans une affaire ni avoir une raison spéciale de s'abstenir, se trouve simplement être ressortissant de l'une des parties conserve le droit de siéger ; s'il s'agit du président, il cède la présidence au vice-président pour la circonstance.

Juges *ad hoc*

En vertu des paragraphes 2 et 3 de l'article 31 du Statut, les parties qui ne comptent pas de juge de leur nationalité sur le siège disposent de la faculté de désigner un juge *ad hoc* aux fins de l'affaire qui les concerne dans les conditions fixées par les articles 35 à 37 du Règlement. Le juge *ad hoc* fait, avant d'entrer en fonctions, la même déclaration solennelle que ses collègues et participe à toute décision concernant l'affaire sur un pied de complète égalité avec eux. Il reçoit une indemnité pour chaque jour où il exerce ses fonctions, c'est-à-dire pour chaque journée que le juge *ad hoc* passe à La Haye afin de participer aux travaux de la Cour, plus chacune des journées qu'il consacre effectivement à l'étude de l'affaire en dehors de La Haye. Les parties doivent annoncer le plus tôt possible leur intention de désigner un tel juge. Au cas où, comme il advient de temps à autre, plus de deux parties sont en litige, il est prévu que celles qui font en réalité cause commune ne peuvent désigner qu'un seul et même juge *ad hoc* — ou n'en peuvent désigner aucun si l'une d'elles a déjà un juge de sa nationalité en mesure de siéger. On peut ainsi concevoir plusieurs types de situations, dont les suivantes se sont réalisées dans la pratique : deux juges nationaux ; deux juges *ad hoc* ; un juge national et un juge *ad hoc* ; ni juge national ni juge *ad hoc*. Depuis 1946, 114[2] personnes ont siégé comme juges *ad hoc*, dont 19 ont aussi appartenu régulièrement à la Cour à un autre moment et dont 15 autres ont été candidats aux élections. N'étant plus soumis à aucune condition de nationalité (contrairement à ce qui était le cas avant 1936), le juge *ad hoc* peut appartenir à un autre pays que celui qui le désigne (ce qui fut le cas pour environ la moitié des nominations) et éventuellement au même pays qu'un membre permanent de la Cour (ce qui s'est vu deux fois à la CPJI et 34 fois à la CIJ).

Le maintien sur le siège des juges permanents ayant la nationalité des parties est d'autant moins contesté par la doctrine que, en se fondant simplement sur le résultat des votes et sur le texte des opinions individuelles ou dissidentes, on peut constater qu'ils ont souvent émis des votes contraires aux conclusions de leur pays d'origine (exemples : M. Anzilotti, M. Basdevant, lord Finlay, sir Arnold McNair, M. Schwebel et M. Buergenthal). En revanche, l'institution du juge *ad hoc* ne rallie pas l'unanimité. Alors que le comité interallié de 1943-1944 (voir ci-dessus p. 15) avait prévu que

> «les pays n'auront pas pleinement confiance dans une décision de la Cour relative à une affaire les concernant si la Cour ne compte aucun juge de leur nationalité, et cela surtout s'il y en a un de la nationalité de l'autre partie»,

certains membres de la Sixième Commission de l'Assemblée générale des Nations Unies ont exprimé l'avis, lors du débat de 1970-1974 sur l'examen du rôle de la Cour, que l'institution du juge *ad hoc*,

> «survivance des anciennes procédures d'arbitrage, ne se justifiait que par le caractère extrêmement récent de la juridiction internationale et était sans nul doute appelée à disparaître lorsque cette juridiction serait plus solidement établie».

Il reste que nombre de commentateurs considèrent comme utile que la Cour puisse bénéficier dans ses délibérations du concours d'une personne pour qui le point de vue de l'une des parties est plus familier qu'il ne l'est parfois pour les juges permanents. Il convient d'ailleurs d'observer, toujours en s'en tenant aux votes, que, si la CPJI et la CIJ n'avaient jamais admis de juge *ad hoc* et avaient exclu les juges permanents ayant la nationalité des parties, leurs décisions auraient été semblables.

Il ressort de ce qui précède que la composition et la présidence de la CIJ varient d'une affaire à une autre et que le nombre des juges appelés à connaître d'une

---

[2] Ce chiffre tient compte du fait que certains juges *ad hoc* ont été désignés à différents moments par différentes parties (les juges Guillaume et Torres Bernárdez ont ainsi été juges *ad hoc* dix et six fois, respectivement).

affaire donnée n'est pas forcément de 15. Il peut être inférieur si des juges réguliers ne siègent pas ou s'élever jusqu'à 16 ou 17 grâce aux juges *ad hoc*; il pourrait même dépasser 17 s'il y avait plusieurs parties en litige ne faisant pas cause commune. La composition et la présidence changent aussi parfois d'une phase à une autre d'une affaire, c'est-à-dire qu'elles ne sont pas les mêmes pour les mesures conservatoires, les exceptions préliminaires ou le fond.

Cependant, une fois que la Cour est définitivement constituée pour une phase déterminée d'une affaire, c'est-à-dire à partir de l'ouverture de la procédure orale jusqu'au prononcé de la décision y relative, sa composition ne change plus. S'il y a dans cet intervalle un renouvellement de la Cour, les membres sortants continuent à connaître de l'affaire et le président sortant à présider jusqu'à la décision mettant fin à la phase en cours. Cela n'est arrivé à l'époque de la CPJI que dans l'affaire des *Zones franches de la Haute-Savoie et du Pays de Gex* mais s'est produit deux fois sous la CIJ, dans l'affaire du *Plateau continental (Tunisie/Jamahiriya arabe libyenne)* et dans l'affaire du *Plateau continental (Jamahiriya arabe libyenne/Malte)*. Un juge permanent qui démissionne ou décède n'est pas remplacé pour la phase en cours. Un juge qui tombe malade ne reprend en principe sa place que s'il n'a rien manqué d'essentiel. Le quorum exigé après l'ouverture d'une procédure orale pour constituer valablement la Cour est de neuf juges, à l'exclusion des juges *ad hoc*.

Assesseurs

Ce ne sont pas là les seules possibilités offertes par le Statut et le Règlement en matière de composition et d'organisation de la Cour. Il en est d'autres qui semblaient être tombées dans l'oubli et qu'il a été suggéré de raviver dans le Règlement de la Cour (voir ci-dessus p. 17-20), en mettant ainsi à profit la marge d'action laissée à la Cour par ses fondateurs. Il convient de rappeler que le Statut de la CPJI fixait, dans ses articles 26 et 27, les conditions dans lesquelles la CPJI pouvait connaître de certaines affaires en matière de travail, de transit et de communication; l'adjonction d'assesseurs à la Cour ou à la chambre spéciale saisie était obligatoire pour les affaires relatives au travail, mais facultative en matière de transit et de communication. Ni l'article 26 ni l'article 27 du Statut de la CPJI n'ont trouvé application.

S'agissant de la CIJ, le paragraphe 2 de l'article 30 de son Statut prévoit la désignation facultative d'assesseurs siégeant à la Cour ou dans des chambres de manière plus large, quel que soit le domaine traité. Ainsi, la Cour a la faculté de s'adjoindre pour une affaire déterminée des assesseurs qu'elle élit au scrutin secret et qu'elle admet à participer à ses délibérations sans droit de vote. Dans la conjoncture actuelle, où des différends d'une nature hautement technique sont susceptibles d'être soumis à la Cour, cette institution lui permettrait de bénéficier des vues de spécialistes éprouvés. Bien que l'initiative à cette fin puisse appartenir aux parties comme à la Cour, elle n'a jamais été prise.

Chambres

Une autre possibilité ouverte aux parties est de demander qu'un différend soit réglé non par la Cour plénière mais par une chambre composée de certains juges élus par la Cour au scrutin secret et rendant toutefois des décisions considérées comme émanant de la Cour elle-même. Il existe trois types de chambre à la Cour :

— la chambre de procédure sommaire, composée de cinq juges avec deux suppléants, que l'article 29 du Statut fait obligation à la Cour de constituer chaque année en vue de la prompte expédition des affaires, et dont le président et le vice-président font partie de droit ;

— toute chambre de trois juges au moins que la Cour peut constituer, en vertu du paragraphe 1 de l'article 26 du Statut, pour connaître de certaines catégories d'affaires (travail, communication (réminiscences des traités de paix de 1919), etc.) ;

— toute chambre que la Cour peut constituer, en vertu du paragraphe 2 de l'article 26 du Statut, pour connaître d'une affaire déterminée, après consultation formelle des parties sur le nombre des membres — et consultation officieuse sur leur nom ; ces membres siégeront dans toutes les phases de l'affaire jusqu'à sa conclusion finale, même s'ils cessent entre-temps d'appartenir à la Cour.

Les dispositions du Règlement concernant les chambres sont de nature à intéresser les Etats tenus de soumettre un différend à la CIJ ou ayant des motifs particuliers de le faire mais préférant, pour des raisons d'urgence ou autres, avoir affaire à une instance plus restreinte que la Cour plénière. La procédure devant les chambres peut être simplifiée (présentation d'une seule pièce par chaque partie, économie de la procédure orale, etc.). Le recours aux chambres pourrait aussi se révéler particulièrement efficace pour le règlement de certains différends correspondant aux problèmes du monde actuel, tels que, pour se borner à un exemple, les questions d'environnement, qui paraissent de plus en plus cruciales et suscitent des différends internationaux toujours plus nombreux et plus aigus. A cet égard, compte tenu de l'évolution récente dans le domaine du droit et de la protection de l'environnement, la Cour a décidé, en juillet 1993, de créer une chambre pour les questions d'environnement, qui a été reconstituée à intervalles réguliers. Pourtant, aucun Etat n'a jamais demandé à ce qu'une affaire soit entendue par elle : ainsi, l'affaire relative au *Projet Gabčíkovo-Nagymaros*, qui touchait à des questions environnementales, a été soumise à la Cour plénière. Aussi la Cour a-t-elle décidé, en 2006, de ne pas tenir d'élections pour renouveler la composition de cette chambre, étant entendu que si, à l'avenir, les parties demandaient que soit formée une chambre pour statuer sur un différend relevant du droit de l'environnement, celle-ci serait constituée en vertu du paragraphe 2 de l'article 26 du Statut de la Cour.

Malgré les avantages que peuvent offrir les chambres dans certains cas, le recours à celles-ci demeure, dans le système du Statut, l'exception (voir article 25, paragraphe 1). Il ne peut intervenir qu'avec l'accord des parties. Les chambres rendant plus difficile la mise en œuvre du principe fondamental d'équilibre entre les «principaux systèmes juridiques» et les «grandes formes de civilisation» (article 9 du Statut) au sein de la formation de jugement, les affaires ne peuvent, à l'initiative de la Cour, être réparties entre elles pour accélérer leur traitement, comme cela est pratique courante auprès d'autres juridictions. Si aucune affaire n'a, à ce jour, été portée devant les deux premiers types de chambre, six affaires ont en revanche été portées devant des chambres *ad hoc*. La première de ces chambres a été formée en 1982 en l'affaire de la *Délimitation de la frontière maritime dans la région du golfe du Maine* entre le Canada et les Etats-Unis, et la deuxième en 1985 en l'affaire du *Différend frontalier* entre le Burkina Faso et la République du Mali. La troisième a été établie en 1987 en l'affaire de l'*Elettronica Sicula S.p.A. (ELSI)* entre les Etats-Unis d'Amérique et l'Italie, et la quatrième a été formée la même année en l'affaire du *Différend frontalier terrestre, insulaire et maritime* entre El Salvador et le Honduras. La cinquième a été formée en 2002 en l'affaire du *Différend frontalier (Bénin/Niger)*, et la sixième la même année en l'affaire de la *Demande en revision de l'arrêt du 11 septembre 1992 en l'affaire du* Différend frontalier terrestre, insulaire et maritime (El Salvador/Honduras; Nicaragua (intervenant)) *(El Salvador c. Honduras)*. Chaque fois qu'une chambre a été constituée, elle comptait cinq membres. La chambre siégeant en l'affaire du *Golfe du Maine* était composée de quatre membres de la Cour (dont un membre ayant la nationalité de l'une des Parties) et d'un juge *ad hoc* désigné par l'autre Partie. La chambre constituée en l'affaire du *Différend frontalier (Burkina Faso/République du Mali)* comptait trois membres de la Cour et deux juges *ad hoc* désignés par les Parties. La chambre établie en l'affaire de l'*Elettronica Sicula S.p.A. (ELSI)* était composée de cinq membres de la Cour (dont deux membres ayant chacun la nationalité d'une des Parties). La chambre siégeant en l'affaire du *Différend frontalier terrestre, insulaire et maritime (El Salvador/Honduras; Nicaragua (intervenant))* comptait trois membres de la Cour et deux juges *ad hoc* désignés par les Parties, ce qui est également le cas des deux chambres constituées en 2002.

Le Greffe est l'organe administratif permanent de la Cour

La CIJ est le seul organe principal des Nations Unies à ne pas être assisté par le Secrétaire général, lequel n'a pas autorité sur la Cour. Le Greffe est l'organe administratif permanent de la CIJ. Il ne dépend que d'elle. La Cour étant à la fois un tribunal et un organe international, la mission du Greffe est aussi bien celle d'un service auxiliaire de la justice — avec des Etats souverains pour justiciables — que celle d'un secrétariat international. Son activité a donc d'une part un aspect judiciaire et diplomatique, et elle correspond d'autre part à celle des services juridique, administratif et financier et des services des conférences et de l'information dans les organisations internationales. Ses fonctionnaires, tous assermentés, bénéficient d'une manière générale des mêmes privilèges et immunités que les membres des missions diplomatiques à La Haye ayant un rang comparable. Ils jouissent d'un statut, d'émoluments et de droits à pension qui correspondent à ceux des fonctionnaires de l'ONU de catégorie ou de grade équivalents; la charge financière que représente le Greffe de la Cour est assumée par l'ONU. Au cours des dernières années, les effectifs du Greffe ont été sensiblement augmentés, compte tenu de l'accroissement sans précédent du volume d'activité de la Cour. Le Greffe comprend:

— un greffier ayant le même rang qu'un sous-secrétaire général de l'ONU et jouissant de privilèges et immunités comparables à ceux d'un chef de mission diplomatique, ainsi qu'élu par la Cour au scrutin secret pour un mandat de sept ans. Le greffier, qui doit résider à La Haye, dirige les travaux du Greffe et est responsable de ses services; il sert d'intermédiaire entre la CIJ et les Etats ou organisations, tient à jour le rôle général de la Cour, assiste à ses réunions, fait établir ses procès-verbaux, contresigne ses décisions et garde son sceau;

— un greffier adjoint, élu dans les mêmes conditions que le greffier, qui assiste le greffier et le remplace en cas d'absence;

— plus d'une centaine de fonctionnaires, permanents ou titulaires d'un contrat à durée déterminée, nommés par la Cour ou par le greffier, parmi lesquels des premiers secrétaires, secrétaires et fonctionnaires des départements et services suivants: département des affaires juridiques; département des affaires linguistiques; département de l'information; service administratif et du personnel; service des finances; service des publications; documentation et bibliothèque de la Cour; service des archives, de l'indexage et de la distribution; service de traitement de texte et de reproduction; service des technologies de l'information et des communications; et service de la sécurité et de l'assistance générale (comprenant téléphonistes-réceptionnistes, huissiers et assistantes administratives), auxquels est venue s'ajouter une unité médicale;

— et, selon les besoins du travail, des fonctionnaires temporaires engagés par le greffier: interprètes, traducteurs, sténodactylographes.

A côté des activités de nature juridique exercées par le Greffe, une part importante des tâches de celui-ci est d'ordre linguistique. Considérant que «la permanence de la Cour devait s'affirmer dans [la] permanence de la langue», le comité consultatif de juristes de 1920 (voir ci-dessus p. 13) s'était prononcé en faveur d'un monolinguisme francophone, mais le Conseil et l'Assemblée de la SDN avaient décidé que la CPJI aurait deux langues officielles comme la SDN elle-même: le français et l'anglais. Ce principe a été maintenu en 1945 pour la CIJ, bien que l'ONU ait adopté cinq langues officielles (six depuis 1973). C'est donc en français ou en anglais que les juges s'expriment et que les parties dépo-

sent leurs pièces écrites ou prononcent leurs plaidoiries, les spécialistes assermentés du Greffe se chargeant dans chaque cas des interprétations orales ou des
traductions écrites (voir ci-après p. 49-53, 70-77 et 84-85). Les parties peuvent
convenir entre elles d'utiliser la même langue (*«Lotus»; *Emprunts brésiliens; *Affaire franco-hellénique des phares; *Compagnie d'électricité de Sofia et de Bulgarie; Droit d'asile; *«Lotus»; Différend frontalier (Burkina Faso/République du
Mali); Ile de Kasikili/Sedudu; Différend frontalier (Bénin/Niger); Différend frontalier (Burkina Faso/Niger)). Elles ont la faculté de faire usage d'une autre langue
que le français ou l'anglais, à condition de fournir elles-mêmes des traductions
dans l'une des langues officielles. Les documents émanant du Greffe sont bi-
lingues, et sa correspondance se fait en français et/ou en anglais. Tous ses fonctionnaires doivent maîtriser parfaitement l'une des deux langues et avoir une
excellente connaissance de l'autre.

Entre autres fonctions, le Greffe doit faire connaître l'œuvre de la Cour à l'extérieur. Il a donc un rôle à jouer dans le domaine des relations avec les organisations internationales s'occupant de questions juridiques, les universités, la presse
et le public en général. Il le remplit en liaison étroite avec le service de l'information de l'ONU, chargé de renseigner sur l'activité des organes de l'Organisation.
Par ailleurs, le Greffe est chargé des publications de la CIJ[3], qui ont repris sous
d'autres titres les anciennes séries de la CPJI et comprennent:

— des textes émanant de la Cour ou des parties (voir ci-après p. 49-50, 73-74 et
   89): Recueil des arrêts, avis consultatifs et ordonnances (en abrégé C.I.J.
   Recueil); Mémoires, plaidoiries et documents (en abrégé C.I.J. Mémoires); et
   Actes et documents relatifs à l'organisation de la Cour (en abrégé C.I.J. Actes
   et documents);

— des documents préparés sous la responsabilité du greffier: Annuaires et Bi-
   bliographies de la Cour internationale de Justice (en abrégé C.I.J. Annuaire et
   C.I.J. Bibliographie).

*

On a vu que la Cour se distingue nettement des tribunaux arbitraux, qui ne
sont par nature pas permanents: non seulement elle est constituée d'avance et
possède ses règles procédurales propres ainsi qu'une jurisprudence bien établie,
mais elle est en outre une institution permanente et dispose de ses propres locaux.
Les Etats Membres de l'ONU parties à une procédure devant la Cour, du fait qu'ils
participent au budget régulier de l'Organisation, n'ont pas à en payer des dépenses afférentes à l'activité des juges (émoluments) ou au déroulement de l'ins-

---

[3] Les publications de la CIJ sont mises en vente par l'intermédiaire de la section des ventes du
Secrétariat de l'ONU à New York. On peut les consulter dans les principales bibliothèques possédant
des collections d'ouvrages juridiques et les acquérir dans les librairies spécialisées vendant les publications des Nations Unies. Il en existe un Catalogue régulièrement mis à jour.

tance (frais administratifs, linguistiques, etc.). Seuls sont à leur charge les frais afférents à l'exposé de leurs thèses (honoraires d'avocats, réalisation de leurs pièces de procédure, etc.). Depuis 1989, il existe un fonds d'affectation spéciale, instauré par le Secrétaire général des Nations Unies, ayant pour objet de fournir aux Etats une aide financière à cet égard (voir ci-après p. 46). Au vu de toutes les possibilités indiquées plus haut — jugement rendu *ex aequo et bono*, session tenue hors de La Haye, utilisation d'une langue non officielle, nomination de juges *ad hoc* et d'assesseurs, constitution de chambres —, les parties peuvent profiter de toute la souplesse que l'on attribue habituellement à l'arbitrage sans perdre pour autant les nombreux avantages inhérents au recours à une institution leur offrant toute la sécurité juridique voulue, comme c'est le cas de la CIJ.

> Voir en annexe ci-après (p. 296-308) la liste des membres et anciens membres de la CIJ et des juges *ad hoc*. La liste des juges en fonctions, un organigramme du Greffe et le budget de la CIJ sont publiés chaque année dans l'*Annuaire* de la Cour *(C.I.J. Annuaire)*. Les biographies des juges figurent sur le site Internet de la Cour (www.icj-cij.org).

3. Les parties

Seuls les Etats ont qualité pour se présenter devant la Cour

La mission de la CIJ est de régler selon le droit international les différends d'ordre juridique qui lui sont soumis par des Etats. Elle répond donc à l'un des buts premiers de l'ONU, qui est, selon le paragraphe 1 de l'article premier de la Charte, de réaliser le règlement des différends par des moyens pacifiques conformément aux principes de la justice et du droit international.

Un différend juridique international est, comme l'a dit la CPJI, «un désaccord sur un point de droit ou de fait, une contradiction, une opposition de thèses juridiques ou d'intérêts». La procédure contradictoire à laquelle il donne éventuellement lieu devant un tribunal international est dite procédure contentieuse. On peut concevoir qu'il oppose un Etat à une collectivité ou à un individu. Dans leur propre ressort, des institutions comme la Cour de justice de l'Union européenne (Luxembourg), la Cour européenne des droits de l'homme (Strasbourg), la Cour interaméricaine des droits de l'homme (San José, Costa Rica) ou la Cour africaine des droits de l'homme et des peuples (Arusha, Tanzanie), nouvellement créée, seraient habilitées à en connaître. Tel n'est pas le cas de la CIJ, à qui aucune affaire contentieuse ne saurait être soumise si le demandeur et le défendeur ne sont pas des Etats. Quant aux intérêts privés, ils ne peuvent faire l'objet d'une action devant la Cour que dans le cas où un Etat, exerçant sa protection diplomatique, prend fait et cause pour l'un de ses ressortissants et fait siens les griefs de ce dernier à l'encontre d'un autre Etat; il s'agit alors d'un litige entre Etats *(Ambatielos; Anglo-Iranian Oil Co.; Nottebohm; Interhandel; Barcelona Traction; Elettronica Sicula S.p.A. (ELSI); Convention de Vienne sur les relations consulaires; LaGrand; Avena et autres ressortissants mexicains; Ahmadou Sadio Diallo; Jadhav)*. Comme tous les tribunaux, la CIJ ne peut fonctionner que dans les limites constitutionnelles qui lui ont été fixées. Il ne se passe pratiquement pas de jour que le Greffe ne reçoive des requêtes émanant de personnes privées. Aussi tragiques soient-elles, la CIJ ne saurait en connaître et une réponse uniforme leur est faite: «Selon l'article 34 du Statut, seuls les Etats ont qualité pour se présenter devant la Cour.»

La Cour est ouverte:

— aux Etats Membres de l'Organisation des Nations Unies, qui ont accepté, en signant la Charte, les obligations de celle-ci et ont par conséquent adhéré aussi au Statut de la CIJ, partie intégrante de la Charte;

— aux Etats qui ont adhéré au Statut de la CIJ sans signer la Charte ni devenir membres de l'Organisation des Nations Unies (tel fut le cas, par exemple, de Nauru et de la Suisse avant qu'ils deviennent membres de l'Organisation); ces Etats ont dû satisfaire à des conditions déterminées par l'Assemblée générale sur la recommandation du Conseil de sécurité: acceptation des dispositions du Statut, engagement de se conformer aux décisions de la CIJ et versement d'une contribution régulière aux frais de la Cour;

— à tout autre Etat qui, sans être membre de l'Organisation des Nations Unies ni partie au Statut de la CIJ, a déposé au Greffe une déclaration, conforme à des conditions réglées par le Conseil de sécurité dans sa résolution 9 (1946), adoptée le 15 octobre 1946 en vertu du paragraphe 2 de l'article 35 du Statut, par laquelle il a accepté sa juridiction et pris l'engagement d'exécuter de bonne foi ses décisions; plusieurs Etats se sont trouvés dans ce cas avant de devenir membres de l'Organisation des Nations Unies; ayant conclu des traités prévoyant la compétence de la Cour, ils avaient déposé au Greffe la déclaration requise; lorsqu'ils participaient à une affaire, ils devaient contribuer aux frais (exemple: République fédérale d'Allemagne). Invoquant la résolution susmentionnée du Conseil de sécurité, la Palestine a déposé au Greffe, le 4 juillet 2018, une déclaration par laquelle elle dit «accept[er] la juridiction de la Cour internationale de Justice pour tous différends nés ou à naître relevant de l'article premier du protocole de signature facultative à la convention de Vienne sur les relations diplomatiques concernant le règlement obligatoire des différends (1961)».

La compétence de la CIJ à l'égard des parties en litige — ou compétence *ratione personae* — s'étend aux Etats ci-dessus énumérés, c'est-à-dire que, pour qu'un différend soit valablement soumis à la Cour, il faut qu'il oppose deux ou plusieurs desdits Etats (exemple: affaires relatives à la *Licéité de l'emploi de la force*, introduites par la Yougoslavie contre dix Etats membres de l'OTAN en 1999).

Une affaire ne peut être soumise à la Cour qu'avec le consentement des Etats en cause

Si la compétence *ratione personae* doit être établie chaque fois qu'une affaire est portée devant la Cour, cette condition n'est pas suffisante. Un principe fondamental du règlement des différends sur le plan international est que la compétence des tribunaux internationaux dépend en dernière analyse du consentement des Etats à être soumis à la juridiction internationale et qu'aucun Etat souverain ne saurait être partie à une affaire devant la Cour s'il n'y a pas consenti d'une manière ou d'une autre. Il doit avoir accepté que le différend ou la catégorie de différends dont il s'agit vienne devant la Cour; c'est cette acceptation qui détermine la compétence de la Cour à l'égard du différend — ou compétence *ratione materiae*. Certes, selon l'article 36 de la Charte, le Conseil de sécurité, qui peut à tout moment d'un différend recommander les procédures ou méthodes d'ajustement appropriées, doit «tenir compte du fait que, d'une manière générale, les différends d'ordre juridique devraient être soumis par les parties à la Cour internationale de Justice». Toutefois, dans l'affaire du *Détroit de Corfou*, la CIJ n'a pas considéré qu'une recommandation du Conseil de sécurité en ce sens pût en soi suffire à donner compétence à la Cour indépendamment de la volonté des parties en cause.

Compromis

Les différents moyens par lesquels les Etats peuvent consentir à ce que leurs différends d'ordre juridique soient jugés par la CIJ sont indiqués à l'article 36 du Statut. Le paragraphe 1 de cet article énonce:

> «La compétence de la Cour s'étend à toutes les affaires que les parties lui soumettront, ainsi qu'à tous les cas spécialement prévus dans la Charte des Nations Unies ou dans les traités et conventions en vigueur.»

Le premier cas ainsi prévu est celui où les parties conviennent bilatéralement de soumettre un différend déjà existant à la CIJ, donc de reconnaître sa compétence aux fins de l'espèce. Elles concluent à cet effet un traité spécial dénommé «compromis». Une fois saisie de ce compromis par la voie de sa notification (unilatérale ou conjointe), la Cour peut connaître de l'affaire. C'est ainsi que 11 litiges ont été déférés à la CPJI et que 17 affaires sont venues devant la CIJ: *Droit d'asile; Minquiers et Ecréhous; Souveraineté sur certaines parcelles frontalières; Plateau continental de la mer du Nord* (deux affaires); *Plateau continental (Tunisie/Jamahiriya arabe libyenne); Délimitation de la frontière maritime dans la région du golfe du Maine* (affaire portée devant une chambre); *Plateau continental (Jamahiriya arabe libyenne/Malte); Différend frontalier (Burkina Faso/République du Mali)* (affaire portée devant une chambre); *Différend frontalier terrestre, insulaire et maritime* (affaire portée devant une chambre); *Différend territorial (Jamahiriya arabe libyenne/Tchad); Projet Gabčíkovo-Nagymaros; Ile de Kasikili/Sedudu; Souveraineté sur Pulau Ligitan et Pulau Sipadan; Différend frontalier (Bénin/Niger)* (affaire portée devant une chambre); *Souveraineté sur Pedra Branca/Pulau Batu Puteh, Middle Rocks et South Ledge; Différend frontalier (Burkina Faso/Niger)*. (Voir tableau p. 36-37.)

Il arrive également que le consentement d'un Etat défendeur puisse être déduit de son comportement à l'égard de la Cour ou à l'égard de l'Etat demandeur; on se trouve alors dans la situation assez rare dite du *forum prorogatum* (*Concessions Mavrommatis à Jérusalem; *Droits de minorités en Haute-Silésie; Détroit de Corfou)*. Pour que la Cour puisse exercer sa compétence sur la base du *forum prorogatum*, le consentement doit être explicite ou pouvoir être déduit sans ambiguïté du comportement de l'Etat *(Anglo-Iranian Oil Co.; Application de la convention pour la prévention et la répression du crime de génocide (Bosnie-Herzégovine c. Serbie-et-Monténégro))*. Parfois, un Etat entend porter devant la Cour une affaire en reconnaissant que son adversaire n'admet pas la compétence de la Cour et en l'invitant à le faire ; jusqu'à présent, il n'est arrivé qu'à deux reprises que l'Etat contre lequel avait été formée la requête accepte de déférer à ce vœu (*Certaines procédures pénales engagées en France ; Certaines questions concernant l'entraide judiciaire en matière pénale*). Cette acceptation emporte naissance de l'affaire, qui est immédiatement inscrite au rôle et suit alors son cours procédural normal.

Affaires introduites par compromis

Affaires	Parties	Date du compromis	Date de notification (enregistrement au Greffe)
Droit d'asile	Colombie/Pérou	31 août 1949	15 octobre 1949
Minquiers et Ecréhous	France/ Royaume-Uni	29 décembre 1950	6 décembre 1951
Souveraineté sur certaines parcelles frontalières	Belgique/ Pays-Bas	7 mars 1957	27 novembre 1957
Plateau continental de la mer du Nord	République fédérale d'Allemagne/ Danemark	2 février 1967	20 février 1967
Plateau continental de la mer du Nord	République fédérale d'Allemagne/ Pays-Bas	2 février 1967	20 février 1967
Plateau continental	Tunisie/Jamahiriya arabe libyenne	10 juin 1977	1er décembre 1978 et 19 février 1979[4]
Délimitation de la frontière maritime dans la région du golfe du Maine	Canada/Etats-Unis d'Amérique	29 mars 1979	25 novembre 1981
Plateau continental	Jamahiriya arabe libyenne/Malte	23 mai 1976	26 juillet 1982
Différend frontalier	Burkina Faso/ République du Mali	16 septembre 1983	14 octobre 1983
Différend frontalier terrestre, insulaire et maritime	El Salvador/ Honduras	24 mai 1986	11 décembre 1986
Différend territorial	Jamahiriya arabe libyenne/Tchad	31 août 1989	31 août 1990 et 3 septembre 1990[5]
Projet Gabčíkovo-Nagymaros	Hongrie/Slovaquie	7 avril 1993	2 juillet 1993
Ile de Kasikili/Sedudu	Botswana/Namibie	15 février 1996	29 mai 1996

---

[4] La première date concerne la notification faite par la Tunisie et la seconde la notification faite par la Jamahiriya arabe libyenne.

[5] La première date concerne la notification faite par la Jamahiriya arabe libyenne et la seconde le dépôt d'une requête introductive d'instance par le Tchad contre la Jamahiriya arabe libyenne. Les Parties sont ensuite convenues qu'en l'espèce l'instance avait en fait été introduite par deux notifications distinctes d'un même compromis.

Affaires	Parties	Date du compromis	Date de notification (enregistrement au Greffe)
Souveraineté sur Pulau Ligitan et Pulau Sipadan	Indonésie/Malaisie	31 mai 1997	2 novembre 1998
Différend frontalier	Bénin/Niger	15 juin 2001	3 mai 2002
Souveraineté sur Pedra Branca/Pulau Batu Puteh, Middle Rocks et South Ledge	Malaisie/ Singapour	6 février 2003	24 juillet 2003
Différend frontalier	Burkina Faso/Niger	24 février 2009	20 juillet 2010

Traités ou conventions

Le second cas prévu à l'article 36, paragraphe 1, du Statut est celui des traités ou conventions en vigueur prévoyant la compétence de la Cour. C'est en effet devenu une pratique internationale courante que d'insérer dans les accords internationaux bilatéraux ou multilatéraux des dispositions, dites clauses compromissoires, énonçant que les litiges de telle ou telle catégorie devront ou pourront être soumis à un ou plusieurs modes de règlement pacifique des différends. De nombreuses clauses de cette sorte prévoient le recours à la conciliation, à la médiation ou à l'arbitrage ; d'autres visent la saisine de la Cour soit directement, soit après l'échec d'autres modes de règlement. Dans cette hypothèse, les Etats signataires peuvent, s'il surgit entre eux un conflit relevant d'une catégorie couverte par le traité, ou bien saisir la Cour en lui soumettant une requête unilatérale, ou bien préparer un compromis au même effet. La pratique connaît diverses formules de clauses compromissoires, que l'on retrouve d'un traité à l'autre. Des modèles ont été préparés par des sociétés savantes, notamment par l'Institut de droit international (1956), ou dans le cadre d'organisations régionales (recommandation 2008/8 du Comité des ministres aux Etats membres relative à l'acceptation de la juridiction de la Cour internationale de Justice, Conseil de l'Europe, 2008). Ces clauses sont inscrites dans des traités ou conventions :

— ayant pour objet le règlement pacifique des différends en général entre deux ou plusieurs Etats et visant la soumission au règlement judiciaire des conflits qui surgissent éventuellement entre eux dans tel ou tel domaine, avec parfois telle ou telle exception (par exemple la convention européenne pour le règlement pacifique des différends de 1957) ;

— ou ayant un objet particulier, auquel cas elles viseront normalement les litiges concernant l'interprétation ou l'application du traité ou de la convention (par exemple la convention internationale sur l'élimination de toutes les formes de discrimination raciale (1965), la convention des Nations Unies contre la torture et autres peines ou traitements cruels, inhumains ou dégradants (1984), etc.) ou certaines seulement de ses dispositions (par exemple, dans la convention de Vienne de 1969 sur le droit des traités, les litiges ayant trait à l'application et à l'interprétation de l'article 64, qui détermine les conséquences de la survenance d'une nouvelle norme impérative du droit international — *jus cogens*). Ces clauses pourront figurer dans son texte même ou dans un protocole annexe (par exemple les protocoles de signature facultative concernant le règlement obligatoire des différends, annexés à la convention de Vienne sur les relations diplomatiques (1961) ou à la convention de Vienne sur les relations consulaires (1963)), être obligatoires ou facultatives, être susceptibles de réserves ou non.

Les clauses compromissoires qui avaient été insérées dans des traités avant la création de l'ONU visaient, logiquement, la compétence de la CPJI, tandis que les clauses rédigées actuellement prévoient la compétence de la CIJ. Afin d'éviter que les premières ne tombent en désuétude, il a été prévu dans le Statut de la CIJ qu'elles viseraient désormais la compétence de celle-ci. A condition que l'accord auquel elles appartiennent demeure par ailleurs en vigueur et que les Etats en cause soient parties au Statut de la CIJ, un litige couvert par de telles clauses sera soumis à la CIJ comme il l'aurait été à la CPJI. Quelques centaines de traités ou conventions prévoyant la compétence de la Cour sur le fondement d'une clause compromissoire ont été enregistrés au Secrétariat de la SDN ou de l'ONU, et figurent dans les recueils de traités publiés par ces organisations. En outre, la CPJI et la CIJ en ont publié des listes et des extraits.

Exemples de traités ou conventions prévoyant la compétence de la CIJ

Traité américain de règlement pacifique	Bogotá	30 avril 1948
Convention pour la prévention et la répression du crime de génocide	Paris	9 décembre 1948
Acte général revisé pour le règlement pacifique des différends internationaux	Lake Success	28 avril 1949
Convention relative au statut des réfugiés	Genève	28 juillet 1951
Traité de paix avec le Japon	San Francisco	8 septembre 1951
Traité d'amitié (Inde/Philippines)	Manille	11 juillet 1952
Convention universelle sur le droit d'auteur	Genève	6 septembre 1952
Convention européenne pour le règlement pacifique des différends	Strasbourg	29 avril 1957
Convention unique sur les stupéfiants	New York	30 mars 1961
Protocole de signature facultative à la convention de Vienne sur les relations diplomatiques, concernant le règlement obligatoire des différends	Vienne	18 avril 1961
Convention internationale sur l'élimination de toutes les formes de discrimination raciale	New York	7 mars 1966
Convention sur le droit des traités	Vienne	23 mai 1969

Convention pour la répression de la capture illicite d'aéronefs	La Haye	16 décembre 1970
Traité de commerce (Benelux/URSS)	Bruxelles	14 juillet 1971
Convention pour la répression d'actes illicites dirigés contre la sécurité de l'aviation civile	Montréal	23 septembre 1971
Convention contre la prise d'otages	New York	17 décembre 1979
Traité général de paix (Honduras/El Salvador)	Lima	30 octobre 1980
Convention sur le droit des traités entre Etats et organisations internationales ou entre organisations internationales	Vienne	21 mars 1986
Convention des Nations Unies contre le trafic illicite des stupéfiants et des substances psychotropes	Vienne	20 décembre 1988
Convention-cadre des Nations Unies sur les changements climatiques	New York	9 mai 1992
Convention sur la diversité biologique	Rio de Janeiro	5 juin 1992
Protocole à la convention sur la pollution atmosphérique transfrontière à longue distance relatif à une nouvelle réduction des émissions de soufre	Oslo	14 juin 1994
Convention internationale pour la répression du financement du terrorisme	New York	9 décembre 1999
Convention des Nations Unies contre la criminalité transnationale organisée	New York/ Palerme	15 novembre 2000
Protocole contre la fabrication et le trafic illicites d'armes à feu, de leurs pièces, éléments et munitions, additionnel à la convention des Nations Unies contre la criminalité transnationale organisée	New York	31 mai 2001
Protocole sur les registres des rejets et transferts de polluants à la convention sur l'accès à l'information, la participation du public au processus décisionnel et l'accès à la justice en matière d'environnement	Kiev	21 mai 2003
Convention des Nations Unies contre la corruption	Mérida	31 octobre 2003
Convention internationale pour la répression des actes de terrorisme nucléaire	New York	13 avril 2005
Convention sur les armes à sous-munitions	Dublin	30 mai 2008

Il n'est pas toujours aisé de déterminer lesquels de ces traités sont encore en vigueur. Leur nombre est probablement voisin de quatre cents, les uns bilatéraux et impliquant au total une soixantaine d'Etats, les autres multilatéraux et impliquant un nombre plus élevé d'Etats.

Déclarations d'acceptation
de la juridiction obligatoire de la Cour

Un troisième moyen de consentir à la compétence de la Cour est défini par les paragraphes 2 et 3 de l'article 36 du Statut :

«2. Les Etats parties au présent Statut pourront, à n'importe quel moment, déclarer reconnaître comme obligatoire de plein droit et sans convention spéciale, à l'égard de tout autre Etat acceptant la même obligation, la juridiction de la Cour sur tous les différends d'ordre juridique ayant pour objet : *a)* l'interprétation d'un traité ; *b)* tout point de droit international ; *c)* la réalité de tout fait qui, s'il était établi, constituerait la violation d'un engagement international ; *d)* la nature ou l'étendue de la réparation due pour la rupture d'un engagement international.

3. Les déclarations ci-dessus visées pourront être faites purement et simplement ou sous condition de réciprocité de la part de plusieurs ou de certains Etats, ou pour un délai déterminé.»

Ce système, connu depuis la CPJI sous l'appellation «clause facultative de juridiction obligatoire», aboutit en quelque sorte à créer un groupe d'Etats se trouvant vis-à-vis de la Cour dans une situation quelque peu comparable à celle des habitants d'un pays à l'égard de leurs propres tribunaux. En principe, chaque Etat de ce groupe a le droit de citer un ou plusieurs autres Etats du même groupe devant la Cour en lui soumettant une requête et, inversement, il accepte de se présenter devant la Cour au cas où il serait cité par un ou plusieurs de ces Etats. C'est pour cette raison que l'on donne à ces déclarations, qui peuvent être assorties de réserves (voir ci-après p. 41-43), le nom de «déclarations d'acceptation de la juridiction obligatoire de la Cour».

Lesdites déclarations, qui prennent la forme d'un acte unilatéral de l'Etat, sont déposées auprès du Secrétaire général de l'ONU, en général signées par le ministre des affaires étrangères de l'Etat intéressé ou par son représentant auprès de l'Organisation. Elles sont publiées dans le *Recueil des traités des Nations Unies,* dans l'*Annuaire* de la Cour correspondant à l'année au cours de laquelle elles ont été faites *(C.I.J. Annuaire)* ainsi que sur le site Internet de la Cour (www.icj-cij.org). En dépit d'appels solennels de l'Assemblée générale des Nations Unies (voir ci-après p. 288-291), du Secrétaire général de l'ONU (voir, par exemple, son rapport de 2001 intitulé «Prévention des conflits armés»[6] et son rapport de 2012 intitulé «Rendre la justice : programme d'action visant à renforcer l'état de droit aux niveaux national et international»[7]) et de sociétés savantes tel l'Institut de droit international[8], leur nombre n'est pas aussi grand qu'on pourrait le souhaiter.

---

[6] A/55/985-S/2001/574 et Corr. 1.

[7] A/66/749.

[8] *Compétence obligatoire des instances judiciaires et arbitrales internationales,* résolution adoptée par l'Institut de droit international à sa session de Neuchâtel en 1959.

En décembre 2018, il n'y en avait que 73, dont l'origine par groupe régional était la suivante: Afrique, 23; Amérique latine et Caraïbes: 13; Asie: 7; Europe et autres Etats: 30. Il faut ajouter que 15 autres Etats qui avaient admis pendant un certain temps la compétence obligatoire de la CIJ à ce titre ont retiré leur déclaration, neuf d'entre eux alors qu'il leur était arrivé d'être cités comme défendeurs. De même que pour les traités ou conventions, le Statut prescrit que les déclarations visant la CPJI soient considérées comme s'appliquant à la CIJ: six d'entre elles étaient encore valables en 2018, mais dix pays qui avaient reconnu temporairement la compétence obligatoire de la CPJI ne l'ont jamais fait pour la CIJ. Le tableau ci-dessous reflète l'augmentation ou la diminution relative du nombre des déclarations au fil des années.

Nombre d'Etats ayant accepté la juridiction obligatoire de la Cour et d'Etats parties au Statut depuis les origines

	Etats acceptant la juridiction obligatoire	Etats parties au Statut
1925 (CPJI)	23	36
1930	29	42
1935	42	49
1940	32	50
1945 (CIJ)	23	51
1950	35	61
1955	32	64
1960	39	85
1965	40	118
1970	46	129
1975	45	147
1980	47	157
1985	46	162
1990	53	162
1995	59	187
2000	63	189
2005	65	191
2010	66	192
2013	70	193
2018	73	193

L'établissement de la compétence de la Cour sur cette base est souvent compliqué du fait que les déclarations d'acceptation sont assorties de conditions, dans le but d'en limiter la portée. La plupart des déclarations (55 sur 73 en vigueur en décembre 2018) contiennent en effet des réserves excluant la compétence de la Cour pour connaître de diverses questions.

Premièrement, 44 Etats ont limité la portée de leurs déclarations en précisant que tout autre mécanisme de règlement des différends convenu entre les parties prévaudrait sur la compétence générale de la Cour.

Deuxièmement, 35 Etats ont limité leur consentement à la juridiction de la Cour *ratione temporis*, en précisant notamment que seuls seraient couverts les litiges nés après la date de leur acceptation ou concernant des situations postérieures à celle-ci.

Troisièmement, 28 Etats ont limité la portée de leur déclaration en excluant les questions relevant de leur «compétence nationale». Selon le paragraphe 7 de l'article 2 de la Charte des Nations Unies, aucune disposition de la Charte

> «n'autorise les Nations Unies à intervenir dans des affaires qui relèvent essentiellement de la compétence nationale d'un Etat».

S'agissant de cette condition, il n'est pas contesté que chaque Etat souverain ait, selon le droit international, son domaine réservé et il ne serait pas concevable que la CIJ se prononce sur des questions en relevant. Toutefois, comme la CPJI l'a souligné dans l'une de ses premières décisions,

> «la question de savoir si une certaine matière rentre ou ne rentre pas dans le domaine exclusif d'un Etat est une question essentiellement relative: elle dépend du développement des rapports internationaux».

C'est là sans doute l'un des motifs pour lesquels certains Etats ont excepté de leur reconnaissance de la juridiction obligatoire de la CIJ les questions relevant essentiellement de leur compétence nationale telle qu'elle est «fixée», «définie» ou «entendue» par eux-mêmes.

Etats reconnaissant la juridiction obligatoire de la Cour (avec ou sans conditions particulières)
Décembre 2018

Allemagne	Finlande
Australie	Gambie
Autriche	Géorgie
Barbade	Grèce
Belgique	Guinée
Botswana	Guinée Bissau
Bulgarie	Guinée équatoriale
Cambodge	Haïti
Cameroun	Honduras
Canada	Hongrie
Chypre	Îles Marshall
Costa Rica	Inde
Côte d'Ivoire	Irlande
Danemark	Italie
Djibouti	Japon
Dominique (Commonwealth de)	Kenya
Egypte	Lesotho
Espagne	Libéria
Estonie	Liechtenstein

Lituanie	Pologne
Luxembourg	Portugal
Madagascar	République démocratique du Congo
Malawi	République dominicaine
Malte	Roumanie
Maurice	Royaume-Uni de Grande-Bretagne et d'Irlande du Nord
Mexique	Sénégal
Nicaragua	Slovaquie
Nigéria	Somalie
Norvège	Soudan
Nouvelle-Zélande	Suède
Ouganda	Suisse
Pakistan	Suriname
Panama	Swaziland
Paraguay	Timor-Leste
Pays-Bas	Togo
Pérou	Uruguay
Philippines	

Introduites à l'origine par dix pays dans leur déclaration d'acceptation, des réserves de cette nature ont été invoquées en l'affaire relative à *Certains emprunts norvégiens* et en l'affaire de l'*Interhandel*. La CIJ a donné effet à la réserve concernée dans le premier cas et s'est refusée à poursuivre l'instance dans le second cas, mais pour un autre motif. Dans ces affaires, des membres de la Cour ont exprimé l'opinion que de telles réserves étaient contraires au Statut, ce qui entraînait la nullité de la réserve en soi, selon les uns, ou de la déclaration dans son ensemble, selon les autres (1957, 1959). De nombreuses voix se sont élevées pour demander aux gouvernements qui avaient inséré des réserves de ce type dans leur déclaration d'acceptation de la retirer. Certains Etats l'ont fait. En décembre 2018, une telle clause figurait encore dans cinq déclarations (Libéria, Malawi, Mexique, Philippines et Soudan).

Quatrièmement, plusieurs Etats ont ajouté une condition à leur déclaration aux termes de laquelle la Cour ne serait compétente que si toutes les parties à un quelconque traité risquant d'être affecté par la décision de la Cour étaient également parties à l'affaire portée devant elle.

Enfin, certains Etats ont exclu certaines questions spécifiques ou catégories de questions de la compétence de la Cour, telles que les différends territoriaux ou maritimes, les différends concernant leurs forces armées ou les «différends opposant les membres du Commonwealth».

Le principe de réciprocité, qui s'attache expressément ou implicitement aux déclarations d'acceptation de la juridiction obligatoire, donne d'autant plus d'importance à ces conditions. Ce principe a pour effet que, lorsqu'un litige s'élève entre deux ou plusieurs Etats déclarants, les réserves formulées par chacun d'eux peuvent être invoquées par les autres. En d'autres termes, la compétence de la Cour pour l'affaire qui les concerne se limite aux catégories de différends qui n'ont été exclues par aucun d'entre eux. Par exemple, entre deux Etats dont l'un n'a accepté la compétence obligatoire de la Cour que pour les conflits nés après la date de son acceptation, qui était le 1er février 2004, et dont l'autre a exclu les litiges concernant des situations ou faits antérieurs au 21 août 2008, la CIJ ne saurait trancher, quel que soit le demandeur, que des affaires postérieures à cette dernière date.

Quelque 97 Etats ont été parties à des affaires devant la Cour

Puisque la compétence de la Cour est fondée sur le consentement des Etats, c'est leur volonté qui explique en dernière analyse l'étendue de cette compétence et la mesure dans laquelle il est recouru à la Cour. En pratique, depuis la création de la CIJ, 97 Etats ont participé à des affaires contentieuses. Ces Etats se répartissent comme suit : Afrique, 27 ; Amérique latine, 16 ; Asie, 19 ; Europe et autres Etats, 35. Les Etats ont soumis à la CIJ un total de 148 affaires, dont environ un tiers par compromis, un tiers sur la base d'une déclaration d'acceptation de la juridiction de la Cour et un tiers conformément à une clause compromissoire contenue dans un traité.

Lorsqu'on s'interroge sur la question de savoir si l'utilisation de la CIJ, comme de sa devancière, a été suffisante ou non, il convient de se souvenir que la CPJI et la CIJ n'ont pas été créées pour résoudre la totalité des conflits internationaux, mais seulement certains litiges d'ordre juridique. Si la Charte fait obligation aux Etats de résoudre leurs différends par des moyens pacifiques, elle laisse expressément ouvert le choix de ces moyens (art. 33 et 95).

Etats ayant été parties à des affaires de 1946 à décembre 2018

Afrique du Sud	Bulgarie
Albanie	Burkina Faso
Allemagne	Burundi[9]
Arabie saoudite	Cambodge
Argentine	Cameroun
Australie	Canada
Bahreïn	Chili
Belgique	Colombie
Bénin	Congo (République du)[9]
Bolivie (Etat plurinational de)	Costa Rica
Bosnie-Herzégovine	Croatie
Botswana	Danemark
Brésil[9]	Djibouti

Dominique[9]	Malte
Egypte	Mexique
El Salvador	Namibie
Emirats arabes unis	Nauru
Equateur[9]	Nicaragua
Espagne	Niger
Etats-Unis	Nigéria
Ethiopie	Norvège
Ex-République yougoslave de Macédoine	Nouvelle-Zélande
Fédération de Russie	Ouganda
Finlande	Pakistan
France	Palestine
Géorgie	Paraguay[9]
Grèce	Pays-Bas
Guatemala	Pérou
Guinée	Portugal
Guinée Bissau	Qatar
Guyana	République démocratique du Congo
Guinée équatoriale	Roumanie
Honduras	Royaume–Uni
Hongrie	Rwanda
Iles Marshall	Sénégal
Inde	Serbie[12]
Indonésie	Singapour
Iran (République islamique d')	Slovaquie
Islande[10]	Somalie
Israël	Suède
Italie	Suisse
Jamahiriya arabe libyenne[11]	Tchad
Japon	Thaïlande
Kenya	Tunisie
Liban[9]	Turquie[10]
Libéria	Ukraine
Liechtenstein	Uruguay
Malaisie	Venezuela
Mali	

La CPJI avait elle-même relevé que le règlement judiciaire «n'est qu'un succédané au règlement direct et amiable [des] conflits entre les parties». Celles-ci peuvent d'ailleurs les résoudre sans aller devant la Cour mais en se fondant sur sa jurisprudence dans des cas analogues (voir ci-après p. 77). L'essentiel est que le

---

[9] Uniquement dans des affaires terminées par un désistement.
[10] Ces Etats n'ont pas participé à la procédure.
[11] Actuellement dénommée Libye.
[12] Anciennement dénommée République fédérale de Yougoslavie, puis Serbie-et-Monténégro.

but commun — le règlement pacifique — soit atteint. L'Assemblée générale des Nations Unies a tenu compte de ces principes en 1970-1974 lorsqu'elle a discuté du rôle de la CIJ (voir ci-dessus p. 26). Concluant à l'opportunité d'une meilleure utilisation de la Cour, elle a rappelé dans ses résolutions 3232 (XXIX), 3283 (XXIX) et 37/10 (déclaration de Manille sur le règlement pacifique des différends internationaux, adoptée le 15 novembre 1982) que le recours au règlement judiciaire des différends ne doit pas être considéré comme un acte inamical. Comme il a déjà été indiqué (voir ci-dessus p. 32), le Secrétaire général de l'ONU a par ailleurs instauré, en 1989, un fonds d'affectation spéciale devant aider les Etats à soumettre leurs différends à la Cour. Ce fonds est désormais ouvert aux Etats non seulement dans le cas où la Cour a été saisie en vertu d'un compromis mais, plus généralement, dans toutes les hypothèses où la compétence de la Cour (ou la recevabilité de la requête) ne fait pas ou plus l'objet d'une contestation de leur part.

Agents, conseils et avocats

Les Etats n'ont pas de représentant permanent accrédité auprès de la CIJ. En temps ordinaire, ils communiquent avec le greffier par l'intermédiaire de leur ministre des affaires étrangères ou de leur ambassadeur à La Haye. Lorsqu'une affaire les concernant est en cours, ils se font représenter par un agent. La partie qui dépose un compromis ou une requête doit désigner son agent à l'occasion du dépôt ; l'autre partie doit le faire dès qu'elle reçoit notification de ce dépôt ou aussitôt que possible après. Souvent, l'agent d'un gouvernement est son ambassadeur à La Haye ou un haut fonctionnaire tel que le conseiller juridique du ministère des affaires étrangères. Si ce n'est pas l'ambassadeur, sa signature doit être formellement authentifiée. Il doit avoir un domicile élu au siège de la Cour. Des parties faisant cause commune peuvent avoir des agents distincts ou un agent unique. L'agent a le même rôle, les mêmes obligations et les mêmes droits qu'un avoué ou un *solicitor* vis-à-vis d'un tribunal interne ; s'agissant d'affaires internationales, il est une sorte de chef de mission diplomatique spéciale habilité à engager un Etat souverain. L'agent reçoit les communications du greffier relatives à l'affaire et lui transmet toutes lettres ou pièces écrites dûment signées ou certifiées. En audience publique, c'est lui qui ouvre les plaidoiries, dépose les conclusions et agit en toutes circonstances où un acte formel est attendu de son gouvernement. Sans y être tenu, il peut se charger lui-même d'une part importante des exposés.

L'agent se fait assister parfois d'un coagent, d'un agent adjoint ou d'un agent supplémentaire et en tout cas de conseils ou avocats qui l'aident dans la préparation des pièces écrites et la présentation des plaidoiries. Leurs noms doivent être signalés à la Cour et peuvent l'être à tout moment de la procédure. Comme il n'existe pas de barreau auprès de la CIJ, il n'est d'autre condition pour plaider devant elle que d'être désigné par un gouvernement à cette fin. Les conseils n'ont pas obligatoirement la nationalité de l'Etat au nom duquel ils parlent et sont choisis parmi les avocats, professeurs de droit international ou jurisconsultes de tous pays qui paraissent les mieux à même de défendre les vues des parties. En pratique, ils constituent un groupe de spécialistes qui, après avoir été relativement limité, a tendance à s'élargir. De 1946 à 2010, quelque deux cents personnes ont fait fonction de conseils, dont une trentaine a plaidé dans plusieurs affaires. Leur rémunération constitue en général la principale dépense d'un Etat qui se présente devant la CIJ. Afin de contribuer à en limiter le nombre dans une affaire, le Règlement de 1978 (voir ci-dessus p. 18-19) autorise la Cour à fixer, si nécessaire, « le nombre des conseils et avocats qui prennent la parole au nom de chaque partie». L'expérience prouve en effet qu'un agent ne doit pas nécessairement diriger une équipe nombreuse. La Cour a par ailleurs adopté deux instructions de procédure à l'usage des Etats apparaissant devant elle (à propos des instructions de procédure, voir ci-dessus, p. 18-19), afin de guider les Etats dans le choix des personnes pouvant les représenter devant la Cour. La Cour invite notamment les parties à s'abstenir de nommer comme agent, conseil ou avocat dans une affaire une personne exerçant des fonctions de juge *ad hoc* dans une autre affaire (instruction de procédure VII), ou une personne ayant été, au cours des trois années précédant cette nomination, membre de la Cour, juge *ad hoc*, greffier, greffier adjoint ou fonctionnaire supérieur de la Cour (instruction de procédure VIII).

Les agents, conseils et avocats jouissent des privilèges et immunités nécessaires à l'exercice indépendant de leurs fonctions; ils doivent pouvoir communiquer et circuler librement. Leurs noms sont indiqués à cet effet au ministère des affaires étrangères du pays où siège la Cour.

> La liste des Etats à qui la CIJ est ouverte est publiée chaque année dans l'*Annuaire* de la Cour *(C.I.J. Annuaire)*. La liste des instruments régissant la compétence de la Cour ainsi que le texte des déclarations d'acceptation de sa juridiction obligatoire sont quant à eux publiés sur son site Internet (www.icj-cij.org). Enfin, le texte des clauses compromissoires insérées dans les traités pertinents se trouve dans le *Recueil des traités des Nations Unies*.

4. Le procès

Les tribunaux internationaux d'arbitrage, dont l'existence repose uniquement sur la volonté des parties, doivent établir avec celles-ci leurs règles de procédure. La CPJI ayant en revanche été établie sur une base permanente, ses fondateurs ont estimé devoir constituer un corps de règles fixes régissant le déroulement de l'instance et connues à l'avance de toutes parties intéressées. Ils ont pu disposer à cette fin des éléments épars fournis par la pratique des tribunaux arbitraux antérieurs, mais ils ont dû aussi largement innover. Il leur a fallu choisir une procédure capable de satisfaire le sens de la justice du plus grand nombre de plaideurs éventuels et d'établir entre eux des conditions de rigoureuse égalité. Il s'agissait d'inspirer confiance tout en faisant confiance; les premiers membres de la CPJI ont donc opté pour des règles simples, dénuées de formalisme et souples dans leur application. Par tâtonnements successifs, la CPJI a trouvé une sorte d'équilibre entre les exigences qui viennent d'être dites. La CIJ a maintenu cet équilibre, ne changeant qu'avec une extrême prudence les normes fixées par sa devancière.

La Cour est saisie par les parties ou par l'une d'elles

En ce qui concerne la saisine de la CIJ, il convient de distinguer entre les affaires contentieuses selon qu'elles sont introduites par la notification d'un compromis ou par la présentation d'une requête:

— Un compromis a un caractère bilatéral (ou multilatéral) et peut être indifféremment transmis par l'un ou l'autre des Etats en cause, ou les deux (ou plus). Il doit indiquer l'objet du différend et les parties. Comme il n'y aura ni demandeur ni défendeur, leurs noms seront séparés, dans les publications de la Cour, par une barre oblique à la suite du titre de l'affaire (exemple: *Bénin/Niger*).

— Une requête, qui a un caractère unilatéral, est présentée par un demandeur contre un défendeur. Elle est destinée à être communiquée à ce dernier et le Règlement est plus exigeant sur son contenu: outre le nom de son adversaire et l'objet du différend, le demandeur doit autant que possible indiquer brièvement sur la base de quelle disposition — traité ou déclaration d'acceptation — il considère la Cour comme compétente et sur quels faits et motifs il fonde sa demande. Les noms des parties, à la suite du titre de l'affaire, seront séparés par l'abréviation du mot contre: *c.* (exemple: *Nicaragua c. Colombie*).

Le compromis ou la requête est normalement signé par l'agent (voir ci-dessus p. 46-47). Ce document est en général accompagné d'une lettre de transmission du ministre des affaires étrangères ou de l'ambassadeur auprès des Pays-Bas. Il est rédigé en français ou en anglais. Une personne autorisée par le gouvernement intéressé, en général l'ambassadeur auprès des Pays-Bas ou l'agent, le remet en mains propres ou par correspondance au greffier, qui, après s'être assuré que les quelques prescriptions de forme du Statut et du Règlement sont satisfaites, le transmet à l'autre partie et aux membres de la Cour, veille à l'inscription de l'affaire au rôle général et informe la presse par un bref communiqué. Dûment enregistré, traduit et imprimé, le texte du document est ensuite envoyé en édition bilingue au Secrétaire général de l'ONU et aux Etats auxquels la Cour est ouverte, ainsi qu'à toute personne qui en fait la demande. L'introduction d'une instance reçoit donc une large publicité. Sa date, qui est celle de la réception au Greffe du compromis ou de la requête, marque le début de la procédure devant la Cour.

Lorsqu'un différend est soumis à la Cour, il y a souvent déjà un certain temps qu'il est apparu entre les Etats intéressés. Le délai de discussion et de réflexion précédant la saisine de la Cour peut durer des années. Toutefois beaucoup de litiges, fort complexes par définition — sans quoi ils eussent été réglés à l'amiable —, parviennent à la Cour incomplètement débrouillés, au moins sur le plan juridique, et nécessitent encore de longues études des parties elles-mêmes tout au long de la procédure. Il n'en est que plus remarquable que les affaires plaidées devant la CIJ durent en moyenne, de l'introduction de l'instance au prononcé de l'arrêt définitif, quatre ans. Maintes affaires ont cependant été réglées beaucoup plus rapidement, certaines même en moins d'un an *(Appel concernant la compétence du Conseil de l'OACI; Incident aérien du 10 août 1999 (Pakistan c. Inde); Demande en interprétation de l'arrêt du 11 juin 1998; Demande en interprétation de l'arrêt du 31 mars 2004 en l'affaire* Avena et autres ressortissants mexicains (Mexique c. Etats-Unis d'Amérique)*)*. Ce sont principalement des facteurs propres à des affaires déterminées, tels que le nombre de pièces de procédure et les délais demandés par les parties pour leur préparation, ou encore les fréquentes procédures incidentes, qui expliquent certaines longueurs. Bien que l'emprise de la Cour sur ces facteurs soit quelque peu limitée, elle les a pris en compte, autant que possible, dans le cadre de la revision de son Règlement et du réexamen de ses procédures (ayant abouti, par exemple, à l'édiction d'instructions de procédure (voir ci-dessus p. 18-19)).

La procédure est d'abord écrite puis orale

Combinant les deux genres traditionnels de procédure utilisés de par le monde dans des proportions variables, le Statut dispose que la procédure devant la Cour comporte deux phases, l'une écrite, l'autre orale. Ce principe reçoit une application souple, chacune de ces deux phases pouvant connaître de plus ou moins grands développements selon les affaires et compte tenu des vœux des parties. Si chacune d'elles a fait parfois l'objet de critiques, l'accord ne s'est jamais réalisé en pratique sur celle qu'on pourrait éventuellement éliminer. En fait, la combinaison d'une phase écrite assez longue suivie d'une phase orale plutôt brève est très souhaitable si l'on veut que la Cour se prononce en pleine connaissance de cause. Elle offre aux parties comme à la Cour les garanties qu'exige une bonne administration de la justice internationale.

Procédure écrite

La première phase comprend la présentation à la Cour de pièces écrites contenant un exposé détaillé des points de fait et de droit, et se répondant l'une à l'autre. Etant donné notamment la nécessité de satisfaire aux préoccupations de la Cour dans son ensemble et de chacun de ses membres en particulier, c'est-à-dire de quinze juges venant de systèmes juridiques différents, ces pièces ont un caractère très complet. Les documents à l'appui des thèses formulées sont reproduits en annexe; s'ils sont trop volumineux, seuls des extraits sont annexés et, à moins qu'ils ne soient déjà dans le domaine public, le texte complet en est déposé au Greffe en deux exemplaires et mis à la disposition des juges et de l'autre partie pour consultation. La Cour peut demander elle-même la production de documents ou d'explications au cours de la procédure écrite (exemples: *Détroit de Corfou; Droits des ressortissants des Etats-Unis d'Amérique au Maroc; Or monétaire pris à Rome en 1943; Personnel diplomatique et consulaire des Etats-Unis à Téhéran; Activités militaires et paramilitaires au Nicaragua et contre celui-ci; Délimitation maritime et questions territoriales entre Qatar et Bahreïn; Questions d'interprétation et d'application de la convention de Montréal de 1971 résultant de l'incident aérien de Lockerbie* (mesures conservatoires); *Ahmadou Sadio Diallo).*

S'agissant d'affaires introduites par requête, le président rencontre les agents des parties aussitôt que possible après leur désignation afin de se renseigner sur leurs vues à propos du nombre des pièces de procédure écrite, de leur ordre de présentation et de leur échelonnement dans le temps. La décision est prise par la Cour, ou le président lui-même si elle ne siège pas, en tenant compte de ces vues pour autant qu'elles n'entraînent pas un retard injustifié. Cette décision est rendue sous la forme d'une ordonnance qui intervient, en moyenne, un mois environ après l'introduction de l'instance. Les pièces à présenter sont en principe au nombre de deux: «un mémoire du demandeur [et] un contre-mémoire du défendeur». Si les parties le demandent ou si la Cour l'estime nécessaire, il peut aussi y avoir une réplique et une duplique qui «ne répètent pas simplement les thèses des parties mais s'attachent à faire ressortir les points qui les divisent encore». L'autorisation de déposer une réplique et une duplique s'est généralisée, sans devenir néanmoins systématique *(Compétence en matière de pêcheries (Espagne c. Canada); Chasse à la baleine dans l'Antarctique).* Les délais fixés pour le dépôt des pièces, «aussi brefs que la nature de l'affaire le permet», sont normalement égaux pour les deux parties; la Cour peut, à la demande d'une partie, les proroger, mais uniquement si «elle estime la demande suffisamment justifiée».

Le texte mis entre guillemets dans le paragraphe qui précède est tiré du Règlement de 1978 (voir ci-dessus p. 18), qui a tenu compte des vœux de nombreux commentateurs. Auparavant, le nombre des pièces de procédure écrite était d'office fixé à quatre, au lieu de deux (exception: *Haya de la Torre*) et elles avaient fini par prendre une ampleur considérable. Même si les délais sollicités étaient relativement longs (en général de l'ordre de trois à six mois pour chaque pièce, mais parfois jusqu'à un an, voire plus), il apparaissait difficile à la Cour de ne pas tenir compte des désirs exprimés par les représentants d'Etats souverains soucieux de donner à l'exposé de leurs thèses l'ampleur et le soin convenables. Elle avait également dû accepter des demandes de prorogation totalisant dans certaines affaires jusqu'à un an ou dix-huit mois, c'est-à-dire doublant à peu près la durée primitivement escomptée de la procédure écrite. La latitude ainsi laissée aux parties avait contribué progressivement à allonger excessivement les procédures, ce que la Cour a déploré dans une ordonnance de 1968. Les délais demandés par les parties demeurent bien souvent considérables.

Dans les cas où une affaire est portée devant la Cour ou une chambre de la Cour par la notification d'un compromis, il est habituel que les parties fixent elles-mêmes dans le compromis — sans que cela lie la Cour — le nombre et l'ordre de présentation des pièces de procédure. Dans les affaires les plus récentes, les parties sont tombées d'accord pour présenter chacune un mémoire, un contre-mémoire, éventuellement suivis d'une autre pièce. Elles sont également convenues de certains délais. La Cour tient compte, dans la mesure où elle le peut, des désirs des parties sur ces divers points (articles 46 et 92 du Règlement). C'est ainsi que des répliques ont été déposées dans les affaires du *Plateau continental (Tunisie/Jamahiriya arabe libyenne)*, de la *Délimitation de la frontière maritime dans la région du golfe du Maine*, du *Plateau continental (Jamahiriya arabe libyenne/Malte)*, du *Différend frontalier terrestre, insulaire et maritime*, du *Différend territorial (Jamahiriya arabe libyenne/Tchad)*, du *Projet Gabčíkovo-Nagymaros*, de l'*Ile de Kasikili/Sedudu*, de la *Souveraineté sur Pulau Ligitan et Pulau Sipadan* et de la *Souveraineté sur Pedra Branca/Pulau Batu Puteh, Middle Rocks et South Ledge*. En revanche, dans l'affaire du *Différend frontalier (Burkina Faso/République du Mali)* et dans l'affaire du *Différend frontalier (Burkina Faso/Niger)*, seuls des mémoires et des contre-mémoires ont été présentés. S'agissant de l'ordre de présentation des pièces de procédure dans les affaires soumises par voie de compromis, la Cour «souhaite décourager la pratique du dépôt simultané» (instruction de procédure I), la pratique du dépôt consécutif devant favoriser un échange direct et plus approfondi entre les parties dès la phase de la procédure écrite. Les parties préfèrent cependant fréquemment procéder au dépôt simultané de leurs pièces, dès lors qu'il n'y a ni demandeur ni défendeur.

Les pièces de procédure sont remises par l'agent au greffier en deux exemplaires originaux signés, avec 123 copies destinées à l'autre partie, aux juges et au Greffe. Qu'elles soient imprimées (ce qui n'est en général plus le cas) ou non, elles doivent autant que possible se conformer au format recommandé par la Cour. Les parties ont désormais le choix de déposer soit l'intégralité des copies additionnelles des pièces de procédure en format papier, soit 75 copies en format papier et 50 sur CD-ROM. Les pièces et leurs annexes sont rédigées soit en français, soit en anglais; elles peuvent combiner ces deux langues — et même d'autres, pourvu que le déposant joigne sa propre traduction certifiée exacte en français ou en anglais. Le Greffe établit une traduction non officielle dans l'autre langue à l'usage des juges. Les pièces de procédure peuvent, après avis des parties, être communiquées aux gouvernements qui en font la demande, à condition qu'il s'agisse d'Etats auxquels la Cour est ouverte. Elles sont habituellement mises à la disposition de la presse et du public, après avis des parties, lors de l'ouverture de la procédure orale ou ultérieurement; à cet effet, elles sont notamment placées sur le site Internet de la Cour.

Face à l'accroissement du volume des pièces de procédure déposées par les parties, et à la multiplication des documents qu'elles y annexent, la Cour a édicté une instruction de procédure à l'usage des Etats apparaissant devant elle, dans laquelle elle a notamment prié les parties «de veiller à ce que leurs écritures soient aussi concises que possible» et «d'opérer une sélection rigoureuse des documents qu'elles annexent» (instruction de procédure III).

Dans chaque pièce de procédure, la partie déposante indique quelles sont ses conclusions à ce stade. Les conclusions, notion empruntée par la pratique arbitrale et judiciaire internationale aux systèmes de droit civil et que les pays de *common law* ne connaissent pas sous cette forme, sont l'énoncé précis et direct de ce qu'une partie demande au tribunal de décider. Elles correspondent à ce que cet Etat déduit des faits et motifs par lui allégués et visent aussi bien la demande principale que les demandes reconventionnelles éventuelles, mais elles ne comprennent en principe aucun exposé, même résumé, desdits faits et motifs. Elles définissent la portée de la demande et le cadre dans lequel la Cour devra se prononcer. La CIJ aura ainsi «le devoir de répondre aux demandes des parties telles qu'elles s'expriment dans leurs conclusions finales mais aussi celui de s'abstenir de statuer sur des points non compris dans lesdites demandes ainsi exprimées» (*Demande d'interprétation de l'arrêt du 20 novembre 1950 en l'affaire du droit d'asile (Colombie/Pérou), arrêt, C.I.J. Recueil 1950*, p. 402).

Procédure orale

Une fois déposée la dernière pièce de procédure, l'affaire est en état, c'est-à-dire prête à être plaidée. La procédure orale s'ouvre en principe quelques mois plus tard. La date d'ouverture est fixée par la Cour en fonction du calendrier de ses travaux judiciaires et, dans la mesure du possible, des convenances des parties, leurs représentants, agents, conseils et avocats ayant besoin d'un certain délai pour préparer leurs exposés.

A la différence des tribunaux arbitraux, les audiences devant la CIJ sont publiques à moins que les parties ne demandent, ou que la Cour ne décide *proprio motu*, le huis clos. Annoncées par voie de communiqué de presse, elles se tiennent dans la grande salle de justice sise au rez-de-chaussée du Palais de la Paix, en général chaque matin de 10 à 13 heures ou l'après-midi de 15 à 18 heures. Les juges portent une toge noire et un jabot blanc tout comme le greffier, qui siège à la même table. Les agents et conseils des parties, dont chacun porte la même tenue que dans son propre pays, leur font face : pour les affaires introduites par requête, le demandeur est à la gauche du président et le défendeur à la droite ; pour les affaires introduites par notification d'un compromis, la partie appelée à prendre la parole la première est placée à la gauche du président et l'autre partie à la droite. Les dispositions utiles sont prises pour que la presse écrite ou les médias audiovisuels puissent rendre compte des débats.

Les parties plaident suivant l'ordre du dépôt des pièces écrites ou, pour les affaires soumises en vertu d'un compromis, dans l'ordre fixé par la Cour après consultation des agents des parties. Habituellement, chacune a droit à deux tours de parole. Les orateurs peuvent parler dans la langue officielle de leur choix : il n'est nécessaire ni que tout le débat se déroule dans une seule d'entre elles, ni que tous les représentants d'une partie donnée utilisent la même. Ce qui est dit en français est interprété en anglais et vice versa. L'interprétation, qui était faite consécutivement jusqu'en 1965, est simultanée depuis lors. Si un conseil désire employer une langue non officielle (exemples : *Vapeur* Wimbledon et *Droits de minorités en Haute-Silésie*, allemand ; *Borchgrave* et *Barcelona Traction*, espagnol ; *Questions d'interprétation et d'application de la convention de Montréal de 1971 résultant de l'incident aérien de Lockerbie*, arabe), la partie qu'il représente en avise le greffier à l'avance et assure elle-même, sous le contrôle du greffier, une interprétation consécutive en langue française ou anglaise ; c'est cette interprétation qui est reproduite dans le compte rendu de l'audience. Comme il est fréquent dans la pratique des organes principaux de l'ONU, les orateurs, dont beaucoup ne s'expriment pas dans leur propre langue, lisent le plus souvent un texte préparé et le remettent au Greffe avant l'audience aux fins notamment d'assurer la meilleure interprétation possible et de faciliter la bonne administration de l'audience. Les exposés sont enregistrés au fur et à mesure dans la langue officielle originale et reproduits par les soins du Greffe dans un compte rendu provisoire qui sera diffusé quelques heures plus tard ; une fois corrigé par les orateurs du point de vue de la forme (sous le contrôle de la Cour), ce compte rendu aura un caractère authentique. Le Greffe fait établir dans l'autre langue de la Cour une traduction écrite non officielle du compte rendu provisoire, qui est diffusée quelques jours après l'audience.

Les audiences, qui prennent en général deux à trois semaines par affaire (mais *Barcelona Traction*, 64 audiences ; *Sud-Ouest africain*, 102 audiences ; *Différend frontalier terrestre, insulaire et maritime,* 50 audiences; *Application de la convention pour la prévention et la répression du crime de génocide (Bosnie-Herzégovine c. Serbie-et-Monténégro),* 56 audiences), se déroulent sous la direction de la Cour et plus spécialement du président. Celui-ci consulte ses collègues et s'assure des vues des agents des parties qu'il reçoit, quand nécessaire, avant l'ouverture des audiences ou pendant celles-ci. Au besoin, des ordonnances sont rendues pour la conduite de la procédure. S'agissant du contenu même des plaidoiries, la CIJ a cru jusqu'à présent devoir s'abstenir autant que possible de donner des directives aux représentants de parties souveraines. Toutefois, ainsi que le prévoit le paragraphe 1 de l'article 61 du Règlement,

> «[l]a Cour peut, à tout moment avant ou durant les débats, indiquer les points ou les problèmes qu'elle voudrait voir spécialement étudier par les parties ou ceux qu'elle considère comme suffisamment discutés».

S'agissant des questions que la Cour peut poser à l'audience sur les points lui semblant appeler des éclaircissements (Règlement, art. 61, par. 2), ou des compléments d'information ou de documentation auxquels la Cour peut à tout moment inviter les parties à procéder (Règlement, art. 62, par. 1), la pratique montre que la Cour a recouru à ces moyens assez rarement *(Détroit de Corfou; Ambatielos; Personnel diplomatique et consulaire des Etats-Unis à Téhéran; Activités militaires et paramilitaires au Nicaragua et contre celui-ci; Application de la convention pour la prévention et la répression du crime de génocide (Bosnie-Herzégovine c. Serbie-et-Monténégro); Ahmadou Sadio Diallo).*

En revanche, la faculté que le paragraphe 3 de l'article 61 du Règlement confère à chaque juge de poser aux parties des questions à l'audience est fréquemment utilisée (exemples: *Projet Gabčíkovo-Nagymaros; Ile de Kasikili/Sedudu; Délimitation maritime et questions territoriales entre Qatar et Bahreïn; LaGrand; Plates-formes pétrolières; Application de la convention pour la prévention et la répression du crime de génocide (Bosnie-Herzégovine c. Serbie-et-Monténégro); Souveraineté sur Pedra Branca/Pulau Batu Puteh, Middle Rocks et South Ledge; Différend relatif à des droits de navigation et des droits connexes; Demande en interprétation de l'arrêt du 31 mars 2004 en l'affaire* Avena *et autres ressortissants* mexicains; *Application de la convention internationale sur l'élimination de toutes les formes de discrimination raciale (Géorgie c. Fédération de Russie); Questions concernant l'obligation de poursuivre ou d'extrader; Certaines activités menées par le Nicaragua dans la région frontalière; Chasse à la baleine dans l'Antarctique; Obligations relatives à des négociations concernant la cessation de la course aux armes nucléaires et le désarmement nucléaire; Obligation de négocier un accès à l'océan Pacifique).* Les juges le font toutefois après en avoir avisé le président, ainsi que leurs collègues, ce qui donne souvent lieu à un bref débat interne. La possibilité peut être donnée aux parties de répondre oralement à la question posée au cours d'une audience ultérieure, ou d'y répondre par écrit, dans un court délai fixé par la Cour. Pour le reste, les orateurs n'ont pratiquement d'autre guide que la double nécessité de contredire leurs adversaires et de ne rien manquer d'éventuellement utile au soutien de leur propre argumentation.

La conception que les parties et la Cour étaient venues à se faire de la procédure orale a été contestée, même par des gouvernements, comme tendant à une certaine répétition de ce qui avait déjà été soumis sous forme écrite. C'est pourquoi, aux termes du Règlement de 1978 :

> « Les exposés oraux prononcés au nom de chaque partie sont aussi succincts que possible eu égard à ce qui est nécessaire pour une bonne présentation des thèses à l'audience. A cet effet, ils portent sur les points qui divisent encore les parties, ne reprennent pas tout ce qui est traité dans les pièces de procédure, et ne répètent pas simplement les faits et arguments qui y sont déjà invoqués. » (Art. 60, par. 1.)

Dans son instruction de procédure VI, la Cour, rappelant le premier paragraphe reproduit ci-dessus, « demande [aux parties] le plein respect de ces dispositions ainsi que du degré de brièveté requis ». La Cour a précisé, dans ce contexte, qu'elle « trouverait fort utile que les parties privilégient, lors du premier tour de la procédure orale, les points qui ont été soulevés par l'une d'elles au stade de la procédure écrite mais n'ont pas encore été traités comme il convient par l'autre, ainsi que ceux sur lesquels elles tiennent à mettre l'accent pour conclure leur argumentation ».

En ce qui concerne l'examen des preuves, la CIJ, qui a le pouvoir de prendre toutes les mesures nécessaires, s'efforce de régler les problèmes sans formalisme, avec la coopération des parties et en tenant compte des conceptions divergentes que celles-ci peuvent avoir en la matière. Elle acceptera donc des éléments de preuve avec plus de souplesse que certains tribunaux nationaux, se réservant néanmoins de reconsidérer la question au cours du délibéré. Les arrêts de la Cour contiennent souvent des développements assez détaillés sur la façon dont la Cour a traité les preuves avancées par les parties, compte tenu de leur nature et des circonstances de l'espèce (*Activités militaires et paramilitaires au Nicaragua et contre celui-ci ; Différend frontalier terrestre, insulaire et maritime ; Projet Gabčíkovo-Nagymaros ; Activités armées sur le territoire du Congo (République démocratique du Congo c. Ouganda) ; Application de la convention pour la prévention et la répression du crime de génocide (Bosnie-Herzégovine c. Serbie-et-Monténégro) ; Usines de pâte à papier sur le fleuve Uruguay ; Application de la convention internationale sur l'élimination de toutes les formes de discrimination raciale (Géorgie c. Fédération de Russie)).*

— Les faits qui sont soumis à la Cour, et sur lesquels les parties sont souvent d'accord, sont en général établis par des documents et ceux-ci se trouvent pour la plupart dans les pièces de procédure. La preuve documentaire est la plus importante dans le système d'administration de la preuve en vigueur devant la Cour. Au terme de la procédure écrite, des documents nouveaux ne sauraient être produits qu'exceptionnellement et sans retarder la procédure. Dans son instruction de procédure IX, la Cour a précisé à cet égard que, si une partie souhaite présenter un document nouveau après la clôture de la procédure écrite, «elle devra expliquer pourquoi elle juge nécessaire de verser ce document au dossier de l'affaire et pourquoi elle n'a pas été en mesure de le produire plus tôt». Les documents nouveaux doivent normalement être déposés en cent vingt-cinq exemplaires. Le greffier les transmet à la partie adverse en lui demandant ses vues. Si elles sont favorables, la Cour, en principe, les entérine. Dans le cas contraire, elle se prononce elle-même et n'accepte un document que «si elle l'estime nécessaire». A l'audience, les parties ne peuvent mentionner la teneur d'un document nouveau qui ne ferait pas partie d'une publication facilement accessible ou n'aurait pas été produit conformément à ces dispositions.

— La pratique de la CPJI et de la CIJ n'offre que relativement peu d'exemples de témoignages ou d'expertises (*Certains intérêts allemands en Haute-Silésie polonaise; Temple de Préah Vihéar; Sud-Ouest africain; Plateau continental (Tunisie/Jamahiriya arabe libyenne); Délimitation de la frontière maritime dans la région du golfe du Maine; Plateau continental (Jamahiriya arabe libyenne/Malte); Activités militaires et paramilitaires au Nicaragua et contre celui-ci; Elettronica Sicula S.p.A. (ELSI); Différend frontalier terrestre, insulaire et maritime; Application de la convention pour la prévention et la répression du crime de génocide (Bosnie-Herzégovine c. Serbie-et-Monténégro); Chasse à la baleine dans l'Antarctique; Application de la convention pour la prévention et la répression du crime de génocide (Croatie c. Serbie); Certaines activités menées par le Nicaragua dans la région frontalière et Construction d'une route au Costa Rica le long du fleuve San Juan).* Pour entendre les témoins ou experts présentés par l'une ou l'autre des parties, la Cour a suivi jusqu'à présent une procédure proche de celle utilisée par de nombreuses juridictions de *common law*, mais sans se considérer liée par aucune règle particulière : interrogatoire par les représentants de la partie qui présente le témoin, contre-interrogatoire par ceux de l'autre partie, nouvel interrogatoire par les premiers et réponse aux questions éventuelles du président et des juges. Cela peut se passer, dans les mêmes conditions que pour les plaidoiries, en une autre langue que le français ou l'anglais (*Détroit de Corfou; Différend frontalier terrestre, insulaire et maritime; Application de la convention pour la prévention et la répression du crime de génocide (Bosnie-Herzégovine c. Serbie-et-Monténégro)*); dans ce cas, c'est la déclaration signée par l'intéressé, telle que traduite dans l'une des langues officielles de la Cour, qui est reproduite dans le compte rendu d'audience. La Cour a la faculté de convoquer elle-même des témoins, mais ne l'a jamais fait. Elle peut enfin désigner des experts pour lui faire rapport (*Usine de Chorzów; Détroit de Corfou; Délimitation maritime dans la mer des Caraïbes et l'océan Pacifique*), prescrire une enquête sur les lieux *(Détroit de Corfou)* ou s'y rendre *(*Prises d'eau à la Meuse; Projet Gabčíkovo-Nagymaros)*. Dans les affaires des **Zones franches de la Haute-Savoie et du Pays de Gex* et du *Sud-Ouest africain*, elle a rejeté une invitation à cette dernière fin. Les chambres constituées par la Cour ont les mêmes facultés. C'est ainsi qu'un expert a été désigné par ordonnance de la chambre formée en l'affaire du *Golfe du Maine* pour l'aider dans la considération des questions techniques[13], tandis que la chambre constituée en l'affaire du *Différend frontalier terrestre, insulaire et maritime* n'a pas jugé nécessaire de se rendre dans les zones litigieuses ou de faire procéder à une enquête ou à une expertise en l'espèce.

— Les parties ont toujours eu recours, sous réserve d'un contrôle approprié de la Cour, aux moyens techniques les plus récents aux fins d'étayer ou d'illustrer leurs thèses à l'audience, allant de la présentation de cartes, de photographies ou de maquettes *(*Prises d'eau à la Meuse)* jusqu'à la diffusion d'enregistrements vidéo ou d'autres matériaux audiovisuels *(Temple de Préah Vihéar; Plateau continental (Tunisie/Jamahiriya arabe libyenne); Projet Gabčíkovo-Nagymaros; Souveraineté sur Pulau Ligitan et Pulau Sipadan)*. S'agissant d'éléments n'ayant pas été produits au cours de la procédure écrite, il ressort de la pratique qu'une partie qui souhaite présenter un film ou d'autres matériaux audiovisuels à l'audience doit en informer suffisamment tôt la Cour, l'autre partie devant avoir la possibilité de les visionner au préalable et d'exprimer son opinion quant à leur présentation. Afin de lui permettre de prendre une décision au sujet d'une telle présentation, la Cour a précisé, dans l'instruction de procédure IX *quater*, que la partie intéressée doit indiquer la raison d'une telle présentation et fournir diverses informations relatives à la source de ce matériau, aux circonstances et à la date de sa réalisation, ainsi qu'à la mesure dans laquelle il est accessible au public, et, chaque fois que cela est pertinent, les coordonnées géographiques de l'emplacement à partir duquel ce matériau a été réalisé.

Après les plaidoiries de chaque partie, l'agent lit les conclusions finales, dont il remet le texte signé au greffier. A la fin de la dernière audience publique, le président prie les agents de se tenir à la disposition de la Cour. Eventuellement, les réponses à certaines des questions posées par la Cour ou les juges à titre individuel peuvent être transmises ensuite par écrit au Greffe ; les réponses écrites peuvent faire l'objet d'observations écrites par l'autre partie. La Cour peut poser des questions additionnelles aux parties, par écrit, après la clôture des audiences. Les réponses et éventuelles observations écrites sur ces réponses seront dûment communiquées aux membres de la Cour et à chacune des parties.

---

[13] Dans ce cas, cependant, la désignation d'un expert technique et sa mission étaient prévues dans le compromis. Son rapport fut annexé à l'arrêt de la chambre.

Les parties peuvent soulever des exceptions ou autres incidents de procédure

La procédure qui vient d'être décrite est la procédure normale et sans incident devant la Cour plénière et les chambres. Il convient d'évoquer aussi les incidents qui, comme devant les tribunaux nationaux, modifient le déroulement des affaires.

Exceptions préliminaires

L'une des procédures incidentes les plus fréquentes est celle des exceptions préliminaires, généralement soulevées par le défendeur quand l'instance a été introduite par une requête du demandeur. Ces exceptions tendent à suspendre l'examen du fond d'une affaire par la Cour et à empêcher que la Cour se prononce sur celui-ci en faisant valoir :

— soit que la Cour n'est pas en réalité compétente *ratione personae*, parce que l'une des parties à l'instance ne possède pas la capacité pour ester devant la Cour, par exemple lorsque cette instance n'a pas valablement été introduite contre l'Etat défendeur, au motif que celui-ci n'est pas «partie au [Statut de la Cour]» ou autrement lié par «[une] disposition particulière d'[un] traité en vigueur», au sens des paragraphes 1 et 2 de l'article 35 du Statut[14] ;

— soit que la Cour n'est pas en réalité compétente *ratione materiae* si l'on s'en tient au traité contenant une clause compromissoire ou à la déclaration d'acceptation de la juridiction obligatoire sur la base desquels le demandeur a saisi la Cour. Le défendeur peut alléguer par exemple que ce traité, ou cette déclaration d'acceptation, est entaché de nullité ou n'est plus en vigueur ; que le différend est antérieur à la date limite énoncée dans le traité ou la déclaration ; ou encore que le différend n'entre pas dans leurs prévisions pour tout autre motif (par exemple parce qu'une réserve attachée à la déclaration exclut le différend en cause) ;

— soit que, quand bien même la Cour aurait compétence, elle ne pourrait l'exercer car la requête est *irrecevable* pour un motif d'ordre plus général. On peut alléguer que certaines dispositions essentielles du Statut ou du Règlement n'ont pas été observées ; que le différend n'existe pas, est devenu sans objet, porte sur un droit inexistant ou n'est pas d'ordre juridique au sens du Statut ; que la décision serait sans effet pratique ou serait incompatible avec le rôle d'un tribunal ; que le demandeur n'a pas qualité pour agir, n'a pas d'intérêt juridique en l'espèce ou n'a pas épuisé les négociations ou toute autre procé-

---

[14] «1. La Cour est ouverte aux Etats parties au présent Statut.

2. Les conditions auxquelles elle est ouverte aux autres Etats sont, sous réserve des dispositions particulières des traités en vigueur, réglées par le Conseil de sécurité, et, dans tous les cas, sans qu'il puisse en résulter pour les parties aucune inégalité devant la Cour.»

dure préalable; que le demandeur invoque des faits qui seraient du ressort d'un organe politique de l'ONU; ou, encore, que le particulier que l'Etat demandeur cherche à protéger n'a pas la nationalité de ce dernier ou n'a pas épuisé les recours internes qui lui étaient ouverts dans le pays du défendeur[15];

— soit qu'il existe un autre motif de ne pas poursuivre l'examen de l'affaire plus avant: on peut soutenir que le différend porté devant la Cour comporte d'autres aspects dont la Cour n'est pas saisie; que le demandeur n'a pas cité devant la Cour certaines parties dont la présence serait indispensable; que certaines procédures de négociation n'ont pas été épuisées, etc.[16].

En pareil cas, c'est à la Cour qu'il appartient de trancher car elle a, au sens large, «la compétence de sa compétence». Comme il est dit au paragraphe 6 de l'article 36 du Statut: «En cas de contestation sur le point de savoir si la Cour est compétente, la Cour décide.» La procédure à suivre est définie à l'article 79 du Règlement. Lorsque le défendeur entend soulever des exceptions préliminaires, il doit le faire par écrit dès que possible, et au plus tard trois mois après le dépôt du mémoire. La procédure écrite sur le fond est alors suspendue, et une procédure écrite et orale sur les exceptions est ouverte, qui constitue une phase distincte de l'affaire, une sorte de procès dans le procès. Par ordonnance, un délai est accordé au demandeur en vue de présenter par écrit ses observations et conclusions, autrement dit sa réponse aux exceptions. Par son instruction de procédure V, la Cour a décidé, afin d'accélérer la procédure, que ce délai ne devra en général pas excéder quatre mois. S'ouvre ensuite une série d'audiences publiques semblable à celle qui a été décrite ci-dessus, mais plus courte car strictement limitée aux questions d'exceptions préliminaires, ainsi que le précise l'instruction de procédure VI.

Il convient de mentionner ici l'hypothèse visée au paragraphe 2 de l'article 79 du Règlement, lequel prévoit en outre le cas dans lequel la Cour décide, dès après le dépôt de la requête introductive d'instance et après consultation des parties, qu'il sera statué séparément sur toute question de compétence et de recevabilité. Dans ce cas, qui est arrivé assez fréquemment (exemples les plus récents: *Incident aérien du 10 août 1999; Activités armées sur le territoire du Congo (nouvelle requête: 2002) (République démocratique du Congo c. Rwanda); Obligations relatives à des négociations concernant la cessation de la course aux armes nucléaires et le désarmement nucléaire (Iles Marshall c. Inde); Obligations relatives à des négociations concernant la cessation de la course aux armes nucléaires et*

---

[15] Certains de ces points peuvent, selon les cas ou selon les conceptions, faire aussi l'objet d'exceptions d'incompétence ou de non-lieu. Les tribunaux internationaux ont toujours observé une attitude pragmatique en la matière.
[16] Certains de ces points peuvent, selon les cas ou selon les conceptions, faire aussi l'objet d'exceptions d'incompétence ou d'irrecevabilité.

le désarmement nucléaire (Iles Marshall c. Pakistan); *Sentence arbitrale du 3 octobre 1899* ; *Transfert de l'ambassade des Etats-Unis à Jérusalem*, la Cour statue *in limine* sur cette question, c'est-à-dire avant toute procédure sur le fond.

Enfin, la Cour délibère et rend un arrêt suivant sa méthode habituelle (voir ci-après p. 69-77). Il y a trois solutions, et trois seulement :

— la Cour retient au moins une des exceptions préliminaires et l'affaire s'arrête là, quitte à reprendre un jour s'il a été remédié au motif de l'exception retenue (exemple : les recours internes ont été finalement épuisés) ;

— la Cour rejette les exceptions préliminaires et la procédure sur le fond reprend au point où elle a été interrompue : le défendeur est invité à produire un contre-mémoire dans un certain délai ;

— la Cour déclare que les exceptions en cause n'ont pas un caractère exclusivement préliminaire et la procédure reprend en vue de permettre à la Cour de se prononcer sur l'ensemble des questions à elle soumises.

Ce schéma général est cependant susceptible de variations. En voici des exemples :

— Le défendeur retire son exception préliminaire *(Droits de ressortissants des Etats-Unis d'Amérique au Maroc; Application de la convention pour la prévention et la répression du crime de génocide (Bosnie-Herzégovine c. Serbie-et-Monténégro))*.

— Le défendeur fait valoir dans ses pièces de procédure ou plaidoiries une objection à la compétence ou à la recevabilité mais ne la présente pas sous forme d'exception préliminaire : la Cour l'examine s'il y a lieu au stade du fond dans son arrêt *(*Droits de minorités en Haute-Silésie; Nottebohm; Appel concernant la compétence du Conseil de l'OACI; LaGrand; Mandat d'arrêt du 11 avril 2000; Avena et autres ressortissants mexicains; Certaines questions concernant l'entraide judiciaire en matière pénale; Demande en interprétation de l'arrêt du 31 mars 2004 en l'affaire* Avena et autres ressortissants mexicains; *Application de l'accord intérimaire du 13 septembre 1995; Questions concernant l'obligation de poursuivre ou d'extrader; Chasse à la baleine dans l'Antarctique)*.

— La Cour examine d'elle-même un point préliminaire n'ayant pas fait l'objet d'une exception formelle *(*Emprunts serbes; *Administration du prince von Pless; Sud-Ouest africain; Essais nucléaires; Personnel diplomatique et consulaire des Etats-Unis à Téhéran)*.

— Les parties s'entendent pour demander que les exceptions préliminaires ou questions de compétence et/ou de recevabilité soulevées soient tranchées avec le fond, ce que la Cour est tenue d'accepter *(Certains emprunts norvégiens; Elettronica Sicula S.p.A. (ELSI); Timor oriental)*. Antérieurement à la revision du Règlement effectuée en 1972, la Cour avait la faculté de décider d'elle-même une jonction au fond (*Administration du prince von Pless, *Pajzs, Csáky, Esterházy; *Losinger; *Chemin de fer Panevezys-Saldutiskis; Droit de passage sur territoire indien; Barcelona Traction). Depuis, cette faculté est limitée. La nouvelle disposition précise à cet égard que seules les exceptions n'ayant pas un caractère exclusivement préliminaire peuvent désormais être tranchées lors de l'examen du fond (Activités militaires et paramilitaires au Nicaragua et contre celui-ci; Questions d'interprétation et d'application de la convention de Montréal de 1971 résultant de l'incident aérien de Lockerbie; Frontière terrestre et maritime entre le Cameroun et le Nigéria; Application de la convention pour la prévention et la répression du crime de génocide (Croatie c. Serbie)).

— C'est le demandeur lui-même qui soulève une exception préliminaire dans le délai fixé pour le dépôt de son mémoire : elle est alors traitée exactement comme une exception présentée par le défendeur (Or monétaire pris à Rome en 1943).

— Dans le cadre d'une affaire introduite par la notification d'un compromis, dans laquelle il n'y a ni demandeur ni défendeur, l'une des parties soulève des exceptions préliminaires (*Borchgrave).

Depuis la dissolution de la CPJI, les exceptions préliminaires sont devenues plus fréquentes et elles sont en proportion plus souvent retenues. On est allé jusqu'à parler à ce sujet de formalisme et de timidité : c'était oublier, d'une part, que la CIJ, dont la compétence n'est pas obligatoire, doit être particulièrement attentive à ne pas dépasser les limites fixées à sa juridiction par les gouvernements et, d'autre part, que les exceptions préliminaires constituent une garantie essentielle offerte aux justiciables par tous les systèmes de procédure. Depuis 1946, des exceptions préliminaires ont été formellement présentées dans quarante-sept affaires et elles ont été acceptées dans les deux tiers des cas environ. Quand elles ont été rejetées, elles ont abouti à retarder le règlement définitif de l'affaire de plus d'un an.

Défaut

Le Statut prévoit aussi le cas où le défendeur ne se présente pas devant la Cour, soit qu'il en conteste radicalement la compétence, soit pour un autre motif (art. 53). Le défaut d'une partie n'empêche pas la procédure dans une affaire de suivre son cours, ce qui est conforme au principe de l'égalité des parties, en vertu duquel une partie ne doit pas être pénalisée du fait de l'attitude de l'autre. Mais, dans un cas de ce genre, la Cour doit s'assurer de sa compétence à la lumière de toutes considérations pertinentes. Si elle conclut positivement, elle doit examiner le bien-fondé des points de fait ou de droit invoqués par le demandeur, en tenant compte de ce que, dans une procédure de type largement accusatoire, elle ne dispose pas des preuves et moyens de droit normalement avancés par le défendeur pour contester la position du demandeur. A cet égard, elle organise une procédure écrite et une procédure orale, auxquelles participe le demandeur, et rend un arrêt. Dans certains cas, il y a eu défaut pendant toutes les phases de l'instance (*Compétence en matière de pêcheries; Essais nucléaires; Plateau continental de la mer Egée; Personnel diplomatique et consulaire des Etats-Unis à Téhéran*). Dans d'autres cas, il y a eu défaut pendant certaines phases seulement (*Détroit de Corfou*, fixation du montant des réparations; *Anglo-Iranian Oil Co.*, mesures conservatoires; *Nottebohm*, exception préliminaire; *Activités militaires et paramilitaires au Nicaragua et contre celui-ci*, fond, et formes et montant de la réparation). Le défaut a parfois été suivi d'un désistement du demandeur pour un motif ou un autre (**Dénonciation du traité sino-belge du 2 novembre 1865; *Réforme agraire polonaise et minorité allemande; *Compagnie d'électricité de Sofia et de Bulgarie; Procès de prisonniers de guerre pakistanais*).

Mesures conservatoires

S'il estime à un moment quelconque que les droits qui font l'objet de sa requête sont menacés d'un péril immédiat, le demandeur a la faculté de prier la Cour d'indiquer à titre provisoire des mesures conservatoires. Une telle faculté, bien que moins souvent utilisée, appartient également au défendeur (*Application de la convention pour la prévention et la répression du crime de génocide (Bosnie-Herzégovine c. Serbie-et-Monténégro); Usines de pâte à papier sur le fleuve Uruguay*) et aux parties à une instance introduite par voie de compromis (*Différend frontalier (Burkina Faso/République du Mali)*) à l'effet de protéger leurs droits. S'il y a lieu, le président invite les parties à ne rien faire qui puisse empêcher la décision éventuelle de la Cour sur les mesures conservatoires d'avoir les effets voulus (**Administration du prince von Pless; *Compagnie d'électricité de Sofia et de Bulgarie; Anglo-Iranian Oil Co.; Personnel diplomatique et consulaire des Etats-Unis à Téhéran; Activités militaires et paramilitaires au Nicaragua et contre celui-ci; Application de la convention pour la prévention et la répression du crime de génocide (Bosnie-Herzégovine c. Serbie-et-Monténégro); Convention de Vienne sur les relations consulaires; LaGrand; Activités armées sur le territoire du Congo (République démocratique du Congo c. Ouganda); Application de la convention internationale sur l'élimination de toutes les formes de discrimination raciale (Géorgie c. Fédération de Russie); Questions concernant la saisie et la détention de certains documents et données; Immunités et procédures pénales; Jadhav; Violations alléguées du traité d'amitié, de commerce et de droits consulaires de 1955*). En tout état de cause, une procédure accélérée (généralement orale) est organisée en priorité pour connaître les vues des parties. Elle constitue une phase séparée de l'affaire, dont le règlement prend en moyenne trois à quatre semaines, mais qui peut aussi être plus prompt (*LaGrand*, 24 heures). La Cour se prononce par voie d'ordonnance lue par le président en audience publique.

Elle peut donner une réponse négative (*Usine de Chorzów; *Statut juridique du territoire du sud-est du Groënland; *Réforme agraire polonaise et minorité allemande; Interhandel; Procès de prisonniers de guerre pakistanais; Plateau continental de la mer Egée; Sentence arbitrale du 31 juillet 1989; Passage par le Grand-Belt; Questions d'interprétation et d'application de la convention de Montréal de 1971 résultant de l'incident aérien de Lockerbie (Jamahiriya arabe libyenne c. Royaume-Uni) (Jamahiriya arabe libyenne c. Etats-Unis d'Amérique); Mandat d'arrêt du 11 avril 2000; Certaines procédures pénales engagées en France; Licéité de l'emploi de la force; Activités armées sur le territoire du Congo (nouvelle requête: 2002) (République démocratique du Congo c. Rwanda); Usines de pâte à papier sur le fleuve Uruguay; Questions concernant l'obligation de poursuivre ou d'extrader). Dès cette phase, le défendeur peut contester la compétence de la Cour ou ne pas se présenter; la Cour n'indiquera des mesures conservatoires que si elle estime avoir compétence prima facie, si les droits allégués par le demandeur apparaissent au moins plausibles, s'il existe un lien entre les droits à protéger et les mesures sollicitées, s'il existe un risque de préjudice irréparable et s'il y a urgence. La Cour peut indiquer des mesures différentes de celles sollicitées ou en indiquer de sa propre initiative sans en avoir été priée; elle peut modifier les mesures indiquées si la situation l'exige (Questions concernant la saisie et la détention de certains documents et données).

Les chambres constituées par la Cour ont également la faculté d'indiquer des mesures conservatoires. Cela a été fait dans des conditions de grande rapidité en l'affaire du Différend frontalier (Burkina Faso/République du Mali).

Dans son arrêt du 27 juin 2001 rendu en l'affaire LaGrand, la Cour a expressément précisé que les ordonnances en indication de mesures conservatoires ont force obligatoire.

Demandes reconventionnelles

Dans son contre-mémoire, l'Etat défendeur peut présenter, outre sa défense face aux griefs formulés contre lui par l'Etat demandeur, une ou plusieurs demandes reconventionnelles. Cette procédure lui permet de soumettre à la Cour une nouvelle demande en riposte à la demande principale de la partie adverse. Ainsi, un Etat à l'égard duquel la partie adverse allègue qu'il a violé le droit international peut non seulement le nier, mais soutenir en sus que le demandeur est lui-même responsable de violations dans le contexte du même différend (pour la pratique récente, voir Application de la convention pour la prévention et la répression du crime de génocide (Bosnie-Herzégovine c. Serbie-et-Monténégro) (demandes reconventionnelles ultérieurement retirées); Plates-formes pétrolières; Frontière terrestre et maritime entre le Cameroun et le Nigéria; Activités armées sur le territoire du Congo (République démocratique du Congo c. Ouganda); Application de la convention pour la prévention et la répression du crime de génocide (Croatie c. Serbie); Immunités juridictionnelles de l'Etat; Certaines activités menées par le Nicaragua dans la région frontalière; Violations alléguées de droits souverains et d'espaces maritimes dans la mer des Caraïbes).

Aux termes de l'article 80 du Règlement de la Cour de 1978 (tel que modifié le 5 décembre 2000), pour être recevable comme telle et pouvoir être traitée en même temps que la demande principale à laquelle elle riposte, une demande reconventionnelle doit relever de la compétence de la Cour et être en connexité directe avec l'objet de la demande principale.

Dans le cas où des demandes reconventionnelles présentées par une partie dans son contre-mémoire sont déclarées recevables, la Cour prescrit normalement le dépôt d'une réplique et d'une duplique ; afin d'assurer une stricte égalité entre les parties, le droit est réservé, pour la partie qui aura à répondre aux demandes reconventionnelles, de s'exprimer une seconde fois par écrit sur lesdites demandes, dans une pièce additionnelle *(Plates-formes pétrolières ; Frontière terrestre et maritime entre le Cameroun et le Nigéria ; Activités armées sur le territoire du Congo (République démocratique du Congo c. Ouganda) ; Application de la convention pour la prévention et la répression du crime de génocide (Croatie c. Serbie) ; Violations alléguées de droits souverains et d'espaces maritimes dans la mer des Caraïbes))*.

Jonction d'instances

La Cour peut à tout moment ordonner que deux ou plusieurs affaires soient jointes, lorsqu'une telle jonction apparaît, à la lumière des spécificités de chaque espèce, conforme aux exigences d'une bonne administration de la justice et aux impératifs d'économie judiciaire. La CPJI a joint les affaires relatives à *Certains intérêts allemands en Haute-Silésie polonaise*, au *Statut juridique du territoire du sud-est du Groënland* et aux *Appels contre certains jugements du tribunal arbitral mixte hungaro-tchécoslovaque*. La CIJ a joint les affaires du *Sud-Ouest africain*, celles du *Plateau continental de la mer du Nord*, les deux affaires relatives à *Certaines activités menées par le Nicaragua dans la région frontalière* et à la *Construction d'une route au Costa Rica le long du fleuve San Juan*, et les affaires relatives à la *Délimitation maritime dans la mer des Caraïbes et l'océan Pacifique* et à la *Frontière terrestre dans la partie septentrionale d'Isla Portillos*.

Par exemple, il a été procédé à la jonction lorsque les affaires avaient les mêmes demandeurs et défendeurs *(*Certains intérêts allemands en Haute-Silésie polonaise ; *Appels contre certains jugements du tribunal arbitral mixte hungaro-tchécoslovaque ; Délimitation maritime dans la mer des Caraïbes et l'océan Pacifique et Frontière terrestre dans la partie septentrionale d'Isla Portillos)*, quand les affaires comportaient des demandes «croisées» *(Certaines activités menées par le Nicaragua dans la région frontalière et Construction d'une route au Costa Rica le long du fleuve San Juan)*, ou lorsque la Cour avait constaté que des parties à des instances faisaient cause commune, c'est-à-dire présentaient les mêmes arguments et arrivaient aux mêmes conclusions contre le même adversaire au sujet de la même question. La Cour peut alors joindre ces instances par voie d'ordonnance. Les parties, qui ne pourront, le cas échéant, avoir qu'un seul juge *ad hoc* (voir ci-dessus p. 25-27), présenteront alors leurs pièces de procédure et plaidoiries ensemble et il n'y aura qu'un seul arrêt. La Cour peut aussi, sans opérer de jonction formelle, ordonner une action commune au regard d'un élément de la procédure. Ainsi, dans les affaires de la *Compétence en matière de pêcheries*, comme dans celles des *Essais nucléaires*, dans celles relatives à des *Questions d'interprétation et d'application de la convention de Montréal de 1971 résultant de l'incident aérien de Lockerbie*, ou celles relatives à la *Licéité de l'emploi de la force*, des procédures se sont déroulées parallèlement et des décisions analogues ont été rendues le même jour sans qu'il y ait eu jonction. S'agissant de la *Compétence en matière de pêcheries*, l'un des demandeurs avait un juge de sa nationalité sur le siège mais l'autre n'a eu ni juge national ni juge *ad hoc*. Aux fins des *Essais nucléaires*, les deux demandeurs ont désigné le même juge *ad hoc*. Dans l'une des affaires *Lockerbie*, le membre de la Cour de nationalité britannique ayant estimé ne pas devoir siéger en l'affaire, le Royaume-Uni a désigné un juge *ad hoc* qui a siégé pour la phase consacrée à la compétence de la Cour et à la recevabilité de la requête ; le membre de la Cour de nationalité américaine a dûment siégé et a cédé la présidence au vice-président dans les deux affaires. Dans les affaires relatives à la *Licéité de l'emploi de la force*, les juges *ad hoc* des Etats défendeurs n'ayant pas de juge de leur nationalité sur le siège ont siégé au stade des mesures conservatoires, mais pas dans la phase ultérieure des exceptions préliminaires.

Intervention

Le Statut de la Cour (art. 62) ouvre à un Etat la possibilité d'intervenir dans un litige opposant d'autres Etats, en vue de se prémunir contre les effets éventuels d'une décision qui serait prise en dehors de lui, quand il estime qu'un intérêt d'ordre juridique est pour lui en cause dans le différend entre ces Etats. Un Etat tiers qui souhaite intervenir doit en règle générale déposer sa requête avant la clôture de la procédure écrite dans l'affaire principale. C'est ainsi que Fidji a demandé à intervenir dans les affaires des *Essais nucléaires*, Malte dans l'affaire du *Plateau continental (Tunisie/Jamahiriya arabe libyenne)*, l'Italie dans l'affaire du *Plateau continental (Jamahiriya arabe libyenne/Malte)*, le Nicaragua dans l'affaire du *Différend frontalier terrestre, insulaire et maritime*, l'Australie, Samoa, les Iles Salomon, les Iles Marshall et les Etats fédérés de Micronésie dans le cadre de la *Demande d'examen de la situation au titre du paragraphe 63 de l'arrêt rendu par la Cour le 20 décembre 1974 dans l'affaire des* Essais nucléaires (Nouvelle-Zélande c. France), les Philippines dans l'affaire de la *Souveraineté sur Pulau Ligitan et Pulau Sipadan (Indonésie/Malaisie)*, la Guinée équatoriale dans l'affaire de la *Frontière terrestre et maritime entre le Cameroun et le Nigéria (Cameroun c. Nigéria)*, le Costa Rica et le Honduras dans l'affaire du *Différend territorial et maritime (Nicaragua c. Colombie)*, et la Grèce dans l'affaire relative aux *Immunités juridictionnelles de l'Etat (Allemagne c. Italie)*. Parmi ces requêtes à fin d'intervention, seules celles du Nicaragua, de la Guinée équatoriale et de la Grèce ont été accueillies. Lorsque l'intervention est admise, l'Etat intervenant, après avoir reçu copie des pièces de procédure, peut présenter une déclaration écrite et participer à la procédure orale. Il ne devient cependant pas, de ce seul fait, une partie en l'affaire considérée et ne peut demander à la Cour de lui reconnaître ses droits propres. La Cour a toutefois admis qu'un Etat peut intervenir en tant que partie, pour autant non seulement qu'il ait démontré avoir un intérêt d'ordre juridique dans le différend, mais également qu'il existe une base de compétence valable entre tous les Etats concernés (voir *Différend territorial et maritime (Nicaragua c. Colombie), requête du Honduras à fin d'intervention*). Dans ce cas, qui ne s'est encore jamais produit en pratique, la décision de la Cour sera revêtue de l'autorité de la chose jugée à l'égard de l'Etat intervenant, comme à l'égard des autres parties, pour tous les aspects de l'affaire pour lesquels l'intervention aura été admise.

Il est aussi prévu par le Statut de la Cour (art. 63) que, lorsqu'une affaire paraît mettre en jeu l'interprétation d'une convention multilatérale à laquelle d'autres Etats que les demandeur et défendeur sont parties, ces Etats sont avertis par le greffier sans délai et ont le droit d'intervenir. La demande peut être faite même si le greffier n'a pas procédé à la notification et elle doit en principe être déposée avant la date prévue pour l'ouverture de la procédure orale dans l'affaire principale. Plusieurs Etats ont présenté une déclaration d'intervention : la Pologne dans l'affaire du *Vapeur* Wimbledon, Cuba dans l'affaire *Haya de la Torre*, El Salvador dans l'affaire des *Activités militaires et paramilitaires au Nicaragua et contre celui-ci*, Samoa, les Iles Salomon, les Iles Marshall et les Etats fédérés de Micronésie dans le cadre de la *Demande d'examen de la situation au titre du paragraphe 63 de l'arrêt rendu par la Cour le 20 décembre 1974 dans l'affaire des* Essais nucléaires (Nouvelle-Zélande c. France), et la Nouvelle-Zélande dans l'affaire de la *Chasse à la baleine dans l'Antarctique (Australie c. Japon)*. L'intervention a été admise dans les deux premiers cas ainsi que dans le dernier. L'interprétation de la convention contenue dans l'arrêt éventuel est obligatoire à l'égard des intervenants.

Enfin, en application d'un amendement à l'article 43 du Règlement, entré en vigueur en 2005, la Cour a la faculté de demander au greffier d'aviser toute organisation internationale publique qui est partie à une convention dont l'interprétation peut être en cause dans une affaire. Toute organisation internationale publique ainsi avisée peut alors présenter des observations écrites sur l'interprétation des dispositions de la convention en question, et les compléter oralement si la Cour l'estime nécessaire.

> Des exemples de compromis, de requêtes, de mémoires, d'exceptions préliminaires, d'ordonnances et de communiqués de presse peuvent être consultés sur le site Internet de la Cour (www.icj-cij.org). Les titres officiels des affaires tels qu'ils sont

fixés par la CIJ sont publiés sur le site Internet de la Cour (www.icj-cij.org). Les textes des pièces de procédure et des plaidoiries sont reproduits dans la série *C.I.J. Mémoires*; ils sont également placés sur le site Internet de la Cour. Les décisions de celle-ci portant application de son Statut et de son Règlement sont quant à elles publiées chaque année dans l'*Annuaire* de la Cour *(C.I.J. Annuaire)*.

---

5. La décision

Une affaire peut se terminer de deux manières.

— Désistement : à n'importe quel stade de la procédure, les deux parties font connaître à la Cour, conjointement ou séparément, qu'elles sont convenues de se désister de l'instance et la Cour, ou son président si la Cour ne siège pas, rend une ordonnance de radiation du rôle qui peut mentionner ou citer l'arrangement amiable auquel les parties sont le cas échéant parvenues (*Délimitation des eaux territoriales entre l'île de Castellorizo et les côtes d'Anatolie; *Losinger; *Borchgrave; Certaines terres à phosphates à Nauru; Personnel diplomatique et consulaire des Etats-Unis à Téhéran; Incident aérien du 3 juillet 1988; Questions d'interprétation et d'application de la convention de Montréal de 1971 résultant de l'incident aérien de Lockerbie; Demande en revision de l'arrêt du 23 mai 2008 en l'affaire relative à la Souveraineté sur Pedra Branca/Pulau Batu Puteh, Middle Rocks et South Ledge et Demande en interprétation de l'arrêt du 23 mai 2008 en l'affaire relative à la Souveraineté sur Pedra Branca/Pulau Batu Puteh, Middle Rocks et South Ledge). Mais le désistement peut aussi être unilatéral : le demandeur déclare, à tout moment de son choix, qu'il renonce à poursuivre la procédure. Si le défendeur a déjà fait acte de procédure, le désistement ne sera suivi d'effet que si le défendeur ne s'y oppose pas. La Cour ou son président rend alors une ordonnance de radiation du rôle (*Dénonciation du traité sino-belge du 2 novembre 1865; *Administration du prince von Pless; *Appels contre certains jugements du tribunal arbitral mixte hungaro-tchécoslovaque; *Réforme agraire polonaise et minorité allemande; Protection de ressortissants et protégés français en Egypte; Société Electricité de Beyrouth; Compagnie du port, des quais et des entrepôts de Beyrouth et Société Radio-Orient; Procès de prisonniers de guerre pakistanais; Actions armées frontalières et transfrontalières (Nicaragua c. Costa Rica); Actions armées frontalières et transfrontalières (Nicaragua c. Honduras); Passage par le Grand-Belt; Délimitation maritime entre la Guinée-Bissau et le Sénégal; Convention de Vienne sur les relations consulaires; Activités armées sur le territoire du Congo (République démocratique du Congo c. Burundi) (République démocratique du Congo c. Rwanda); Statut vis-à-vis de l'Etat hôte d'un envoyé diplomatique auprès de l'Organisation des Nations Unies; Certaines procédures pénales engagées en France; Certaines questions en matière de relations diplomatiques; Epandages aériens d'herbicides; Questions concernant la saisie et la détention de certains documents et données). Si la Cour ne siège pas, l'ordonnance est rendue par le président. Deux affaires de la CPJI se sont terminées par désistement explicite ou implicite du fait de la seconde guerre mondiale (*Compagnie d'électricité de Sofia et de Bulgarie; *Gerliczy). Il se peut que le désistement porte sur une partie seulement du différend qui n'a pas été résolue dans une phase antérieure de l'affaire et reste encore en suspens. Cela s'est produit par exemple pour la détermination du montant de la réparation dans les affaires du *Personnel diplomatique et consulaire des Etats-Unis à Téhéran* et des *Activités militaires et paramilitaires au Nicaragua et contre celui-ci*. Il est enfin à observer qu'on parlera de désistement d'«instance» lorsque le demandeur renonce — ne serait-ce que temporairement — à poursuivre la procédure devant la Cour, sans pour autant renoncer à réintroduire l'instance ultérieurement (*Barcelona Traction, Light and Power Company, Limited*, affaire dans laquelle la Belgique a renoncé à poursuivre l'instance en 1961 et a présenté une nouvelle requête en 1962; *Activités armées sur le territoire du Congo (République démocratique du Congo c. Rwanda)*, affaire dans laquelle un tel désistement est intervenu en 2001; en 2002, la République démocratique du Congo a introduit une nouvelle instance contre le Rwanda ayant un objet analogue); on parlera en revanche de désistement d'«action» dans le cas où le demandeur renonce définitivement à faire valoir devant la Cour ses droits sur les questions qui font l'objet de l'instance (*Convention de Vienne sur les relations consulaires; Questions d'interprétation et d'application de la convention de Montréal de 1971 résultant de l'incident aérien de Lockerbie*).

— Arrêt : la Cour rend une décision mettant fin à l'affaire par l'acceptation d'un point préliminaire ou d'une exception, ou par un prononcé au fond. C'est cette solution par voie d'arrêt, de beaucoup la plus fréquente, qui sera examinée en détail dans la présente section.

Le délibéré est secret

Une fois que les parties ont achevé de se faire entendre, il reste à la Cour à prendre sa décision dans des conditions propres à assurer la bonne administration de la justice internationale. Compte tenu de la composition diversifiée de la Cour, qui doit assurer la représentation des grandes formes de civilisation et des principaux systèmes juridiques du monde (Statut, art. 9), le délibéré est organisé de manière à permettre à tous les juges de participer dans une mesure égale à la décision. Pour parvenir à un consensus aussi large que possible entre des juges venant d'horizons divers, il faut que la recherche progressive de la solution se fasse en commun. Aussi le système de désignation d'un juge-rapporteur, chargé d'examiner le dossier de l'affaire et de préparer un projet de décision, envisagé lors des débuts de la CPJI, a-t-il été rapidement écarté. Une méthode privilégiant la réflexion collective a été peu à peu élaborée, avant que la Cour estime utile de la codifier et de la rendre publique. A cette fin, elle a adopté une résolution visant sa pratique interne en matière judiciaire, dont la première version remonte à 1931, la deuxième à 1936 (reconduite en 1946), la troisième à 1968 et la plus récente à 1976. Il convient toutefois de noter que la Cour s'est réservé le droit de s'écarter des dispositions de cette résolution lorsqu'il y a lieu ; elle a notamment décidé de le faire pour accélérer son délibéré dans certaines affaires. Si la procédure de délibération suivie par la Cour est donc connue de tous, le délibéré lui-même est secret. Ce principe, généralement accepté dans les systèmes judiciaires et pratiqué dans tous les arbitrages internationaux, assure la liberté et l'efficacité des débats. Pour leurs séances privées consacrées au délibéré, les juges se réunissent en chambre du conseil, dans une salle du nouveau bâtiment du Palais de la Paix. Seuls sont présents avec eux le greffier et quelques fonctionnaires assermentés du Greffe chargés du service de séance et de l'interprétation. Les procès-verbaux y afférents, qui ne sont pas destinés au public, se bornent à indiquer la date, les présents et l'objet du débat, sans donner la moindre analyse.

Le délibéré tel qu'il est prévu dans la résolution de 1976[17] se décompose normalement en six temps, dont le déroulement prend entre trois et neuf mois en fonction de la complexité de l'affaire concernée et du nombre d'affaires dans lesquelles la Cour est parfois appelée à délibérer simultanément :

— Après la dernière audience publique, les membres de la Cour procèdent à un court échange de vues préliminaire en séance privée. Le président communique par écrit une liste des questions qui, à son sens, se posent dans l'affaire, et les membres de la Cour font librement part de leurs observations ou suggestions d'amendement du questionnaire.

— Un délai de quelques semaines est donné aux juges pour préparer des notes écrites exprimant leur opinion provisoire sur la solution à donner à l'affaire. Ces notes, rédigées en français ou en anglais, sont traduites par les soins du Greffe et distribuées, à mesure qu'ils déposent leur propre note, à tous les juges composant la Cour pour l'affaire en question. Elles permettent à ceux-ci de se faire une première idée de la majorité qui pourra éventuellement se former parmi eux. Les notes sont strictement réservées à l'usage des juges.

— Après avoir pris connaissance des notes écrites, les juges procèdent à une nouvelle délibération de plusieurs séances où ils exposent oralement leur opinion, dans l'ordre inverse de leur ancienneté, c'est-à-dire en commençant par le ou les juges *ad hoc* et en terminant par le vice-président et le président. Au terme de chaque exposé, des questions peuvent être posées. Le contenu de la future décision majoritaire commence ainsi à se dégager bien que, normalement, il ne soit encore voté sur aucun point précis. A la fin de cette délibération, un comité de rédaction généralement composé de trois membres

---

[17] Il est à noter que la résolution prévoit également la faculté pour la Cour, après la clôture de la procédure écrite et avant l'ouverture de la procédure orale ou devant celle-ci, de se réunir pour permettre aux juges d'échanger des vues sur l'affaire et de signaler les points sur lesquels ils considèrent qu'il faudrait, le cas échéant, provoquer des explications pendant la procédure orale.

(parfois plus) est constitué. Deux d'entre eux sont élus au scrutin secret parmi les juges dont l'opinion personnelle s'est avérée la plus proche de celle de la majorité provisoire et le troisième est automatiquement le président ou, si celui-ci est dans la minorité provisoire, le vice-président ; au cas où tous deux sont minoritaires, le troisième membre est lui aussi élu.

— Le comité de rédaction prépare un avant-projet d'arrêt bilingue avec le concours du Greffe. L'avant-projet, qui a le même caractère secret que les notes écrites, est transmis aux juges. Ceux-ci peuvent alors dans un bref délai suggérer par écrit des amendements de fond et de forme portant sur les textes dans l'une et l'autre langue ou sur l'équivalence entre les deux. Le comité décide de les retenir ou de les rejeter, et diffuse un nouveau projet.

— Ce nouveau projet est discuté en première lecture par la Cour, qui y consacre plusieurs séances privées : chaque paragraphe est examiné, les plus importants étant lus à haute voix dans les deux langues, et, après débat, est soit laissé tel quel, soit modifié, soit renvoyé au comité de rédaction.

— Un projet d'arrêt amendé est alors distribué à la Cour, pour être examiné de la même manière et adopté avec ou sans modifications lors d'une seconde lecture, moins longue que la première. A la fin de la seconde lecture intervient le vote final sur le dispositif de l'arrêt, c'est-à-dire sur la ou les réponses apportées par la Cour aux conclusions des parties. Tout juge peut demander un vote distinct sur un point particulier. Sur chacun des points, les membres de la Cour votent à haute voix par oui ou par non dans l'ordre inverse de leur ancienneté. Toute décision est prise à la majorité absolue des juges présents. L'abstention n'est admise sur aucun des points mis aux voix. Un juge qui n'a pas assisté à toute la procédure orale ou à tout le délibéré sans cependant rien manquer d'essentiel peut être admis à voter. Si un juge est en mesure d'exprimer son vote et désire le faire, mais est physiquement empêché d'être en séance, des dispositions peuvent être prises pour recueillir son vote par d'autres moyens. En cas de partage égal, ce qui peut se produire lorsqu'il y a un juge *ad hoc* ou que des membres réguliers ne siègent pas, le président ou celui qui le remplace a une voix prépondérante (*«Lotus»; Sud-Ouest africain; Question de la délimitation du plateau continental entre le Nicaragua et la Colombie au-delà de 200 milles marins de la côte nicaraguayenne; Obligations relatives à des négociations concernant la cessation de la course aux armes nucléaires et le désarmement nucléaire (Iles Marshall c. Royaume-Uni)).* Le résultat du vote est consigné au procès-verbal.

Le prononcé de l'arrêt est public

L'arrêt se présente comme un document public bilingue dont les deux versions se font face et dont la longueur est très variable (minimum 10 pages, maximum 271 pages). Conformément à la pratique du droit international, la rédaction s'efforce d'éviter une terminologie juridique qui serait trop particulière à un système de droit ou à un autre. Bien qu'elles n'aient pas été jusqu'à employer la forme des attendus (comme elles l'ont fait dans leurs ordonnances), la CPJI et la CIJ ont emprunté à la plupart des pays de droit civil la division en trois parties principales dont l'ensemble constitue l'arrêt :

— les qualités, qui donnent les noms des juges et des représentants des parties, rappellent sans le moindre développement les étapes de la procédure et reproduisent les conclusions des parties ;

— les motifs, qui exposent en détail les circonstances de fait et les motifs de droit retenus par la Cour à l'appui de sa décision et discutent les arguments des parties par un raisonnement soigneusement équilibré ;

— le dispositif, qui, après les mots «Par ces motifs»[18], contient la décision même de la Cour sur les demandes à elle soumises, d'après les conclusions des parties.

A la suite du dispositif sont consignées deux décisions prises immédiatement après le vote final : lequel des deux textes sur lesquels la Cour a travaillé, le français ou l'anglais, fera-t-il foi ? Quand le prononcé aura-t-il lieu ? Le texte faisant foi occupera les pages de gauche. Si toute la procédure s'est déroulée, par accord des parties ou, le cas échéant, par concours de circonstances, dans une seule des deux langues officielles, c'est celle-là qui est retenue ; sinon, le choix dépend de la décision de la Cour. En tout état de cause, les deux textes sont considérés comme des versions officielles émanant de la Cour (exceptions : *«Lotus»; *Emprunts brésiliens).

L'arrêt est daté officiellement du jour du prononcé, lequel n'intervient que quelque temps après le vote afin de permettre au Greffe de prévenir les agents des parties, d'inviter les représentants de la presse et le public, et de faire préparer un tirage provisoire de l'arrêt. Durant cette brève période intermédiaire, la décision de la Cour n'est communiquée à personne. La CPJI n'a pas accédé à la demande, qui lui avait été faite dans un compromis, de faire connaître officieusement sa décision aux parties entre la fin du délibéré et le prononcé (*Zones franches de la Haute-Savoie et du Pays de Gex). De son côté, la CIJ a jugé nécessaire de rappeler qu'il était incompatible avec une bonne administration de la justice de faire, de diffuser ou de publier des déclarations laissant prévoir ses décisions (Essais nucléaires).

Contrairement à la pratique des tribunaux arbitraux internationaux, le prononcé d'un arrêt de la CIJ est entouré d'un maximum de publicité. Il a lieu en séance

---

[18] Sauf deux exceptions : le dispositif de l'arrêt rendu en 1970 dans l'affaire de la *Barcelona Traction* commençait par «En conséquence», et celui de l'arrêt de 1992 en l'affaire du *Différend frontalier terrestre, insulaire et maritime* se référait, dans chacun des huit paragraphes qui le composaient, aux paragraphes dans lesquels étaient contenus les motifs directement pertinents.

publique, tenue normalement dans la grande salle de justice du Palais de la Paix. Les juges qui ont participé au vote sont présents ; s'il y a des absents pour motif grave, il convient au moins que le quorum de neuf soit atteint. Le président donne lecture de l'arrêt, à l'exception des qualités, dans l'une des deux langues. Il se peut qu'en raison de la longueur de l'arrêt le président ne le lise pas intégralement. Si tel est le cas, il indique les passages omis et en donne un bref résumé. Lorsque le président a terminé, le greffier donne lecture du dispositif dans l'autre langue officielle de la Cour. A l'issue de la lecture, les agents des Parties reçoivent chacun un exemplaire du tirage provisoire signé par le président et le greffier, et revêtu du sceau de la Cour ; ce sont, avec un autre exemplaire signé et scellé conservé aux archives de la Cour, les exemplaires officiels de l'arrêt. Le texte est également distribué aux journalistes et est placé sur le site Internet de la Cour. Le Greffe établit un bref communiqué de presse à l'intention de la presse et du public ; il prépare également un résumé détaillé de la décision. Ces deux derniers documents, qui n'engagent pas la responsabilité de la Cour, sont envoyés au service de l'information du Secrétariat de l'ONU ainsi qu'à d'autres parties intéressées. Le Secrétaire général est lui-même informé de la décision par courrier officiel du greffier.

Après un délai de quelques mois en général, l'arrêt paraît sous forme imprimée, dans le *Recueil des arrêts, avis consultatifs et ordonnances* qui est expédié par le Greffe aux gouvernements des Etats admis à se présenter devant la Cour et à divers destinataires, et est mis en vente[19].

Par la suite, pour que les spécialistes puissent avoir tous renseignements utiles quant aux éléments sur lesquels la Cour a fondé sa décision, le dossier de l'affaire est imprimé et diffusé dans la série *Mémoires, plaidoiries et documents*. Ce dossier comprend, en langue originale seulement, les pièces de procédure écrite et les comptes rendus des audiences publiques, ainsi que les seuls documents et correspondances considérés comme essentiels à l'illustration de la décision qu'elle aura prise.

Opinions individuelles et dissidentes

Le Règlement de 1978 (voir ci-dessus p. 18) stipule que le dispositif de chaque arrêt indique le nombre et les noms des juges ayant constitué la majorité. Jusqu'en 1978, les arrêts n'indiquaient que le nombre de juges formant, sur chaque point du dispositif, la majorité et la minorité, sans préciser qui avait voté pour ou contre. Certes le Statut a toujours admis le principe de la publication, à la suite de chaque arrêt, des opinions et déclarations des membres de la Cour,

---

[19] Le Secrétariat publie dans toutes les langues officielles de l'Organisation les résumés des arrêts, avis consultatifs et ordonnances de la Cour internationale de Justice, qui ont été établis en français et en anglais par le Greffe.

mais la présentation de telles opinions et déclarations est facultative, et il est des juges qui n'ont jamais cru devoir en déposer. Ce n'est que très rarement, cependant, que la Cour a rendu un arrêt auquel n'était jointe aucune opinion individuelle ou dissidente (*Haya de la Torre; Demande d'interprétation de l'arrêt du 20 novembre 1950 en l'affaire du droit d'asile; Délimitation maritime en mer Noire*).

Les opinions peuvent prendre diverses formes:

— une opinion dissidente énonce les raisons pour lesquelles un juge s'est trouvé en désaccord, sur un ou plusieurs points, avec la décision prise par la Cour, c'est-à-dire avec le dispositif de l'arrêt et ses motifs, et a par conséquent voté contre l'arrêt dans son ensemble ou contre des paragraphes, selon lui essentiels, du dispositif;

— une opinion individuelle émane d'un juge qui a voté en faveur de la décision de la Cour dans son ensemble, mais en étant animé par des motifs différents ou supplémentaires; il peut y avoir des opinions individuelles même dans les cas où la décision est unanime (*Minquiers et Écréhous; Demande en revision et en interprétation de l'arrêt du 24 février 1982 en l'affaire du* Plateau continental (Tunisie/Jamahiriya arabe libyenne) (*Tunisie c. Jamahiriya arabe libyenne); Actions armées frontalières et transfrontalières (Nicaragua c. Honduras); Différend frontalier terrestre, insulaire et maritime; Incident aérien du 3 juillet 1998; LaGrand; Licéité de l'emploi de la force)*;

— une déclaration est la forme dans laquelle un juge peut faire constater son accord ou son dissentiment en en donnant les motifs, le cas échéant, de manière très brève.

Comme une opinion peut être dissidente à certains égards et concordante, donc individuelle, à d'autres, le choix de son titre exact est laissé à l'auteur. Cela a son importance en particulier lorsque le dispositif de l'arrêt comprend plusieurs paragraphes qui font l'objet de votes séparés. Une opinion peut être déposée en commun par plusieurs membres de la Cour. Les intéressés sont admis à présenter leurs opinions entre la fin de la première lecture du projet d'arrêt et le début de la seconde, de manière que le comité de rédaction puisse en prendre connaissance avant la mise au point définitive de son dernier projet d'arrêt, qu'il doit soumettre à la Cour pour adoption finale. Le texte original des déclarations et opinions est reproduit à la suite de l'arrêt. Ceci peut représenter une addition de plusieurs centaines de pages (*Sud-Ouest africain*, 454 pages, soit dix fois la longueur de l'arrêt; *Activités militaires et paramilitaires au Nicaragua et contre celui-ci*, 396 pages, soit près de trois fois la longueur de l'arrêt; *Licéité de la menace ou de l'emploi d'armes nucléaires*, 325 pages, soit huit fois la longueur de l'avis consultatif; *Frontière terrestre et maritime entre le Cameroun et le Nigéria*, 343 pages, soit près de trois fois la longueur de l'arrêt; *Application de la convention pour la prévention et la répression du crime de génocide (Bosnie-Herzégovine c. Serbie-et Monténégro)*, 680 pages, soit près de quatre fois la longueur de l'arrêt). Les déclarations et les opinions individuelles et dissidentes jointes aux décisions de la Cour sont présentées suivant l'ordre d'ancienneté de leur auteur, indépendamment du titre qui a été donné à ces textes. Sur les exemplaires officiels, les opinions et déclarations portent la signature de chacun des auteurs. L'avis général est que les opinions et déclarations doivent se borner à traiter les points abordés dans le texte de la décision tel qu'adopté par la majorité et garder une certaine modération. L'opportunité d'appliquer au niveau international une institution que certains systèmes juridiques ignorent a été contestée. Le point de savoir si elle est de nature à renforcer ou à affaiblir l'autorité et la cohésion de la Cour a été débattu, et la manière dont elle fonctionne a parfois suscité des critiques. Le fait est que beaucoup la considèrent comme une garantie essentielle de liberté d'expression et de bonne justice[20]. La Cour elle-même a eu l'occasion de souligner

«qu'un lien indissoluble existe entre [ses] décisions et les opinions individuelles, dissidentes ou non, que peuvent y joindre les différents juges. L'institution de l'opinion individuelle … donne aux juges la possibilité d'expliquer leur vote. S'agissant d'affaires complexes comme celles dont s'occupe généralement la Cour — le dispositif comportant parfois plusieurs paragraphes consacrés à différentes questions interdépendantes donnant lieu chacune à un vote séparé — le simple énoncé du vote affirmatif ou négatif d'un juge peut faire naître des conjectures erronées qu'il est en mesure d'éviter ou de rectifier grâce au droit de joindre une opinion individuelle que lui confère le Statut de la Cour… Les opinions jointes n'ont … pas pour seul objet de compléter ou de contester la décision : le raisonnement sur lequel se fonde la décision, réexaminé à la lumière des opinions individuelles, ne saurait être pleinement apprécié en l'absence de celles-

---

[20] Il arrive aussi que des déclarations ou des opinions individuelles ou dissidentes soient jointes aux ordonnances de la Cour, notamment celles qui indiquent des mesures conservatoires, qui constatent un désistement, qui concernent la formation d'une chambre, qui se rapportent à l'admission d'une requête à fin d'intervention ou qui sont de nature procédurale, telles que les ordonnances portant jonction d'instances, etc. *(Compétence en matière de pêcheries; Essais nucléaires; Délimitation de la frontière maritime dans la région du golfe du Maine; Activités militaires et paramilitaires au Nicaragua et contre celui-ci; Différend frontalier terrestre, insulaire et maritime; Application de la convention pour la prévention et la répression du crime de génocide (Bosnie-Herzégovine c. Serbie-et-Monténégro); Compétence en matière de pêcheries (Espagne c. Canada); Demande d'examen de la situation au titre du paragraphe 63 de l'arrêt rendu par la Cour le 20 décembre 1974 dans l'affaire des Essais nucléaires (Nouvelle-Zélande c. France); Convention de Vienne sur les relations consulaires; LaGrand; Licéité de l'emploi de la force; Activités armées sur le territoire du Congo (Congo c. Ouganda); Mandat d'arrêt du 11 avril 2000; Activités armées sur le territoire du Congo (nouvelle requête: 2002) (Congo c. Rwanda); Différend frontalier (Bénin/Niger); Certaines procédures pénales engagées en France; Usines de pâte à papier sur le fleuve Uruguay; Demande en interprétation de l'arrêt du 31 mars 2004 en l'affaire* Avena et autres ressortissants mexicains (Mexique c. Etats-Unis d'Amérique); *Application de la convention internationale sur l'élimination de toutes les formes de discrimination raciale; Questions concernant l'obligation de poursuivre ou d'extrader (Belgique c. Sénégal); Différend territorial et maritime (Nicaragua c. Colombie); Chasse à la baleine dans l'Antarctique; Certaines activités menées par le Nicaragua dans la région frontalière (Costa Rica c. Nicaragua) et Construction d'une route au Costa Rica le long du fleuve San Juan (Nicaragua c. Costa Rica)).*

ci.» (Document de l'Assemblée générale A/41/591/Add.1 du 5 décembre 1986, annexe II.)

L'arrêt est obligatoire entre les parties

Entre les parties en cause, une décision de la Cour est obligatoire, définitive et sans recours. Ce principe s'applique à tous les arrêts, qu'ils émanent de la Cour plénière ou d'une chambre, qu'ils aient été rendus directement ou sur appel d'un autre organe (*Université Peter Pázmány; *Pajzs, Csáky, Esterházy; Appel concernant la compétence du Conseil de l'OACI), qu'ils indiquent la solution même à donner aux litiges ou seulement les principes applicables (Plateau continental de la mer du Nord) et qu'ils prévoient ou non l'octroi d'une réparation (*Vapeur Wimbledon; *Traité de Neuilly; Détroit de Corfou; Ahmadou Sadio Diallo). La CPJI et la CIJ ont toujours considéré qu'il aurait été incompatible avec la lettre et l'esprit du Statut, et avec la position d'une cour de justice, de rendre un arrêt dont la validité aurait été subordonnée à l'approbation ultérieure des parties ou qui aurait été sans conséquence pratique sur les droits ou obligations juridiques de celles-ci (*Zones franches de la Haute-Savoie et du Pays de Gex; Cameroun septentrional).

En ratifiant la Charte, les Etats Membres des Nations Unies s'engagent à se conformer à la décision de la CIJ dans tout litige auquel ils sont parties. Les autres Etats admis à se présenter devant la Cour prennent le même engagement soit en adhérant au Statut, soit en déposant une déclaration au Greffe (voir ci-dessus p. 33-34). De surcroît, le consentement donné par les Etats à la Cour pour régler leurs différends implique la reconnaissance du caractère obligatoire et définitif de ses décisions conformément au Statut de la Cour. Il est exceptionnel, en pratique, qu'une décision reste inexécutée.

L'Etat — Membre de l'ONU ou non — qui se plaint de ce que son adversaire ne satisfait pas aux obligations découlant d'un jugement peut s'adresser au Conseil de sécurité, qui a le pouvoir de recommander ou de décider des mesures à prendre pour faire exécuter l'arrêt (article 94 de la Charte).

De ce qu'une décision de la Cour n'affecte que les droits et intérêts juridiques des parties en cause, et cela uniquement dans le cas d'espèce, il découle que la règle de l'autorité obligatoire des précédents (stare decisis) connue dans les systèmes de common law ne s'applique pas aux décisions de la CIJ. La Cour peut donc s'écarter d'une solution ou d'un raisonnement adopté dans une affaire antérieure, mais elle ne le fera, bien sûr, que lorsqu'elle a des motifs sérieux de le faire, eu égard, par exemple, au développement ultérieur du droit international. La Cour cite d'ailleurs souvent à l'appui de ses raisonnements ses prononcés antérieurs ou ceux de sa devancière, et, dans un souci de sécurité juridique, maintient ainsi une certaine constance dans sa jurisprudence, sans toutefois jamais donner à penser qu'elle est tenue de s'y conformer en toutes circonstances. Un arrêt de la CIJ ne se borne pas à régler un différend donné; il contribue inévitablement au développement du droit international. La CIJ, qui en est hautement consciente, ne manque pas de tenir compte de ces deux objectifs dans la conception et la rédaction de ses arrêts.

Le but ultime de la Cour est de contribuer au maintien de la paix et de la sécurité internationales. Le simple fait de la saisir d'un conflit, ou du moins de ses aspects juridiques, constitue déjà un progrès vers un règlement pacifique. Le passage du temps, la discrétion et le protocole qui entoure la procédure, ainsi que la nécessité pour les parties d'adopter le langage objectif du droit, sont autant de facteurs d'apaisement. Les gouvernements peuvent espérer que la décision, quelle qu'elle soit, leur permettra de clore honorablement l'affaire, mais le fait que le différend soit soumis à la Cour indique que de bons arguments existent de part et d'autre. Aussi est-il naturel que chacun soit convaincu de son bon droit et place dans la Cour l'espoir de voir se réaliser son aspiration à la justice.

L'arrêt n'est obligatoire qu'entre les parties

Une décision de la Cour ne saurait avoir aucun effet obligatoire pour des Etats autres que les parties en cause, ou à l'égard d'un différend autre que celui qu'il tranche (Statut, art. 59). Il se peut cependant que, sans lier un Etat tiers, un arrêt soit susceptible d'affecter ses intérêts. Ainsi, la détermination par la Cour d'un régime territorial a un caractère «objectif», qui emporte certains effets juridiques vis-à-vis d'autres Etats que ceux qui sont destinataires de la décision. Par ailleurs, l'interprétation d'une convention multilatérale par la Cour ne saurait être complètement ignorée des Etats signataires autres que les parties devant la Cour. C'est au regard de ces divers effets potentiels des décisions de la Cour sur des Etats tiers que le Statut organise la faculté pour ces derniers d'intervenir à l'instance (voir ci-dessus p. 66-67). La Cour a au demeurant établi qu'elle devait refuser de se prononcer au fond lorsque sa décision aurait en fait pour objet même les intérêts juridiques d'un Etat tiers non partie à l'affaire (*Or monétaire pris à Rome en 1943; Timor oriental*).

Interprétation et revision d'un arrêt

L'interprétation et la revision d'un arrêt font l'objet d'instances formellement distinctes de l'instance initiale. Toutefois, si la Cour a été compétente pour rendre un arrêt, elle le sera aussi, *ipso facto*, pour l'interpréter ou le reviser :

— Une interprétation peut être donnée, à la demande de l'une ou l'autre partie, lorsqu'il y a divergence entre elles sur le sens et la portée de ce qui a été décidé avec force obligatoire (Statut, art. 60). Dans certains cas, la Cour a rejeté la demande (**Traité de Neuilly; Droit d'asile; Demande en interprétation de l'arrêt du 11 juin 1998 en l'affaire de la* Frontière terrestre et maritime entre le Cameroun et le Nigéria; *Demande en interprétation de l'arrêt du 31 mars 2004 en l'affaire* Avena et autres ressortissants mexicains). Dans d'autres, elle l'a accueillie, au moins en partie (*Usine de Chorzów; Demande en revision et en interprétation de l'arrêt du 24 février 1982 en l'affaire du* Plateau continental (Tunisie/Jamahiriya arabe libyenne); *Demande en interprétation de l'arrêt du 15 juin 1962 en l'affaire du* Temple de Préah Vihéar (Cambodge c. Thaïlande)).

— Au cas où serait découvert un fait jusque-là ignoré de la Cour mais de nature à exercer une influence décisive en la matière, toute partie peut demander la revision de l'arrêt (*Demande en revision et en interprétation de l'arrêt du 24 février 1982 en l'affaire du* Plateau continental (Tunisie/Jamahiriya arabe libyenne); *Demande en revision de l'arrêt du 11 juillet 1996 en l'affaire relative à l'*Application de la convention pour la prévention et la répression du crime de génocide (Bosnie-Herzégovine c. Yougoslavie), exceptions préliminaires *(Yougoslavie c. Bosnie-Herzégovine); Demande en revision de l'arrêt du 11 septembre 1992 en l'affaire du* Différend frontalier terrestre, insulaire et maritime (El Salvador/Honduras; Nicaragua (intervenant)). Encore faut-il que la partie qui demande la revision ait elle-même ignoré ce fait nouveau, sans qu'il y ait, de sa part, faute à l'ignorer, et que la demande soit présentée au plus tard dans les six mois suivant la découverte du fait nouveau et dans les dix ans suivant le prononcé de l'arrêt (Statut, art. 61). Aucune des demandes en revision présentées à ce jour n'a été jugée recevable.

---

6. Les avis consultatifs

Les Etats ayant seuls qualité pour se présenter devant la Cour, les organisations internationales publiques ne peuvent être en tant que telles parties à aucune affaire contentieuse. Des propositions tendant à leur en donner la possibilité ont été faites, mais elles n'ont pas abouti jusqu'à présent. Ce sont leurs Etats membres qui éventuellement soumettent à la CIJ des affaires contentieuses impliquant l'interprétation ou l'application de leur acte constitutif ou de conventions adoptées en vertu de cet acte; les organisations en sont alors averties par le greffier et reçoivent communication des pièces de la procédure écrite *(Appel concernant la compétence du Conseil de l'OACI; Actions armées frontalières et transfrontalières; Incident aérien du 3 juillet 1988; Questions d'interprétation et d'application de la convention de Montréal de 1971 résultant de l'incident aérien de Lockerbie; Licéité de l'emploi de la force; Activités armées sur le territoire du Congo; Application de la convention pour la prévention et la répression du crime de génocide; Différend relatif à des droits de navigation et des droits connexes; Différend territorial et maritime entre le Nicaragua et le Honduras dans la mer des Caraïbes; Différend territorial et maritime; Application de la convention internationale sur l'élimination de toutes les formes de discrimination raciale (Géorgie c. Fédération de Russie); Différend maritime; Chasse à la baleine dans l'Antarctique; Application de la convention pour la prévention et la répression du crime de génocide (Croatie c. Serbie); Obligation de négocier un accès à l'océan Pacifique; Question de la délimitation du plateau continental entre le Nicaragua et la Colombie au-delà de 200 milles marins de la côte nicaraguayenne; Violations alléguées de droits souverains et d'espaces maritimes dans la mer des Caraïbes; Obligations relatives à des négociations concernant la cessation de la course aux armes nucléaires et le désarmement nucléaire (Iles Marshall c. Royaume-Uni); Immunités et procédures pénales).* La seule faculté qui leur soit ouverte en pareil cas est de donner tous renseignements utiles à la Cour. Elles sont aussi habilitées à donner des renseignements sur une affaire, ou à présenter des observations, dans d'autres circonstances, que ce soit de leur propre initiative ou à la demande des parties ou de la CIJ elle-même. Les actes constitutifs de certaines organisations (exemples: FAO, UNESCO, OMS, OACI, UIT) ou leurs accords avec l'ONU précisent que, lorsque des renseignements leur sont ainsi demandés, elles sont tenues de les donner. Le Règlement de la CIJ dispose que des délais peuvent être fixés à cet effet et que les renseignements fournis peuvent faire l'objet d'observations de la part des parties. Jusqu'à présent, seule une organisation internationale, l'OACI, a adressé à la Cour de telles observations écrites, en l'affaire de l'*Incident aérien du 3 juillet 1988.*

Les avis consultatifs s'adressent aux organisations internationales publiques

En revanche, une procédure particulière, dite procédure consultative, est ouverte aux organisations internationales publiques et à elles seules. Certains organes ou certaines institutions, actuellement au nombre de vingt et un, peuvent demander à la Cour un avis consultatif sur une question juridique.

— En vertu de l'article 96 de la Charte des Nations Unies, l'Assemblée générale et le Conseil de sécurité ont le pouvoir de demander à la Cour un avis consultatif sur «toute question juridique»; par ailleurs, l'Assemblée générale peut autoriser tout autre organe de l'Organisation ou institution spécialisée à demander des avis consultatifs à la CIJ «sur des questions juridiques se [posant] dans le cadre de leur activité». A l'époque de la SDN, le pouvoir de demander un avis s'étendait, plus largement, à «tout différend ou tout point», mais n'appartenait qu'à l'Assemblée et au Conseil de la Société; dans la pratique, il n'a été utilisé que par le Conseil, alors que depuis 1947 il a surtout été employé par l'Assemblée générale des Nations Unies, le Conseil de sécurité n'ayant demandé d'avis qu'une fois.

— Quatre autres organes de l'ONU ont été autorisés par des résolutions de l'Assemblée générale à demander des avis consultatifs (à savoir, le Conseil économique et social, le Conseil de tutelle, la Commission intérimaire de l'Assemblée générale et, jusqu'à son abolition en 1995, le Comité des demandes de réformation de jugements du Tribunal administratif). Deux de ces organes ont usé de cette possibilité (le Conseil économique et social et le Comité des demandes de réformation de jugements du Tribunal administratif).

— En outre, seize institutions spécialisées ou organisations apparentées ont été autorisées par l'Assemblée générale, en vertu d'accords concernant leurs relations avec l'ONU, à demander à la CIJ des avis consultatifs. Toutefois, jusqu'à présent, quatre institutions seulement (UNESCO, OMI, OMS et FIDA) se sont prévalues de la faculté de demander un avis à la CIJ.

Les cas précis dans lesquels ces diverses institutions peuvent recourir à la compétence consultative de la CIJ sont prévus par leurs actes constitutifs, constitutions ou statuts (constitution de l'OIT du 9 octobre 1946; acte constitutif de la FAO du 16 octobre 1945; convention créant une Organisation des Nations Unies pour l'éducation, la science et la culture du 16 novembre 1945; constitution de l'OMS du 22 juillet 1946; convention relative à la création d'une Organisation intergouvernementale consultative de la navigation maritime du 6 mars 1948, entrée en vigueur le 17 mars 1958 et modifiée à compter du 22 mai 1982; statut de l'AIEA du 26 octobre 1956, etc.), ou par des conventions ou accords particuliers tels que les conventions sur leurs privilèges et immunités ou leurs accords de siège. Des avis consultatifs peuvent être demandés au sujet de l'interprétation de ces textes, ainsi que de la Charte des Nations Unies, et notamment au sujet de divergences opposant, par exemple :

— deux ou plusieurs organisations entre elles ;

— une organisation et un ou plusieurs de ses fonctionnaires ;

— une organisation et un ou plusieurs de ses Etats membres ;

— deux ou plusieurs Etats membres entre eux au sein d'une organisation.

Ces textes excluent en général qu'un avis consultatif soit demandé à la Cour au sujet d'une divergence entre l'ONU et une institution spécialisée.

Organes ou institutions habilités à demander des avis consultatifs à la Cour[21]

Organes de l'ONU
*Assemblée générale
*Conseil de sécurité
*Conseil économique et social
 Conseil de tutelle

Organe subsidiaire de l'Assemblée générale
Commission intérimaire de l'Assemblée générale

Institutions spécialisées et organisations apparentées
 Organisation internationale du Travail (OIT)
 Organisation des Nations Unies pour l'alimentation et l'agriculture (FAO)
*Organisation des Nations Unies pour l'éducation, la science et la culture (UNESCO)
*Organisation mondiale de la Santé (OMS)
 Banque internationale pour la reconstruction et le développement (BIRD)
 Société financière internationale (SFI)
 Association internationale de développement (AID)
 Fonds monétaire international (FMI)
 Organisation de l'aviation civile internationale (OACI)
 Union internationale des télécommunications (UIT)
*Fonds international de développement agricole (FIDA)
 Organisation météorologique mondiale (OMM)
*Organisation maritime internationale (OMI)[22]
 Organisation mondiale de la propriété intellectuelle (OMPI)
 Organisation des Nations Unies pour le développement industriel (ONUDI)
 Agence internationale de l'énergie atomique (AIEA)

---

[21] Les organes ou institutions qui ont effectivement demandé des avis consultatifs depuis 1946 sont indiqués par un astérisque.
[22] Dénommée précédemment Organisation intergouvernementale consultative de la navigation maritime (OMCI).

Bien qu'en dernière analyse toute décision d'un organisme international émane de ses Etats membres, c'est toujours par l'intermédiaire d'un organe de l'organisation, chargé de veiller aux intérêts collectifs de ses Etats membres, qu'une demande d'avis consultatif doit être formulée. Il a été proposé de donner aux Etats le pouvoir de demander des avis consultatifs, mais cette considérable extension de la compétence de la CIJ n'a pas été acceptée jusqu'à présent[23]. Il en a été de même des suggestions tendant à ce que le Secrétaire général de l'ONU soit autorisé à demander des avis consultatifs.

La procédure consultative demeure une voie relativement peu explorée. La CIJ a donné, proportionnellement, nettement moins d'avis consultatifs que sa devancière : alors que la CPJI en a donné 27 en l'espace de dix-sept ans (de 1922 à 1939), la CIJ en a donné 27 tout au long de son existence (de 1948 à 2018).

La procédure consultative s'inspire de la procédure contentieuse

En matière consultative, la procédure présente des traits distincts dus à la nature et à l'objet particuliers de la fonction consultative tels qu'ils viennent d'être décrits. Pour le reste, la Cour s'inspire des prescriptions du Statut et du Règlement relatives à la procédure contentieuse.

Requête pour avis consultatif

Une affaire consultative est introduite devant elle par le moyen d'une requête pour avis consultatif. La question à lui soumettre est adoptée par l'organe ou l'institution habilités à demander l'avis sous forme de résolution ou de décision et après débats appropriés. Une annexe au règlement intérieur de l'Assemblée générale des Nations Unies recommande de consulter la Sixième Commission (juridique) ou au moins une commission mixte comprenant certains membres de celle-ci. De même, lorsqu'il s'est agi de préparer des requêtes pour avis consultatif, le Conseil exécutif de l'UNESCO s'est fait aider par le Secrétariat, l'Assemblée de l'OMCI par sa commission juridique et l'Assemblée mondiale de la Santé par une de ses commissions principales. Dans un délai moyen de deux semaines (mais *Composition du Comité de la sécurité maritime de l'OMCI*, deux mois, et *Licéité de l'utilisation des armes nucléaires par un Etat dans un conflit armé*, trois mois), la demande est communiquée à la Cour sous le couvert d'une lettre du Secrétaire général de l'ONU ou du directeur ou secrétaire général de l'institution requérante. Cette communication constitue la requête pour avis consultatif. Le greffier avertit

---

[23] On peut noter que la convention de Vienne sur le droit des traités entre Etats et organisations internationales ou entre organisations internationales, en date du 21 mars 1986 (non encore en vigueur), tient compte de cette limitation et envisage que, pour certains différends entre une organisation internationale et un Etat partie *concernant certains articles de la convention*, l'Etat peut prier un organe ou une institution habilités à s'adresser à la Cour de demander un avis consultatif à celle-ci.

immédiatement les Etats auxquels la Cour est ouverte. En cas d'urgence, la Cour peut prendre toutes mesures utiles pour accélérer la procédure.

Procédure écrite et orale

Afin d'être éclairée sur la question qui lui est soumise, la Cour a la faculté d'organiser une procédure écrite et/ou orale rappelant par certains aspects la procédure contentieuse. Elle peut en théorie s'en dispenser, mais elle ne l'a jamais fait entièrement. Quelques jours après le dépôt de la requête, la Cour dresse la liste des Etats et organisations internationales qui seraient à même de lui fournir des renseignements sur la question[24] et les informe, par communication spéciale et directe, qu'elle est disposée à recevoir des exposés écrits dans un délai donné ou à entendre des exposés oraux au cours d'une audience publique tenue à cet effet. Ces Etats ne seront pas dans la même situation que les parties à une affaire contentieuse et leur participation éventuelle à la procédure ne suffira pas à rendre l'avis consultatif obligatoire à leur égard. Il s'agit en général des Etats membres de l'organisation requérante, parfois aussi des autres Etats auxquels la Cour est ouverte en matière contentieuse. Tout Etat non consulté peut demander à l'être. Il est rare que la CIJ permette aux organisations internationales autres que la requérante de participer à une procédure consultative (*Réserves à la convention pour la prévention et la répression du crime de génocide*). Dans les affaires relatives aux *Conséquences juridiques pour les Etats de la présence continue de l'Afrique du Sud en Namibie (Sud-Ouest africain) nonobstant la résolution 276 (1970) du Conseil de sécurité*, aux *Conséquences juridiques de l'édification d'un mur dans le territoire palestinien occupé* et aux *Effets juridiques de la séparation de l'archipel des Chagos de Maurice en 1965*, la Cour a décidé d'accéder aux demandes formulées par des organisations régionales intergouvernementales en vue de participer à la procédure, estimant que ces dernières étaient susceptibles de fournir des informations pertinentes. Quant aux organisations internationales non gouvernementales, la Cour a adopté, en 2004, une instruction de procédure (n° XII) indiquant notamment que, lorsque de telles organisations présentent, de leur propre initiative, un exposé écrit et/ou un document dans le cadre d'une procédure consultative, cet exposé et/ou ce document sont traités comme des publications facilement accessibles auxquelles les Etats et les organisations intergouvernementales participant à l'affaire concernée peuvent se référer.

---

[24] Dans les circonstances spéciales de la procédure consultative relative aux *Conséquences juridiques de l'édification d'un mur dans le territoire palestinien occupé*, la Cour a décidé que la Palestine pouvait également déposer un exposé écrit et participer à la procédure orale. De même, dans le cadre de la procédure consultative consacrée à la question de la *Conformité au droit international de la déclaration unilatérale d'indépendance relative au Kosovo*, la Cour a décidé que les auteurs de la déclaration unilatérale d'indépendance pouvaient déposer une contribution écrite, suivie d'une autre contribution écrite contenant leurs observations sur les exposés écrits reçus des Etats, et participer à la procédure orale.

La procédure écrite est généralement conduite avec plus de célérité que dans le cadre d'un procès entre Etats et obéit à des règles assez souples. En règle générale, la Cour ou son président fixe par voie d'ordonnance le délai dans lequel les Etats et organisations choisis pourront, s'ils le désirent, déposer des exposés écrits. Ce délai peut être prorogé à la demande de tout intéressé (*Conséquences juridiques pour les Etats de la présence continue de l'Afrique du Sud en Namibie; Licéité de l'utilisation des armes nucléaires pour un Etat dans un conflit armé; Jugement n° 2867 du Tribunal administratif de l'Organisation internationale du Travail sur requête contre le Fonds international de développement agricole; Effets juridiques de la séparation de l'archipel des Chagos de Maurice en 1965*). Le nombre des exposés rédigés en français ou en anglais est variable; leur longueur aussi. Il arrive qu'ils soient très volumineux (comme l'exposé de l'Afrique du Sud sur la question des *Conséquences juridiques pour les Etats de la présence continue de l'Afrique du Sud en Namibie* (456 pages) ou l'exposé de la Serbie ou du Royaume-Uni sur celle de la *Conformité au droit international de la déclaration unilatérale d'indépendance relative au Kosovo*, chaque exposé comptant plus de 1 000 pages avec ses annexes). La Cour peut autoriser les auteurs d'un exposé à présenter des observations écrites sur les exposés des autres. Ces exposés et observations sont normalement communiqués à l'ensemble des destinataires de la communication officielle et directe les ayant invités à fournir des renseignements sur la question posée. Ils sont considérés comme confidentiels, mais peuvent être mis à la disposition du public à l'ouverture de la procédure orale ou ultérieurement.

Tous les destinataires de la communication officielle et directe sont généralement conviés à faire des présentations orales en audience publique à une date fixée par la Cour, qu'ils aient ou non participé à la phase écrite. Mais cette procédure orale n'a pas toujours lieu.

Ainsi, aucun des Etats invités n'a demandé à présenter un exposé oral dans les affaires du *Service postal polonais à Dantzig* et de la *Procédure de vote applicable aux questions touchant les rapports et pétitions relatifs au Territoire du Sud-Ouest africain*. Quand elle a lieu, elle ne prend en général que quelques audiences (mais *Conséquences juridiques pour les Etats de la présence continue de l'Afrique du Sud en Namibie*, 24 audiences; *Sahara occidental*, 27 audiences; *Licéité de l'utilisation des armes nucléaires par un Etat dans un conflit armé* et *Licéité de la menace ou de l'emploi d'armes nucléaires*, 13 audiences; et *Conformité au droit international de la déclaration unilatérale d'indépendance relative au Kosovo*, 10 audiences). Les audiences se déroulent comme en matière contentieuse (voir ci-dessus p. 53-58), hormis certaines exceptions notables: en particulier, les représentants des Etats auprès de la CIJ ne portent pas le titre d'agents et, normalement, le président ne donne qu'une seule fois la parole à chaque organisation, puis à chaque Etat, soit dans l'ordre alphabétique, soit dans l'ordre décidé par la Cour sur proposition des participants.

La participation de l'organisation requérante à la procédure revêt un double aspect, l'un obligatoire, l'autre facultatif :

— En même temps que la requête, ou aussitôt que possible après son dépôt, le directeur ou secrétaire général de l'organisation requérante envoie à la Cour internationale de Justice tous documents pouvant servir à élucider la question. Le dossier ainsi transmis est en général volumineux, et comprend non seulement les documents de l'organisation concernant les origines de la demande d'avis consultatif, mais également aussi des notes introductives ou explicatives.

Etats et organisations[25]
ayant présenté des exposés écrits ou oraux
en matière consultative devant la CIJ (1946-2018)

Etats	Etats
Afrique du Sud	Egypte
Albanie	El Salvador
Algérie	Emirats arabes unis
Arabie saoudite	Equateur
Argentine	Espagne
Australie	Estonie
Autriche	Etats fédérés de Micronésie
Azerbaïdjan	Etats-Unis d'Amérique
Bangladesh	Fédération de Russie
Bélarus	Finlande
Belgique	France
Belize	Grèce
Bolivie	Guatemala
Bosnie-Herzégovine	Guinée
Brésil	Honduras
Bulgarie	Hongrie
Burkina Faso	Iles Marshall
Burundi	Iles Salomon
Cameroun	Inde
Canada	Indonésie
Chili	Iran (République islamique d')
Chine	Iraq
Chypre	Irlande
Colombie	Israël
Costa Rica	Italie
Croatie	Jamahiriya arabe libyenne
Cuba	Japon
Danemark	Jordanie
Djibouti	Kazakhstan

---

[25] Auxquels il y a lieu d'ajouter la Palestine et les auteurs de la déclaration d'indépendance relative au Kosovo (voir note 24, p. 85, et p. 278-283).

Etats
Koweït
Lesotho
Lettonie
Liban
Libéria
Liechtenstein
Lituanie
Luxembourg
Madagascar
Maldives
Malaisie
Malte
Maroc
Maurice
Mauritanie
Mexique
Namibie
Nauru
Nicaragua
Niger
Nigéria
Norvège
Nouvelle-Zélande
Ouganda
Pakistan
Palau
Panama
Papouasie-Nouvelle-Guinée
Pays-Bas
Philippines
Pologne
Portugal
Qatar
République arabe syrienne

Etats
République de Corée
République de Moldova
République démocratique allemande
République dominicaine
République fédérale d'Allemagne
République populaire démocratique de Corée
République tchèque
Roumanie
Royaume-Uni
Rwanda
Saint-Marin
Samoa
Sénégal
Serbie
Seychelles
Sierra Leone
Slovaquie
Slovénie
Soudan
Sri Lanka
Suède
Suisse
Tchécoslovaquie
Thaïlande
Tunisie
Turquie
Ukraine
Venezuela
Viet Nam
Yémen
Yougoslavie
Zaïre
Zimbabwe

Organisations
FIDA
Ligue des Etats arabes
OEA
OIT
OMS
ONU

Organisations
Organisation de la Conférence islamique
OUA
UNESCO
Union africaine
Union européenne[26]

---

[26] Exposé écrit présenté par l'Irlande au nom de l'Union européenne.

— Le directeur ou secrétaire général de l'organisation requérante a parfois été invité à compléter le dossier susmentionné par un exposé, ce qu'a fait le directeur général de l'UNESCO, par exemple *(Jugements du Tribunal administratif de l'OIT sur requêtes contre l'UNESCO)*, mais pas le secrétaire général de l'OMCI *(Composition du comité de la sécurité maritime de l'Organisation intergouvernementale consultative de la navigation maritime)*. Un exposé oral a été présenté au nom du directeur général de l'OMS lors des audiences sur l'une des demandes soumises par cette organisation *(Licéité de l'utilisation des armes nucléaires par un Etat dans un conflit armé)*; dans le cadre d'une autre demande émanant de cette même organisation, le directeur de la division juridique de l'OMS a répondu aux questions posées oralement par la Cour tandis que l'OMS a présenté certains documents supplémentaires demandés par la Cour *(Interprétation de l'accord du 25 mars 1951 entre l'OMS et l'Egypte)*. Il est également arrivé que le Secrétaire général de l'ONU présente aux dates fixées un exposé écrit ou oral, ou même les deux successivement *(Réserves à la convention pour la prévention et la répression du crime de génocide; Conséquences juridiques pour les Etats de la présence continue de l'Afrique du Sud en Namibie; Applicabilité de l'obligation d'arbitrage en vertu de la section 21 de l'accord du 26 juin 1947 relatif au siège de l'Organisation des Nations Unies; Applicabilité de la section 22 de l'article VI de la convention sur les privilèges et immunités des Nations Unies; Différend relatif à l'immunité de juridiction d'un rapporteur spécial de la Commission des droits de l'homme; Conséquences juridiques de l'édification d'un mur dans le territoire palestinien occupé)*. Par ailleurs, le Secrétaire général a parfois répondu à des questions écrites des membres de la Cour *(Sahara occidental)*.

Après le prononcé de l'avis consultatif, ces exposés écrits ou oraux des Etats et des organisations internationales sont publiés en langue originale dans la série des *Mémoires, plaidoiries et documents*, comme l'est en principe le dossier du directeur ou secrétaire général de l'organisation requérante.

Composition de la Cour

Au plus tard à l'ouverture de la procédure orale, des décisions doivent être prises quant à la composition de la Cour (voir ci-dessus p. 25-29):

— Dans plusieurs procédures consultatives, des membres de la Cour se sont abstenus de siéger.

— Dans l'affaire des *Conséquences juridiques pour les Etats de la présence continue de l'Afrique du Sud en Namibie* et dans celle des *Conséquences juridiques de l'édification d'un mur dans le territoire palestinien occupé*, un Etat a élevé des objections à la présence d'un ou plusieurs juges sur le siège, mais ces objections ont été rejetées par ordonnance avant l'ouverture de la procédure orale.

— Le Règlement prévoit que, si un «avis consultatif est demandé au sujet d'une question juridique actuellement pendante entre deux ou plusieurs Etats» (art. 102, par. 3), ceux-ci peuvent éventuellement désigner des juges *ad hoc*, étant entendu qu'en cas de doute la Cour décidera. Alors que la CPJI avait admis des juges *ad hoc* dans six affaires consultatives entre 1928 et 1932, la CIJ n'a reçu que deux fois des demandes en ce sens *(Conséquences juridiques pour les Etats de la présence continue de l'Afrique du Sud en Namibie; Sahara occidental)*. Dans le premier cas, après avoir entendu des observations sur ce sujet en audience à huis clos, elle a décidé par ordonnance de ne pas accepter de juge *ad hoc*. Dans le second cas, où deux Etats — le Maroc et la Mauritanie — ont demandé à désigner des juges *ad hoc*, elle a entendu des observations en audience publique et, par ordonnance, elle a accepté l'une des demandes et rejeté l'autre : la Cour a considéré qu'il paraissait y avoir entre le Maroc et l'Espagne un différend juridique relatif au territoire du Sahara occidental, de sorte que l'avis sollicité paraissait être demandé «au sujet d'une question juridique actuellement pendante entre deux ou plusieurs Etats», ce qui justifiait la désignation d'un juge *ad hoc* par le Maroc; elle a considéré en revanche qu'il paraissait n'y avoir aucun différend juridique entre la Mauritanie et l'Espagne, de sorte que la désignation d'un juge *ad hoc* par la Mauritanie n'était pas justifiée. La Cour comptait alors un juge de nationalité espagnole parmi ses membres.

— Le Règlement de 1978 (voir ci-dessus p. 18) précise que la nomination d'assesseurs est possible en matière consultative.

— Le recours aux chambres n'a pas été expressément prévu dans le cadre des affaires consultatives.

Prononcé de l'avis consultatif

Une procédure consultative se termine par le prononcé d'un avis. Etabli après le même genre de délibéré qu'un arrêt, l'avis est divisé de la même manière en qualités, motifs et dispositif. Il est en moyenne un peu plus court. Il peut être accompagné de déclarations et d'opinions individuelles ou dissidentes. Le prononcé de l'avis s'effectue de la même manière que s'il s'agissait d'un arrêt (voir ci-dessus p. 72-77). Un premier exemplaire signé et scellé est destiné aux archives de la Cour et un second au Secrétaire général de l'ONU; si la demande émane d'une autre institution, un troisième exemplaire est prévu pour son directeur ou secrétaire général. L'avis consultatif est imprimé, dans les deux langues officielles de la Cour, dans la série du *Recueil des arrêts, avis consultatifs et ordonnances* et expédié notamment aux Etats auxquels la Cour est ouverte.

Dans l'exercice de sa fonction consultative, la Cour doit rester fidèle aux exigences de son caractère judiciaire et ne pas se départir des règles essentielles qui régissent son activité de tribunal. Aussi doit-elle toujours commencer par s'assurer qu'elle a compétence pour donner l'avis demandé (saisine par un organe ou une institution autorisés; existence d'une question juridique; le cas échéant, existence d'une question juridique se posant dans le cadre de l'activité de cet organe ou institution). Dans un seul cas, celui de la *Licéité de l'utilisation des armes nucléaires par un Etat dans un conflit armé*, elle a décidé qu'elle n'avait pas compétence pour répondre à la demande à elle soumise par l'OMS.

Une fois sa compétence établie, la Cour doit déterminer s'il existe, selon elle, des raisons pour lesquelles elle devrait s'abstenir de l'exercer. Bien qu'elle considère qu'«en principe la réponse à une demande d'avis consultatif ne doit pas être refusée», la Cour peut, pour des «raisons décisives», décider de ne pas y répondre. Ainsi, la CIJ, soit de sa propre initiative, soit à la demande d'un Etat, s'est notamment demandé: si certains aspects de la procédure antérieurement suivie ne devaient pas l'empêcher de statuer; s'il y avait lieu de répondre à la question; si la demande touchait une question contentieuse intéressant un Etat qui n'avait pas consenti à l'exercice de sa compétence; si, par sa demande, l'organisation requérante s'ingérait dans les activités d'un autre organe de l'Organisation des Nations Unies; si la demande concernait des affaires relevant essentiellement de la compétence nationale d'un Etat; si la demande était principalement utilisée pour servir les intérêts d'un seul Etat; si la Cour devait refuser de rendre un avis consultatif au motif que ce dernier ne pourrait avoir aucun effet juridique concret; si l'avis consultatif pourrait nuire à la paix et à la sécurité internationales; et si la Cour manquait des éléments de fait nécessaires pour donner l'avis demandé. Ces points, qui ne font pas l'objet d'une phase distincte de la procédure, sont normalement traités au début de chaque avis. En dépit de tous les motifs de refus possibles examinés par la Cour, celle-ci a toujours répondu favorablement à une demande d'avis consultatif. Sa devancière, la CPJI, n'a refusé qu'une seule fois de répondre à une demande d'avis consultatif, celle concernant le *Statut de la Carélie orientale*: la question posée concernait directement le point essentiel d'un différend ayant surgi entre deux Etats dont l'un, non membre de la SDN et non partie au Statut de la Cour, s'opposait à la procédure et refusait d'y prendre part, de sorte qu'y répondre aurait équivalu à trancher le différend sans le consentement de l'un des Etats intéressés.

Il se peut que l'organisation requérante elle-même retire sa demande avant le prononcé de l'avis, mais cela ne s'est produit qu'au temps de la CPJI (*Expulsion du patriarche œcuménique*).

Cas particulier des avis consultatifs relatifs à des demandes de réformation de jugements de tribunaux administratifs

Les tribunaux administratifs ont pour mission de régler les conflits sur les contrats de travail et les conditions d'emploi et de nomination qui existent entre les organisations internationales et leurs fonctionnaires. Le Tribunal administratif de l'OIT est compétent pour connaître des demandes introduites par les fonctionnaires de 58 organisations, dont 11 institutions spécialisées et quatre organisations apparentées. Il était prévu dans son statut, jusqu'en 2016, date à laquelle cette possibilité fut abrogée, que, dans certains cas où la validité d'un jugement serait contestée, un avis consultatif pourrait être demandé à la CIJ et que celui-ci aurait valeur obligatoire. Tel était également le cas pour les jugements du Tribunal administratif des Nations Unies[27] avant que l'Assemblée générale ne décide, par une résolution adoptée le 11 décembre 1995 avec effet au 1er janvier 1996, de supprimer l'article 11 du statut du Tribunal, qui prévoyait la réformation de ceux-ci.

La Cour a donné cinq avis consultatifs dans le cadre de cette procédure : une fois après avoir été saisie par le conseil exécutif de l'UNESCO (*Jugements du Tribunal administratif de l'OIT sur requêtes contre l'UNESCO*), trois fois après avoir été saisie par le Comité des demandes de réformation de jugements du Tribunal administratif des Nations Unies (*Demande de réformation du jugement n° 158 du Tribunal administratif des Nations Unies; Demande de réformation du jugement n° 273 du Tribunal administratif des Nations Unies; Demande de réformation du jugement n° 333 du Tribunal administratif des Nations Unies*) et une fois après avoir été saisie par le Fonds international de développement agricole (FIDA), institution spécialisée des Nations Unies (*Jugement n° 2867 du Tribunal administratif de l'Organisation internationale du Travail sur requête contre le Fonds international de développement agricole*).

Caractéristiques des avis consultatifs

Les avis de la Cour se définissent essentiellement par leur caractère consultatif, c'est-à-dire que, contrairement aux arrêts, ils n'ont pas par nature d'effet obligatoire. Il appartient aux institutions ou organes internationaux qui les ont demandés de les entériner ou non par les moyens qui leur sont propres. Dans la pratique, toutefois, il arrive que des parties à un instrument particulier s'accordent pour reconnaître entre elles une force décisoire à un avis, par exemple :

— dans le cas des avis consultatifs sur la validité d'un jugement rendu par le Tribunal administratif de l'OIT, mentionnés ci-dessus ;

— dans le cas des avis relatifs à des différends opposant une organisation et un de ses Etats membres, au titre des conventions sur les privilèges et immunités des Nations Unies, de ses institutions spécialisées et de l'AIEA (voir *Différend relatif à l'immunité de juridiction d'un rapporteur spécial de la Commission des droits de l'homme*) ; et

— dans le cas des avis relatifs à des différends entre l'ONU et les Etats-Unis d'Amérique concernant l'interprétation ou l'application de l'accord de siège de 1947.

En cela, la fonction consultative de la Cour est différente de sa fonction contentieuse, ainsi que du rôle interprétatif de la Constitution attribué à la cour suprême

---

[27] Le Tribunal administratif des Nations Unies était compétent pour connaître des requêtes introduites par tout fonctionnaire du Secrétariat de l'Organisation et des fonds et programmes des Nations Unies. En juillet 2009, il a été remplacé par le Tribunal du contentieux administratif et le Tribunal d'appel des Nations Unies.

de certains pays. Il reste que l'autorité et le prestige de la Cour s'attachent également à ses avis consultatifs et que les organismes intéressés, lorsqu'ils les entérinent, bénéficient en quelque sorte de la sanction du droit international. De surcroît, lorsque la Cour a tranché une question juridique dans un avis consultatif, il devient plus difficile de soutenir une argumentation juridique contraire à la solution adoptée par la Cour dans cet avis. La procédure consultative contribue aussi de façon significative au développement du droit international.

On trouvera au chapitre 8 un bref résumé des demandes d'avis consultatif qui ont été adressées à la Cour.

> Voir en annexe ci-après (p. 317-318) la liste des avis consultatifs donnés par la CIJ. Les noms des organes et institutions qualifiés pour demander des avis consultatifs et la liste des instruments les y habilitant figurent dans l'*Annuaire* de la Cour. Le résumé des avis est publié chaque année dans le *Rapport annuel* de la Cour, lequel est disponible sur le site Internet de celle-ci (www.icj-cij.org). Les textes des exposés (et observations) écrits et oraux sont reproduits dans la série *C.I.J. Mémoires;* ils sont également placés sur le site Internet de la Cour.

7. Le droit international

La Cour est l'organe du droit international

La Cour, organe judiciaire principal de l'Organisation des Nations Unies, s'est définie elle-même comme «l'organe du droit international». Elle rend la justice dans les limites qui lui ont été assignées par son Statut. Il n'existe dans le monde d'aujourd'hui aucun organe judiciaire qui ait la même aptitude à examiner des questions juridiques intéressant la communauté internationale dans son ensemble et auquel les Etats puissent avoir recours de façon aussi générale pour défendre la primauté du droit. Elle est ainsi la seule juridiction internationale à compétence universelle et générale.

Les affaires dont elle a connu ont couvert les aspects les plus variés du droit public ou privé, concerné toutes les parties du monde et nécessité l'examen de systèmes juridiques divers et de pratiques étatiques plus ou moins générales. La Cour a également été appelée à se pencher sur de nombreuses questions relatives au droit des organisations internationales. Quels que soient les problèmes soulevés, la Cour a contribué à les régler et a ainsi concouru au maintien de la paix et au développement des relations amicales entre les Etats.

La Cour applique le droit international

L'article 38, paragraphe 1, du Statut de la Cour énonce que sa «mission est de régler conformément au droit international les différends qui lui sont soumis». Dans toute affaire, après avoir déterminé quelles règles de droit international sont applicables, elle est tenue de se prononcer en se fondant sur ces règles.

Les sources de droit que la Cour doit appliquer sont définies en ces termes dans cette même disposition:

«*a)* les conventions internationales, soit générales, soit spéciales, établissant des règles expressément reconnues par les Etats en litige;

b) la coutume internationale comme preuve d'une pratique générale acceptée comme étant le droit;

c) les principes généraux de droit reconnus par les nations civilisées;

d) sous réserve de la disposition de l'article 59, les décisions judiciaires et la doctrine des publicistes les plus qualifiés des différentes nations, comme moyen auxiliaire de détermination des règles de droit».

Ce paragraphe ne constitue pas un énoncé exhaustif des fondements sur lesquels la Cour peut faire reposer une décision. Il ne fait qu'énumérer certains d'entre eux. Il omet par exemple les actes unilatéraux des Etats et les décisions et résolutions des organismes internationaux, qui contribuent souvent au développement du droit international et peuvent aussi être la source de droits et d'obligations.

Que la Cour statue en matière contentieuse ou en matière consultative, elle applique les mêmes sources de droit international, et ses décisions revêtent toutes une haute autorité puisque, dans les deux cas, elle «dit» le droit, même si les conséquences de sa décision peuvent être différentes. Ce n'est que lorsque les parties en litige en conviennent que la Cour est autorisée à s'écarter des sources énumérées à l'article 38, paragraphe 1, du Statut, et peut statuer en équité *(ex aequo et bono)* (voir ci-après p. 98-99).

Traités et conventions

Dans l'article 38, paragraphe 1, l'expression *conventions internationales* est très large. Elle doit s'entendre non seulement des traités ou conventions de caractère bilatéral ou multilatéral qui sont officiellement dénommés ainsi, mais aussi de tous autres accords internationaux, même sans caractère formel, à condition qu'ils établissent des règles reconnues et acceptées par les Etats en litige. La CIJ a souligné qu'il faut qu'un Etat ait manifesté clairement son acceptation ou sa reconnaissance d'une convention pour qu'elle puisse s'appliquer à son égard. Toutefois, il arrive souvent que le texte du traité ou de l'accord international invoqué devant la CIJ comme contenant des règles reconnues par les parties en litige ne soit ni assez clair ni assez précis pour que l'on puisse en déduire qu'il s'applique sans équivoque aux circonstances de l'espèce. Il appartient alors à la Cour, comme ses décisions le montrent, d'interpréter cet instrument et d'en déterminer la portée et les effets en vue de l'appliquer. En pratique, la Cour doit, dans trois affaires sur quatre au moins, procéder à l'interprétation d'un traité ou d'un accord. Pour ce faire, elle cherche avant tout à dégager le sens ordinaire des termes dans leur contexte, à la lumière de l'objet et du but de l'instrument considéré, sans toutefois se tenir trop étroitement aux règles particulières en vigueur à cet égard dans tel ou tel système de procédure. Elle se réfère fréquemment, en la matière, à l'article 31 de la convention de Vienne de 1969 sur le droit des traités, dont elle a reconnu la portée coutumière. Dans son avis consultatif sur les *Conséquences juridiques pour les Etats de la présence continue de l'Afrique du Sud en Namibie*, elle a indiqué que

> «tout instrument international doit être interprété et appliqué dans le cadre de l'ensemble du système juridique en vigueur au moment où l'interprétation a lieu».

Coutume

Il ressort de la pratique de la Cour que, lorsqu'un Etat partie à un litige invoque à l'appui de ses thèses une coutume internationale, il doit d'une manière générale prouver que cette coutume est établie de manière à être obligatoire pour l'autre partie.

Dans les affaires du *Plateau continental de la mer du Nord*, la CIJ a dit à propos du droit international coutumier :

> «Non seulement les actes considérés doivent représenter une pratique constante, mais en outre ils doivent témoigner, par leur nature ou la manière dont ils sont accomplis, de la conviction que cette pratique est rendue obligatoire par l'existence d'une règle de droit.»

Elle a de même rappelé, dans l'affaire du *Plateau continental (Jamahiriya arabe libyenne/Malte)*, «que la substance du droit international coutumier doit être recherchée en premier lieu dans la pratique effective et l'*opinio juris* des Etats».

En l'affaire des *Activités militaires et paramilitaires au Nicaragua et contre celui-ci*, alors que, par le jeu d'une réserve jointe à une déclaration d'acceptation de sa compétence obligatoire, elle estimait ne pas pouvoir connaître de griefs fondés sur certaines conventions multilatérales, la Cour a conclu que cette réserve ne l'empêchait pas d'appliquer les principes correspondants du droit international coutumier. Elle a expliqué que le fait que ces principes

> «sont codifiés ou incorporés dans des conventions multilatérales ne veut pas dire qu'ils cessent d'exister et de s'appliquer en tant que principes du droit coutumier, même à l'égard de pays qui sont parties auxdites conventions».

Et la Cour d'ajouter que de tels principes

> «conservent un caractère obligatoire en tant qu'éléments du droit international coutumier, bien que les dispositions du droit conventionnel auxquels ils ont été incorporés soient applicables».

Décisions judiciaires

Les décisions judiciaires et la doctrine des publicistes ne sont pas placées sur le même plan que les autres sources de droit. Elles constituent seulement un «moyen auxiliaire de détermination des règles de droit».

L'utilisation des décisions judiciaires est assujettie à l'application des dispositions de l'article 59 du Statut, selon lequel une décision de la Cour n'est obligatoire que pour les parties en litige et dans le cas tranché (voir ci-dessus p. 78). La CIJ et la CPJI ont néanmoins l'une et l'autre fréquemment fait référence, dans les motifs de leurs décisions, à leur propre jurisprudence. La CIJ cite en outre assez souvent sa devancière. La Cour se réfère également, de temps à autre, aux décisions d'autres cours et tribunaux internationaux. Dans l'affaire relative à l'*Application de la convention pour la prévention et la répression du crime de génocide (Bosnie-Herzégovine c. Serbie-et-Monténégro)*, elle a considéré comme «hautement convaincantes» les conclusions de fait pertinentes auxquelles était parvenu le Tribunal pénal international pour l'ex-Yougoslavie (TPIY) et a estimé qu'il convenait également «de donner dûment poids» à toute appréciation du Tribunal concernant l'existence de l'intention criminelle requise; elle a cité nombre de décisions du TPIY dans son arrêt. La Cour s'est également référée, à plusieurs reprises, aux décisions du Tribunal international du droit de la mer *(Différend territorial et maritime (Nicaragua c. Colombie)*, ainsi qu'à celles de divers tribunaux arbitraux *(Délimitation maritime dans la région située entre le Groenland et Jan Mayen; Projet Gabčíkovo-Nagymaros; Ile de Kasikili/Sedudu; Délimitation maritime et questions territoriales entre Qatar et Bahreïn; Différend relatif à des droits de navigation et des droits connexes; Délimitation maritime en mer Noire; Différend territorial et maritime entre le Nicaragua et le Honduras dans la mer des Caraïbes).* Enfin, la Cour a encore pris en considération la jurisprudence pertinente des cours et tribunaux régionaux, telles la Cour européenne des droits de l'homme ou la Cour interaméricaine des droits de l'homme, ainsi que l'interprétation donnée par certains organes indépendants établis en vue de superviser l'application de traités, tels le Comité des droits de l'homme ou la Commission africaine des droits de l'homme et des peuples (voir, par exemple, *Ahmadou Sadio Diallo; Questions concernant l'obligation de poursuivre ou d'extrader;* ainsi que *Conséquences juridiques de l'édification d'un mur dans le territoire palestinien occupé* (requête pour avis consultatif) et *Jugement n° 2867 du Tribunal administratif de l'Organisation internationale du Travail sur requête contre le Fonds international de développement agricole* (requête pour avis consultatif)).

Quant aux décisions des juridictions nationales, elles peuvent être pertinentes pour établir une pratique générale des Etats dans une matière particulière. Ainsi, dans l'affaire relative aux *Immunités juridictionnelles de l'Etat*, la Cour a recouru à un examen de la jurisprudence nationale de divers Etats aux fins d'établir une pratique étatique en matière d'immunité de l'Etat concernant les actes de ses forces armées.

Ex aequo et bono

Le paragraphe 2 de l'article 38 du Statut dispose que le paragraphe 1 de cet article «ne porte pas atteinte à la faculté pour la Cour, si les parties sont d'accord, de statuer *ex aequo et bono*». Bien que cette disposition n'ait jamais été utilisée, elle appelle quelques observations. Elle a pour effet de permettre à la Cour, dans les circonstances indiquées, de statuer en justice et en équité sans se limiter à l'application rigoureuse des règles de droit international existantes. Sans le consentement des Etats parties au litige, la Cour ne peut se prévaloir de cette faculté mais doit statuer en droit, conformément aux dispositions de l'article 38, paragraphe 1. Il ne faut confondre la faculté de décider *ex aequo et bono* ni avec l'application des principes généraux de droit reconnus par les nations, ni avec l'application de principes équitables de droit international, ni avec l'interprétation équitable du droit existant (équité *infra legem*). Dans ces derniers cas, la Cour est obligée de se tenir dans les limites du droit existant, tandis que, dans l'exercice de sa faculté de se prononcer *ex aequo et bono* avec l'assentiment des parties, elle peut ne pas tenir rigoureusement compte des règles du droit et peut même les écarter. La distinction a été parfois mentionnée par la Cour dans ses décisions (*Plateau continental de la mer du Nord; Plateau continental (Tunisie/Jamahiriya arabe libyenne); Plateau continental (Jamahiriya arabe libyenne/Malte); Différend frontalier (Burkina Faso/Mali)*). L'exercice de la faculté de statuer *ex aequo et bono* avec l'assentiment des parties est néanmoins sujet à certaines limites. La CIJ reste tenue d'agir exclusivement en tant qu'organe judiciaire, et elle doit prendre soin de ne pas outrepasser les normes de la justice ni d'autres normes d'équité ou de raison acceptées par la communauté internationale.

La Cour contribue au développement du droit international qu'elle applique

La CIJ, en s'acquittant de sa tâche, qui est de régler les différends d'ordre juridique entre Etats et d'aider les organisations internationales à fonctionner efficacement dans les divers domaines de leur activité, contribue à affirmer et à renforcer le rôle du droit international dans les relations internationales. Elle contribue également au développement de ce droit.

La confiance qu'à un moment historique déterminé les Etats ont dans la Cour est liée au caractère du droit international qu'elle est chargée d'appliquer. Ce droit est cependant en permanente évolution et celle-ci a pris, ces dernières décennies, une ampleur nouvelle. En même temps que les règles du droit international se développent et s'adaptent aux circonstances contemporaines, le domaine même d'application de ce droit est sans cesse étendu par les Etats pour tenir compte des besoins croissants de la société internationale. La Cour a toujours été consciente de l'importance du phénomène du développement du droit international qu'elle interprète et qu'elle applique. Ainsi a-t-elle, dès 1949, reconnu que l'impact de la Charte des Nations Unies constituait une «situation nouvelle», en observant, dans son avis consultatif sur la question de la *Réparation des dommages subis au service des Nations Unies*:

> «La Cour se trouve ici en présence d'une situation nouvelle. On ne peut répondre à la question qui naît de cette situation qu'en déterminant de quelle manière elle est réglée par les dispositions de la Charte interprétées à la lumière des principes du droit international.»

Nombreuses ont été, depuis lors, les décisions de la Cour dans lesquelles celle-ci a expressément constaté l'évolution du droit international et l'importance de cette évolution dans la détermination du droit applicable à l'affaire considérée. En interprétant le droit international en vigueur et en l'appliquant à des affaires particulières, les décisions de la Cour clarifient également le contenu de ce droit avec l'autorité et la légitimité particulières que la Charte des Nations Unies confère à la Cour. Ce faisant, la Cour ouvre souvent la voie au développement progressif du droit international par les Etats.

Les décisions de la Cour, en effet, sont en elles-mêmes des faits juridiques connus des Etats ainsi que des organes internationaux préposés à l'œuvre de codification et au développement progressif du droit international, notamment sous les auspices des Nations Unies. Ce que cette œuvre doit à la jurisprudence de la Cour est immense. Le rôle de la CIJ est même en quelque sorte institutionnalisé dans le statut de la Commission du droit international des Nations Unies, aux termes duquel la Commission rédige ses projets d'articles et les soumet à l'Assemblée générale des Nations Unies avec un commentaire comprenant notamment une présentation adéquate des précédents et autres données pertinentes, y compris les «décisions judiciaires». Comme en témoignent les projets de la Commission du droit international, les décisions de la CIJ occupent une place de choix dans la présentation que la Commission fait des décisions judiciaires pertinentes.

Les affaires qui ont permis à la CIJ d'apporter une contribution notable au développement du droit international couvrent les aspects les plus variés, des plus classiques aux plus novateurs, du droit international.

S'agissant des aspects classiques du droit international, la CIJ a contribué non seulement à l'affermissement de diverses règles et principes fondamentaux dudit droit, mais également à l'évolution de certaines de ses branches principales.

Les apports de la jurisprudence de la Cour en matière d'*interdiction du recours à la force* et de *légitime défense* sont particulièrement marquants. Dans la toute première affaire contentieuse dont elle a été saisie, la Cour a affirmé que la politique de force «qui, dans le passé, a donné lieu aux abus les plus graves ... ne saurait, quelles que soient les déficiences présentes de l'organisation internationale, trouver aucune place dans le droit international» *(Détroit de Corfou)*. Dans son arrêt de 1986 en l'affaire relative aux *Activités militaires et paramilitaires au Nicaragua et contre celui-ci*, la Cour a eu l'occasion d'examiner en détail les règles internationales en la matière, et a pu ainsi reconnaître leur caractère coutumier et préciser les conditions du recours à la légitime défense. Elle a confirmé ces règles dix ans plus tard dans le cadre de son avis consultatif sur la *Licéité de la menace ou de l'emploi d'armes nucléaires*. Cette matière continue d'être au centre des préoccupations de la Cour: elle a, par exemple, eu l'occasion d'examiner des questions relatives à la légitime défense dans l'affaire des *Plates-formes pétrolières* et dans l'avis consultatif relatif aux *Conséquences juridiques de l'édification d'un mur dans le territoire palestinien occupé*. Dans l'affaire des *Activités armées sur le territoire du Congo (République démocratique du Congo c. Ouganda)*, la Cour a souligné que l'interdiction de l'emploi de la force était «une pierre angulaire de la Charte des Nations Unies» et reconnu le caractère coutumier des dispositions pertinentes de la déclaration relative aux principes du droit international touchant les relations amicales et la coopération entre les Etats conformément à la Charte des Nations Unies (résolution 2625 (XXV) adoptée par l'Assemblée générale le 24 octobre 1970), qui dispose, d'une part, que «[c]haque Etat a le devoir de s'abstenir d'organiser et d'encourager des actes de guerre civile ou des actes de terrorisme sur le territoire d'un autre Etat, d'y aider ou d'y participer, ou de tolérer sur son territoire des activités organisées en vue de perpétrer de tels actes, lorsque les actes mentionnés dans le présent paragraphe impliquent une menace ou l'emploi de la force» et, d'autre part, que «[t]ous les Etats doivent … s'abstenir d'organiser, d'aider, de fomenter, de financer, d'encourager ou de tolérer des activités armées subversives ou terroristes destinées à changer par la violence le régime d'un autre Etat ainsi que d'intervenir dans les luttes intestines d'un autre Etat».

Plusieurs arrêts de la CIJ ont également exercé une influence sur le développement du *droit de la mer* et les travaux des conférences convoquées par l'ONU pour traiter de ce sujet. La Cour a de la sorte, dès 1951, au moment où la Commission du droit international entreprenait de codifier la matière, dégagé un certain nombre de critères fondamentaux devant présider à la délimitation de la mer territoriale : celle-ci étant étroitement dépendante du domaine terrestre, la ligne de base à partir de laquelle sa largeur est mesurée ne peut s'écarter de façon appréciable de la direction générale de la côte ; certaines eaux sont en rapport particulièrement intime avec les formations terrestres qui les séparent ou les entourent ; il peut y avoir lieu de tenir compte de certains intérêts économiques propres à une région lorsque leur réalité et leur importance se trouvent attestées par un long usage. Par ailleurs, alors que la troisième conférence des Nations Unies sur le droit de la mer avait à peine commencé ses travaux, la CIJ a fait la déclaration suivante à propos de la détermination des limites à la compétence des Etats en matière de pêcheries :

> «L'un des progrès dont le droit international maritime est redevable à l'intensification de la pêche est que, à l'ancienne attitude de laisser faire à l'égard des ressources biologiques de la haute mer, se substitue désormais la reconnaissance qu'il existe un devoir de prêter une attention suffisante aux droits d'autres Etats ainsi qu'aux impératifs de la conservation dans l'intérêt de tous.» *(Compétence en matière de pêcheries.)*

La Cour a en outre pris une part active au développement des principes et règles du droit international applicables à des espaces maritimes soumis à la juridiction des Etats. Avant la conclusion de la convention de Montego Bay du 10 décembre 1982, par exemple, elle avait déjà affirmé que le concept de «zone économique exclusive» faisait désormais partie du droit international *(Plateau continental (Tunisie/Jamahiriya arabe libyenne))*. En procédant au tracé des frontières maritimes dans les cas où les côtes pertinentes des parties sont adjacentes ou se font face, elle a fait application des principes nouveaux aussi bien en ce qui concerne la définition du plateau continental et sa délimitation *(Plateau continental (Tunisie/Jamahiriya arabe libyenne); Plateau continental (Jamahiriya arabe libyenne/Malte))* que s'agissant de la délimitation du plateau continental et des zones de pêche exclusives *(Délimitation de la frontière maritime dans la région du golfe du Maine; Délimitation maritime dans la région située entre le Groenland et Jan Mayen).*

Dans certaines affaires plus récentes *(Délimitation maritime et questions territoriales entre Qatar et Bahreïn; Frontière terrestre et maritime entre le Cameroun et le Nigéria)*, la Cour a continué à appliquer les règles et méthodes qu'elle avait développées en matière de délimitation maritime, contribuant ainsi à les clarifier. Si le droit de la mer distingue aujourd'hui la délimitation des mers territoriales et celle des plateaux continentaux et des zones de pêche ou des zones économiques exclusives, la jurisprudence de la Cour montre que des règles et méthodes comparables sont applicables dans ces divers cas. En pratique, les Etats sont de plus en plus nombreux à demander à la Cour de tracer une frontière maritime unique délimitant leurs mers territoriales, portions de plateau continental et zones économiques exclusives respectives. En 2009 et en 2012, dans ses arrêts en l'affaire relative à la *Délimitation maritime en mer Noire* et en l'affaire relative au *Différend territorial et maritime (Nicaragua c. Colombie)*, respectivement, la Cour a résumé l'état actuel du droit de la délimitation maritime en déclarant qu'elle devait s'en tenir à la méthode en trois étapes, qui consiste, premièrement, à choisir des points de base et tracer une ligne médiane ou d'équidistance provisoire, puis, deuxièmement, à examiner les circonstances susceptibles de justifier un ajustement de cette ligne pour l'infléchir en conséquence et parvenir à un résultat équitable et, troisièmement, à vérifier si la délimitation ainsi obtenue n'aurait pas pour effet de créer une disproportion entre les espaces maritimes attribués à chacune des parties dans la zone pertinente de nature à rendre le résultat inéquitable, compte tenu de la longueur de leurs côtes pertinentes respectives.

S'agissant plus généralement de la *souveraineté territoriale*, la Cour a consacré le principe de l'intangibilité des frontières héritées de la décolonisation ainsi que celui de l'*uti possidetis juris*, en vertu duquel est accordée au titre juridique la prééminence sur la possession effective comme base de la souveraineté, ladite possession n'étant déterminante qu'en l'absence d'un tel titre *(Différend frontalier (Burkina Faso/Mali)*; voir également *Frontière terrestre et maritime entre le Cameroun et le Nigéria; Souveraineté sur Pulau Ligitan et Pulau Sipadan; Différend territorial et maritime (Nicaragua c. Colombie))*. Ainsi, la Cour examinera d'abord s'il existe une frontière établie (en s'assurant que cette frontière n'a pas été modifiée par un accord international exprès ou tacite) et, si ce n'est pas le cas, elle déterminera si la souveraineté peut être établie sur la base des effectivités.

En matière de décolonisation, la Cour a mis en lumière les impératifs du *principe d'autodétermination* en se plaçant dans une optique «évolutive» (par exemple dans les procédures consultatives sur la question des *Conséquences juridiques pour les Etats de la présence continue de l'Afrique du Sud en Namibie* et sur celle du *Sahara occidental)*. Dans l'affaire relative au *Timor oriental*, la Cour a reconnu que «le droit des peuples à disposer d'eux-mêmes, tel qu'il s'est développé à partir de la Charte et de la pratique de l'Organisation des Nations Unies, est un droit opposable *erga omnes*» et que le principe s'y référant est l'«un des principes essentiels du droit international contemporain» (voir aussi *Conséquences juridiques de l'édification d'un mur dans le territoire palestinien occupé*).

Le *droit des traités* est l'un des nombreux autres domaines dans lesquels le souci constant de la Cour de prendre en considération l'évolution de la réalité juridique a trouvé à s'exprimer. En 1951 déjà, elle constatait, après s'être référée aux conceptions traditionnelles en matière de validité des réserves aux conventions multilatérales, l'apparition de nouvelles tendances constituant «autant de manifestations d'un besoin nouveau d'assouplissement dans le jeu des conventions multilatérales» (*Réserves à la convention pour la prévention et la répression du crime de génocide*). La CIJ a également rejeté toute approche statique en matière d'interprétation des traités; elle a ainsi souligné, comme il est rappelé plus haut (p. 96), que «tout instrument international doit être interprété et appliqué dans le cadre de l'ensemble du système juridique en vigueur au moment où l'interprétation a lieu». On ajoutera que, bien avant l'entrée en vigueur de la convention de Vienne sur le droit des traités, la Cour n'a pas hésité à relever son caractère d'instrument représentant à maints égards une codification du droit coutumier (par exemple dans ses arrêts de 1973 rendus dans les affaires relatives à la *Compétence en matière de pêcheries* (compétence de la Cour) à propos de l'article 62 de la convention de Vienne relatif à un changement fondamental de circonstances). Plus récemment, en l'affaire relative au *Projet Gabčíkovo-Nagymaros*, la Cour a réaffirmé le caractère coutumier des règles codifiées aux articles 60 et 62 de la convention de Vienne.

La CIJ ainsi que sa devancière la CPJI ont par ailleurs contribué à maintes reprises à la définition des principes régissant la *responsabilité internationale des Etats*, en formulant notamment les conditions et les conséquences de l'engagement d'une telle responsabilité (*Personnel diplomatique et consulaire des Etats-Unis à Téhéran; Activités militaires et paramilitaires au Nicaragua et contre celui-ci; Activités armées sur le territoire du Congo (République démocratique du Congo c. Ouganda); Application de la convention pour la prévention et la répression du crime de génocide (Bosnie-Herzégovine c. Serbie-et-Monténégro)*). La Cour a également eu à se prononcer sur diverses autres questions concernant la responsabilité de l'Etat, dont celles de l'état de nécessité en tant que cause d'exclusion de l'illicéité d'un fait (*Conséquences juridiques de l'édification d'un mur dans le territoire palestinien occupé; Projet Gabčíkovo-Nagymaros*), des conditions d'exercice des contre-mesures (*Projet Gabčíkovo-Nagymaros*), ou encore de la réparation du préjudice et des assurances et garanties de non-répétition (voir par exemple *Projet Gabčíkovo-Nagymaros; LaGrand; Mandat d'arrêt du 11 avril 2000; Activités armées sur le territoire du Congo (République démocratique du Congo c. Ouganda); Usines de pâte à papier sur le fleuve Uruguay;*

Ahmadou Sadio Diallo; Certaines activités menées par le Nicaragua dans la région frontalière). Par ailleurs, dans son arrêt en l'affaire du *Projet Gabčíkovo-Nagymaros,* la Cour a apporté des éclaircissements sur les relations qu'entretiennent le droit des traités et le droit de la responsabilité des Etats :

> «Ces deux branches du droit international ont ..., à l'évidence, des champs d'application distincts. C'est au regard du droit des traités qu'il convient de déterminer si une convention est ou non en vigueur, et si elle a ou non été régulièrement suspendue ou dénoncée. C'est en revanche au regard du droit de la responsabilité des Etats qu'il y a lieu d'apprécier dans quelle mesure la suspension ou la dénonciation d'une convention qui serait incompatible avec le droit des traités engage la responsabilité de l'Etat qui y a procédé.»

Plus récemment, en 2007, la Cour a examiné pour la première fois la question de la responsabilité de l'Etat pour génocide *(Application de la convention pour la prévention et la répression du crime de génocide (Bosnie-Herzégovine c. Serbie-et-Monténégro)).* Elle a clairement affirmé que, «si un organe de l'Etat ou une personne ou un groupe de personnes dont les actes sont juridiquement attribuables à l'Etat en question commet l'un des actes prohibés par l'article III de la Convention [pour la prévention et la répression du crime de génocide], la responsabilité internationale de celui-ci est engagée». Elle a conclu, en l'espèce, qu'un génocide avait été commis à Srebrenica en juillet 1995, dont il n'avait néanmoins pas pu être établi devant la Cour que la responsabilité juridique était directement imputable à l'Etat défendeur. Elle a en revanche considéré que cet Etat avait violé ses obligations en vertu de la convention en manquant à son obligation de prévenir le génocide à Srebrenica et à celle de transférer au TPIY, pour y être jugée, toute personne accusée de génocide devant ce Tribunal en raison des massacres de Srebrenica et qui se trouverait sur son territoire.

La Cour a également apporté une contribution notable dans le développement d'autres domaines classiques du droit international, comme celui du *droit d'asile,* en affirmant notamment que l'asile ne peut faire obstacle à des poursuites engagées devant les autorités nationales fonctionnant conformément aux lois *(Droit d'asile (Colombie/Pérou)),* ou encore celui des relations diplomatiques et consulaires. Dans l'affaire du *Personnel diplomatique et consulaire des Etats-Unis à Téhéran,* la Cour a souligné l'importance fondamentale de l'inviolabilité des diplomates et ambassades pour la conduite des relations internationales. La Cour a aussi joué un rôle significatif dans l'évolution du droit des immunités juridictionnelles des Etats et de leurs représentants : dans l'affaire du *Mandat d'arrêt du 11 avril 2000,* elle a clairement reconnu les immunités de juridiction, tant civiles que pénales, dont jouissent, dans les autres Etats, les agents diplomatiques et consulaires ainsi que certaines personnes occupant un rang élevé dans l'Etat, telles que le chef d'Etat, le chef du gouvernement ou le ministre des affaires étrangères ; l'affaire relative aux *Immunités juridictionnelles de l'Etat* reconnaît explicitement l'extension de telles immunités aux Etats eux-mêmes.

En matière de *relations consulaires*, la Cour a eu à interpréter et appliquer les dispositions pertinentes de l'article 36 de la convention de Vienne de 1963 sur les relations consulaires, en vertu duquel les Etats parties doivent avertir sans retard les autorités consulaires d'un autre Etat partie lorsqu'ils arrêtent ou placent en détention l'un quelconque des ressortissants de cet Etat et informer sans retard l'intéressé de son droit à communiquer avec le poste consulaire de son pays *(La-Grand; Avena et autres ressortissants mexicains; Ahmadou Sadio Diallo)*. Dans l'affaire *Avena et autres ressortissants mexicains*, la Cour a demandé aux Etats-Unis le réexamen et la revision des verdicts de culpabilité et des peines de cinquante et une personnes au motif que leurs droits consulaires n'avaient pas été respectés.

Pour ce qui est de sa contribution à des développements plus contemporains du droit international, la Cour, dans son arrêt de 1970 en l'affaire de la *Barcelona Traction (deuxième phase)*, a reconnu l'existence d'obligations liant les Etats à l'égard de la communauté internationale dans son ensemble («obligations *erga omnes*»), qu'elle a ainsi décrites:

> «Ces obligations découlent par exemple, dans le droit international contemporain, de la mise hors la loi des actes d'agression et du génocide mais aussi des principes et des règles concernant les droits fondamentaux de la personne humaine, y compris la protection contre la pratique de l'esclavage et la discrimination raciale.»

Plus récemment, la Cour a affirmé le caractère impératif *(jus cogens)* de certaines normes d'importance fondamentale pour la communauté internationale dans son ensemble et auxquelles il ne saurait jamais être dérogé, comme l'interdiction du génocide *(Activités armées sur le territoire du Congo (nouvelle requête: 2002) (République démocratique du Congo c. Rwanda))* et l'interdiction de la torture *(Questions concernant l'obligation de poursuivre ou d'extrader)*.

La Cour a aussi été amenée à maintes reprises à se prononcer sur des questions relevant des *droits fondamentaux de l'homme aussi bien en temps de paix qu'en temps de conflit armé*. Dans son avis consultatif de 1971 sur les *Conséquences juridiques pour les Etats de la présence continue de l'Afrique du Sud en Namibie*, la Cour a ainsi souligné que «le fait d'établir et d'imposer ... des distinctions, exclusions, restrictions et limitations qui sont uniquement fondées sur la race, la couleur, l'ascendance ou l'origine nationale ou ethnique et qui constituent un déni des droits fondamentaux de la personne humaine» constitue une violation flagrante des buts et principes de la Charte des Nations Unies. Plus récemment, dans l'avis consultatif qu'elle a donné en 2004 sur les *Conséquences juridiques de l'édification d'un mur dans le territoire palestinien occupé*, la Cour a rappelé l'importance du respect des règles du droit international humanitaire. Elle a notamment souligné que les règles en question incorporent des obligations revêtant par essence un caractère *erga omnes* «vu la nature et l'importance des droits et obliga-tions en cause [découlant des quatre conventions de Genève]», et que tous les Etats étaient dans l'obligation de ne pas reconnaître une situation illicite découlant de leur violation. La Cour avait auparavant déjà affirmé qu'un grand nombre de règles du droit humanitaire applicable dans les conflits armés étaient fondamen-tales pour le respect de la personne humaine, en se référant à des «considérations élémentaires d'humanité» *(Détroit de Corfou)*, et qu'elles s'imposaient à tous les Etats parce qu'elles constituent des «principes intransgressibles du droit interna-tional coutumier» *(Licéité de la menace ou de l'emploi d'armes nucléaires).*

Dans l'affaire des *Activités armées sur le territoire du Congo (République démo-cratique du Congo c. Ouganda)*, la Cour a conclu que l'Ouganda, par le compor-tement de ses forces armées, qui avaient commis des meurtres, des actes de torture, et soumis la population congolaise à d'autres formes de traitements inhu-mains, avait violé les obligations lui incombant en vertu du droit international re-latif aux droits de l'homme et au droit humanitaire.

Au cours des vingt dernières années, la Cour a eu de plus en plus fréquemment l'occasion de se pencher sur le *droit de l'environnement*. Ainsi, après avoir constaté que les normes en vigueur en matière de sauvegarde et de protection de l'environnement n'interdisaient pas explicitement l'emploi de l'arme nucléaire, la Cour a cependant souligné que le droit international met en avant d'importantes considérations d'ordre écologique, pertinentes dans l'application du droit des conflits armés ou l'appréciation de la licéité de la légitime défense. A cet égard, elle a notamment déclaré que :

> «l'environnement n'est pas une abstraction, mais bien l'espace où vivent les êtres humains et dont dépendent la qualité de leur vie et leur santé, y compris pour les générations à venir. L'obligation qu'ont les Etats de veiller à ce que les activités exercées dans les limites de leur juridiction ou sous leur contrôle respectent l'environnement dans d'autres Etats ou dans des zones ne relevant d'aucune juridiction nationale fait maintenant partie du corps de règles du droit international de l'environnement.» *(Licéité de la menace ou de l'emploi d'armes nucléaires.)*

Se référant à ce prononcé une année à peine plus tard, la Cour a réaffirmé «l'importance que le respect de l'environnement revêt à son avis, non seulement pour les Etats mais aussi pour l'ensemble du genre humain», et a observé ce qui suit :

> «dans le domaine de la protection de l'environnement, la vigilance et la prévention s'imposent en raison du caractère souvent irréversible des dom-mages causés à l'environnement et des limites inhérentes au mécanisme même de réparation de ce type de dommages.
>
> Au cours des âges, l'homme n'a cessé d'intervenir dans la nature pour des raisons économiques et autres. Dans le passé, il l'a souvent fait sans

tenir compte des effets sur l'environnement. Grâce aux nouvelles perspectives qu'offre la science et à une conscience croissante des risques que la poursuite de ces interventions à un rythme inconsidéré et soutenu représenterait pour l'humanité — qu'il s'agisse des générations actuelles ou futures —, de nouvelles normes et exigences ont été mises au point, qui ont été énoncées dans un grand nombre d'instruments au cours des deux dernières décennies. Ces normes nouvelles doivent être prises en considération et ces exigences nouvelles convenablement appréciées non seulement lorsque des Etats envisagent de nouvelles activités, mais aussi lorsqu'ils poursuivent des activités qu'ils ont engagées dans le passé. Le concept de développement durable traduit bien cette nécessité de concilier développement économique et protection de l'environnement.» *(Projet Gabčíkovo-Nagymaros.)*

Dans son arrêt de 2010 en l'affaire relative à des *Usines de pâte à papier sur le fleuve Uruguay*, la Cour a déclaré que la pratique qui consiste à procéder à une évaluation de l'impact sur l'environnement lorsque l'activité industrielle projetée risque d'avoir un impact préjudiciable important dans un cadre transfrontière est «acceptée si largement par les Etats ces dernières années que l'on peut désormais considérer qu'elle constitue, en droit international général, une obligation».

> Le résumé des décisions de la Cour est publié dans le *Rapport annuel* de celle-ci, lequel est disponible sur son site Internet (www.icj-cij.org), où on trouvera également le mode officiel de citation des décisions.

Le Palais de la Paix en 1957 (photo 1) et cinquante-huit ans plus tard, en 2015 (photo 2). (© UN Photo/VW et © CIJ/Frank van Beek)

Portrait de José Gustavo Guerrero (El Salvador), dernier président de la Cour permanente de Justice internationale. En 1946, il devint le premier président de la Cour internationale de Justice, assurant ainsi la continuité entre les deux Cours. (© Archives CIJ)

Page de couverture du premier arrêt rendu par la Cour permanente de Justice internationale, le 17 août 1923, en l'affaire du vapeur *"Wimbledon"* (photo 1). Page finale de l'arrêt rendu par la Cour permanente de Justice internationale le 7 septembre 1927, en l'affaire du *"Lotus"* (photo 2). (© CIJ/ Lybil Ber)

Le Conseil de sécurité (photo 1) et l'Assemblée générale des Nations Unies (photo 2) élisent des membres de la Cour. (© UN Photo/Kim Haughton et © CIJ/Eskinder Debebe))

Déclarations solennelles de membres de la Cour. M. le juge Vi Kuiyuin Wellington Koo, en 1957 (photo 1); MM. les juges Patrick Lipton Robinson, James Richard Crawford et Kirill Gevorgian, en 2015 (photos 2, 3 et 4); MM. les juges Nawaf Salam et Yuji Iwasawa, en 2018 (photos 5 et 6). (© Archives CIJ et © CIJ/Frank van Beek)

Les membres de la CPJI dans l'ancienne salle de délibération de la Cour, la salle Bol du Palais de la Paix, à la fin des années 1930. De gauche à droite: M. Altamira (Espagne); M. Erich (Finlande); M. De Visscher (Belgique); le greffier, M. López Oliván (Espagne); M. Fromageot (France); le vice-président, sir Cecil Hurst (Royaume-Uni); le président M. Guerrero (El Salvador); Jonkheer van Eysinga (Pays-Bas); le comte Rostworowski (Pologne); M. Cheng (Chine); M. Negulesco (Roumanie); M. Hudson (Etats-Unis d'Amérique); M. Nagaoka (Japon). (© Archives CIJ)

La composition de la Cour, en octobre 2017. Au premier rang, de gauche à droite : Mme la juge Xue Hanqin, vice-présidente (Chine), MM. les juges Abdulqawi Ahmed Yusuf, président (Somalie), et Peter Tomka (Slovaquie). Au deuxième rang, de gauche à droite : MM. les juges Antônio Augusto Cançado Trindade (Brésil), Ronny Abraham (France), Mohamed Bennouna (Maroc) et Mme la juge Joan E. Donoghue (Etats-Unis d'Amérique). Au troisième rang, de gauche à droite : MM. les juges Dalveer Bhandari (Inde), Giorgio Gaja (Italie), Mme la juge Julia Sebutinde (Ouganda) et M. le juge Patrick Lipton Robinson (Jamaïque). Au quatrième rang, de gauche à droite : M. Philippe Couvreur, greffier (Belgique), MM. les juges Nawaf Salam (Liban), James Richard Crawford (Australie), Kirill Gevorgian (Fédération de Russie) et Yuji Iwasawa (Japon). (© CIJ/Frank van Beek)

Le siège de la Cour en 2006. (© CIJ/Jeroen Bouman)

Le siège de la Cour en 2014. (© CIJ/Frank van Beek)

Huissiers de la Cour vers 1950 (photo 1) et en 2016 (photo 2). (©Archives CIJ et © CIJ/Lybil Ber)

Mme la juge *ad hoc* Suzanne Bastid en 1985 (photo 1). Elle avait été désignée par la Tunisie pour siéger en l'affaire de la *Demande en revision et en interprétation de l'arrêt du 24 février 1982 en l'affaire du* Plateau continental (Tunisie/Jamahiriya arabe libyenne) *(Tunisie c. Jamahiriya arabe libyenne)*; à droite, M. le juge Mohammed Bedjaoui. Déclarations solennelles des juges ad hoc Charles Brower (2018), Djamchid Momtaz (2018), Bruno Simma (2017) et Awn Al-Khasawneh (2017) (photos 2, 3, 4 et 5). (© Archives CIJ et © CIJ/Frank van Beek)

La grande salle de justice en 2004. (© Archives CIJ)

La grande salle de justice après sa rénovation en 2018. (© CIJ/Frank van Beek)

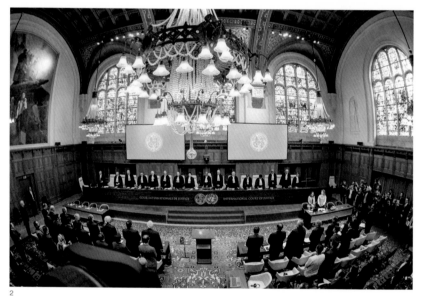

Plaidoirie dans la grande salle de justice en 1939 (photo 1) et en 2018 (photo 2). (© Archives CPJI et © CIJ/Frank van Beek)

Présentation de cartes dans la grande salle de justice : en novembre 1948, au cours d'une audience dans l'affaire du *Détroit de Corfou (Royaume-Uni c. Albanie)* (photo 1), et en janvier 2014, lors de la lecture de l'arrêt de la Cour en l'affaire du *Différend maritime (Pérou c. Chili)* (photo 2). Aujourd'hui, les juges disposent sur le siège d'écrans pour regarder les cartes et autres pièces présentées par les parties. (© Archives CIJ et © CIJ/Frank van Beek)

Agents, conseils et autres membres de délégations du monde entier lors de séances publiques de la Cour. (© CIJ/Frank van Beek et © CIJ/Wendy van Bree)

Membres de délégations dans la grande salle de justice en 1948 (photo 1) et soixante-dix ans plus tard, en 2018 (photo 2). (© Archives CIJ et © CIJ/Frank van Beek)

S. Exc. M. le juge
Abdulqawi Ahmed Yusuf,
président
(Somalie)

S. Exc. Mme la juge
Xue Hanqin,
vice-présidente
(Chine)

S. Exc. M. le juge
Peter Tomka
(Slovaquie)

S. Exc. M. le juge
Ronny Abraham
(France)

S. Exc. M. le juge
Mohamed Bennouna
(Maroc)

S. Exc. M. le juge
Antônio Augusto Cançado
Trindade
(Brésil)

S. Exc. Mme la juge
Joan E. Donoghue
(Etats-Unis d'Amérique)

S. Exc. M. le juge
Giorgio Gaja
(Italie)

S. Exc. Mme la juge
Julia Sebutinde
(Ouganda)

internationale de Justice : les juges

S. Exc. M. le juge
Dalveer Bhandari
(Inde)

S. Exc. M. le juge
Patrick Lipton Robinson
(Jamaïque)

S. Exc. M. le juge
James Richard Crawford
(Australie)

S. Exc. M. le juge
Kirill Gevorgian
(Fédération de Russie)

Le greffier

S. Exc. M. le juge
Nawaf Salam
(Liban)

S. Exc. M. le juge
Yuji Iwasawa
(Japon)

S. Exc. M. Philippe Gautier
(Belgique)

Une vue du bâtiment des juges situé à l'arrière du Palais de la Paix, en 2014 (photo 1) et la Cour en salle de délibération au dernier étage de ce bâtiment, en 2018 (photo 2). (© CIJ/Frank van Beek et © CIJ/Bastiaan van Musscher)

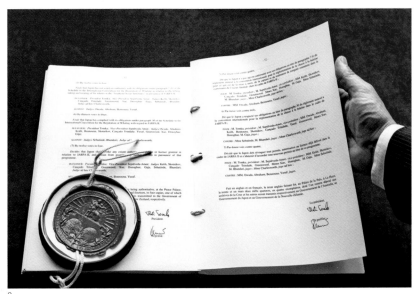

Le sceau officiel de la Cour internationale de Justice (photo 1) et un arrêt scellé (photo 2). (© CIJ/ Jeroen Bouman et © CIJ/Frank van Beek)

Un arrêt scellé est remis à chacune des parties à l'issue de la lecture de la décision en séance publique. (© CIJ/Wendy van Bree)

Le Greffe de la Cour internationale de Justice dans les années 1930 (photo 1) et en 2019 (photo 2). (© Archives CIJ et © CIJ/Frank van Beek)

Visite de Leurs Majestés l'empereur et l'impératrice du Japon à la Cour le 24 mai 2000, au cours de la présidence de S. Exc. M. le juge Gilbert Guillaume (photo 1), et visite du président de la Fédération de Russie, S. Exc. M. Vladimir Poutine, le 2 novembre 2005, au cours de la présidence de S. Exc. M. le juge Shi Jiuyong (photo 2). (© Archives CIJ et © CIJ/Jeroen Bouman)

1

2

Visites de S. M. le roi Abdallah II de Jordanie le 31 octobre 2006, au cours de la présidence de S. Exc. Mme la juge Rosalyn Higgins (photo 1), et du président de la République hellénique, S. Exc. M. Prokopis Pavlopoulos, le 4 juillet 2016, au cours de la présidence de S. Exc. M. le juge Ronny Abraham. (© Archives CIJ et © CIJ/Franck van Beek)

1

2

Visites du Secrétaire général des Nations Unies, S. Exc. M. António Guterres, le 22 décembre 2017 (photo 1), et du président de l'Etat du Cap-Vert, S. Exc. M. Jorge Carlos Fonseca, le 11 décembre 2018 (photo 2), au cours de la présidence de S. Exc. M. le juge Abdulqawi Ahmed Yusuf. (© CIJ/Bastiaan van Musscher et © CIJ/Wendy van Bree)

Les portraits des anciens présidents de la Cour ornent les murs de la salle du conseil (photo 1): à gauche, le juge péruvien José Luis Bustamante y Rivero, président de la Cour de 1967 à 1970; à droite, le juge polonais Manfred Lachs, membre de la Cour de 1967 à 1993 (trois mandats consécutifs) et président de 1973 à 1976. C'est dans cette salle que les juges se retrouvent avant chaque audience publique et lors des pauses, comme ici (photo 2) au cours de la présidence de S. Exc. M. le juge français Ronny Abraham, en 2015. (© CIJ/Lybil Ber et © CIJ/Frank van Beek)

Détail du tableau intitulé *La Paix et la Justice* (1914), don de la France. Réalisée par le peintre Paul-Albert Besnard (1849-1934), cette gigantesque fresque orne le mur gauche de la grande salle de justice. (© CIJ/Frank van Beek)

Détail de l'un des vitraux de la grande salle de justice. Don du Royaume-Uni, ces vitraux sont l'œuvre de l'artiste écossais Douglas Strachan (1875-1950). Conçus pour être admirés de gauche à droite, ils constituent une fresque monumentale représentant la marche de l'humanité vers la paix. (© CIJ/Frank van Beek)

Les membres de la Cour et le greffier dans la salle japonaise du Palais de la Paix en 2018. (© CIJ/ Frank van Beek)

Hommage rendu le 16 octobre 2018 à S. Exc. M. le juge José Gustavo Guerrero, premier président de la Cour internationale de Justice. (© CIJ/Wendy van Bree)

Le sceau de la Cour orne les copies officielles des décisions (arrêts, avis consultatifs et ordonnances), dont un exemplaire sera déposé aux archives de la Cour et les autres seront transmis aux parties. (© CIJ/Frank van Beek)

8. Les affaires portées devant la Cour

Entre le 18 avril 1946 et le 31 décembre 2018, la Cour a été saisie de 148 affaires contentieuses dans lesquelles elle a rendu 129 arrêts et 527 ordonnances. Pendant la même période, elle a eu à connaître de 27 procédures consultatives dans lesquelles elle a donné 27 avis consultatifs et rendu 37 ordonnances. On trouvera ci-après de brefs résumés de ces affaires et des décisions prises à leur égard[28].

Affaires contentieuses

1.1. *Détroit de Corfou (Royaume-Uni c. Albanie)*

Ce différend a fait l'objet de trois arrêts de la Cour. Il a pris naissance à la suite d'explosions subies, en 1946, par des navires de guerre britanniques qui avaient heurté des mines en passant par le détroit de Corfou, dans une zone préalablement déminée des eaux albanaises. Les navires avaient été sérieusement endommagés et les équipages avaient subi d'importantes pertes en vies humaines. Le Royaume-Uni saisit la Cour de ce différend par une requête introduite le 22 mai 1947, et accusa l'Albanie d'avoir mouillé les mines, ou d'avoir laissé un Etat tiers les mouiller postérieurement aux opérations de déminage qui avaient été effectuées par les autorités navales alliées. L'affaire avait été au préalable portée devant l'Organisation des Nations Unies et, à la suite d'une recommandation du Conseil de sécurité, la Cour en avait été saisie.

Le premier arrêt, rendu le 25 mars 1948, portait sur la question de la compétence de la Cour et la recevabilité de la requête, qui avait été soulevée par l'Albanie. La Cour a notamment constaté qu'une communication en date du 2 juillet 1947 que lui avait adressée le Gouvernement albanais constituait une acceptation volontaire de sa juridiction. Elle a rappelé à cette occasion que le consentement des parties à sa juridiction n'était pas soumis à des conditions de forme déterminées, et a déclaré qu'en l'occurrence elle ne pouvait tenir pour irrégulière la voie de la requête, qui n'était exclue par aucun texte.

Le second arrêt, rendu le 9 avril 1949, concernait le fond du différend. La Cour a conclu que l'Albanie était responsable, selon le droit international, des explosions qui avaient eu lieu dans les eaux albanaises et des dommages et pertes humaines qui en avaient été la conséquence. Elle n'a pas retenu l'hypothèse selon laquelle l'Albanie elle-même aurait mouillé les mines, ni celle de la connivence

---

[28] Ces résumés n'engagent en aucune façon la Cour et ne sauraient être cités à l'encontre du texte même des décisions pertinentes, dont ils ne constituent pas une interprétation.

de l'Albanie avec un mouillage qui aurait pu être effectué, à la demande de l'Albanie, par la marine de guerre yougoslave. En revanche, elle a retenu le grief se rattachant au fait que le mouillage ne pouvait avoir été effectué sans la connaissance du Gouvernement albanais. La Cour a notamment indiqué à cette occasion que, du fait du contrôle exclusif exercé par un Etat dans les limites de ses frontières, il peut être impossible de faire la preuve des faits d'où découlerait sa responsabilité internationale. L'Etat victime doit alors pouvoir recourir plus largement aux présomptions de fait, indices ou preuves circonstancielles, ces moyens de preuve indirecte devant être considérés comme particulièrement efficaces quand ils s'appuient sur une série de faits qui s'enchaînent et qui conduisent à une même conclusion. L'Albanie, de son côté, avait présenté une demande reconventionnelle contre le Royaume-Uni. Elle reprochait à celui-ci d'avoir violé la souveraineté albanaise en envoyant sa flotte de guerre dans les eaux territoriales albanaises et en procédant, postérieurement aux explosions, à des opérations de déminage dans ses eaux. La Cour n'a pas retenu le premier grief, estimant qu'elle se trouvait en présence d'un passage innocent dans un détroit international. Toutefois, l'opération de déminage ayant été effectuée contre la volonté du Gouvernement albanais, la Cour a estimé qu'elle constituait une violation de la souveraineté albanaise. En particulier, elle n'a pas admis la notion d'autoprotection *(self-help)* avancée par le Royaume-Uni pour justifier son intervention.

Dans un troisième arrêt, rendu le 15 décembre 1949, la Cour a fixé le montant des réparations dues par l'Albanie au Royaume-Uni. L'Albanie a été condamnée à payer la somme totale de 844 000 livres sterling (voir également ci-après n° 1.12).

1.2. Pêcheries (Royaume-Uni c. Norvège)

L'arrêt rendu par la Cour en cette affaire a mis un terme à une controverse qui opposait depuis fort longtemps le Royaume-Uni à la Norvège et avait suscité un intérêt considérable auprès des autres Etats maritimes. En 1935, la Norvège avait adopté un décret par lequel elle réservait à l'usage exclusif de ses pêcheurs certains bancs de pêche situés au large de la côte septentrionale de la Norvège. Il s'agissait de savoir si ce décret, qui établissait une méthode pour fixer les lignes de base à partir desquelles devaient se calculer les eaux territoriales norvégiennes, était conforme au droit international. C'est sur une question rendue délicate par la configuration particulière des côtes norvégiennes, découpées en fjords et baies et parsemées d'innombrables îles, îlots et récifs, que portait le désaccord entre les Parties, le Royaume-Uni prétendant notamment que certaines des lignes de base droites fixées par le décret ne respectaient pas la direction générale de la côte et n'étaient pas tracées de façon raisonnable. Par son arrêt rendu le 18 décembre 1951, la Cour a conclu que, contrairement aux conclusions du Royaume-Uni, ni la méthode de délimitation employée par le décret de 1935 ni les lignes mêmes qui y sont fixées n'étaient contraires au droit international.

1.3. Protection de ressortissants et protégés français en Egypte (France c. Egypte)

A la suite de certaines mesures prises par le Gouvernement égyptien contre les biens et les personnes de divers ressortissants et protégés français en Egypte, la France introduisit une instance en invoquant la convention de Montreux de 1935 sur l'abrogation des capitulations en Egypte. Mais l'affaire n'eut pas de suite, le Gouvernement égyptien ayant levé ces mesures. La France ayant renoncé à poursuivre la procédure et l'Egypte n'ayant pas fait opposition à ce désistement, l'affaire fut rayée du rôle de la Cour (ordonnance du 29 mars 1950).

1.4. Droit d'asile (Colombie/Pérou)

L'asile diplomatique accordé le 3 janvier 1949, dans l'ambassade de Colombie à Lima, à un ressortissant péruvien, M. Victor Raúl Haya de la Torre, homme politique accusé d'avoir provoqué une rébellion militaire, donna lieu entre le Pérou et la Colombie à un différend que les parties convinrent de soumettre à la Cour. La convention panaméricaine de La Havane sur le droit d'asile (1928) prévoit que, sous certaines conditions, l'asile peut être accordé dans les ambassades étrangères à un réfugié politique ressortissant de l'Etat territorial. Le différend portait sur la question de savoir si la Colombie, en tant qu'Etat accordant l'asile, était fondée à «qualifier» seule, de manière obligatoire pour l'Etat territorial, la nature du délit commis par le réfugié, c'est-à-dire à déterminer si le délit était politique ou de droit commun. En outre, la Cour était appelée à dire si l'Etat territorial était ou non obligé d'accorder les garanties nécessaires pour permettre au réfugié de quitter le pays en toute sécurité. Dans son arrêt du 20 novembre 1950, la Cour a répondu négativement à ces deux questions, tout en précisant que le Pérou n'avait pas prouvé que M. Haya de la Torre fût un délinquant de droit commun. Enfin, elle a accueilli une demande reconventionnelle formulée par le Pérou, qui estimait que l'on avait accordé asile à M. Haya de la Torre en violation de la convention de La Havane.

1.5. Demande d'interprétation de l'arrêt du 20 novembre 1950 en l'affaire du droit d'asile (Colombie c. Pérou)

Le jour même où la Cour rendait son arrêt dans l'affaire du droit d'asile (voir ci-dessus n° 1.4), la Colombie introduisait une demande en interprétation par laquelle elle entendait notamment faire dire si l'arrêt impliquait l'obligation de remettre le réfugié aux autorités péruviennes. Dans un arrêt rendu le 27 novembre 1950, la Cour a déclaré cette demande irrecevable.

1.6. Haya de la Torre (Colombie c. Pérou)

Cette instance, suite des précédentes (voir ci-dessus n°s 1.4-1.5), fut introduite par une nouvelle requête de la Colombie. Au lendemain de l'arrêt du 20 novembre 1950, le Pérou avait demandé à la Colombie de lui remettre M. Haya de la Torre. La Colombie s'y était refusée, en soutenant que ni les textes en vigueur ni l'arrêt de la Cour ne lui imposaient l'obligation de remettre le réfugié aux autorités péruviennes. La Cour a confirmé cette thèse par son arrêt du 13 juin 1951. Elle a constaté que la question était nouvelle et que, si la convention de La Havane imposait expressément la remise aux autorités locales des criminels de droit commun, aucune obligation de ce genre n'existait pour les délinquants politiques. Tout en confirmant que l'asile diplomatique avait été donné irréguliè-rement et qu'à ce titre le Pérou était fondé à en réclamer la fin, la Cour a déclaré que la Colombie n'était pas tenue de livrer le réfugié. Ces deux conclusions, a-t-elle dit, ne sont pas contradictoires, car il existe d'autres manières de mettre fin à l'asile que la remise du réfugié.

1.7. Droits des ressortissants des Etats-Unis d'Amérique au Maroc (France c. Etats-Unis d'Amérique)

Par arrêté du 30 décembre 1948, les autorités françaises du protectorat du Maroc avaient pris des mesures pour soumettre à un système de licences les importations ne comportant pas d'allocation officielle de devises et pour limiter ces importations à un certain nombre de produits indispensables à l'économie marocaine. Les Etats-Unis ont affirmé que ces mesures portaient atteinte aux droits qu'ils estimaient tenir des traités qui les liaient au Maroc et prétendu que, en vertu de ces traités et de l'acte général d'Algésiras de 1906, aucun texte législatif ou réglementaire marocain ne pouvait être appliqué à leurs ressortissants au Maroc sans leur accord préalable. Dans son arrêt du 27 août 1952, la Cour a constaté que le système de licences était contraire au traité conclu entre les Etats-Unis et le Maroc en 1836 et à l'acte général d'Algésiras, puisqu'il comportait une discrimination en faveur de la France contre les Etats-Unis. La Cour a examiné ensuite la question de l'étendue de la juridiction consulaire des Etats-Unis au Maroc et déclaré que les Etats-Unis avaient juridiction dans la zone française pour toutes affaires, civiles ou criminelles, entre leurs citoyens ou protégés. Les Etats-Unis avaient également juridiction dans la mesure voulue pour donner effet aux dispositions pertinentes de l'acte général d'Algésiras. La Cour a re-jeté la thèse des Etats-Unis alléguant que leur juridiction consulaire s'étendait aux affaires où seul le défendeur était citoyen ou protégé des Etats-Unis. Elle a rejeté également la thèse des Etats-Unis selon laquelle l'application aux citoyens des Etats-Unis des lois et règlements de la zone française du Maroc exigeait l'assentiment préalable des Etats-Unis. Un tel assentiment n'était nécessaire que lorsque l'inter-vention des tribunaux consulaires des Etats-Unis était indispensable pour qu'une loi marocaine fût effectivement appliquée aux ressortissants des Etats-Unis. La Cour a rejeté les conclusions soumises par les Etats-Unis dans leur demande reconvention-nelle, alléguant que leurs ressortissants au Maroc avaient droit à l'immunité fiscale. La Cour a tranché également la question de la méthode d'évaluation des importations pratiquée par l'administration des douanes marocaines.

1.8. Ambatielos (Grèce c. Royaume-Uni)

En 1919, l'armateur grec Ambatielos avait signé un contrat avec le Gouverne-ment britannique en vue de l'achat de bateaux à vapeur. Il prétendait avoir subi des pertes en conséquence de la carence du Gouvernement du Royaume-Uni dans l'exécution de son contrat et de certaines décisions judiciaires rendues contre lui par les tribunaux anglais dans des circonstances qu'il prétendait contraires au droit international. Le Gouvernement hellénique prit fait et cause pour son ressortissant et soutint que le Royaume-Uni était tenu d'accepter l'arbitrage en vertu des traités conclus avec la Grèce en 1886 et 1926. Le Royaume-Uni souleva une exception préliminaire d'incompétence à ce sujet. Dans son arrêt du 1er juillet 1952, la Cour s'est déclarée compétente pour décider si le Royaume-Uni était tenu de soumettre le différend à l'arbitrage, mais, d'autre part, elle s'est déclarée incompétente pour statuer sur le fond de la demande. Dans un autre arrêt, celui du 19 mai 1953, la Cour a dit que le Royaume-Uni était tenu de soumettre le différend à l'arbitrage conformément aux traités de 1886 et de 1926.

1.9. Anglo-Iranian Oil Co. (Royaume-Uni c. Iran)

En 1933, un accord avait été conclu entre le Gouvernement iranien et l'Anglo-Iranian Oil Co. concernant une concession pétrolière. En 1951, l'Iran avait voté et promulgué des lois en vue de nationaliser l'industrie pétrolière, qui ont donné naissance à un différend entre celui-ci et la compagnie. Le Royaume-Uni a pris fait et cause pour cette dernière et introduit une instance devant la Cour. L'Iran a contesté la compétence de la Cour. Dans son arrêt du 22 juillet 1952, la Cour s'est déclarée incompétente pour connaître de cette affaire. Sa compétence dépendait des déclarations d'acceptation de sa juridiction obligatoire formulées par l'Iran et le Royaume-Uni en vertu de l'article 36, paragraphe 2, du Statut. La Cour a constaté que la déclaration de l'Iran, ratifiée en 1932, ne couvrait que les différends nés de traités conclus par l'Iran postérieurement à cette date alors que la demande du Royaume-Uni se fondait, directement ou indirectement, sur les traités antérieurs à 1932. En outre, la Cour a rejeté la thèse selon laquelle l'accord de 1933 aurait eu un caractère double (à la fois contrat de concession entre l'Iran et la compagnie et traité international entre l'Iran et le Royaume-Uni) pour le motif que le Royaume-Uni n'était pas partie au contrat. La situation n'était pas modifiée par le fait que le contrat de concession avait été négocié et conclu grâce aux bons offices du Conseil de la Société des Nations. Par ordonnance du 5 juillet 1951, la Cour avait indiqué des mesures conservatoires, c'est-à-dire des mesures provisoires visant à protéger les droits invoqués par les deux Parties au cours de la procédure en attendant l'arrêt définitif. Dans son arrêt, la Cour a constaté que cette ordonnance cessait de produire ses effets.

1.10. Minquiers et Ecréhous (France/Royaume-Uni)

Les Minquiers et les Ecréhous sont deux groupes d'îlots qui se trouvent entre l'île britannique de Jersey et la côte française. Aux termes du compromis conclu entre le Royaume-Uni et la France, la Cour était invitée à dire laquelle des deux Parties avait produit la preuve la plus convaincante d'un titre sur ces groupes d'îlots. Après la conquête de l'Angleterre par le duc de Normandie en 1066, les îles avaient fait partie de l'union entre l'Angleterre et le duché de Normandie jusqu'en 1204, lorsque Philippe Auguste de France conquit la Normandie continentale sans cependant réussir à occuper les îles. Le Royaume-Uni soutenait que les îles étaient alors restées unies à l'Angleterre et que cette situation de fait avait été consacrée juridiquement par les traités conclus par la suite entre les deux Parties. La France soutenait qu'après 1204 elle avait tenu les Minquiers et les Ecréhous et invoquait les mêmes traités du Moyen Age que le Royaume-Uni. Dans son arrêt du 17 novembre 1953, la Cour a constaté qu'aucun de ces traités ne précisait quelles îles étaient tenues par le roi d'Angleterre ou par le roi de France. Elle a indiqué, d'autre part, que, ce qui a une importance décisive, ce ne sont pas des présomptions indirectes fondées sur des données remontant au Moyen Age, mais des preuves directes concernant la possession et l'exercice effectif de la souveraineté exercée sur ces îlots. Après l'examen de ces preuves, la Cour a conclu que la souveraineté sur les Minquiers et les Ecréhous appartenait au Royaume-Uni.

1.11. Nottebohm (Liechtenstein c. Guatemala)

Dans cette affaire, le Liechtenstein demandait au Gouvernement du Guatemala redressement et réparation pour des mesures contraires au droit international que ce gouvernement aurait prises contre M. Friedrich Nottebohm, ressortissant du Liechtenstein. Le Guatemala a soulevé une exception d'incompétence, mais la Cour l'a rejetée dans son arrêt du 18 novembre 1953. Dans un deuxième arrêt, en date du 6 avril 1955, la Cour a déclaré irrecevable la demande du Liechtenstein pour des motifs ayant trait à la nationalité de M. Nottebohm. Seul le lien de nationalité entre un Etat et un individu donne à l'Etat le droit d'intenter une action internationale au nom de cet individu. M. Nottebohm, à l'époque ressortissant allemand, s'était établi au Guatemala en 1905 et avait continué à y résider. En octobre 1939, c'est-à-dire après le déclenchement de la seconde guerre mondiale, pendant un voyage en Europe, il avait obtenu la nationalité du Liechtenstein. En 1940, il était retourné au Guatemala et y avait repris la direction de ses affaires jusqu'en 1943, date de son éloignement par mesure de guerre. Sur le plan international, l'octroi de la nationalité ne peut entraîner la reconnaissance par d'autres Etats que s'il coïncide avec l'existence de liens authentiques entre l'individu et l'Etat qui lui accorde sa nationalité. La nationalité de M. Nottebohm ne se fondait notamment sur aucun lien antérieur véritable avec le Liechtenstein. Le but unique de sa naturalisation était de lui permettre d'obtenir le statut juridique de ressortissant neutre en temps de guerre. Pour ces motifs, le Liechtenstein n'avait pas qualité pour épouser sa cause et introduire en son nom une action internationale contre le Guatemala.

1.12. Or monétaire pris à Rome en 1943
(Italie c. France, Royaume-Uni et Etats-Unis d'Amérique)

Une certaine quantité d'or monétaire fut prise à Rome par les Allemands en 1943. Par la suite, cet or fut récupéré en Allemagne et reconnu appartenir à l'Albanie.

L'accord concernant les réparations à recevoir de l'Allemagne (1946) prévoyait que l'or monétaire récupéré en Allemagne serait réuni en une masse commune pour être réparti entre les ayants droit. Le Royaume-Uni soutenait que l'or devait lui être remis à titre d'exécution partielle de l'arrêt rendu par la Cour dans l'affaire du détroit de Corfou en 1949 (voir ci-dessus nº 1.1). L'Italie soutenait que l'or devait lui être remis à titre de réparation partielle des dommages qu'elle prétendait avoir subis par suite d'un décret albanais du 13 janvier 1945. Par la déclaration de Washington du 25 avril 1951, les Gouvernements français, britannique et américain, à qui était confiée l'exécution des dispositions de l'accord concernant les réparations, décidèrent que l'or serait remis au Royaume-Uni, à moins que dans un certain délai l'Italie ou l'Albanie n'eussent saisi la Cour pour l'inviter à statuer sur leurs propres droits. L'Albanie n'intervint pas, mais l'Italie saisit la Cour d'une requête. Cependant, par la suite, l'Italie souleva une exception préliminaire concernant la compétence de la Cour pour statuer sur la question de la validité de sa réclamation contre l'Albanie. Dans son arrêt du 15 juin 1954, la Cour a déclaré qu'elle ne pouvait connaître d'un différend entre l'Italie et l'Albanie sans le consentement de l'Albanie et qu'elle ne pouvait donc statuer en l'espèce.

1.13. Société Electricité de Beyrouth (France c. Liban)

Ce litige est né à la suite de certaines mesures prises par le Gouvernement libanais, qu'une société française considérait comme contraires à des engagements pris par ce gouvernement et faisant partie d'un accord conclu en 1948 entre la France et le Liban. La France a porté l'affaire devant la Cour, mais le Gouvernement libanais et la société ont conclu un accord tendant au règlement du différend. Une ordonnance a été rendue le 29 juillet 1954, prescrivant la radiation de l'affaire du rôle de la Cour.

1.14-1.15. Traitement en Hongrie d'un avion des Etats-Unis d'Amérique et de son équipage (Etats-Unis d'Amérique c. Hongrie) (Etats-Unis d'Amérique c. URSS)

1.16. Incident aérien du 7 octobre 1952 (Etats-Unis d'Amérique c. URSS)

1.17. Incident aérien du 10 mars 1953 (Etats-Unis d'Amérique c. Tchécoslovaquie)

1.18. Incident aérien du 4 septembre 1954 (Etats-Unis d'Amérique c. URSS)

1.19. Incident aérien du 7 novembre 1954 (Etats-Unis d'Amérique c. URSS)

Dans ces six affaires, les Etats-Unis ne prétendaient pas que les Etats contre lesquels les requêtes étaient dirigées avaient donné leur consentement à la juridiction de la Cour, mais invoquaient l'article 36, paragraphe 1, du Statut selon lequel la compétence de la Cour s'étend à toutes les affaires que les parties lui soumettront. Les Etats-Unis déclaraient accepter la juridiction de la Cour dans les affaires susmentionnées et considéraient que les autres gouvernements en cause pouvaient en faire de même. Ceux-ci ayant informé la Cour qu'ils ne pouvaient accepter sa compétence en la matière, la Cour a constaté qu'elle n'était pas compétente pour connaître de ces affaires et les a rayées du rôle, respectivement, par des ordonnances en date des 12 juillet 1954 (voir ci-dessus n°s 1.14-1.15), 14 mars 1956 (n°s 1.16-1.17), 9 décembre 1958 (n° 1.18) et 7 octobre 1959 (n° 1.19).

1.20-1.21. Antarctique (Royaume-Uni c. Argentine) (Royaume-Uni c. Chili)

Le 4 mai 1955, le Royaume-Uni a introduit devant la Cour deux instances, contre l'Argentine et contre le Chili, au sujet de différends concernant la souveraineté sur certaines îles et terres de l'Antarctique. Dans ces requêtes, le Royaume-Uni a déclaré qu'il se soumettait à la juridiction de la Cour et que, bien qu'à sa connaissance l'Argentine et le Chili n'eussent pas encore accepté la juridiction de la Cour, ces pays étaient juridiquement habilités à le faire. En outre, le Royaume-Uni s'est fondé sur l'article 36, paragraphe 1, du Statut de la Cour. Par lettre du 15 juillet 1955, le Chili a fait connaître qu'il estimait que la requête du Royaume-Uni était dénuée de tout fondement et qu'il n'appartenait pas à la Cour d'exercer sa juridiction. Par note du 1er août 1955, l'Argentine a avisé la Cour de son refus d'accepter la juridiction de la Cour pour statuer sur l'affaire. Dans ces conditions, la Cour a constaté que ni le Chili ni l'Argentine n'avaient accepté sa juridiction pour connaître de ces affaires et, le 16 mars 1956, des ordonnances ont été rendues, les rayant du rôle de la Cour.

1.22. Certains emprunts norvégiens (France c. Norvège)

Entre 1885 et 1909, la Norvège avait émis en France certains emprunts dont le montant était indiqué en or ou en devises convertibles en or, ainsi qu'en diverses devises nationales. Les intérêts en étaient cependant payés en couronnes norvégiennes depuis que la Norvège avait suspendu, à plusieurs reprises après 1914, la convertibilité en or de la devise norvégienne. Prenant fait et cause pour les porteurs français, le Gouvernement français a soumis l'affaire à la Cour en vue d'obtenir que les intérêts soient payés sur la base de la valeur or des coupons, à la date du paiement, et de la valeur or des obligations amorties, à la date du remboursement. Le Gouvernement norvégien a soulevé des exceptions préliminaires d'incompétence que la Cour a accueillies par son arrêt du 6 juillet 1957. La Cour a constaté en effet que sa compétence dépendait des deux déclarations d'acceptation de sa juridiction faites par les Parties sous condition de réciprocité, et que ces déclarations unilatérales ne lui conféraient compétence que dans la mesure où elles coïncidaient à cet effet. Le Gouvernement norvégien ayant considéré que le différend relevait essentiellement de sa compétence nationale, il était donc fondé à invoquer à son profit et dans les mêmes conditions, ainsi qu'il l'a fait, la réserve par laquelle la déclaration française avait exclu de la juridiction de la Cour les différends relatifs aux affaires relevant «essentiellement de la compétence nationale telle qu'elle est entendue par le Gouvernement de la République française».

1.23. Droit de passage sur territoire indien (Portugal c. Inde)

Les possessions portugaises dans la péninsule indienne comprenaient entre autres les deux enclaves de Dadra et de Nagar-Aveli, qui, au milieu de 1954, étaient passées sous administration locale autonome. Le Portugal a soutenu qu'il y avait, vers ces enclaves et entre celles-ci, un droit de passage dans la mesure nécessaire à l'exercice de sa souveraineté et sous la réglementation et le contrôle de l'Inde, qu'en juillet 1954, contrairement à la pratique suivie jusqu'alors, l'Inde avait empêché le Portugal d'exercer ce droit et que cette situation devait être redressée. Un premier arrêt rendu le 26 novembre 1957 a trait à la compétence de la Cour, contestée par l'Inde. La Cour a écarté quatre des exceptions préliminaires soulevées par l'Inde et joint au fond les deux autres. Un second arrêt, rendu le 12 avril 1960, après avoir écarté les deux exceptions préliminaires restantes, a statué sur les demandes du Portugal, que l'Inde prétendait non fondées. La Cour a jugé que le Portugal avait en 1954 le droit de passage qu'il revendiquait, mais que ce droit ne s'étendait ni aux forces armées, ni à la police armée, ni aux armes et munitions, et que l'Inde n'avait pas agi contrairement aux obligations que lui imposait le droit susdit.

1.24. Application de la convention de 1902 pour régler la tutelle des mineurs (Pays-Bas c. Suède)

Les autorités suédoises avaient placé une mineure de nationalité néerlandaise domiciliée en Suède sous le régime de l'éducation protectrice, institué par la loi suédoise sur la protection de l'enfance et de la jeunesse. Le père de l'enfant, conjointement avec la subrogée tutrice nommée par un tribunal néerlandais, avait interjeté appel contre la mesure prise par les autorités suédoises. La mesure d'éducation protectrice avait cependant été maintenue. Les Pays-Bas soutenaient que les décisions par lesquelles avait été prescrite et maintenue la mesure d'éducation protectrice n'étaient pas conformes aux obligations incombant à la Suède aux termes de la convention de La Haye de 1902 sur la tutelle des mineurs, dispositions qui se fondaient sur le principe de l'application de la loi nationale. Dans son arrêt du 28 novembre 1958, la Cour a décidé que la convention de 1902 ne s'étendait pas à la question de la protection de l'enfance telle que la définissait la loi suédoise sur la protection de l'enfance et de la jeunesse, et que la convention n'avait pas pu créer des obligations dans un domaine étranger à la matière régie par elle. En conséquence, la Cour a estimé que, dans cette affaire, la Suède ne s'était pas rendue coupable d'une violation de la convention.

1.25. Interhandel (Suisse c. Etats-Unis d'Amérique)

En 1942, le Gouvernement des Etats-Unis avait mis sous séquestre la presque totalité des actions de la General Aniline and Film Corporation (société enregistrée aux Etats-Unis) pour le motif que ces actions, qui appartenaient à l'Interhandel (société enregistrée à Bâle), étaient en réalité sous la propriété ou le contrôle de l'I. G. Farben Industrie de Francfort. Par requête du 1er octobre 1957, la Suisse a demandé à la Cour de dire et juger que les Etats-Unis étaient tenus de restituer à l'Interhandel les avoirs mis sous séquestre, et subsidiairement que le différend entre la Suisse et les Etats-Unis à ce sujet était de nature à être soumis à la juridiction, à l'arbitrage ou à la conciliation. Deux jours plus tard, la Suisse a déposé une demande en indication de mesures conservatoires tendant à ce que la Cour invite les Etats-Unis à ne pas disposer de ces avoirs tant que l'instance devant la Cour ne serait pas terminée. Le 24 octobre 1957, la Cour a rendu une ordonnance constatant que, à la lumière des renseignements qui lui avaient été fournis, il apparaissait qu'il n'était pas nécessaire d'indiquer des mesures conservatoires. Les Etats-Unis ont soulevé des exceptions préliminaires à la compétence de la Cour. Dans son arrêt du 21 mars 1959, celle-ci a déclaré que la requête de la Suisse était irrecevable, du fait que l'Interhandel n'avait pas épuisé les recours internes qui s'offraient à elle devant les tribunaux américains.

1.26. Incident aérien du 27 juillet 1955 (Israël c. Bulgarie)

Cette affaire concerne la destruction par la défense antiaérienne bulgare d'un avion appartenant à une ligne israélienne. Israël avait introduit une instance devant la Cour par voie de requête en octobre 1957. La Bulgarie ayant excipé de l'incompétence de la Cour pour connaître de la réclamation, Israël a soutenu que, la Bulgarie ayant accepté en 1921 la compétence obligatoire de la Cour permanente de Justice internationale pour une durée indéterminée, cette acceptation était devenue applicable à la compétence de la Cour actuelle lors de l'admission de la Bulgarie aux Nations Unies en 1955, en vertu de l'article 36, paragraphe 5, du Statut. Cette disposition prévoit que les déclarations faites en application du Statut de la CPJI pour une durée qui n'est pas encore expirée sont considérées, dans les rapports entre parties au Statut de la Cour actuelle, comme comportant acceptation de la juridiction de la nouvelle Cour pour la durée restant à courir d'après ces déclarations et conformément à leurs termes. Dans l'arrêt qu'elle a rendu sur les exceptions préliminaires le 26 mai 1959, la Cour s'est déclarée incompétente pour le motif que l'article 36, paragraphe 5, était destiné à maintenir en vigueur les déclarations existant entre Etats signataires de la Charte des Nations Unies, et non pas à faire renaître ultérieurement des engagements devenus caducs lors de la dissolution de la CPJI.

1.27. Incident aérien du 27 juillet 1955 (Etats-Unis d'Amérique c. Bulgarie)

Cette affaire est née de l'incident qui a fait l'objet de la procédure mentionnée ci-dessus (voir n° 1.26). L'avion détruit par la défense antiaérienne bulgare transportait plusieurs ressortissants des Etats-Unis, qui furent tués. Les Etats-Unis ont demandé à la Cour de déclarer que la Bulgarie était responsable des pertes subies de ce chef et de fixer des dommages-intérêts. La Bulgarie a soulevé des exceptions préliminaires à la compétence de la Cour, mais, avant l'ouverture des audiences consacrées à ces exceptions, les Etats-Unis ont fait connaître qu'un examen plus approfondi les avait amenés à décider de ne pas poursuivre la procédure. En conséquence, l'affaire a été rayée du rôle par ordonnance du 30 mai 1960.

1.28. Incident aérien du 27 juillet 1955 (Royaume-Uni c. Bulgarie)

Cette affaire concerne le même incident que celui qui est mentionné ci-dessus (voir nos 1.26-1.27). L'avion détruit par la défense antiaérienne bulgare transportait plusieurs ressortissants du Royaume-Uni et de ses colonies, qui furent tués. Le Royaume-Uni a demandé à la Cour de déclarer que la Bulgarie était responsable des pertes subies de ce chef et de fixer des dommages-intérêts. Après avoir déposé un mémoire, le Royaume-Uni a fait connaître sa décision de ne pas poursuivre la procédure eu égard à l'arrêt du 26 mai 1959 par lequel la Cour s'était déclarée incompétente pour connaître de l'instance introduite par Israël contre la Bulgarie. En conséquence, l'affaire a été rayée du rôle par ordonnance du 3 août 1959.

1.29. Souveraineté sur certaines parcelles frontalières (Belgique/Pays-Bas)

La Cour était invitée à régler un différend quant à la souveraineté sur deux parcelles de territoire situées dans une région où la frontière belgo-néerlandaise présente un aspect particulier, en raison de l'existence très ancienne d'un certain nombre d'enclaves formées par la commune belge de Baerle-Duc et la commune néerlandaise de Baarle-Nassau. Un procès-verbal communal dressé entre 1836 et 1841 attribuait les deux parcelles litigieuses à Baarle-Nassau, alors qu'un procès-verbal descriptif et une carte annexée à une convention de délimitation de 1843 les attribuaient à Baerle-Duc. Les Pays-Bas soutenaient que la convention de délimitation avait reconnu l'existence du *statu quo* tel qu'il était déterminé par le procès-verbal communal, que la disposition attribuant les deux parcelles à la Belgique était entachée d'erreur et que la souveraineté des Pays-Bas sur ces parcelles était établie depuis 1843 par l'exercice de divers actes de souveraineté. Après avoir examiné les preuves produites, la Cour a conclu, dans un arrêt rendu le 20 juin 1959, que la souveraineté sur les deux parcelles litigieuses appartenait à la Belgique.

1.30. Sentence arbitrale rendue par le roi d'Espagne le 23 décembre 1906 (Honduras c. Nicaragua)

Le 7 octobre 1894, le Honduras et le Nicaragua signèrent une convention pour la délimitation de la frontière entre ces deux pays. L'un des articles de cette convention disposait que, dans certaines circonstances, tout point de la frontière qui n'aurait pas été déterminé serait soumis à la décision du Gouvernement espagnol. En octobre 1904, le roi d'Espagne fut invité à fixer la partie de la frontière sur laquelle la commission mixte désignée par les deux pays n'avait pu s'entendre. Le roi rendit sa sentence arbitrale le 23 décembre 1906. Le Nicaragua contesta la validité de la sentence et, conformément à une résolution de l'Organisation des Etats américains, les deux pays convinrent, en juillet 1957, de la procédure à suivre pour soumettre le différend en la matière à la Cour. Dans la requête qui a introduit l'instance devant la Cour le 1er juillet 1958, le Honduras a prétendu que l'inexécution de la sentence arbitrale par le Nicaragua constituait la violation d'une obligation internationale et a demandé à la Cour de déclarer que le Nicaragua était tenu de donner effet à la sentence. Après avoir examiné les preuves produites, la Cour a constaté que le Nicaragua avait librement accepté la désignation du roi d'Espagne comme médiateur, qu'il avait pleinement pris part à la procédure arbitrale et qu'il avait accepté la sentence. En conséquence, la Cour a dit, dans son arrêt du 18 novembre 1960, que la sentence était obligatoire et que le Nicaragua était tenu de l'exécuter.

1.31. Barcelona Traction, Light and Power Company, Limited (Belgique c. Espagne)

Le 23 septembre 1958, la Belgique a introduit une instance contre l'Espagne au sujet de la mise en faillite en Espagne, en 1948, de la Barcelona Traction, société anonyme formée à Toronto en 1911. La requête énonçait que le capital-actions de cette société appartenait pour une large part à des ressortissants belges, que les actes des organes de l'Etat espagnol en vertu desquels elle avait été déclarée en faillite et ses biens liquidés étaient contraires au droit international, et que l'Etat espagnol, responsable du préjudice qui en avait résulté, était tenu de restituer les biens de la société ou, si cela se révélait impossible, de verser une indemnité. En mai 1960, l'Espagne a soulevé des exceptions préliminaires à la compétence de la Cour. Avant la date prévue pour le dépôt de ses observations et conclusions sur ces exceptions, la Belgique a informé la Cour qu'elle renonçait à poursuivre l'instance. En conséquence, par ordonnance du 10 avril 1961, l'affaire a été rayée du rôle.

1.32. Barcelona Traction, Light and Power Company, Limited (nouvelle requête : 1962) (Belgique c. Espagne)

La Belgique avait renoncé à poursuivre l'instance qui fait l'objet de la procédure mentionnée ci-dessus (voir n° 1.31) en raison d'une tentative de règlement amiable. Les négociations n'ayant pas abouti à un règlement, elle a présenté une nouvelle requête le 19 juin 1962. En mars 1963, l'Espagne a soulevé quatre exceptions préliminaires à la compétence de la Cour. Le 24 juillet 1964, la Cour a rendu un arrêt rejetant les deux premières exceptions et joignant au fond les deux autres. Après que les pièces de procédure écrite sur le fond et sur les exceptions jointes au fond eurent été déposées dans les délais demandés par les Parties, des audiences publiques ont été tenues du 15 avril au 22 juillet 1969. La Belgique a demandé la réparation du préjudice qu'auraient subi ses ressortissants actionnaires de la Barcelona Traction, du fait d'actes contraires au droit international commis par des organes de l'Etat espagnol. L'Espagne a conclu de son côté à ce que la demande de la Belgique soit déclarée irrecevable ou non fondée. Par arrêt du 5 février 1970, la Cour a constaté que la Belgique n'avait pas qualité pour exercer la protection diplomatique des actionnaires d'une société canadienne au sujet de mesures prises contre cette société en Espagne. Elle a aussi précisé qu'elle considérait que l'adoption de la thèse de la protection diplomatique des actionnaires comme tels ouvrirait la voie à des réclamations concurrentes de la part de plusieurs Etats, ce qui pourrait créer un climat d'insécurité dans les relations économiques internationales. Dès lors, et dans la mesure où, en l'espèce, l'Etat national de la société (le Canada) était en mesure d'agir, la Cour n'a pas estimé que des considérations d'équité étaient de nature à conférer à la Belgique qualité pour agir. En conséquence, la Cour a rejeté la demande de la Belgique.

1.33. Compagnie du port, des quais et des entrepôts de Beyrouth et Société Radio-Orient (France c. Liban)

Cette affaire est née de certaines mesures prises par le Gouvernement libanais au sujet de deux sociétés françaises. Considérant que ces mesures étaient contraires à certains engagements résultant d'un accord conclu entre la France et le Liban en 1948, la France a introduit une instance contre le Liban. Le Liban a soulevé des exceptions préliminaires à la compétence de la Cour mais, avant l'ouverture des audiences consacrées à ces exceptions, les Parties ont fait connaître à la Cour que des arrangements satisfaisants étaient intervenus. En conséquence, l'affaire a été rayée du rôle par ordonnance du 31 août 1960.

1.34. Temple de Préah Vihéar (Cambodge c. Thaïlande)

Le Cambodge se plaignait de ce que la Thaïlande ait occupé une partie de son territoire où sont situées les ruines du temple de Préah Vihéar, lieu de pèlerinage et de culte pour les populations cambodgiennes. Le Cambodge a invité la Cour à déclarer que la souveraineté territoriale sur le temple lui appartenait et que la Thaïlande était tenue de retirer le détachement de forces armées qu'elle y avait établi depuis 1954. La Thaïlande a soulevé des exceptions préliminaires à la compétence de la Cour, qui, par arrêt du 26 mai 1961, s'est déclarée compétente. Dans son arrêt sur le fond rendu le 15 juin 1962, la Cour a constaté qu'une convention franco-siamoise de 1904 prévoyait que, dans la région considérée, la frontière devait suivre la ligne de partage des eaux, et qu'une carte établie à la suite des travaux d'une commission mixte de délimitation avait placé le temple du côté cambodgien de la frontière. La Thaïlande a fait valoir divers arguments pour dénier à cette carte tout caractère obligatoire. L'un de ces arguments portait sur le fait que la Thaïlande n'avait jamais accepté la carte ou, subsidiairement, que celle-ci ne l'avait été que parce que la Thaïlande croyait par erreur que la frontière marquée suivait bien la ligne de partage des eaux. La Cour a considéré que la Thaïlande avait bien accepté la carte et en a conclu que le temple était situé en territoire cambodgien. Elle a dit aussi que la Thaïlande était tenue d'en retirer les éléments de forces armées ou de police qu'elle y avait installés et de restituer au Cambodge les objets qui en avaient été enlevés depuis 1954.

Voir également *Demande en interprétation de l'arrêt du 15 juin 1962 en l'affaire du* Temple de Préah Vihéar (Cambodge c. Thaïlande) *(Cambodge c. Thaïlande)*, n° 1.125.

1.35-1.36. Sud-Ouest africain
(Ethiopie c. Afrique du Sud; Libéria c. Afrique du Sud)

Le 4 novembre 1960, l'Ethiopie et le Libéria, agissant en qualité d'anciens Etats membres de la SdN, ont, chacun de leur côté, introduit une instance contre l'Afrique du Sud dans une affaire concernant le maintien du mandat de la SdN pour le Sud-Ouest africain (voir ci-après, affaires consultatives, n°s 2.5-2.8) et les devoirs et le comportement de l'Afrique du Sud en qualité de mandataire. La Cour était invitée à dire que le Sud-Ouest africain demeurait un territoire sous mandat, que l'Afrique du Sud avait violé les obligations imposées par le mandat et que ce mandat et, par suite, l'autorité mandataire étaient assujettis à la surveillance des Nations Unies. Le 20 mai 1961, la Cour a rendu une ordonnance par laquelle elle constatait que l'Ethiopie et le Libéria faisaient cause commune et joignait les instances engagées par les deux gouvernements. L'Afrique du Sud a soulevé quatre exceptions préliminaires à la compétence de la Cour et, le 21 décembre 1962, la Cour a rendu un arrêt rejetant ces exceptions et s'est déclarée compétente. Après que les pièces de procédure écrite sur le fond eurent été déposées dans les délais fixés à la demande des Parties, des audiences publiques se sont tenues du 15 mars au 29 novembre 1965 pour l'audition des plaidoiries et témoignages. La Cour a rendu son arrêt sur la deuxième phase le 18 juillet 1966. Par la voix prépondérante du président, les voix étant également partagées (7 contre 7), elle a constaté que les demandeurs ne sauraient être considérés comme ayant établi l'existence à leur profit d'un droit ou intérêt juridique au regard de l'objet des demandes et a décidé en conséquence de rejeter celles-ci.

1.37. Cameroun septentrional (Cameroun c. Royaume-Uni)

La République du Cameroun s'est plainte de ce que le Royaume-Uni avait violé l'accord de tutelle s'appliquant au territoire du Cameroun sous administration britannique (divisé en Cameroun septentrional et Cameroun méridional) du fait que la tutelle avait abouti au rattachement du Cameroun septentrional au Nigéria et non à la République du Cameroun, dont le territoire avait été auparavant administré par la France et auquel avait été rattaché le Cameroun méridional. Le Royaume-Uni a soulevé des exceptions préliminaires à la compétence de la Cour. La Cour a estimé qu'une décision judiciaire sur le fond du différend serait sans objet puisque, comme la République du Cameroun l'avait reconnu, un arrêt de la Cour ne pouvait avoir d'effet sur la décision de l'Assemblée générale stipulant le rattachement du Cameroun septentrional au Nigéria conformément aux résultats d'un plébiscite surveillé par les Nations Unies. En conséquence, par arrêt du 2 décembre 1963, la Cour a déclaré ne pouvoir statuer au fond sur la demande de la République du Cameroun.

1.38-1.39. *Plateau continental de la mer du Nord*
(République fédérale d'Allemagne/Danemark ;
République fédérale d'Allemagne/Pays-Bas)

Ces affaires, concernant la délimitation du plateau continental de la mer du Nord entre le Danemark et la République fédérale d'Allemagne et entre les Pays-Bas et la République fédérale d'Allemagne, ont été soumises à la Cour par voie de compromis. Les Parties demandaient à la Cour de dire quels étaient les principes et règles de droit international applicables et elles s'engageaient à procéder ensuite aux délimitations sur cette base. Par ordonnance du 26 avril 1968, la Cour, constatant que le Danemark et les Pays-Bas faisaient cause commune, a joint les deux instances. Par arrêt du 20 février 1969, elle a dit que les délimitations en cause devraient s'opérer par voie d'accord entre les Parties et conformément à des principes équitables, de manière que chaque Partie obtienne les zones de plateau continental constituant le prolongement naturel de son territoire sous la mer, et elle a indiqué des facteurs à prendre en considération à cette fin. Elle a rejeté la thèse selon laquelle ces délimitations devaient s'opérer d'après le principe de l'équidistance défini par la convention de Genève de 1958 sur le plateau continental. Elle a considéré en effet que la République fédérale n'avait pas ratifié cette convention, que le principe de l'équidistance n'était pas un élément inhérent à la conception fondamentale du plateau continental et que ce principe ne constituait pas une règle de droit international coutumier.

1.40. *Appel concernant la compétence du Conseil de l'OACI*
(Inde c. Pakistan)

En février 1971, à la suite d'un incident relatif au détournement d'un avion indien vers le Pakistan, l'Inde avait suspendu les survols de son territoire par les appareils civils pakistanais. Le Pakistan en saisit le Conseil de l'Organisation de l'aviation civile internationale, considérant qu'il y avait là une violation de la convention relative à l'aviation civile internationale et de l'accord relatif au transit des services aériens internationaux (1944). L'Inde avait opposé des exceptions préliminaires d'incompétence, mais le Conseil avait décidé de se déclarer compétent. L'Inde a alors interjeté appel de cette décision auprès de la Cour. Lors des procédures écrite et orale, le Pakistan a notamment soulevé des objections quant à la compétence de la Cour pour connaître de l'appel. Par arrêt du 18 août 1972, la Cour a dit qu'elle était compétente pour connaître de l'appel de l'Inde. Elle a aussi décidé que le Conseil de l'OACI était compétent pour connaître de la requête et de la plainte dont le Pakistan avait saisi ledit Conseil et a rejeté en conséquence l'appel interjeté devant elle par le Gouvernement indien.

1.41-1.42. *Compétence en matière de pêcheries*
(Royaume-Uni c. Islande) (République fédérale d'Allemagne c. Islande)

Le Royaume-Uni, le 14 avril 1972, et la République fédérale d'Allemagne, le 5 juin 1972, ont introduit une instance contre l'Islande au sujet d'un différend sur l'extension de la limite de ses droits de pêche exclusifs de 12 à 50 milles marins, à laquelle l'Islande se proposait de procéder à dater du 1er septembre 1972. L'Islande a déclaré que la Cour n'avait pas compétence en la matière et elle s'est abstenue de se faire représenter aux audiences publiques et de déposer des pièces de procédure écrite. A la demande du Royaume-Uni et de la République fédérale, la Cour a indiqué en 1972 et confirmé en 1973 des mesures conservatoires tendant à ce que l'Islande n'applique pas le nouveau règlement étendant ses droits de pêche exclusifs à l'égard des navires du Royaume-Uni et de la République fédérale d'Allemagne, et à ce que ces navires limitent à un certain plafond leurs prises annuelles de poisson dans la zone contestée. Par arrêts du 2 février 1973, la Cour s'est déclarée compétente dans les deux affaires. Par arrêts du 25 juillet 1974 sur le fond, elle a dit que le règlement islandais portant extension unilatérale des droits de pêche exclusifs de l'Islande jusqu'à 50 milles marins n'était opposable ni au Royaume-Uni ni à la République fédérale ; que l'Islande n'était pas en droit d'exclure unilatéralement de la zone contestée les navires de pêche de ces deux pays ; et que les Parties avaient l'obligation mutuelle d'engager des négociations de bonne foi pour aboutir à une solution équitable de leurs divergences.

1.43-1.44. *Essais nucléaires*
(Australie c. France) (Nouvelle-Zélande c. France)

Le 9 mai 1973, l'Australie et la Nouvelle-Zélande ont introduit, chacune de son côté, une instance contre la France au sujet des essais d'armes nucléaires dans l'atmosphère auxquels cet Etat se proposait de procéder dans la région du Pacifique Sud. La France a fait savoir qu'elle estimait que la Cour n'avait manifestement pas compétence en l'espèce et elle s'est abstenue de se faire représenter aux audiences publiques et de participer à la procédure écrite. A la demande de l'Australie et de la Nouvelle-Zélande, la Cour a indiqué, par deux ordonnances du 22 juin 1973, des mesures conservatoires tendant notamment à ce que, en attendant l'arrêt définitif, la France s'abstienne de procéder à des essais nucléaires provoquant le dépôt de retombées radioactives sur les territoires australien ou néo-zélandais. Par deux arrêts rendus le 20 décembre 1974, la Cour a dit que les demandes de l'Australie et de la Nouvelle-Zélande étaient désormais sans objet et qu'il n'y avait dès lors pas lieu à statuer. Elle s'est fondée sur ce que l'objectif de l'Australie et de la Nouvelle-Zélande était atteint du fait que la France avait annoncé, par plusieurs déclarations publiques, son intention de cesser de procéder à des essais nucléaires atmosphériques une fois terminée la campagne de 1974.

1.45. *Procès de prisonniers de guerre pakistanais*
(Pakistan c. Inde)

En mai 1973, le Pakistan a introduit une instance contre l'Inde au motif que, selon le Pakistan, l'Inde se proposait de livrer cent quatre-vingt-quinze prisonniers de guerre pakistanais au Bangladesh, lequel aurait eu l'intention de les mettre en jugement pour actes de génocide et crimes contre l'humanité. L'Inde a déclaré qu'il n'y avait aucun fondement juridique à la compétence de la Cour en l'espèce et que la requête était dépourvue d'effet juridique. Le Pakistan ayant également déposé une demande en indication de mesures conservatoires, la Cour a tenu des audiences publiques, auxquelles l'Inde ne s'est pas fait représenter. En juillet, le Pakistan a prié la Cour de différer la suite de l'examen de la demande en indication de mesures conservatoires afin de faciliter les négociations qui devaient s'ouvrir. Puis, avant même qu'aucune pièce écrite n'ait été déposée, le Pakistan a informé la Cour que les négociations avaient eu lieu et l'a priée de prendre note de son désistement. En conséquence, l'affaire a été rayée du rôle par ordonnance du 15 décembre 1973.

1.46. Plateau continental de la mer Egée (Grèce c. Turquie)

Le 10 août 1976, la Grèce a introduit une instance contre la Turquie dans un différend concernant le plateau continental de la mer Egée. Elle a notamment prié la Cour de dire que les îles grecques de la région avaient droit à une portion du plateau continental et de délimiter les étendues de ce plateau relevant respectivement de la Grèce et de la Turquie. Elle a demandé en même temps l'indication de mesures conservatoires tendant à ce que, en attendant l'arrêt de la Cour, chacun des deux Etats s'abstienne, sauf consentement de l'autre, de toute exploration et de toute recherche concernant le plateau continental en question. Le 11 septembre 1976, la Cour a dit que l'indication de telles mesures ne s'imposait pas et, la Turquie ayant nié que la Cour soit compétente, décidé que la procédure écrite porterait d'abord sur la question de la compétence. Par un arrêt rendu le 19 décembre 1978, la Cour s'est déclarée sans compétence sur la base des deux instruments invoqués par la Grèce. Elle a estimé n'avoir compétence ni sur la base de l'Acte général de Genève de 1928 pour le règlement pacifique des différends internationaux, et cela du fait que la réserve apportée par la Grèce à l'Acte — à supposer qu'il fût en vigueur — excluait la mise en jeu de celui-ci, ni sur la base du communiqué de presse gréco-turc du 31 mai 1975, parce que celui-ci ne constituait pour aucun des deux Etats un engagement à accepter que le différend fût soumis à la Cour par une requête unilatérale.

1.47. Plateau continental (Tunisie/Jamahiriya arabe libyenne)

La Cour était priée, par un compromis qui lui avait été notifié en 1978, de dire quels étaient les principes et règles du droit international à appliquer pour la délimitation des zones de plateau continental relevant respectivement de la Tunisie et de la Jamahiriya arabe libyenne. Après avoir examiné les arguments et moyens de preuve fondés sur la géologie, la physiographie et la bathymétrie par lesquels chaque partie s'était efforcée d'étayer ses prétentions sur une zone déterminée des fonds marins comme prolongement naturel de son territoire terrestre, la Cour a conclu, dans un arrêt du 24 février 1982, que les deux pays partageaient un plateau continental commun et que les critères physiques ne pouvaient servir aux fins de la délimitation. Il convenait donc de tenir compte de «principes équitables» (à propos desquels elle a souligné qu'ils ne sauraient être interprétés dans

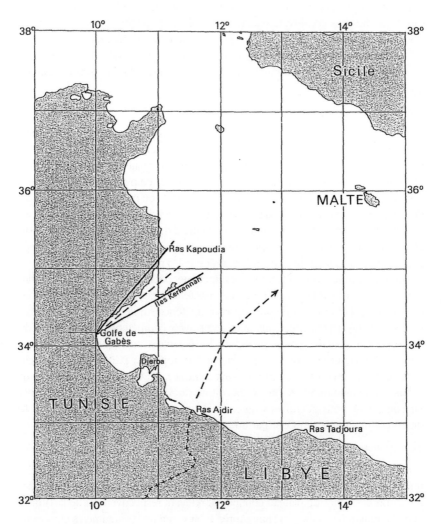

Carte à valeur purement illustrative traduisant graphiquement l'approche adoptée par la Cour aux fins du tracé de la ligne de délimitation

Plateau continental (Tunisie/Jamahiriya arabe libyenne)

l'abstrait mais ne faisaient que renvoyer aux principes et règles permettant d'aboutir à un résultat équitable) et de certains facteurs comme la nécessité de faire en sorte qu'un rapport raisonnable existe entre l'étendue des zones à attribuer et la longueur des côtes.

La Cour a considéré que l'application de la méthode de l'équidistance ne pouvait aboutir à un résultat équitable dans les circonstances particulières de l'espèce. En ce qui concerne le tracé de la ligne de délimitation, elle a distingué deux secteurs : à proximité du rivage, elle a estimé, invoquant certaines données historiques, que la délimitation (débutant au point frontière de Ras Ajdir) devait être orientée vers le nord-est suivant un angle de 26° environ ; plus au large, elle a jugé que la direction de la ligne de délimitation devait être infléchie vers l'est suivant un angle de 52° pour tenir compte du changement d'orientation de la côte tunisienne au nord du golfe de Gabès et de la présence de l'archipel des Kerkennah (auquel elle a attribué un demi-effet) (voir carte p. 126). Dans le courant de la procédure, Malte a demandé à intervenir en alléguant un intérêt juridique en vertu de l'article 62 du Statut de la Cour. Etant donné le caractère même de l'intervention ainsi demandée, la Cour a considéré que l'intérêt juridique invoqué par Malte ne saurait être affecté par la décision de la Cour dans l'affaire et que la demande d'intervention n'était pas de celles auxquelles la Cour pût accéder en vertu de l'article 62. Elle l'a donc rejetée.

1.48. *Personnel diplomatique et consulaire des Etats-Unis à Téhéran (Etats-Unis d'Amérique c. Iran)*

L'affaire a été portée devant la Cour par une requête des Etats-Unis, suite à l'invasion de l'ambassade des Etats-Unis à Téhéran par un groupe de militants iraniens le 4 novembre 1979, ainsi qu'à la prise et la détention en otages de membres du personnel diplomatique et consulaire des Etats-Unis en Iran. Saisie d'une demande en indication de mesures conservatoires par les Etats-Unis, la Cour a considéré que, dans les relations entre Etats, il n'est pas d'exigence plus fondamentale que celle de l'inviolabilité des diplomates et des ambassades, et elle a indiqué des mesures conservatoires demandant la restitution immédiate de l'ambassade et la libération des otages. Statuant ensuite au fond, à un moment où les faits incriminés se poursuivaient encore, la Cour a dit, dans un arrêt du 24 mai 1980, que l'Iran avait violé et continuait de violer les obligations dont il était tenu envers les Etats-Unis en vertu de conventions en vigueur entre les deux pays et de règles du droit international général, que ces violations engageaient sa responsabilité, que le Gouvernement iranien devait assurer la libération immédiate des otages et restituer les locaux de l'ambassade et qu'il était tenu de réparer le préjudice causé aux Etats-Unis. Elle a réaffirmé l'importance des principes du droit international régissant les relations diplomatiques et consulaires. Elle a indiqué que si, lors des événements du 4 novembre 1979, le comportement des militants ne pouvait, faute d'éléments d'information suffisants, être directement imputable à l'Etat iranien, ce dernier n'avait cependant rien fait pour prévenir l'attaque ou l'empêcher

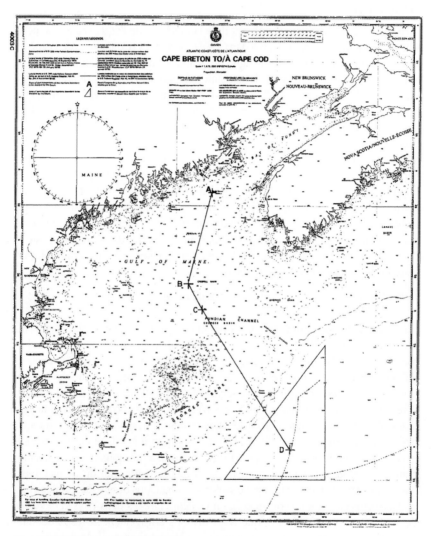

Ligne de délimitation tracée par la Chambre

Délimitation de la frontière maritime dans la région du golfe du Maine (Canada/Etats-Unis d'Amérique)

d'aboutir, ni pour contraindre les militants à évacuer les locaux et à libérer les otages. La Cour a constaté qu'après le 4 novembre 1979 des organes de l'Etat iranien avaient approuvé les faits incriminés et décidé de les laisser durer, ces faits prenant le caractère d'actes de l'Etat iranien. La Cour s'est prononcée malgré l'absence du Gouvernement iranien et après avoir écarté les motifs que celui-ci avançait dans deux communications écrites adressées à la Cour pour soutenir qu'elle ne pouvait et ne devait pas se saisir de l'affaire. La Cour n'a pas eu à statuer sur la réparation du préjudice causé au Gouvernement des Etats-Unis car, par ordonnance du 12 mai 1981, l'affaire a été rayée du rôle à la suite d'un désistement.

1.49. Délimitation de la frontière maritime dans la région du golfe du Maine (Canada/Etats-Unis d'Amérique)

Le 25 novembre 1981, le Canada et les Etats-Unis ont notifié à la Cour un compromis aux termes duquel ils soumettaient à une chambre de la Cour la question de la délimitation de la frontière maritime divisant le plateau continental et les zones de pêche des deux Parties dans la région du golfe du Maine. Cette chambre a été constituée par ordonnance du 20 janvier 1982, et c'était la première fois qu'une affaire contentieuse était traitée par une chambre *ad hoc* de la Cour.

La Chambre a rendu son arrêt le 12 octobre 1984. Après avoir établi sa compétence et précisé l'aire à délimiter, elle a examiné l'origine et l'évolution du différend et posé les règles et principes de droit international régissant la matière. Elle a indiqué que la délimitation devait être réalisée par l'application de critères équitables et par l'utilisation de méthodes pratiques aptes à assurer, compte tenu de la configuration géographique de la région et des autres circonstances pertinentes de l'espèce, un résultat équitable. Elle a rejeté les lignes de délimitation proposées par les Parties et fixé les critères et les méthodes qu'elle considérait comme applicables à la ligne unique de délimitation qu'il lui était demandé de tracer. Elle s'est inspirée de critères relevant surtout de la géographie et a utilisé des méthodes géométriques convenant aussi bien à la délimitation des fonds marins qu'à celle des eaux surjacentes. En ce qui concerne le tracé de la ligne de délimitation, la Chambre a distingué trois segments dont les deux premiers se trouvent à l'intérieur du golfe du Maine et le troisième à l'extérieur. Pour le premier segment, elle a considéré qu'aucune circonstance spéciale ne s'opposait à ce que la zone de chevauchement des projections marines des côtes des deux Etats soit divisée par parts égales. A partir d'un point de départ convenu par les Parties, la ligne de délimitation est constituée par la bissectrice de l'angle que forment la perpendiculaire à la ligne côtière allant du cap Elizabeth au point frontière et la perpendiculaire à la ligne côtière allant du point frontière au cap de Sable. Pour le deuxième segment, la Chambre a estimé que, étant donné le quasi-parallélisme entre les côtes de la Nouvelle-Ecosse et du Massachusetts, il convenait de tracer une ligne médiane approximativement parallèle aux deux côtes opposées et de corriger cette ligne pour tenir compte : *a)* de la différence de longueur entre les côtes des deux Etats donnant sur l'aire à délimiter et *b)* de la présence de Seal

Island au large de la Nouvelle-Ecosse. La ligne de délimitation correspond à la ligne médiane corrigée depuis son intersection avec la bissectrice indiquée plus haut jusqu'au point où elle atteint la ligne de fermeture du golfe. Le troisième segment, en plein océan, consiste en une perpendiculaire à la ligne de fermeture du golfe au point même où la ligne médiane corrigée rencontre cette ligne. Le point d'arrivée se trouve à l'intérieur du triangle fixé par les Parties et coïncide avec le dernier point de chevauchement des zones de 200 milles revendiquées par les deux Etats (voir carte p. 128). Les coordonnées de la ligne tracée par la Chambre sont indiquées dans le dispositif de l'arrêt.

1.50. Plateau continental (Jamahiriya arabe libyenne/Malte)

Cette affaire, soumise à la Cour en 1982 par compromis entre la Libye et Malte, portait sur la délimitation des zones de plateau continental relevant de chacun de ces deux Etats. La Libye invoquait à l'appui de sa thèse le principe du prolongement naturel et la notion de proportionnalité. Malte soutenait que les droits des Etats sur le plateau continental étaient dorénavant régis par la notion de distance à partir de la côte, ce qui conférait la primauté à la méthode de l'équidistance pour la délimitation du plateau continental, au moins entre Etats se faisant face, comme Malte et la Libye. La Cour a estimé que, vu l'évolution du droit en ce qui concerne les droits des Etats sur le plateau continental, il n'existe aucune raison de faire jouer un rôle aux facteurs géologiques ou géophysiques quand la distance séparant les deux Etats est inférieure à 400 milles (comme en l'espèce). Elle a considéré aussi que la méthode de l'équidistance ne s'imposait pas et n'était pas la seule méthode appropriée. Ayant dégagé un certain nombre de principes équitables, la Cour les a appliqués dans son arrêt du 3 juin 1985, eu égard aux circonstances pertinentes. Elle a tenu compte de la configuration générale des côtes, de leur différence de longueur, de la distance entre elles et, soucieuse d'éviter toute disproportion excessive entre le plateau continental relevant d'un Etat et la longueur de son littoral, a retenu comme solution une ligne médiane déplacée vers le nord sur une certaine distance. Dans le courant de la procédure, l'Italie a demandé à intervenir en alléguant un intérêt juridique en vertu de l'article 62 du Statut. La Cour a considéré que l'intervention demandée par l'Italie relevait, vu son objet, d'une catégorie qui, selon la démonstration même de l'Italie, ne pouvait être admise et l'a donc rejetée.

1.51. Différend frontalier (Burkina Faso/République du Mali)

Le Burkina Faso (alors dénommé Haute-Volta) et le Mali ont notifié à la Cour, le 14 octobre 1983, un compromis aux termes duquel ils soumettaient à une chambre de la Cour la question de la délimitation de la frontière terrestre entre les deux Etats sur une partie de sa longueur. La Chambre a été constituée par ordonnance du 3 avril 1985. A la suite d'incidents graves ayant opposé les forces armées des deux pays dans les derniers jours de 1985, ladite Chambre a été saisie par les deux Parties de demandes parallèles en indication de mesures conservatoires. Elle a indiqué de telles mesures par ordonnance du 10 janvier 1986.

Dans son arrêt rendu le 22 décembre 1986, la Chambre a tout d'abord examiné quelle était la source des droits que les Parties revendiquaient. Elle a noté que devaient s'appliquer, en l'espèce, le principe de l'intangibilité des frontières héritées de la décolonisation ainsi que le principe de l'*uti possidetis juris*, ce dernier principe accordant au titre juridique la prééminence sur la possession effective comme base de souveraineté et visant avant tout à assurer le respect des limites territoriales au moment de l'accession à l'indépendance. La Chambre a précisé que, lorsque ces limites n'étaient que des délimitations entre divisions administratives ou colonies relevant toutes de la même souveraineté, l'application du principe de l'*uti possidetis juris* les transformait, comme en l'occurrence, en frontières internationales.

Elle a également indiqué qu'elle prendrait en considération l'équité telle qu'elle s'exprime dans son aspect *infra legem*, c'est-à-dire cette forme d'équité qui constitue une méthode d'interprétation du droit et qui repose sur le droit. Pour étayer leurs thèses, les Parties ont invoqué divers moyens de preuve, dont des textes législatifs et réglementaires ou documents administratifs français, des cartes et les «effectivités coloniales», autrement dit le comportement des autorités administratives en tant que preuve de l'exercice effectif de compétences territoriales dans la région durant la période coloniale. Ayant examiné ces différents moyens de preuve, la Chambre a fixé le tracé de la frontière entre les Parties dans la zone contestée. La Chambre a également eu l'occasion de préciser, au sujet du tripoint Niger-Mali-Burkina Faso, que sa compétence ne se trouvait pas limitée du seul fait que le point terminal de la frontière se situait sur la frontière d'un Etat tiers non partie à l'instance. Elle a ajouté que les droits du Niger étaient sauvegardés, en tout état de cause, par le jeu de l'article 59 du Statut de la Cour.

1.52. Activités militaires et paramilitaires au Nicaragua et contre celui-ci (Nicaragua c. Etats-Unis d'Amérique)

Le 9 avril 1984, le Nicaragua a déposé une requête introductive d'instance contre les Etats-Unis d'Amérique, ainsi qu'une demande en indication de mesures conservatoires, au sujet d'un différend relatif à la responsabilité que ceux-ci auraient encourue du fait d'activités militaires et paramilitaires au Nicaragua et contre celui-ci. La Cour a rendu le 10 mai 1984 une ordonnance indiquant des mesures conservatoires. L'une d'elles tendait à ce que les Etats-Unis mettent immédiatement fin à toute action ayant pour effet d'entraver l'accès des ports nicaraguayens, en particulier par la pose de mines, et s'abstiennent désormais de toute action semblable. La Cour indiquait aussi que le droit à la souveraineté et à l'indépendance politique que possède le Nicaragua, comme tout autre Etat, devait être pleinement respecté, sans être compromis par des activités contraires au principe du non-recours à la menace ou à l'emploi de la force et au principe de non-intervention dans les affaires relevant de la compétence nationale d'un Etat. La Cour a aussi décidé dans l'ordonnance précitée que la procédure porterait d'abord sur la question de la compétence de la Cour et de la recevabilité de la requête nicaraguayenne. Juste avant l'expiration du délai imparti pour la présentation de la dernière pièce de procédure écrite dans cette phase, El Salvador a déposé une déclaration d'intervention en l'affaire sur la base de l'article 63 du Statut, demandant qu'il lui soit permis de soutenir que la Cour n'avait pas compétence pour connaître de la requête du Nicaragua. La Cour a décidé dans son ordonnance du 4 octobre 1984 que la déclaration d'intervention d'El Salvador était irrecevable en ce qu'elle se rapportait à la phase juridictionnelle de l'instance.

Après avoir entendu les deux Parties dans des audiences qui se sont déroulées du 8 au 18 octobre 1984, la Cour a rendu le 26 novembre 1984 un arrêt dans lequel elle a dit qu'elle avait compétence pour connaître de l'affaire et que la requête du Nicaragua était recevable. Elle a considéré en particulier que la déclaration nicaraguayenne de 1929 était valable et que le Nicaragua était donc fondé à invoquer la déclaration des Etats-Unis de 1946 comme base de compétence de la Cour (article 36, paragraphes 2 et 5, du Statut). La suite de la procédure s'est déroulée en l'absence des Etats-Unis, qui ont fait savoir le 18 janvier 1985 qu'ils n'avaient «l'intention de participer à aucune autre procédure relative à cette affaire». La Cour a entendu, du 12 au 20 septembre 1985, les plaidoiries du Nicaragua et les dépositions des cinq témoins cités par lui. Le 27 juin 1986, la Cour a rendu son arrêt sur le fond. Entre autres décisions, elle a rejeté la justification de légitime défense collective avancée par les Etats-Unis relativement aux activités militaires ou paramilitaires au Nicaragua ou contre celui-ci, et dit que les Etats-Unis avaient violé les obligations imposées par le droit international coutumier de ne pas intervenir dans les affaires d'un autre Etat, de ne pas recourir à la force contre un autre Etat, de ne pas porter atteinte à la souveraineté d'un autre Etat, et de ne pas interrompre le commerce maritime pacifique. La Cour a en outre dit que les Etats-Unis avaient violé certaines obligations d'un traité bilatéral d'amitié, de commerce et de navigation de 1956 et commis des actes de nature à priver celui-ci de son but et de son objet.

Elle a décidé que les Etats-Unis étaient tenus de mettre immédiatement fin et de renoncer à tout acte constituant une violation de leurs obligations juridiques, et qu'ils devaient réparer tout préjudice causé au Nicaragua par les violations constatées du droit international coutumier et du traité de 1956, la fixation du montant devant faire l'objet d'une autre procédure si les Parties ne pouvaient se mettre d'accord. La Cour a ensuite fixé par ordonnance les délais pour le dépôt de pièces de procédure par les Parties sur les formes et le montant de la réparation, et le mémoire y afférent du Nicaragua a été déposé le 29 mars 1988, les Etats-Unis maintenant leur refus de participer à la procédure. En septembre 1991, le Nicaragua a fait connaître à la Cour, notamment, qu'il ne souhaitait pas poursuivre la procédure. Après que les Etats-Unis eurent informé la Cour qu'ils se félicitaient de la demande en désistement du Nicaragua, l'affaire a été rayée du rôle par ordonnance du président du 26 septembre 1991.

1.53. Demande en revision et en interprétation de l'arrêt du 24 février 1982 en l'affaire du Plateau continental (Tunisie/Jamahiriya arabe libyenne) (Tunisie c. Jamahiriya arabe libyenne)

Cette demande a été soumise à la Cour par la Tunisie, qui estimait que l'arrêt de 1982 (voir ci-dessus n° 1.47) soulevait certaines difficultés d'application. Si la Cour avait déjà eu à connaître de plusieurs demandes d'interprétation, c'était la première fois qu'une demande en revision lui était présentée. Aux termes du Statut de la Cour, la revision d'un arrêt n'est possible que s'il y a découverte d'un fait de nature à exercer une influence décisive. La Libye s'opposait à la double demande de la Tunisie, d'une part en niant les difficultés d'application invoquées par celle-ci, d'autre part en soutenant que la demande d'interprétation tunisienne n'était en fait qu'une demande en revision déguisée.

Dans son arrêt rendu le 10 décembre 1985 à l'unanimité, la Cour a rejeté la demande en revision comme irrecevable; elle a déclaré recevable la demande tendant à une interprétation de l'arrêt du 24 février 1982 en tant qu'elle concernait le premier secteur de la délimitation envisagé dans cet arrêt, a indiqué l'interprétation qu'il convenait d'en donner à cet égard, et dit ne pouvoir faire droit à la conclusion présentée par la Tunisie relativement à ce secteur; elle a considéré que la demande de rectification d'une erreur matérielle formulée par la Tunisie était sans objet et qu'il n'y avait dès lors pas lieu de statuer à son sujet. En outre, la Cour a déclaré recevable la demande tendant à l'interprétation de l'arrêt du 24 février 1982 en tant qu'elle concernait le point le plus occidental du golfe de Gabès dans le deuxième secteur de la délimitation envisagé dans cet arrêt, a indiqué l'interprétation qu'il convenait d'en donner à cet égard, et dit ne pas pouvoir retenir la conclusion présentée par la Tunisie relativement à ce secteur. La Cour a enfin estimé qu'il n'y avait pas lieu pour le moment qu'elle ordonne une expertise en vue de déterminer les coordonnées exactes du point le plus occidental du golfe de Gabès.

1.54-1.55. Actions armées frontalières et transfrontalières (Nicaragua c. Costa Rica) (Nicaragua c. Honduras)

Le Nicaragua a introduit le même jour, le 28 juillet 1986, deux instances, contre le Costa Rica et le Honduras, respectivement, alléguant diverses violations du droit international à la charge de chacun de ces Etats, du fait notamment d'activités militaires menées contre les autorités nicaraguayennes par les «contras» à partir de leur territoire.

Dans la première affaire, le Nicaragua a procédé au dépôt de son mémoire sur le fond le 10 août 1987. Puis, par une communication du 12 août 1987, le Nicaragua, se référant à un accord signé le 7 août 1987 à Guatemala par les présidents des cinq Etats d'Amérique centrale (accord dit d'«Esquipulas II»), a déclaré qu'il se désistait de l'instance introduite contre le Costa Rica. Celui-ci n'ayant pas fait d'objection au désistement, l'affaire a été rayée du rôle par ordonnance du président du 19 août 1987.

Dans la seconde affaire, le Honduras ayant informé la Cour qu'il était d'avis que celle-ci n'était pas compétente, et après une réunion avec le président, les Parties sont convenues que les questions de compétence et de recevabilité seraient traitées à un stade préliminaire de la procédure. Après que les Parties eurent déposé leurs pièces de procédure, puis pris part à des audiences consacrées auxdites questions, la Cour a rendu son arrêt y afférent le 20 décembre 1988. Le Nicaragua avait invoqué, pour fonder la compétence de la Cour, d'une part l'article XXXI du traité américain de règlement pacifique (dit «pacte de Bogotá») de 1948 et d'autre part les déclarations d'acceptation de la juridiction obligatoire de la Cour faites par les Parties en application de l'article 36, paragraphe 2, du Statut. La Cour s'est déclarée compétente sur la base du pacte de Bogotá. Elle a rejeté les deux thèses avancées successivement par le Honduras à cet égard, à savoir que l'article XXXI du pacte devait être complété par une déclaration d'acceptation de la juridiction de la Cour, puis qu'il n'aurait pas nécessairement à être ainsi complété, mais qu'il pourrait l'être. La Cour a considéré que la première thèse était incompatible avec les termes mêmes de l'article XXXI. En ce qui concerne la seconde thèse, la Cour a dû examiner les interprétations divergentes de l'article XXXI présentées par les Parties, et a écarté celle du Honduras selon laquelle, notamment, il devait être donné effet aux réserves à la compétence de la Cour introduites dans la déclaration hondurienne de 1986. Sur ce point, la Cour a en effet constaté que l'engagement figurant à l'article XXXI du pacte est indépendant des déclarations d'acceptation de sa juridiction.

La Cour a par ailleurs rejeté quatre exceptions d'irrecevabilité de la requête présentées par le Honduras, dont deux avaient un caractère général et deux étaient tirées du pacte de Bogotá. Par la suite, et alors que la procédure sur le fond était engagée, que le Nicaragua avait déposé son mémoire y relatif et que, à la demande des Parties, la Cour avait différé la date de fixation du délai pour la présentation du contre-mémoire du Honduras, l'agent du Nicaragua, en mai 1992, a informé la Cour que les Parties étaient parvenues à un accord extrajudiciaire et qu'il ne souhaitait pas poursuivre la procédure. Prenant acte de ce désistement, la Cour, par ordonnance du 27 mai 1992, a rayé l'affaire du rôle.

1.56. *Différend frontalier terrestre, insulaire et maritime (El Salvador/Honduras ; Nicaragua (intervenant))*

Le 11 décembre 1986, El Salvador et le Honduras ont notifié à la Cour un compromis en vertu duquel les Parties ont demandé à la Cour de constituer une chambre — composée de trois membres de la Cour et de deux juges *ad hoc* — en vue : 1) de délimiter la ligne frontière dans les six secteurs non délimités par le traité général de paix conclu entre les deux Etats en 1980 et 2) de déterminer la situation juridique des îles dans le golfe de Fonseca et des espaces maritimes situés à l'intérieur et à l'extérieur de ce golfe. Une telle chambre a été constituée par ordonnance du 8 mai 1987. Les délais afférents à la procédure écrite ont été fixés, puis prorogés à plusieurs reprises à la demande des Parties.

En novembre 1989, le Nicaragua a adressé à la Cour une requête à fin d'intervention en l'espèce, en vertu de l'article 62 du Statut, en indiquant qu'il désirait non pas intervenir dans le différend concernant la frontière terrestre mais protéger ses droits dans le golfe de Fonseca (dont les trois Etats sont riverains), ainsi que «pour informer la Cour de la nature des droits du Nicaragua qui [étaient] en cause dans le litige». Le Nicaragua a en outre soutenu que sa requête relevait exclusivement de la Cour plénière en matière de procédure. La Cour, par une ordonnance adoptée le 28 février 1990, a dit qu'il appartenait à la Chambre de décider de l'admission de la requête à fin d'intervention. Après avoir entendu les Parties et le Nicaragua lors d'audiences, la Chambre a rendu le 13 septembre 1990 un arrêt par lequel elle a considéré que le Nicaragua avait bien un intérêt d'ordre juridique susceptible d'être affecté par une partie de l'arrêt que la Chambre devait rendre au fond, au sujet du régime juridique des eaux du golfe de Fonseca.

La Chambre a par contre considéré que le Nicaragua n'avait pas établi l'existence d'un intérêt d'ordre juridique susceptible d'être affecté par toutes décisions qu'elle pouvait être requise de rendre en ce qui concerne la délimitation de ces eaux, la situation juridique des espaces maritimes extérieurs au golfe ou la situation juridique des îles du golfe. Dans le cadre ainsi tracé, la Chambre a décidé que le Nicaragua était autorisé à intervenir dans l'instance. Une déclaration écrite du Nicaragua et des observations écrites d'El Salvador et du Honduras sur cette déclaration ont été ensuite déposées. Les exposés oraux des Parties et les observations orales du Nicaragua ont été entendus lors de cinquante audiences, tenues en avril et juin 1991. La Chambre a rendu son arrêt le 11 septembre 1992.

La Chambre note tout d'abord que les deux Parties conviennent que le principe fondamental à appliquer pour la détermination de la frontière terrestre est celui de l'*uti possidetis juris*, à savoir le principe, généralement admis en Amérique espagnole, que les frontières internationales suivent les anciennes limites administratives coloniales. La Chambre a été en outre autorisée à tenir compte, s'il y avait lieu, d'une disposition du traité de paix de 1980 qui prescrit que la délimitation doit se fonder notamment sur les documents établis par la Couronne d'Espagne ou toute autre autorité espagnole durant l'époque coloniale, qui indiquent les ressorts ou les limites de territoires, ainsi que les autres preuves, thèses et argumentations d'ordre juridique, historique ou humain et tout autre élément. Relevant que les Parties avaient invoqué l'exercice de pouvoirs gouvernementaux dans les zones en litige et d'autres formes d'effectivité, la Chambre a considéré qu'elle pouvait tenir compte d'éléments de preuve d'action de ce genre qui apportent des précisions sur la frontière de l'*uti possidetis juris*. La Chambre a ensuite examiné successivement, d'ouest en est, chacun des six secteurs en litige de la frontière terrestre, auxquels sont consacrés spécifiquement quelque cent cinquante-deux pages.

En ce qui concerne ensuite la situation juridique des îles dans le golfe, la Chambre a estimé qu'elle avait compétence pour déterminer la situation juridique de toutes les îles, mais qu'une détermination judiciaire ne s'imposait qu'en ce qui concerne les îles faisant l'objet d'un litige, qui étaient, selon elle, El Tigre, Meanguera et Meanguerita. Elle a rejeté la prétention du Honduras selon laquelle il n'existait pas vraiment de différend au sujet d'El Tigre. Notant qu'en théorie juridique chaque île appartenait à l'un des Etats entourant le golfe du fait qu'il avait succédé à l'Espagne, ce qui empêchait l'acquisition par occupation, la Chambre a observé que la possession effective par l'un des Etats pouvait constituer une effectivité postcoloniale, révélatrice de la situation juridique. Comme le Honduras occupait El Tigre depuis 1849, la Chambre a conclu que les deux Parties s'étaient comportées comme si El Tigre appartenait au Honduras. La Chambre a conclu que Meanguerita, qui est très petite, inhabitée et contiguë à Meanguera, était une «dépendance» de Meanguera. Elle a noté qu'El Salvador avait revendiqué Meanguera en 1854 et qu'à partir de la fin du XIXe siècle la présence d'El Salvador sur cette île s'était intensifiée, comme en témoignaient les preuves documentaires considérables concernant l'administration de Meanguera par El Salvador. Elle a considéré que la protestation adressée en 1991 par le Honduras à El Salvador au sujet de Meanguera avait été formulée trop tard pour dissiper la présomption d'acquiescement de la part du Honduras. La Chambre a donc conclu que Meanguera et Meanguerita appartiennent à El Salvador.

S'agissant des espaces maritimes dans le golfe, El Salvador soutenait que lesdits espaces étaient soumis à un condominium des trois Etats riverains et qu'une délimitation était en conséquence inappropriée ; le Honduras affirmait qu'il existait à l'intérieur du golfe une communauté d'intérêts qui nécessitait une délimitation judiciaire. Appliquant les règles normales d'interprétation des traités au compromis et au traité de paix, la Chambre a conclu qu'elle n'avait pas compétence pour procéder à une délimitation, que ce soit à l'intérieur ou à l'extérieur du golfe. A propos de la situation juridique des eaux du golfe, la Chambre a noté que, compte tenu de ses caractéristiques, il était généralement reconnu que le golfe était une baie historique. La Chambre a examiné l'histoire du golfe afin de déterminer quel était son «régime», en tenant compte de l'arrêt de 1917 rendu par la Cour de justice centraméricaine dans une affaire qui avait opposé El Salvador au Nicaragua au sujet du golfe. Dans son arrêt, la Cour centraméricaine avait entre autres conclu que le golfe était une baie historique possédant les caractéristiques d'une mer fermée. Notant que les Etats riverains persistaient à soutenir que le golfe était une baie historique possédant le caractère d'une mer fermée, et que d'autres nations avaient acquiescé à cela, la Chambre a observé que son opinion sur le régime des eaux historiques du golfe suivait celle qui avait été exprimée dans l'arrêt de 1917. Elle a considéré que les eaux du golfe, hormis une ceinture maritime de 3 milles, étaient des eaux historiques et étaient soumises à la souveraineté conjointe des trois Etats riverains. Elle a noté qu'aucune tentative n'avait été faite de diviser ces eaux selon le principe de l'*uti possidetis juris*. La succession conjointe des trois Etats à la zone maritime semblait donc découler logiquement du principe de l'*uti possidetis juris*. En conséquence, la Chambre a conclu que le Honduras possédait des droits existants dans les eaux situées jusqu'à la ligne de fermeture du golfe, qu'elle a également considérée comme une ligne de base.

Pour ce qui est des eaux situées à l'extérieur du golfe, la Chambre a observé qu'elles mettaient en cause des concepts juridiques entièrement nouveaux auxquels la Cour de justice centraméricaine n'avait pas songé quand elle avait rendu son arrêt en 1917, en particulier le plateau continental et la zone économique exclusive, et a constaté que, à l'exclusion d'une bande située à l'une et l'autre extrémité correspondant aux ceintures maritimes d'El Salvador et du Nicaragua, les trois souverains communs avaient droit, à l'extérieur de la ligne de fermeture, à une mer territoriale, à un plateau continental et à une zone économique exclusive, mais devaient procéder à une division par voie d'accord mutuel. S'agissant enfin de l'effet de l'arrêt sur l'Etat intervenant, la Chambre a conclu qu'il n'a pas autorité de la chose jugée à l'égard du Nicaragua.

1.57. *Elettronica Sicula S.p.A. (ELSI)*
(Etats-Unis d'Amérique c. Italie)

Le 6 février 1987, les Etats-Unis ont introduit une instance contre l'Italie au sujet d'un différend découlant de la réquisition par le Gouvernement italien de l'usine et d'autres éléments du patrimoine de Raytheon-Elsi S.p.A., société italienne produisant des composants électroniques et précédemment connue sous le nom d'Elettronica Sicula S.p.A. (ELSI), qui était, selon eux, contrôlée à cent pour cent par deux sociétés américaines. La Cour, par ordonnance du 2 mars 1987, a constitué, à la demande des Parties, une chambre composée de cinq membres. Dans son contre-mémoire, l'Italie a soulevé une exception à la recevabilité de la requête, motif pris du non-épuisement des voies de recours internes, et les Parties sont convenues que cette exception serait «tranchée lors de l'examen au fond». La Chambre a rendu le 20 juillet 1989 un arrêt dans lequel elle a rejeté l'exception soulevée par l'Italie et dit que cette dernière n'avait commis aucune des violations alléguées par les Etats-Unis du traité bilatéral d'amitié, de commerce et de navigation de 1948, ni de l'accord complétant ce traité. Les Etats-Unis reprochaient principalement au défendeur: *a)* d'avoir procédé à une réquisition illicite de l'usine de l'ELSI, privant ainsi les actionnaires de leur droit direct de procéder à la liquidation des actifs de la société dans des conditions normales; *b)* de n'avoir pu empêcher l'occupation de l'usine par ses ouvriers; *c)* de s'être abstenu de statuer sur la légitimité de la réquisition pendant un délai de seize mois; et *d)* d'être intervenu dans la procédure de faillite, avec comme résultat qu'il aurait acheté ELSI à un prix bien inférieur au juste prix du marché. La Chambre, ayant ainsi déclaré, au terme de l'examen minutieux des faits allégués et des dispositions conventionnelles pertinentes, que le défendeur n'avait pas violé le traité de 1948 et l'accord complétant celui-ci de la manière prétendue par le demandeur, a rejeté la demande en réparation formulée par celui-ci.

1.58. Délimitation maritime dans la région située entre le Groenland et Jan Mayen (Danemark c. Norvège)

Le 16 août 1988, le Gouvernement du Danemark a déposé au Greffe une requête introduisant une instance contre la Norvège par laquelle il a saisi la Cour d'un différend relatif à la délimitation des zones de pêche et du plateau continental du Danemark et de la Norvège dans les eaux séparant la côte orientale du Groenland de l'île norvégienne de Jan Mayen, où une étendue d'environ 72 000 kilomètres carrés était revendiquée par les deux Parties. Le 14 juin 1993, la Cour a rendu son arrêt. Le Danemark demandait à la Cour de tracer une ligne unique de délimitation desdites zones, et cela à une distance de 200 milles marins mesurée à partir de la ligne de base du Groenland ou, si la Cour se trouvait dans l'impossibilité de tracer une telle ligne, en conformité avec le droit international. La Norvège, pour sa part, demandait à la Cour de considérer la ligne médiane comme constituant les deux lignes de séparation aux fins de la délimitation des deux zones pertinentes, étant entendu que lesdites lignes coïncideraient donc, mais que les délimitations demeureraient conceptuellement distinctes. Une des allégations principales de la Norvège était qu'une délimitation avait déjà été effectuée entre Jan Mayen et le Groenland, du fait des traités en vigueur entre les Parties, à savoir un accord bilatéral de 1965 et la convention de Genève sur le plateau continental de 1958, ces deux instruments prévoyant le tracé d'une ligne médiane.

La Cour a tout d'abord relevé que l'accord de 1965 visait des régions différentes du plateau continental entre les deux pays, et que ledit accord ne faisait pas état d'une intention des Parties à s'engager à appliquer la ligne médiane pour toutes les délimitations ultérieures du plateau. La Cour a ensuite constaté que la valeur de l'argument de la Norvège concernant la convention de 1958 dépendait en l'occurrence de l'existence de «circonstances spéciales» telles qu'envisagées par la convention. Elle a ensuite rejeté la thèse de la Norvège selon laquelle les Parties auraient, par leur «conduite conjointe», reconnu depuis longtemps l'applicabilité d'une délimitation selon la ligne médiane dans leurs relations mutuelles. La Cour a examiné séparément les deux branches du droit applicable : l'effet de l'article 6 de la convention de 1958, applicable à la délimitation du plateau continental, et ensuite l'effet du droit coutumier régissant la zone de pêche. Après avoir examiné la jurisprudence dans ce domaine et les dispositions de la convention des Nations Unies sur le droit de la mer de 1982, la Cour a fait observer que l'indication (dans ces dispositions) d'une «solution équitable» comme but de toute opération de délimitation reflétait les exigences du droit coutumier en ce qui concerne la délimitation tant du plateau continental que des zones économiques exclusives. Elle a considéré qu'en l'espèce, tant pour le plateau continental que pour les zones de pêche, il convenait de commencer l'opération de délimitation en traçant une ligne médiane à titre provisoire, et a alors fait observer qu'elle devait examiner tout facteur propre à l'espèce et susceptible de donner lieu à un ajustement ou déplacement de cette ligne médiane tracée à titre provisoire. La convention de 1958

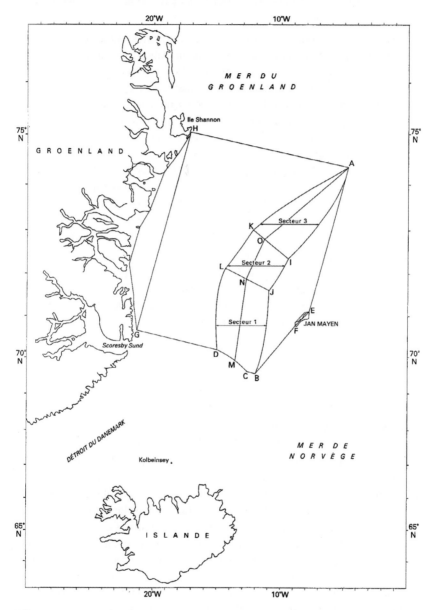

Délimitation maritime dans la région située entre le Groenland et Jan Mayen (Danemark c. Norvège)

exige l'examen de toutes les «circonstances spéciales»; le droit coutumier fondé sur des principes équitables exige pour sa part d'examiner les «circonstances pertinentes».

La Cour a constaté que, bien qu'il s'agisse de catégories différentes par leur origine et par leur nom, il y a inévitablement une tendance à l'assimilation des deux types de circonstances. La Cour est ensuite passée à la question de savoir si les circonstances en l'espèce exigeaient un ajustement ou un déplacement de la ligne médiane. Elle a examiné à cette fin un certain nombre de facteurs. En ce qui concerne la disparité ou disproportion entre les longueurs des «côtes pertinentes», alléguée par le Danemark, la Cour est arrivée à la conclusion que la différence remarquable de longueur entre lesdites côtes pertinentes constituait une circonstance spéciale au sens du paragraphe 1 de l'article 6 de la convention de 1958. De même, s'agissant des zones de pêche, la Cour a été d'avis que l'application de la ligne médiane aboutissait à des résultats manifestement inéquitables. Il en est résulté pour la Cour que la ligne médiane devait être ajustée ou déplacée de manière à effectuer la délimitation plus près de la côte de Jan Mayen.

La Cour a ensuite examiné certaines circonstances qui pourraient aussi influer sur l'emplacement de la ligne de délimitation : l'accès aux ressources, essentiellement halieutiques (capelan), compte tenu notamment de la présence des glaces; population et économie; questions de sécurité; conduite des Parties. Parmi ces facteurs, la Cour n'a retenu que celui afférent à l'accès aux ressources, en estimant que la ligne médiane était située trop loin à l'ouest pour que le Danemark soit assuré d'une possibilité d'accès équitable au stock de capelan. Elle a conclu que, pour cette raison aussi, la ligne médiane devait être ajustée ou déplacée vers l'est. La Cour a enfin procédé à la définition de la ligne unique de délimitation comme étant la ligne M-N-O-A figurée sur le croquis reproduit à la page 139.

1.59. Incident aérien du 3 juillet 1988
(République islamique d'Iran c. Etats-Unis d'Amérique)

Par une requête en date du 17 mai 1989, la République islamique d'Iran a introduit devant la Cour une instance contre les Etats-Unis d'Amérique, suite à la destruction en vol par l'USS *Vincennes*, croiseur lance-missiles des forces des Etats-Unis opérant dans le golfe Persique, d'un avion Airbus A-300B d'Iran Air, causant la mort de ses deux cent quatre-vingt-dix passagers et membres d'équipage. Selon le Gouvernement de la République islamique d'Iran, les Etats-Unis, en détruisant l'appareil, en provoquant le décès des victimes et en refusant de l'indemniser pour les dommages causés et en s'ingérant continuellement dans l'aviation du golfe Persique, auraient violé certaines dispositions de la convention de Chicago de 1944 relative à l'aviation civile internationale et la convention de Montréal de 1971 pour la répression d'actes illicites dirigés contre la sécurité de l'aviation civile. La République islamique d'Iran alléguait également que le Conseil de l'Organisation de l'aviation civile internationale (OACI) avait rendu une décision erronée le 17 mars 1989 en ce qui concerne l'incident. Dans le délai fixé pour le dépôt de leur contre-mémoire, les Etats-Unis d'Amérique ont déposé des exceptions préliminaires à la compétence de la Cour.

Par la suite, les agents des deux Parties ont conjointement informé la Cour, par une lettre du 8 août 1994, que leurs gouvernements avaient «entamé des négociations qui pourraient aboutir à un règlement total et définitif de [l']affaire» et l'ont priée de «renvoy[er] *sine die* l'ouverture de la procédure orale» sur les exceptions préliminaires, dont elle avait fixé la date au 12 septembre 1994. Par une lettre datée du 22 février 1996 et déposée au Greffe le même jour, les agents des deux Parties ont conjointement notifié à la Cour que leurs gouvernements étaient convenus de se désister de l'instance parce qu'ils étaient parvenus «à un arrangement amiable complet et définitif». En conséquence, également à la date du 22 février 1996, le président de la Cour a pris une ordonnance prenant acte du désistement de l'instance et prescrivant que l'affaire soit rayée du rôle de la Cour.

1.60. *Certaines terres à phosphates à Nauru (Nauru c. Australie)*

Le 19 mai 1989, la République de Nauru a déposé au Greffe de la Cour une requête introduisant contre le Commonwealth d'Australie une instance au sujet d'un différend concernant la remise en état de certaines terres à phosphates exploitées sous administration australienne avant l'indépendance de Nauru. Dans sa requête, Nauru a soutenu que l'Australie avait violé les obligations de tutelle acceptées par elle en vertu de l'article 76 de la Charte des Nations Unies et de l'accord de tutelle du 1er novembre 1947 pour Nauru. Nauru a soutenu aussi que l'Australie avait violé certaines de ses obligations en vertu du droit international général à son égard, notamment en matière de mise en œuvre du principe d'autodétermination, ainsi que de souveraineté permanente sur les richesses et ressources naturelles. L'Australie aurait ainsi engagé sa responsabilité juridique internationale et serait tenue à restitution ou à toute autre réparation appropriée envers Nauru pour les dommages et les préjudices subis. Dans le délai fixé pour le dépôt de son contre-mémoire, l'Australie a présenté certaines exceptions préliminaires portant sur la recevabilité de la requête et la compétence de la Cour.

Le 26 juin 1992, la Cour a rendu son arrêt sur ces questions. Concernant la question de sa compétence, la Cour a noté que Nauru fondait cette compétence sur les déclarations par lesquelles l'Australie et Nauru avaient accepté la juridiction de la Cour dans les conditions prévues au paragraphe 2 de l'article 36 du Statut. La déclaration de l'Australie précisait qu'elle «ne s'appliqu[ait] pas aux différends au sujet desquels les parties ont convenu ou conviennent de recourir à une autre procédure de règlement pacifique». Se référant à l'accord de tutelle de 1947 et se prévalant de la réserve contenue dans sa déclaration pour soutenir que la Cour était incompétente pour statuer sur la requête de Nauru, l'Australie a exposé que tout différend né au cours de la tutelle entre «l'autorité administrante et les habitants autochtones» devrait être regardé comme réglé du fait même de la levée de la tutelle (dès lors que celle-ci avait été opérée sans réserve) ainsi que par l'effet de l'accord relatif à l'industrie des phosphates de l'île de Nauru de 1967 conclu entre le conseil du gouvernement local de Nauru, d'une part, et l'Australie, la Nouvelle-Zélande et le Royaume-Uni, d'autre part, par lequel Nauru aurait renoncé à ses revendications concernant la remise en état des terres à phosphates. L'Australie et Nauru n'ayant passé, après le 31 janvier 1968, date de l'indépendance de Nauru, aucun accord par lequel ces deux Etats seraient convenus de régler le différend qui les opposait à cet égard, la Cour a rejeté cette première exception de l'Australie. Elle a rejeté de même les deuxième, troisième, quatrième et cinquième exceptions soulevées par l'Australie.

La Cour a ensuite examiné l'exception tirée par l'Australie du fait que la Nouvelle-Zélande et le Royaume-Uni n'étaient pas parties à l'instance. Selon elle, les trois gouvernements mentionnés dans l'accord de tutelle constituaient, aux termes dudit accord, «l'autorité chargée de l'administration» de Nauru; cette autorité ne jouissait pas d'une personnalité juridique internationale distincte de celles des Etats ainsi désignés; et, parmi ces Etats, l'Australie jouait un rôle tout particulier, consacré notamment par l'accord de tutelle. La Cour n'a pas estimé, en premier lieu, qu'il avait été démontré qu'une demande formée contre l'un des trois Etats seulement devait être déclarée irrecevable *in limine litis* au seul motif qu'elle soulevait des questions relatives à l'administration du territoire à laquelle participaient les deux autres Etats. En second lieu, la Cour a considéré, entre autres, qu'il ne lui était nullement interdit de statuer sur les prétentions qui lui étaient soumises, pour autant que les intérêts juridiques de l'Etat tiers éventuellement affectés ne constituaient pas l'objet même de la décision sollicitée. Or, dans l'hypothèse où la Cour est ainsi à même de statuer, les intérêts de l'Etat tiers qui n'est pas partie à l'affaire sont protégés par l'article 59 du Statut de la Cour. Elle a constaté qu'en l'espèce les intérêts de la Nouvelle-Zélande et du Royaume-Uni ne constituaient pas l'objet même de la décision à rendre sur le fond de la requête de Nauru et que, par conséquent, elle ne pouvait refuser d'exercer sa juridiction et que l'exception développée à cet égard devait être rejetée.

La Cour a enfin retenu l'exception préliminaire soulevée par l'Australie selon laquelle la demande nauruane relative aux avoirs d'outre-mer des British Phosphate Commissioners était irrecevable au motif qu'elle constituait une demande à tous égards nouvelle, présentée au stade du mémoire, et que l'objet du différend qui lui avait originellement été soumis se trouverait transformé si elle accueillait cette demande. Un contre-mémoire de l'Australie sur le fond a ensuite été déposé et la Cour a fixé les dates pour le dépôt d'une réplique du demandeur et d'une duplique du défendeur. Avant que ces deux dernières pièces ne soient présentées, les deux Parties, par notification conjointe déposée le 9 septembre 1993, ont informé la Cour qu'elles étaient convenues, étant parvenues à un règlement amiable, de se désister de l'instance. L'affaire a été en conséquence rayée du rôle de la Cour par ordonnance de la Cour du 13 septembre 1993.

1.61. Sentence arbitrale du 31 juillet 1989 (Guinée-Bissau c. Sénégal)

Le 23 août 1989, la Guinée-Bissau a introduit une instance contre le Sénégal, sur la base des déclarations faites par les deux Etats conformément à l'article 36, paragraphe 2, du Statut de la Cour. La Guinée-Bissau a expliqué que, malgré les négociations qu'ils avaient menées depuis 1977, les deux Etats n'avaient pas pu parvenir au règlement d'un différend concernant la délimitation maritime à effectuer entre eux et qu'ils étaient donc convenus, par un compromis d'arbitrage daté du 12 mars 1985, de soumettre ce différend à un tribunal arbitral composé de trois membres. Elle a indiqué que, aux termes de l'article 2 dudit compromis, il avait été demandé au Tribunal de statuer sur la double question suivante:

« 1. L'accord conclu par un échange de lettres [entre la France et le Portugal] le 26 avril 1960, et relatif à la frontière en mer, fait-il droit dans les relations entre la République de Guinée-Bissau et la République du Sénégal?

2. En cas de réponse négative à la première question, quel est le tracé de la ligne délimitant les territoires maritimes qui relèvent respectivement de la République de Guinée-Bissau et de la République du Sénégal?»

La Guinée-Bissau a également fait valoir qu'il avait été précisé à l'article 9 du compromis que le Tribunal ferait connaître aux deux gouvernements sa décision quant aux questions énoncées à l'article 2 et que cette décision devrait comprendre le tracé de la ligne frontière sur une carte. Selon la requête, le Tribunal aurait, le 31 juillet 1989, communiqué aux Parties un «texte supposé tenir lieu de sentence» mais qui n'en constituait pas une en fait. La Guinée-Bissau a fait valoir que la sentence serait frappée d'inexistence, la majorité de deux arbitres (contre un) ayant voté en faveur du texte n'étant qu'apparente au motif que l'un des deux arbitres — en l'occurrence le président du Tribunal — aurait, par une déclaration annexe, «exprimé une opinion en contradiction avec celle apparemment votée». A titre subsidiaire, la Guinée-Bissau a soutenu que ladite sentence serait frappée de nullité, le Tribunal n'ayant pas, à plusieurs titres (voir ci-après), accompli la tâche qui lui avait été assignée par le compromis. Par une ordonnance du 12 février 1990, la Cour a rejeté une demande en indication de mesures conservatoires présentée par la Guinée-Bissau.

La Cour a rendu son arrêt le 12 novembre 1991. Elle a d'abord examiné la question de sa compétence, et constaté notamment que la déclaration de la Guinée-Bissau ne contenait pas de réserves, mais que celle du Sénégal, qui remplaçait une déclaration antérieure du 3 mai 1985, précisait notamment qu'elle était applicable seulement à «tous les différends d'ordre juridique nés postérieurement à la présente déclaration...». Les Parties ayant reconnu que seul le différend qui concernait la sentence rendue par le Tribunal (né postérieurement à la déclaration du Sénégal) faisait l'objet de la présente instance et que celle-ci ne devait pas être considérée comme un appel de la sentence ou comme une demande en revision de celle-ci, la Cour a considéré sa compétence comme établie. Ensuite, la Cour a rejeté entre autres la thèse du Sénégal selon laquelle la requête de la Guinée-Bissau ou les moyens qu'elle faisait valoir à l'appui de celle-ci équivaudraient à un abus de procédure. En ce qui concerne l'argument de la Guinée-Bissau selon lequel la sentence serait inexistante, la Cour a estimé que l'opinion exprimée par le président du Tribunal dans sa déclaration constituait seulement une indication de ce qui, à son avis, aurait été une meilleure façon de procéder. Sa position ne pouvait donc pas être considérée comme étant en contradiction avec celle adoptée dans la sentence. Par suite, la Cour a rejeté la thèse de la Guinée-Bissau selon laquelle la sentence était frappée d'inexistence pour défaut de majorité véritable.

La Cour a ensuite examiné la question de la nullité de la sentence, la Guinée-Bissau ayant observé que le Tribunal n'avait pas répondu à la seconde question posée à l'article 2 du compromis d'arbitrage et n'avait pas joint à la sentence la carte prévue à l'article 9 du compromis. Selon la Guinée-Bissau, cette double omission constituerait un excès de pouvoir. Par ailleurs, aucune motivation n'aurait été donnée à cet égard par le Tribunal. En ce qui concerne l'absence de réponse à la seconde question, la Cour a reconnu que la sentence était construite d'une manière qui pourrait donner prise à la critique ; mais a conclu que la sentence n'était entachée d'aucune omission de statuer. La Cour a ensuite remarqué que la motivation y relative du Tribunal à cet égard, bien que ramassée, était claire et précise, et a conclu que le deuxième argument de la Guinée-Bissau devait lui aussi être écarté. S'agissant de la valeur du raisonnement du Tribunal sur la question de savoir s'il était tenu de répondre à la seconde question, la Cour a rappelé qu'un tribunal international est normalement juge de sa propre compétence et a le pouvoir d'interpréter à cet effet les actes qui gouvernent celle-ci. Elle a constaté que la Guinée-Bissau critiquait en réalité l'interprétation donnée dans la sentence des dispositions du compromis qui déterminent la compétence du Tribunal, et en a proposé une autre. A la suite d'un examen minutieux de l'article 2 du compromis, elle a conclu que le Tribunal n'avait pas méconnu manifestement sa compétence en ce qui concerne sa propre compétence, en jugeant qu'il n'était pas tenu de répondre à la question, sauf en cas de réponse négative à la première. Concernant ensuite l'argument de la Guinée-Bissau selon lequel la réponse que le Tribunal avait donnée à la première question était une réponse partiellement négative et que cela suffisait à remplir la condition prescrite pour aborder l'examen de la seconde question, la Cour a constaté que la réponse donnée aboutissait à une délimitation partielle, et que, dès lors, le Tribunal avait pu, sans méconnaître manifestement sa compétence, juger que la réponse qu'il avait donnée à la première question n'était pas négative. La Cour a conclu qu'à cet égard également l'argumentation de la Guinée-Bissau selon laquelle la sentence dans son ensemble était frappée de nullité devait être écartée. Elle a par ailleurs considéré que l'absence de carte ne saurait constituer en l'espèce une irrégularité de nature à entacher la sentence arbitrale d'invalidité.

1.62. *Différend territorial (Jamahiriya arabe libyenne/Tchad)*

Le 31 août 1990, la Jamahiriya arabe libyenne a procédé à la notification au Greffe d'un accord qu'elle avait conclu le 31 août 1989, à Alger, avec le Tchad, dans lequel il était notamment prévu qu'à défaut d'un règlement politique du différend territorial opposant les deux Etats ceux-ci s'engageaient à soumettre ce différend à la Cour. Le 3 septembre 1990, le Tchad a pour sa part déposé une requête introductive d'instance contre la Jamahiriya arabe libyenne fondée sur l'accord susmentionné et, à titre subsidiaire, sur le traité franco-libyen d'amitié et de bon voisinage du 10 août 1955. Les Parties ont ultérieurement convenu que l'instance avait en fait été introduite par deux notifications successives du compromis que constituait l'accord d'Alger. La procédure écrite a donné lieu au dépôt, par chacune des Parties, d'un mémoire, d'un contre-mémoire et d'une réplique, accompagnés de volumineuses annexes, et la procédure orale s'est déroulée aux mois de juin et de juillet 1993.

La Cour a rendu son arrêt le 3 février 1994. La Cour a tout d'abord relevé que la Libye considérait qu'il n'existait pas de frontière et demandait à la Cour d'en déterminer une. Quant au Tchad, il considérait qu'il existait une frontière et demandait à la Cour de dire quelle était cette frontière. La Cour a ensuite évoqué les lignes revendiquées par le Tchad et par la Libye, telles qu'indiquées sur le croquis n° 1 reproduit dans l'arrêt (voir p. 146); la Libye fondait sa revendication sur une imbrication de droits et de titres: ceux des populations autochtones, ceux de l'Ordre senoussi, ceux de l'Empire ottoman, ceux de l'Italie et enfin ceux de la Libye elle-même; le Tchad revendiquait une frontière sur la base du traité susmentionné de 1955; subsidiairement, le Tchad se fondait sur les effectivités françaises, que ce soit en relation avec les traités antérieurs ou indépendamment de ceux-ci.

La Cour a observé que les deux Parties reconnaissent que le traité de 1955 entre la France et la Libye constituait le point de départ logique de l'examen des questions portées devant elle. Aucune des Parties ne mettait en question la validité de ce traité, et la Libye ne contestait pas davantage le droit du Tchad d'invoquer contre elle toute disposition du traité concernant les frontières du Tchad. L'une des questions spécifiquement visées était celle des frontières, celles-ci faisant l'objet de l'article 3 et de l'annexe I. La Cour a relevé que, si une frontière résultait de ces dispositions, il était de ce fait répondu aux questions soulevées par les Parties. L'article 3 prévoit que la France et la Libye reconnaissent que les frontières séparant, entre autres, les territoires de l'Afrique équatoriale française du territoire de la Libye sont celles qui résultent d'un certain nombre d'actes internationaux en vigueur à la date de la constitution du Royaume-Uni de Libye et reproduits à l'annexe I au traité. De l'avis de la Cour, il ressortait des termes du traité que les Parties reconnaissaient que l'ensemble des frontières entre leurs territoires respectifs résultait de l'effet conjugué de tous les actes définis à l'annexe I. En concluant le traité, les parties ont reconnu les frontières auxquelles le texte de ce

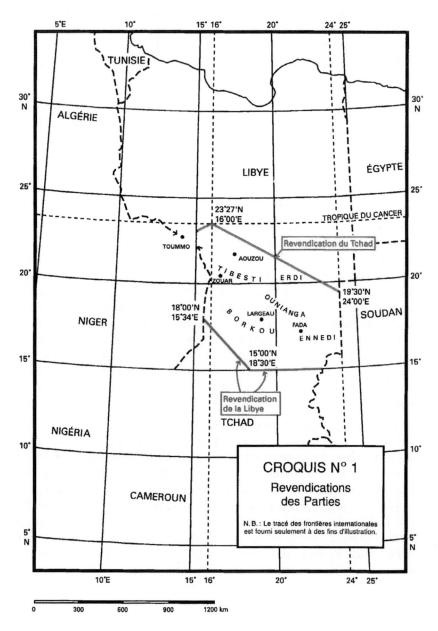

Différend territorial (Jamahiriya arabe libyenne/Tchad)

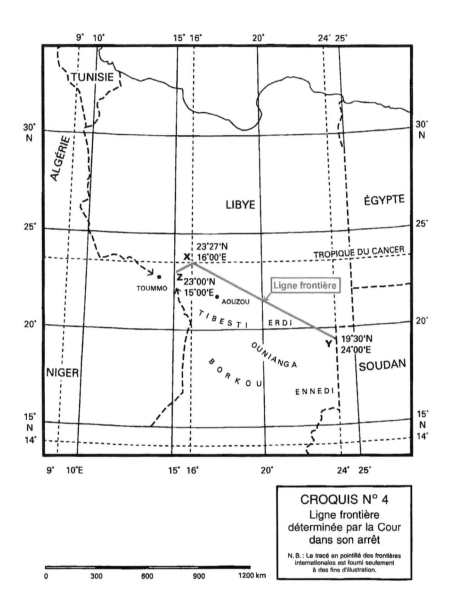

CROQUIS N° 4
Ligne frontière
déterminée par la Cour
dans son arrêt

N. B. : Le tracé en pointillé des frontières
internationales est fourni seulement
à des fins d'illustration.

Différend territorial (Jamahiriya arabe libyenne/Tchad)

traité se référait; la tâche de la Cour était donc de déterminer le contenu exact de l'engagement ainsi pris. La Cour a précisé à cet égard que rien n'empêchait les parties au traité de décider d'un commun accord de considérer une certaine ligne comme une frontière, quel qu'ait été son statut antérieur. S'il s'agissait déjà d'une frontière, celle-ci était purement et simplement confirmée

Pour la Cour, et contrairement à ce qu'alléguait la Jamahiriya arabe libyenne, il était clair que les parties étaient d'accord pour considérer ces actes comme étant en vigueur aux fins de l'article 3 car, dans le cas contraire, elles ne les auraient pas fait figurer à l'annexe. Etant parvenue à la conclusion que les parties contractantes avaient entendu, par le traité de 1955, définir leur frontière commune, la Cour a examiné quelle était cette frontière. Elle a donc procédé à l'étude minutieuse des instruments pertinents en l'espèce, à savoir: *a)* à l'est de la ligne du 16e degré de longitude, la déclaration franco-britannique de 1899 — qui définit une ligne limitant la zone (ou sphère d'influence) française au nord-est vers l'Egypte et la vallée du Nil, déjà sous contrôle britannique — et la convention entre la France et la Grande-Bretagne, signée à Paris le 8 septembre 1919 — qui résout la question de l'emplacement de la limite de la zone française au titre de la déclaration de 1899; *b)* à l'ouest de la ligne du 16e méridien, l'accord franco-italien (échange de lettres) du 1er novembre 1902 — qui renvoie à la carte annexée à la déclaration du 21 mars 1899. La Cour a précisé que ladite carte ne pouvait être que celle du Livre jaune publié par les autorités françaises en 1899 et sur laquelle figurait une ligne en pointillé indiquant la frontière de la Tripolitaine.

La Cour a ensuite décrit la ligne qui résulte de ces actes internationaux pertinents (voir p. 147). Examinant les attitudes adoptées ultérieurement, à l'égard de la question des frontières, par les Parties, elle est arrivée à la conclusion que celles-ci avaient reconnu l'existence d'une frontière déterminée et avaient agi en conséquence. Se référant enfin à la disposition du traité de 1955 selon laquelle celui-ci avait été conclu pour une durée de vingt années, et qu'il pouvait y être mis fin unilatéralement, la Cour a indiqué que ledit traité devait être considéré comme ayant établi une frontière permanente, et observé que lorsqu'une frontière a fait l'objet d'un accord sa persistance ne dépend pas de la survie du traité par lequel ladite frontière a été convenue.

1.63. Timor oriental (Portugal c. Australie)

Le 22 février 1991, le Portugal a déposé une requête introductive d'instance contre l'Australie au sujet de «certains agissements de l'Australie se rapportant au Timor oriental», en rapport avec la conclusion entre l'Australie et l'Indonésie, le 11 décembre 1989, d'un traité créant une zone de coopération dans un secteur maritime situé entre «la province indonésienne du Timor oriental et l'Australie septentrionale». Selon la requête, l'Australie aurait, par son comportement, méconnu l'obligation de respecter les devoirs et les compétences du Portugal en tant que puissance administrante du Timor oriental et le droit du peuple du Timor oriental à disposer de lui-même. En conséquence, d'après la requête, l'Australie aurait engagé sa responsabilité internationale, tant à l'égard du peuple du Timor oriental que du Portugal. Pour fonder la compétence de la Cour, la requête fait référence aux déclarations par lesquelles les deux Etats ont accepté la juridiction obligatoire de la Cour ainsi qu'il est prévu au paragraphe 2 de l'article 36 de son Statut. Dans son contre-mémoire, l'Australie a soulevé des questions relatives à la compétence de la Cour et à la recevabilité de la requête.

La Cour a rendu son arrêt le 30 juin 1995. Elle a tout d'abord examiné l'exception de l'Australie selon laquelle il n'existerait pas véritablement de différend entre l'Australie et le Portugal. L'Australie soutenait en effet que l'affaire, telle que présentée par le Portugal, était artificiellement limitée à la question de la licéité du comportement de l'Australie et que le véritable défendeur était l'Indonésie, et non l'Australie. Elle faisait observer que le Portugal et elle-même avaient accepté la juridiction obligatoire de la Cour conformément au paragraphe 2 de l'article 36 de son Statut, mais que tel n'était pas le cas de l'Indonésie. La Cour a constaté à ce sujet qu'il existait un différend d'ordre juridique entre les deux Etats. La Cour a ensuite fait porter son examen sur l'exception principale de l'Australie, selon laquelle la requête du Portugal obligerait la Cour à se prononcer sur les droits et obligations de l'Indonésie. L'Australie soutenait que la Cour ne pourrait statuer si, pour ce faire, elle était dans l'obligation de se prononcer sur la licéité de l'entrée et du maintien de l'Indonésie au Timor oriental, sur la validité du traité de 1989 entre l'Australie et l'Indonésie, ou sur les droits et obligations de l'Indonésie aux termes dudit traité, même si la Cour n'avait pas à décider de la validité de celui-ci. A l'appui de sa thèse, l'Australie invoquait l'arrêt de la Cour dans l'affaire de l'*Or monétaire pris à Rome en 1943* (voir ci-dessus n° 1.12).

Après avoir examiné attentivement l'argumentation du Portugal tendant à dissocier le comportement de l'Australie de celui de l'Indonésie, la Cour est parvenue à la conclusion qu'il ne lui serait pas possible de porter un jugement sur le comportement de l'Australie sans examiner d'abord les raisons pour lesquelles l'Indonésie n'aurait pas pu licitement conclure le traité de 1989 alors que le Portugal aurait pu le faire ; l'objet même de la décision de la Cour serait nécessairement de déterminer si, compte tenu des circonstances dans lesquelles l'Indonésie est entrée et s'est maintenue au Timor oriental, elle pouvait ou non acquérir le pouvoir de conclure au nom de celui-ci des traités portant sur les ressources de son plateau continental. La Cour a donc considéré qu'elle ne pouvait rendre une telle décision en l'absence du consentement de l'Indonésie.

La Cour a ensuite rejeté l'argument additionnel avancé par le Portugal selon lequel, les droits que l'Australie aurait violés étant opposables *erga omnes*, le Portugal pouvait exiger de l'Australie, prise individuellement, le respect de ces droits. A cet égard, la Cour a considéré qu'il n'y avait rien à redire à l'affirmation du Portugal selon laquelle le droit des peuples à disposer d'eux-mêmes est un droit opposable *erga omnes*. Elle a ajouté que le principe du droit des peuples à disposer d'eux-mêmes avait été reconnu par la Charte des Nations Unies et dans la jurisprudence de la Cour, et qu'il s'agissait là de l'un des principes essentiels du droit international contemporain. Toutefois, la Cour a estimé que l'opposabilité *erga omnes* d'une norme et la règle du consentement à la juridiction sont deux choses différentes, et qu'elle ne pouvait en tout état de cause statuer sur la licéité du comportement d'un Etat lorsque la décision à prendre implique une appréciation de la licéité du comportement d'un autre Etat qui n'est pas partie à l'instance.

La Cour a alors examiné un autre argument du Portugal qui reposait sur le postulat que les résolutions de l'Organisation des Nations Unies, et en particulier celles du Conseil de sécurité, pouvaient être lues comme imposant aux Etats l'obligation de ne reconnaître à l'Indonésie aucune autorité à l'égard du Timor oriental et de ne traiter, en ce qui concerne ce dernier, qu'avec le Portugal. Le Portugal prétendait que ces résolutions constitueraient des «données» sur le contenu desquelles la Cour n'aurait à statuer *de novo*. La Cour a pris note notamment du fait que pour les deux Parties le Territoire du Timor oriental demeurait un territoire non autonome et son peuple avait le droit à disposer de lui-même, mais a estimé que lesdites résolutions ne sauraient cependant être considérées comme des «données» constituant une base suffisante pour trancher le différend qui opposait les Parties. Il découle de l'ensemble de ce qui précède que la Cour aurait nécessairement dû statuer, à titre préalable, sur la licéité du comportement de l'Indonésie. Or, les droits et obligations de l'Indonésie auraient dès lors constitué l'objet même de l'arrêt, rendu en l'absence du consentement de cet Etat, ce qui serait allé directement à l'encontre du principe selon lequel «la Cour ne peut exercer sa juridiction à l'égard d'un Etat si ce n'est avec le consentement de ce dernier». La Cour a en conséquence constaté qu'elle n'avait pas à se pencher sur les autres exceptions de l'Australie et qu'elle ne pouvait se prononcer sur les demandes du Portugal au fond.

1.64. Délimitation maritime entre la Guinée-Bissau et le Sénégal (Guinée-Bissau c. Sénégal)

Le 12 mars 1991, alors qu'était encore en cours l'instance introduite par la Guinée-Bissau contre le Sénégal en l'affaire relative à la *Sentence arbitrale du 31 juillet 1989* (voir ci-dessus n° 1.61), la Guinée-Bissau a déposé une nouvelle requête contre le Sénégal, priant la Cour de dire et juger :

> «Quel doit être, sur la base du droit international de la mer et de tous les éléments pertinents de l'affaire, y compris la future décision de la Cour dans l'affaire relative à la «sentence» arbitrale du 31 juillet 1989, le tracé (figuré sur une carte) délimitant l'ensemble des territoires maritimes relevant respectivement de la Guinée-Bissau et du Sénégal.»

Pour sa part, le Sénégal a indiqué qu'il faisait toute réserve sur la recevabilité de cette nouvelle demande et, éventuellement, sur la compétence de la Cour. Lors d'une réunion tenue le 5 avril 1991 par le président de la Cour avec les représentants des Parties, ces derniers sont convenus qu'aucune mesure ne devait être prise en l'espèce tant que la Cour n'aurait pas rendu sa décision dans l'autre affaire pendante entre les deux Etats. La Cour a rendu son arrêt dans cette affaire le 12 novembre 1991 en indiquant notamment qu'elle estimait

> «éminemment souhaitable que les éléments du différend non réglés par la sentence arbitrale du 31 juillet 1989 puissent l'être dans les meilleurs délais, ainsi que les deux Parties en ont exprimé le désir».

Les Parties ont alors engagé des négociations. Les Parties étant parvenues à la conclusion d'un «accord de gestion et de coopération», elles ont, lors d'une réunion tenue le 1er novembre 1995 avec le président de la Cour, communiqué leur décision de se désister de l'instance. Par une lettre du 2 novembre 1995, l'agent de la Guinée-Bissau a confirmé que son gouvernement, en raison de l'accord auquel les deux Parties étaient parvenues sur la zone en litige, renonçait à poursuivre la procédure. Par une lettre datée du 6 novembre 1995, l'agent du Sénégal a confirmé que son gouvernement acquiesçait à ce désistement. Le 8 novembre 1995, la Cour a rendu une ordonnance prenant acte du désistement de l'instance et prescrivant la radiation de l'affaire du rôle.

1.65. Passage par le Grand-Belt (Finlande c. Danemark)

Le 17 mai 1991, la Finlande a introduit une instance contre le Danemark au sujet d'un différend concernant le passage par le Grand-Belt (Storebælt) et le projet du Gouvernement du Danemark de construction d'une voie de communication fixe tant pour la circulation routière que pour le trafic ferroviaire au-dessus du chenal Ouest et du chenal Est du Grand-Belt. La réalisation de ce projet, en particulier du haut pont suspendu sur le chenal Est tel qu'il était prévu, aurait fermé en permanence la Baltique aux navires à fort tirant d'eau, hauts de plus de 65 mètres, empêchant ainsi le franchissement des navires de forage et plates-formes pétrolières construits en Finlande, dont le passage aurait exigé une hauteur supérieure. Dans sa requête, la Finlande priait la Cour de dire et juger: *a)* qu'il existe un droit de libre passage par le Grand-Belt, qui s'applique à tous les navires gagnant ou quittant les ports et chantiers navals finlandais; *b)* que ce droit s'étend aux navires de forage, aux plates-formes pétrolières et aux navires dont on peut raisonnablement prévoir qu'ils existeront; *c)* que la construction par le Danemark d'un pont fixe au-dessus du Grand-Belt, telle que projetée actuellement, serait incompatible avec le droit de passage mentionné aux alinéas *a)* et *b)*; et *d)* que le Danemark et la Finlande devraient engager des négociations, de bonne foi, sur la manière de garantir le droit de libre passage exposé aux alinéas *a)* à *c)*. Le 23 mai 1991, la Finlande a prié la Cour d'indiquer certaines mesures conservatoires visant principalement à l'arrêt des travaux de construction au titre du projet de pont au-dessus du chenal Est du Grand-Belt dont il était allégué qu'ils empêcheraient le passage des navires, notamment des navires de forage et des plates-formes pétrolières, à destination et en provenance des ports et chantiers navals finlandais.

Par une ordonnance du 29 juillet 1991, la Cour a rejeté ladite demande en indication de mesures conservatoires de la Finlande, tout en indiquant que, en attendant qu'elle rende une décision sur le fond, toute négociation entre les Parties en vue de parvenir à un règlement direct et amiable serait la bienvenue; et en ajoutant qu'il convenait pour elle, avec la collaboration des Parties, de veiller à parvenir à une décision sur le fond dans les meilleurs délais. Par lettre du 3 septembre 1992, l'agent de la Finlande, se référant au passage pertinent de l'ordonnance, a exposé que les Parties étaient parvenues à un règlement du différend et a en conséquence fait connaître à la Cour que la Finlande se désistait de l'instance. Le Danemark a fait savoir qu'il n'avait pas d'objection au désistement. En conséquence, le président de la Cour a, le 10 septembre 1992, pris une ordonnance prenant acte du désistement de l'instance et prescrivant que l'affaire soit rayée du rôle de la Cour.

1.66. Délimitation maritime et questions territoriales entre Qatar et Bahreïn (Qatar c. Bahreïn)

Le 8 juillet 1991, Qatar a déposé au Greffe de la Cour une requête introductive d'instance contre Bahreïn au sujet de certains différends existant entre les deux Etats relativement à la souveraineté sur les îles Hawar, aux droits souverains sur les hauts-fonds de Dibal et de Qit'at Jaradah et à la délimitation de leurs zones maritimes. Qatar fondait la compétence de la Cour sur certains accords que les Parties auraient conclus en décembre 1987 et décembre 1990, l'objet et la portée de l'engagement à accepter cette compétence étant déterminés par une formule proposée par Bahreïn à Qatar en octobre 1988 et acceptée par ce dernier Etat en décembre 1990 (la «formule bahreïnite»). Bahreïn ayant contesté le fondement de la compétence invoquée par Qatar, les Parties sont convenues que les pièces de la procédure écrite porteraient d'abord sur les questions de compétence et de recevabilité.

La Cour a rendu, le 1er juillet 1994, un premier arrêt sur les questions susmentionnées. Elle a considéré que tant les échanges de lettres intervenus en décembre 1987 entre le roi d'Arabie saoudite et l'émir de Qatar, et entre le roi d'Arabie saoudite et l'émir de Bahreïn, que le document intitulé «procès-verbal» et signé à Doha en décembre 1990 constituaient des accords internationaux créant des droits et des obligations pour les Parties; et que, aux termes de ces accords, celles-ci avaient pris l'engagement de soumettre à la Cour l'ensemble du différend qui les opposait. A ce dernier égard, la Cour a relevé que la requête de Qatar ne comprenait pas certains des éléments constitutifs que la formule bahreïnite était censée couvrir. Elle a décidé en conséquence de donner aux Parties l'occasion de lui soumettre l'«ensemble du différend» tel qu'il est circonscrit par le procès-verbal de 1990 et ladite formule, tout en fixant au 30 novembre 1994 la date d'expiration du délai dans lequel les Parties devaient agir conjointement ou individuellement à cette fin. A la date prescrite, Qatar a déposé un document qualifié de «démarche», dans lequel il faisait état de l'absence d'accord des Parties pour agir conjointement et déclarait soumettre à la Cour l'«ensemble du différend». Le même jour, Bahreïn déposait un document qualifié de «rapport», dans lequel il indiquait, notamment, que la soumission de l'«ensemble du différend» devait avoir «un caractère consensuel, c'est-à-dire faire l'objet d'un accord entre les Parties». Par des observations soumises à la Cour ultérieurement, Bahreïn indiqua que la démarche individuelle de Qatar «ne saurait établir [la compétence de la Cour] ni saisir valablement la Cour en l'absence du consentement de Bahreïn». Par un second arrêt sur les questions de compétence et de recevabilité, rendu le 15 février 1995, la Cour a décidé qu'elle avait compétence pour statuer sur le différend entre Qatar et Bahreïn, qui lui était soumis, et que la requête de Qatar, telle que formulée le 30 novembre 1994, était recevable. La Cour, après avoir procédé à un examen des deux paragraphes constituant l'accord de Doha, a constaté que, dans ledit accord, les Parties avaient réaffirmé leur consentement à sa compétence et fixé l'objet du différend conformément à la formule bahreïnite ; elle a en outre constaté que l'accord de Doha permettait la saisine unilatérale et qu'elle était maintenant saisie de l'ensemble du différend.

Suite aux objections soulevées par Bahreïn au sujet de l'authenticité de certains documents annexés au mémoire ainsi qu'au contre-mémoire de Qatar, la Cour, par ordonnance du 30 mars 1998, a fixé un délai pour la présentation par ce dernier d'un rapport contenant l'authenticité de chacun des documents contestés. Qatar ayant renoncé à tenir compte, aux fins de l'affaire, des documents contestés, la Cour, par ordonnance du 17 février 1999, a décidé que les répliques des deux Etats ne s'appuieraient pas sur ces pièces.

Dans son arrêt du 16 mars 2001, la Cour, après avoir exposé la procédure en l'espèce, a retracé l'histoire complexe du différend. Elle a noté que Bahreïn et Qatar avaient conclu des accords exclusifs de protection avec la Grande-Bretagne, respectivement en 1892 et 1916, et qu'il avait été mis fin à ce statut d'Etat protégé en 1971. La Cour a par ailleurs fait état des différends survenus entre Bahreïn et Qatar à l'occasion, notamment, de l'octroi de concessions à des sociétés pétrolières, ainsi que des efforts poursuivis en vue de régler ces différends.

La Cour a examiné en premier lieu les revendications des Parties sur Zubarah. Elle a indiqué que, dans la période ayant suivi 1868, l'autorité du cheikh de Qatar sur Zubarah s'était consolidée graduellement, qu'elle avait été constatée dans la convention anglo-ottomane du 29 juillet 1913 et qu'elle était définitivement établie en 1937. Elle a également indiqué qu'il n'était pas prouvé que des membres de la tribu des Naïm aient exercé une autorité souveraine au nom du cheikh de Bahreïn à Zubarah. Elle en a conclu que Qatar a souveraineté sur Zubarah.

S'agissant des îles Hawar, la Cour a indiqué que la décision par laquelle le Gouvernement britannique avait estimé en 1939 que ces îles appartenaient à Bahreïn ne constituait pas une sentence arbitrale, mais que ceci ne signifiait pas qu'elle soit dépourvue d'effet juridique. Elle a constaté que Bahreïn et Qatar avaient accepté à l'époque que la Grande-Bretagne règle leur différend et dit que la décision de 1939 devait être regardée comme une décision qui était dès l'origine obligatoire pour les deux Etats, et qui avait continué de l'être après 1971. Rejetant les arguments de Qatar selon lesquels cette décision ne serait pas valide, la Cour a conclu que Bahreïn avait souveraineté sur les îles Hawar.

La Cour a relevé que la décision britannique de 1939 ne faisait aucune mention de l'île de Janan qui, a-t-elle estimé, forme une seule île avec Hadd Janan. Elle a néanmoins souligné que, dans des lettres adressées en 1947 aux souverains de Qatar et de Bahreïn, le Gouvernement britannique avait précisé que «l'île de Janan n'[était] pas considérée comme faisant partie du groupe des Hawar». La Cour a été d'avis qu'en procédant de la sorte le Gouvernement britannique avait fourni une interprétation faisant foi de sa décision de 1939, interprétation dont il ressortait qu'il regardait Janan comme appartenant à Qatar. Par conséquent, Qatar a souveraineté sur l'île de Janan, y inclus Hadd Janan.

La Cour en est ensuite venue à la question de la délimitation maritime. Elle a rappelé que le droit international coutumier était le droit applicable en l'espèce et que les Parties avaient demandé de tracer une limite maritime unique. Au sud, la Cour était amenée à tracer une ligne délimitant les mers territoriales des Parties, espaces sur lesquels elles exerçaient une souveraineté territoriale (souveraineté sur le fond de la mer, les eaux surjacentes et l'espace aérien surjacent). Au nord, la Cour devait opérer une délimitation entre des espaces dans lesquels les Parties exerçaient seulement des droits souverains et des compétences fonctionnelles (plateau continental, zone économique exclusive).

S'agissant des mers territoriales, la Cour a estimé qu'il convenait de tracer, à titre provisoire, une ligne d'équidistance (ligne dont chaque point est équidistant des points les plus proches des lignes de base à partir desquels la largeur de la mer de chacun des deux Etats est mesurée) et d'examiner ensuite si cette ligne devait être ajustée pour tenir compte de l'existence de circonstances spéciales. Les Parties n'ayant pas précisé quelles lignes de base devaient être utilisées, la Cour a rappelé que, selon les règles de droit applicables, la ligne de base normale à partir de laquelle est mesurée la largeur de la mer territoriale est la laisse de basse mer le long de la côte. Elle a constaté que Bahreïn n'avait pas fait de sa revendication du statut d'Etat archipel l'une de ses conclusions formelles et que, partant, elle n'était pas priée de prendre position sur cette question. Afin de déterminer quelles étaient les côtes pertinentes des deux Etats, la Cour devait d'abord établir quelles îles relevaient de leur souveraineté. Bahreïn revendiquait les îles de Jazirat Mashtan et d'Umm Jalid, et cette revendication n'était pas contestée par Qatar. Quant à Qit'at Jaradah, dont la nature était mise en cause, la Cour a estimé qu'elle devait être considérée comme une île car elle reste découverte à marée haute ; la Cour a ajouté que les activités qui y avaient été exercées par Bahreïn étaient suffisantes pour étayer sa revendication de souveraineté sur cette île. En ce qui concerne les hauts-fonds découvrants, la Cour, après avoir constaté que le droit international coutumier était muet sur la question de savoir s'ils peuvent être regardés comme des «territoires», a décidé que les hauts-fonds découvrants situés dans la zone de chevauchement des mers territoriales des deux Etats ne pouvaient pas être pris en compte aux fins du tracé de la ligne d'équidistance. Tel était le cas de Fasht ad Dibal, que les deux Parties considéraient comme un haut-fond découvrant. La Cour a ensuite examiné s'il existait des circonstances spéciales qui exigeraient d'ajuster la ligne d'équidistance afin d'aboutir à un résultat équitable. Elle a jugé que de telles circonstances justifiaient le choix d'une ligne de délimitation passant d'une part entre Fasht al Azm et Qit'at ash Shajarah et d'autre part entre Qit'at Jaradah et Fasht ad Dibal.

Au nord, la Cour, se référant à sa jurisprudence, a procédé de façon similaire, traçant à titre provisoire une ligne d'équidistance et examinant s'il existait des circonstances devant conduire à l'ajustement de cette ligne. La Cour n'a pas retenu l'argument de Bahreïn selon lequel l'existence de certains bancs d'huîtres perlières situés au nord de Qatar et exploités dans le passé de façon prédominante par des pêcheurs bahreïnites constituerait une circonstance justifiant un déplacement de la ligne, ni l'argument de Qatar selon lequel il y aurait une différence sensible entre les longueurs des côtes des Parties justifiant une correction appropriée. Elle a en outre indiqué que des considérations d'équité exigeaient de ne pas donner d'effet à la formation maritime de Fasht al Jarim aux fins de la détermination de la ligne de délimitation.

1.67-1.68. Questions d'interprétation et d'application
de la convention de Montréal de 1971
résultant de l'incident aérien de Lockerbie
(Jamahiriya arabe libyenne c. Royaume-Uni)
(Jamahiriya arabe libyenne c. Etats-Unis d'Amérique)

Le 3 mars 1992, la Jamahiriya arabe libyenne a déposé au Greffe de la Cour deux requêtes distinctes introduisant deux instances, contre le Gouvernement des Etats-Unis d'Amérique et contre le Gouvernement du Royaume-Uni, au sujet d'un différend concernant l'interprétation et l'application de la convention pour la répression d'actes illicites dirigés contre la sécurité de l'aviation civile signée à Montréal le 23 septembre 1971, différend qui trouvait son origine dans des actes ayant abouti à l'incident aérien survenu au-dessus de Lockerbie, en Ecosse, le 21 décembre 1988. Dans ses requêtes, la Libye se référait aux accusations contre deux ressortissants libyens, portées respectivement par un *Grand Jury* des Etats-Unis d'Amérique et par le *Lord Advocate* d'Ecosse, d'avoir fait placer une bombe à bord du vol 103 de la Pan Am. L'explosion de cette bombe avait provoqué la destruction de l'appareil et la mort de tous ceux qui se trouvaient à bord. La Libye faisait remarquer que les actes allégués constituaient une infraction pénale aux fins de l'article premier de la convention de Montréal, qui, faisait-elle valoir, était la seule convention pertinente en vigueur entre les Parties ; elle soutenait qu'elle avait satisfait pleinement à toutes ses obligations au regard de cet instrument, dont l'article 5 prescrit à l'Etat de prendre les mesures nécessaires pour établir sa compétence à l'égard des auteurs présumés d'infractions se trouvant sur son territoire, dans le cas où ils ne sont pas extradés; qu'il n'existait aucun traité d'extradition en vigueur entre la Libye et les autres Parties; et que la Libye était tenue, conformément à l'article 7 de la convention, de soumettre l'affaire à ses autorités compétentes pour l'exercice de l'action pénale. La Libye soutenait que les Etats-Unis d'Amérique et le Royaume-Uni violaient la convention de Montréal en rejetant les efforts déployés par la Libye pour régler la question dans le cadre du droit international, y compris la convention de Montréal, en faisant pression sur la Libye pour qu'elle remette les deux ressortissants libyens aux fins de jugement.

Le 3 mars 1992, la Libye a présenté deux demandes distinctes à la Cour, la priant d'indiquer immédiatement certaines mesures conservatoires, à savoir: *a)* enjoindre aux Etats-Unis et au Royaume-Uni de ne pas prendre contre la Libye de mesures calculées pour exercer sur elle une coercition ou la forcer à livrer les individus accusés à quelque juridiction que ce soit hors de la Libye; et *b)* faire en sorte qu'aucune mesure ne soit prise qui puisse porter préjudice de quelque manière aux droits de la Libye en ce qui concerne les instances introduites par les requêtes de la Libye.

Le 14 avril 1992, la Cour a donné lecture de deux ordonnances sur les demandes en indication de mesures conservatoires présentées par la Libye, dans lesquelles elle a dit que les circonstances de l'espèce n'étaient pas de nature à exiger l'exercice de son pouvoir d'indiquer de telles mesures. Chacun des Etats défendeurs a ensuite soulevé des exceptions préliminaires.

Le 27 février 1998, la Cour a rendu deux arrêts sur les exceptions préliminaires soulevées par le Royaume-Uni et les Etats-Unis d'Amérique. La Cour a tout d'abord rejeté l'exception d'incompétence tirée respectivement par le Royaume-Uni et les Etats-Unis d'Amérique de l'absence alléguée de différend entre les Parties concernant l'interprétation ou l'application de la convention de Montréal. Elle a déclaré qu'elle avait compétence, sur la base du paragraphe 1 de l'article 14 de ladite convention, pour connaître des différends qui opposaient la Libye aux Etats défendeurs en ce qui concerne l'interprétation ou l'application des dispositions de cette convention. La Cour a ensuite rejeté l'exception d'irrecevabilité tirée des résolutions 748 (1992) et 883 (1993) du Conseil de sécurité. Enfin, elle a considéré que l'exception soulevée par chacun des Etats défendeurs au motif que lesdites résolutions auraient privé les demandes de la Libye de tout objet n'avait pas, dans les circonstances de l'espèce, un caractère exclusivement préliminaire.

Par deux lettres datées du 9 septembre 2003, les Gouvernements de la Libye et du Royaume-Uni, d'une part, et de la Libye et des Etats-Unis d'Amérique, d'autre part, ont conjointement notifié à la Cour qu'ils étaient «convenus de se désister [des] instance[s] ... et de renoncer à toute action» dans les affaires. Comme suite à ces notifications, le président de la Cour a pris, le 10 septembre 2003, une ordonnance dans chacune des affaires prenant acte du désistement, par accord des Parties, de l'instance, ainsi que de toute action en l'affaire, et prescrivant que l'affaire soit rayée du rôle de la Cour.

1.69. Plates-formes pétrolières
(République islamique d'Iran c. Etats-Unis d'Amérique)

Le 2 novembre 1992, la République islamique d'Iran a déposé au Greffe de la Cour une requête introduisant une instance contre les Etats-Unis d'Amérique au sujet de la destruction de plates-formes pétrolières iraniennes. La République islamique fondait la compétence de la Cour sur une disposition du traité d'amitié, de commerce et de droits consulaires entre l'Iran et les Etats-Unis, signé à Téhéran le 15 août 1955. Dans sa requête, l'Iran affirmait que la destruction par plusieurs navires de guerre de la marine des Etats-Unis, en octobre 1987 et en avril 1988, de trois installations de production pétrolière offshore possédées et exploitées à des fins commerciales par la société nationale iranienne des pétroles constituait une violation fondamentale de diverses dispositions tant du traité d'amitié que du droit international.

Le 16 décembre 1993, les Etats-Unis ont déposé une exception préliminaire à la compétence de la Cour.

Dans son arrêt du 12 décembre 1996, la Cour a rejeté l'exception préliminaire soulevée par les Etats-Unis d'Amérique et s'est déclarée compétente, sur la base du paragraphe 2 de l'article XXI du traité de 1955, pour connaître des demandes formulées par l'Iran au titre du paragraphe 1 de l'article X dudit traité, lequel protège la liberté de commerce et de navigation entre les territoires des Parties.

A l'occasion du dépôt de leur contre-mémoire, les Etats-Unis d'Amérique ont présenté une demande reconventionnelle priant la Cour de dire et juger que, au travers de ses actions dans le golfe Persique en 1987 et 1988, l'Iran avait aussi enfreint ses obligations au titre de l'article X du traité de 1955. L'Iran ayant contesté la recevabilité de ladite demande reconventionnelle au regard du paragraphe 1 de l'article 80 du Règlement, la Cour s'est prononcée sur cette question dans une ordonnance du 10 mars 1998. Elle a estimé que la demande reconventionnelle était recevable comme telle et faisait partie de l'instance en cours.

Des audiences publiques sur la demande de l'Iran et la demande reconventionnelle des Etats-Unis d'Amérique se sont tenues du 17 février au 7 mars 2003.

La Cour a rendu son arrêt le 6 novembre 2003. L'Iran alléguait que les Etats-Unis avaient violé la liberté de commerce entre les territoires des Parties, telle que garantie par le traité d'amitié, de commerce et de droits consulaires de 1955 entre les Etats-Unis et l'Iran, en attaquant en deux occasions et en détruisant trois installations de production pétrolière offshore appartenant à la compagnie nationale iranienne des pétroles et exploitées par elle à des fins commerciales. Il demandait réparation du préjudice ainsi causé. Les Etats-Unis affirmaient, dans une demande reconventionnelle, que c'était l'Iran qui avait violé le traité de 1955 en attaquant des navires dans le Golfe et en menant d'autres actions militaires dangereuses et nuisibles pour le commerce et la navigation entre les Etats-Unis et l'Iran. Ils demandaient également réparation.

La Cour a tout d'abord examiné si les actions menées par les forces navales américaines contre les installations pétrolières iraniennes étaient justifiées, au regard du traité de 1955, en tant que mesures nécessaires à la protection des intérêts vitaux des Etats-Unis sur le plan de la sécurité (alinéa *d)* du paragraphe 1 de l'article XX du traité). Interprétant le traité à la lumière des règles pertinentes du droit international, elle a conclu que les Etats-Unis ne pouvaient recourir à l'emploi de la force au titre de ladite clause que dans l'exercice de leur droit de légitime défense. Les Etats-Unis ne pouvaient exercer ce droit que s'ils avaient été victimes d'une agression armée de l'Iran et leurs actions devaient être nécessaires et proportionnées à l'agression armée subie. Ayant procédé à un examen minutieux des éléments de preuve fournis par les Parties, la Cour a estimé que les Etats-Unis n'avaient pas réussi à démontrer que ces différentes conditions étaient satisfaites et a conclu qu'ils ne pouvaient dès lors pas se prévaloir des dispositions de l'alinéa *d)* du paragraphe 1 de l'article XX du traité de 1955.

La Cour s'est ensuite interrogée sur la question de savoir si les Etats-Unis, en détruisant les plates-formes, avaient entravé le fonctionnement normal de celles-ci, empêchant ainsi l'Iran de jouir de la liberté de commerce «entre les territoires des deux Hautes Parties contractantes» telle que garantie par le traité de 1955 (art. X, par. 1). Elle a conclu qu'en ce qui concerne la première attaque les plates-formes attaquées étaient en réparation et hors d'usage, et qu'il n'y avait donc à ce moment-là aucun commerce de pétrole brut issu de ces plates-formes entre l'Iran et les Etats-Unis. Par conséquent, l'attaque desdites plates-formes ne pouvait être considérée comme ayant porté atteinte à la liberté de commerce entre les territoires des deux Etats. La Cour est parvenue à la même conclusion s'agissant de l'attaque ultérieure contre les autres plates-formes, car tout commerce de pétrole brut entre l'Iran et les Etats-Unis était alors suspendu du fait d'un embargo imposé résultant d'un *Executive Order* adopté par les autorités américaines. La Cour a donc conclu que les Etats-Unis n'avaient pas violé les obligations qui étaient les leurs à l'égard de l'Iran au titre du paragraphe 1 de l'article X du traité de 1955 et a rejeté la demande en réparation de l'Iran.

Concernant la demande reconventionnelle des Etats-Unis, la Cour, après avoir rejeté les exceptions d'incompétence et d'irrecevabilité soulevées par l'Iran, a examiné si les incidents que les Etats-Unis attribuaient à l'Iran avaient porté atteinte à la liberté de commerce ou de navigation entre les territoires des Parties garantie par l'article X, paragraphe 1, du traité de 1955. Elle a dit qu'aucun des navires dont les Etats-Unis alléguaient qu'ils auraient été endommagés par des attaques iraniennes ne se livrait au commerce ou à la navigation entre les territoires des deux Etats. Elle n'a pas davantage retenu l'argument plus général des Etats-Unis selon lequel les actions de l'Iran auraient rendu le golfe Persique périlleux, estimant qu'il ressortait des éléments qui lui avaient été soumis qu'il n'y avait pas eu, à l'époque, une entrave effective au commerce et à la navigation entre les territoires de l'Iran et des Etats-Unis. La Cour a rejeté en conséquence la demande reconventionnelle en réparation des Etats-Unis.

1.70. Application de la convention pour la prévention et la répression du crime de génocide (Bosnie-Herzégovine c. Serbie-et-Monténégro)[29]

Le 20 mars 1993, la République de Bosnie-Herzégovine a déposé une requête introductive d'instance contre la République fédérative de Yougoslavie au sujet d'un différend concernant d'une part une série de violations alléguées de la convention pour la prévention et la répression du crime de génocide, adoptée par l'Assemblée générale des Nations Unies le 9 décembre 1948, et d'autre part diverses questions qui, selon la Bosnie-Herzégovine, seraient liées à ces violations. La requête invoque comme base de compétence l'article IX de la convention sur le génocide. Ultérieurement ont été également invoquées par la Bosnie-Herzégovine certaines bases supplémentaires de compétence.

Le 20 mars 1993, dès après le dépôt de sa requête, la Bosnie-Herzégovine a présenté une demande en indication de mesures conservatoires en vertu de l'article 41 du Statut et, le 1er avril 1993, la Yougoslavie a présenté des observations écrites sur la demande de mesures conservatoires de la Bosnie-Herzégovine, dans lesquelles elle a à son tour recommandé à la Cour d'indiquer à la Bosnie-Herzégovine des mesures conservatoires. Par une ordonnance du 8 avril 1993, la Cour, après avoir entendu les Parties, a indiqué certaines mesures à l'effet de protéger des droits conférés par la convention sur le génocide. Le 27 juillet 1993, la

---

[29] Le titre de l'affaire a été modifié à la suite de l'adoption et de la promulgation par l'Assemblée de la RFY, le 4 février 2003, de la charte constitutionnelle de la Serbie-et-Monténégro ; le nom de l'Etat de la « République fédérale de Yougoslavie » était désormais « Serbie-et-Monténégro ». Dans le résumé ci-après, le nom « Yougoslavie » est maintenu en ce qui concerne tous les actes de procédure antérieurs au 4 février 2003 et l'appellation « Serbie-et-Monténégro » est employée pour tous les événements postérieurs à cette date et antérieurs au 3 juin 2006. A cette dernière date, le président de la République de Serbie a informé le Secrétaire général de l'Organisation des Nations Unies que, à la suite de la déclaration d'indépendance adoptée par l'Assemblée nationale du Monténégro le 3 juin 2006, la République de Serbie « assure[rait] la continuité de la qualité de Membre de la communauté étatique de Serbie-et-Monténégro au sein de l'Organisation des Nations Unies, y compris au sein de tous les organes et organismes du système des Nations Unies, en vertu de l'article 60 de la charte constitutionnelle de la Serbie-et-Monténégro ». Il indiquait en outre que, « au sein de l'Organisation des Nations Unies, la dénomination « République de Serbie » d[evait] désormais être utilisée à la place de l'appellation « Serbie-et-Monténégro » », et ajoutait que la République de Serbie « conserv[ait] tous les droits et assum[ait] toutes les obligations de la communauté étatique de Serbie-et-Monténégro qui découlent de la Charte des Nations Unies ». Le nom « République de Serbie » ou « Serbie » est donc utilisé dans le résumé pour tous les événements survenus après le 3 juin 2006.

Bosnie-Herzégovine a présenté une nouvelle demande en indication de mesures conservatoires et, le 10 août 1993, la Yougoslavie a également présenté une demande en indication de mesures conservatoires. Par une ordonnance du 13 septembre 1993, la Cour, après avoir entendu les Parties, a réaffirmé les mesures indiquées dans son ordonnance du 8 avril 1993 et a déclaré que ces mesures devaient être immédiatement et effectivement mises en œuvre. Puis, dans le délai prorogé au 30 juin 1995 pour le dépôt de son contre-mémoire, la Yougoslavie, se référant au paragraphe 1 de l'article 79 du Règlement, a présenté des exceptions préliminaires portant et sur la recevabilité de la requête et sur la compétence de la Cour pour connaître de l'affaire.

Dans son arrêt du 11 juillet 1996, la Cour a rejeté les exceptions préliminaires soulevées par la Yougoslavie et a dit qu'elle avait compétence pour statuer sur le différend sur la base de l'article IX de la convention sur le génocide, écartant les bases complémentaires de compétence invoquées par la Bosnie-Herzégovine. Elle a notamment constaté que ladite convention liait les deux Parties et qu'il existait entre celles-ci un différend d'ordre juridique entrant dans les dispositions de l'article IX.

Par une ordonnance du 23 juillet 1996, le président de la Cour a fixé au 23 juillet 1997 la date limite pour le dépôt par la Yougoslavie de son contre-mémoire sur le fond. Ce dernier a été déposé dans le délai prescrit et contenait des demandes reconventionnelles par lesquelles la Yougoslavie priait notamment la Cour de dire et juger que la Bosnie-Herzégovine était responsable d'actes de génocide commis contre les Serbes en Bosnie-Herzégovine et d'autres violations établies par la convention sur le génocide. La Bosnie-Herzégovine ayant contesté la recevabilité desdites demandes reconventionnelles au regard du paragraphe 1 de l'article 80 du Règlement, la Cour s'est prononcée sur la question, déclarant, dans son ordonnance du 17 décembre 1997, que les demandes reconventionnelles étaient recevables comme telles et faisaient partie de l'instance en cours. Une réplique de la Bosnie-Herzégovine et une duplique de la Yougoslavie ont été par la suite déposées dans les délais impartis par la Cour et son président. Au cours des années 1999 et 2000, divers échanges de correspondance sont intervenus au sujet de nouvelles difficultés de procédure apparues dans l'instance. En avril 2001, la Yougoslavie a informé la Cour qu'elle entendait retirer ses demandes reconventionnelles. La Bosnie-Herzégovine n'ayant soulevé aucune objection à cet égard, le président de la Cour, par ordonnance du 10 septembre 2001, a pris acte du retrait par la Yougoslavie des demandes reconventionnelles qu'elle avait présentées dans son contre-mémoire. Le 4 mai 2001, la Yougoslavie a soumis à la Cour un document intitulé « Initiative présentée à la Cour aux fins d'un réexamen *ex officio* de sa compétence », dans lequel elle faisait valoir que la Cour n'était pas compétente *ratione personae* à l'égard de la Serbie-et-Monténégro et, en second lieu, priait respectueusement la Cour de « surseoir à statuer sur le fond tant qu'elle ne se ser[ait] pas prononcée sur la [présente] demande », autrement dit sur la question de compétence ainsi soulevée. Le 1er juillet 2001, elle a également déposé une demande en revision de l'arrêt du 11 juillet 1996 que la Cour a jugée irrecevable par arrêt du 3 février 2003 (voir ci-après n° 1.98). Dans une lettre datée du 12 juin 2003, le greffier a fait connaître aux Parties à l'affaire la décision de la Cour selon laquelle elle ne pouvait pas surseoir à statuer sur le fond ainsi que le défendeur l'en avait priée.

A la suite d'audiences publiques tenues entre le 27 février 2006 et le 9 mai 2006, la Cour a rendu son arrêt au fond le 26 février 2007. Elle a commencé par examiner les nouvelles questions relatives à la compétence soulevées par le défendeur et découlant de son admission en 2001 en qualité de nouveau membre de l'Organisation des Nations Unies. La Cour a affirmé qu'elle avait compétence sur la base de l'article IX de la convention sur le génocide, estimant, en particulier, que son arrêt de 1996 — dans lequel elle s'était déclarée compétente sur cette base — bénéficiait du principe «fondamental» de l'autorité de chose jugée qui garantit «la stabilité des relations juridiques» et qu'il était dans l'intérêt de chacune des parties «qu'une affaire qui a[vait] d'ores et déjà été tranchée en sa faveur ne soit pas rouverte». La Cour a ensuite procédé à des constatations de fait détaillées sur la matérialité des atrocités alléguées et, dans le cas où celles-ci seraient établies, si elles pouvaient être qualifiées de génocide. Après avoir déterminé que des meurtres de masse et d'autres atrocités avaient été perpétrés au cours du conflit dans l'ensemble du territoire de la Bosnie-Herzégovine, la Cour a conclu que ces actes n'étaient pas accompagnés de l'intention spécifique qui caractérise le crime de génocide, à savoir l'intention de détruire le groupe protégé, en tout ou en partie. La Cour a néanmoins jugé que les meurtres commis à Srebrenica en juillet 1995 l'avaient été avec l'intention spécifique de détruire en partie le groupe des Musulmans de Bosnie-Herzégovine présents dans ce secteur et que les événements intervenus à cet endroit constituaient effectivement un génocide. La Cour a conclu à l'existence de preuves corroborées indiquant que la décision de tuer la population masculine adulte de la communauté musulmane de Srebrenica avait été prise par des membres de l'état-major de la VRS (l'armée de la Republika Srpska). Cependant, les éléments de preuve soumis à la Cour ne démontraient pas que les actes de la VRS pouvaient être attribués au défendeur selon les règles du droit international de la responsabilité des Etats. Néanmoins, la Cour a conclu que la République de Serbie avait violé l'obligation de prévenir le génocide de Srebrenica que lui imposait l'article premier de la convention sur le génocide. Elle a fait observer que cette obligation requiert des Etats ayant connaissance, ou devant normalement avoir connaissance, de l'existence d'un risque sérieux de commission d'actes de génocide de mettre en œuvre tous les moyens qui sont raisonnablement à leur disposition en vue d'empêcher le génocide, dans les limites de ce que leur permet la légalité internationale.

La Cour a ajouté que le défendeur avait violé son obligation de punir les auteurs du génocide, notamment en manquant de coopérer pleinement avec le Tribunal pénal international pour l'ex-Yougoslavie (TPIY) au sujet du transfert du général Ratko Mladić pour y être jugé. Ce manquement constituait une violation des obligations incombant au défendeur en vertu de l'article VI de la convention sur le génocide.

S'agissant de la demande de réparation formée par la Bosnie-Herzégovine, la Cour a conclu que, dès lors qu'il n'avait pas été prouvé que le génocide de Srebrenica aurait été effectivement empêché si la Serbie avait tenté de le prévenir, l'indemnisation n'apparaissait pas comme le moyen approprié de réparer le manquement à l'obligation de prévenir le génocide à Srebrenica. Elle a considéré que la forme de réparation la plus appropriée consistait à faire figurer dans le dispositif de l'arrêt une déclaration indiquant que la Serbie avait manqué de se conformer à l'obligation de prévenir le crime de génocide. En ce qui concerne l'obligation de punir les actes de génocide, la Cour a dit qu'inclure dans le dispositif une déclaration indiquant que la Serbie avait violé les obligations lui incombant en vertu de la convention, et qu'elle devait encore transférer au TPIY les personnes accusées de génocide et coopérer pleinement avec ledit Tribunal, constituait une satisfaction appropriée.

1.71. Projet Gabčíkovo-Nagymaros (Hongrie/Slovaquie)

Le 2 juillet 1993, les Gouvernements de la République de Hongrie et de la République slovaque ont notifié conjointement au Greffe de la Cour un compromis, signé à Bruxelles le 7 avril 1993, visant à soumettre à la Cour certains points litigieux résultant des différends qui avaient existé entre la République de Hongrie et la République fédérative tchèque et slovaque concernant l'application et la dénonciation du traité de Budapest du 16 septembre 1977 relatif à la construction et à l'exploitation du système de barrage de Gabčíkovo-Nagymaros, ainsi que la réalisation et la mise en œuvre de la «solution provisoire». Le compromis mentionne le fait que la République slovaque est à cet égard l'unique Etat successeur de la République fédérale tchèque et slovaque. Aux termes de l'article 2 du compromis, la Cour était priée de dire : a) si la Hongrie était en droit de suspendre puis d'abandonner, en 1989, les travaux relatifs au projet de Nagymaros ainsi qu'à la partie du projet de Gabčíkovo dont la République de Hongrie était responsable aux termes du traité ; b) si la République fédérale tchèque et slovaque était en droit de recourir, en novembre 1991, à la «solution provisoire» et de mettre en service, à partir d'octobre 1992, ce système (construction d'un barrage sur le Danube au kilomètre 1851,7 du fleuve, en territoire tchécoslovaque, et conséquences en résultant pour l'écoulement des eaux et la navigation) ; c) quels étaient les effets juridiques de la notification du 19 mai 1992 par laquelle la République de Hongrie avait mis fin au traité. La Cour était également priée de déterminer quelles étaient les conséquences juridiques, y compris les droits et obligations pour les Parties, de l'arrêt qu'elle rendrait sur les questions susmentionnées. Chacune des Parties a déposé un mémoire, un contre-mémoire et une réplique accompagnés de nombreuses annexes.

En juin 1995, l'agent de la Slovaquie a demandé à la Cour de se rendre sur les lieux du projet de barrage hydroélectrique de Gabčíkovo-Nagymaros sur le Danube, aux fins de l'établissement de preuves. Un «protocole d'accord» a ainsi été signé en novembre 1995 entre les deux Parties. La descente sur les lieux, la première que la Cour a effectuée en cinquante ans d'histoire, a eu lieu du 1er au 4 avril 1997, entre le premier et le second tour de plaidoiries.

Dans son arrêt du 25 septembre 1997, la Cour a affirmé que la Hongrie n'était pas en droit de suspendre puis d'abandonner, en 1989, les travaux relatifs au projet de Nagymaros ainsi qu'à la partie du projet de Gabčíkovo dont elle était responsable, et que la Tchécoslovaquie était en droit de recourir, en novembre 1991, à la «solution provisoire» telle que décrite aux termes du compromis. La Cour a par contre précisé que la Tchécoslovaquie n'était pas en droit de mettre en service à partir d'octobre 1992 le système de barrage en question et que la Slovaquie, en tant que successeur de la Tchécoslovaquie, était devenue partie au traité du 16 septembre 1977 à compter du 1er janvier 1993. La Cour a aussi décidé que la Hongrie et la Slovaquie devaient négocier de bonne foi en tenant compte de la situation existante et prendre toutes mesures nécessaires à l'effet d'assurer la réalisation des objectifs dudit traité selon des modalités dont elles conviendraient. En outre, la Hongrie devait indemniser la Slovaquie pour les dommages subis par la Tchécoslovaquie et par la Slovaquie du fait de la suspension et de l'abandon par la Hongrie de travaux qui lui incombaient, tandis que, toujours selon l'arrêt de la Cour, la Slovaquie devait indemniser la Hongrie pour les dommages subis par cette dernière du fait de la mise en service du barrage par la Tchécoslovaquie et de son maintien en service par la Slovaquie.

Le 3 septembre 1998, la Slovaquie a déposé au Greffe de la Cour une demande tendant au prononcé d'un arrêt supplémentaire. La Slovaquie considérait qu'un tel arrêt était nécessaire en raison du fait que la Hongrie n'était pas disposée à exécuter l'arrêt rendu le 25 septembre 1997. Dans sa demande, la Slovaquie indiquait que les Parties avaient procédé à une série de négociations sur les modalités d'exécution de l'arrêt de 1997 et avaient paraphé un projet d'accord-cadre qui avait été approuvé par le Gouvernement slovaque. Cependant, selon ce dernier, la Hongrie avait décidé de différer l'approbation de cet accord-cadre, et avait même été jusqu'à désavouer celui-ci lorsque le nouveau Gouvernement hongrois était entré en fonctions. La Slovaquie demandait que la Cour détermine les modalités d'exécution de l'arrêt et invoquait, comme fondement à sa demande, le compromis signé à Bruxelles le 7 avril 1993 par la Hongrie et par elle-même. Après le dépôt par la Hongrie d'une déclaration lui permettant d'exposer son point de vue au sujet de la demande de la Slovaquie, les Parties ont repris leurs négociations et ont depuis lors régulièrement informé la Cour de l'évolution de celles-ci.

Par une lettre de l'agent de la Slovaquie en date du 30 juin 2017, le Gouvernement slovaque a prié la Cour «de prendre acte [de son] désistement de l'instance [introduite par la demande tendant au prononcé d'un arrêt supplémentaire en l'affaire] et de prescrire la radiation de l'affaire de son rôle». Dans une lettre en date du 12 juillet 2017, l'agent de la Hongrie a déclaré que son gouvernement «ne s'oppos[ait] pas [au] désistement … de l'instance introduite par la demande de la Slovaquie du 3 septembre 1998 tendant au prononcé d'un arrêt supplémentaire».

Par une lettre en date du 18 juillet 2017, la Cour a fait part aux deux agents de sa décision de prendre acte du désistement, par la Slovaquie, de la procédure engagée par la demande de celle-ci et les a informés qu'elle avait pris note du fait que les deux Parties avaient chacune réservé leur droit de se prévaloir, au titre du paragraphe 3 de l'article 5 du compromis signé le 7 avril 1993 entre la Hongrie et la Slovaquie, de la possibilité de prier la Cour de rendre un arrêt supplémentaire pour déterminer les modalités d'exécution de son arrêt du 25 septembre 1997.

1.72. Frontière terrestre et maritime entre le Cameroun et le Nigéria (Cameroun c. Nigéria ; Guinée équatoriale (intervenant))

Le 29 mars 1994, le Cameroun a déposé au Greffe de la Cour une requête introduisant contre le Nigéria une instance relative à la question de la souveraineté sur la presqu'île de Bakassi et demandant à la Cour de déterminer le tracé de la frontière maritime entre les deux Etats dans la mesure où cette frontière n'avait pas été établie en 1975. Pour fonder la compétence de la Cour, le Cameroun s'est référé aux déclarations faites par les deux Etats en vertu de l'article 36, paragraphe 2, du Statut de la Cour, aux termes desquelles ils reconnaissent la juridiction de la Cour comme obligatoire. Dans sa requête, le Cameroun fait mention d'«une agression de la part de la République fédérale du Nigéria, dont les troupes occupent plusieurs localités camerounaises situées dans la presqu'île de Bakassi» et demande à la Cour notamment de dire et juger que la souveraineté sur la presqu'île de Bakassi est camerounaise, en vertu du droit international, et que le Nigéria a violé et viole le principe fondamental du respect des frontières héritées de la colonisation *(uti possidetis juris)*, ainsi que d'autres règles du droit international conventionnel et coutumier, et que la responsabilité internationale du Nigéria est engagée. Le Cameroun prie également la Cour de procéder au prolongement du tracé de sa frontière maritime avec le Nigéria jusqu'à la limite des zones maritimes que le droit international place sous leur juridiction respective.

Le 6 juin 1994, le Cameroun a déposé au Greffe une requête additionnelle «aux fins d'élargissement de l'objet du différend» à un autre différend présenté comme portant essentiellement sur «la question de la souveraineté sur une partie du territoire camerounais dans la zone du lac Tchad», tout en priant la Cour de préciser définitivement la frontière entre le Cameroun et le Nigéria du lac Tchad à la mer. Ladite requête a été traitée comme un amendement à la requête initiale. Après que le Nigéria eut déposé des exceptions préliminaires, le Cameroun a présenté, le 1er mai 1996, un exposé contenant des observations et conclusions y relatives, conformément à une ordonnance du président du 10 janvier 1996. En outre, le 12 février 1996, le Cameroun, se référant aux «graves incidents qui oppos[aient] les forces [des Parties] dans la péninsule de Bakassi depuis le ... 3 février 1996», a demandé à la Cour d'indiquer des mesures conservatoires. Par une ordonnance du 15 mars 1996, la Cour a indiqué un certain nombre de mesures conservatoires visant principalement à l'arrêt des hostilités.

La Cour a tenu des audiences sur les exceptions préliminaires soulevées par le Nigéria du 2 au 11 mars 1998. Dans son arrêt du 11 juin 1998, la Cour a dit qu'elle avait compétence pour statuer sur le fond du différend et que les demandes du Cameroun étaient recevables. La Cour a rejeté sept des exceptions préliminaires soulevées par le Nigéria et a déclaré qu'une huitième, n'ayant pas un caractère exclusivement préliminaire, devrait être tranchée lors de la procédure sur le fond.

Le Nigéria a déposé son contre-mémoire, comprenant des demandes reconventionnelles, dans un délai tel que prorogé par la Cour. Le 30 juin 1999, la Cour a adopté une ordonnance déclarant recevables les demandes reconventionnelles du Nigéria.

Le 30 juin 1999, la République de Guinée équatoriale a déposé une requête à fin d'intervention dans l'affaire. Chacune des deux Parties ayant déposé des observations écrites sur cette requête et la Guinée équatoriale ayant porté à la connaissance de la Cour ses vues à l'égard de celles-ci, la Cour, par ordonnance du 21 octobre 1999, a autorisé la Guinée équatoriale à intervenir dans l'instance, conformément à l'article 62 du Statut, dans les limites, de la manière et aux fins spécifiées dans sa requête. Dans les délais prescrits par la Cour, la Guinée équatoriale a déposé une déclaration écrite et chacune des Parties des observations écrites sur cette dernière. Les audiences publiques sur le fond se sont tenues du 18 février au 21 mars 2002. Dans son arrêt du 10 octobre 2002, la Cour a déterminé, du nord au sud, le tracé de la frontière entre le Cameroun et le Nigéria.

La Cour a examiné point par point dix-sept portions de la frontière terrestre et a précisé, pour chacune d'entre elles, comment les instruments susmentionnés devaient être interprétés.

— A Bakassi, la Cour a décidé que la frontière est délimitée par l'accord anglo-allemand du 11 mars 1913 (art. XVIII-XX) et que la souveraineté sur la presqu'île de Bakassi est camerounaise. Elle a décidé que, dans cette région, la frontière suit le thalweg de la rivière Akpakorum (Akwayafé), en séparant les îles Mangrove près d'Ikang de la manière indiquée sur la carte TSGS 2240, jusqu'à une ligne droite joignant Bakassi Point et King Point.

— En ce qui concerne la frontière maritime, la Cour, ayant établi sa compétence, contestée par le Nigéria, pour connaître de cet aspect de l'affaire, a fixé le tracé de la limite des zones maritimes des deux Etats.

Dans son arrêt, la Cour a demandé au Nigéria de retirer dans les plus brefs délais et sans condition son administration et ses forces armées et de police du secteur du lac Tchad relevant de la souveraineté du Cameroun, ainsi que de la presqu'île de Bakassi. Elle a en outre demandé au Cameroun de retirer dans les plus brefs délais et sans condition toutes administration ou forces armées ou de police qui pourraient se trouver le long de la frontière terrestre allant du lac Tchad à la presqu'île de Bakassi, sur des territoires relevant, conformément à l'arrêt, de la souveraineté du Nigéria. Ce dernier a la même obligation en ce qui concerne les territoires qui dans cette même zone relèvent de la souveraineté du Cameroun. La Cour a pris acte de l'engagement, pris à l'audience par le Cameroun, de «continue[r] à assurer sa protection aux Nigérians habitant la péninsule [de Bakassi] et [à] ceux vivant dans la région du lac Tchad». Enfin, la Cour a rejeté le surplus des conclusions du Cameroun concernant la responsabilité internationale du Nigéria, ainsi que les demandes reconventionnelles du Nigéria.

1.73. Compétence en matière de pêcheries (Espagne c. Canada)

Le 28 mars 1995, l'Espagne a déposé au Greffe de la Cour une requête introduisant contre le Canada une instance au sujet d'un différend relatif à la loi canadienne sur la protection des pêches côtières, telle qu'amendée le 12 mai 1994, à la réglementation d'application de ladite loi, ainsi qu'à certaines mesures prises sur la base de cette législation, notamment l'arraisonnement en haute mer, le 9 mars 1995, d'un bateau de pêche, l'*Estai*, naviguant sous pavillon espagnol. L'Espagne indiquait notamment que la loi amendée visait à imposer à toutes les personnes à bord de navires étrangers une large interdiction de pêcher dans la zone de réglementation de l'Organisation des pêches de l'Atlantique du Nord-Ouest (OPAN), c'est-à-dire, en haute mer, en dehors de la zone économique exclusive du Canada, tout en permettant expressément l'usage de la force contre les bateaux de pêche étrangers dans les zones que ladite loi qualifie comme «haute mer». L'Espagne ajoutait que la réglementation d'application du 3 mars 1995 «permet[tait] expressément lesdits comportements à l'égard des navires espagnols et portugais en haute mer». La requête de l'Espagne alléguait la violation de divers principes et normes de droit international et exposait qu'il existait un différend entre l'Espagne et le Canada qui, dépassant le cadre de la pêche, affectait gravement le principe même de la liberté de la haute mer, et impliquait, en outre, une atteinte très sérieuse contre les droits souverains de l'Espagne. Pour fonder la compétence de la Cour, la requête se référait aux déclarations de l'Espagne et du Canada faites conformément à l'article 36, paragraphe 2, du Statut de la Cour. Le Canada ayant contesté la compétence de la Cour, sur la base de sa déclaration susmentionnée, il a été décidé que les pièces de la procédure écrite porteraient d'abord sur cette question de compétence.

Dans son arrêt du 4 décembre 1998, la Cour a estimé que le différend opposant les Parties constituait un différend auquel avaient «donn[é] lieu» des «mesures de gestion et de conservation adoptées par le Canada pour les navires pêchant dans la zone de réglementation de l'OPAN» et «l'exécution de telles mesures», et que, dès lors, il entrait dans les prévisions d'une des réserves contenues dans la déclaration canadienne. La Cour a considéré qu'elle n'avait partant pas compétence pour statuer en l'espèce.

1.74. Demande d'examen de la situation au titre du paragraphe 63 de l'arrêt rendu par la Cour le 20 décembre 1974 dans l'affaire des Essais nucléaires (Nouvelle-Zélande c. France)[30]

Le 21 août 1995, le Gouvernement néo-zélandais a déposé au Greffe un document intitulé «Demande d'examen de la situation» dans lequel il était fait référence à

«un projet d'action annoncé par la France qui, s'il se réalise, remettra en cause le fondement de l'arrêt rendu par la Cour le 20 décembre 1974 dans l'affaire des *Essais nucléaires (Nouvelle-Zélande c. France)*»,

à savoir «une décision annoncée par la France dans une déclaration aux médias faite le 13 juin 1995» par le président de la République française, selon laquelle «la France procéderait à une dernière série de huit essais d'armes nucléaires dans le Pacifique Sud à partir de septembre 1995». Il est rappelé dans cette demande que la Cour, au terme de son arrêt de 1974, a décidé qu'il n'y avait pas lieu de statuer sur la demande soumise par la Nouvelle-Zélande en 1973, cette demande étant devenue sans objet du fait des déclarations par lesquelles la France s'était engagée à ne pas procéder à de nouveaux essais nucléaires dans l'atmosphère (voir ci-dessus n° 1.43-44). Ledit arrêt contenait un paragraphe 63 ainsi libellé :

«Dès lors que la Cour a constaté qu'un Etat a pris un engagement quant à son comportement futur, il n'entre pas dans sa fonction d'envisager que cet Etat ne le respecte pas. La Cour fait observer que, si le fondement du présent arrêt était remis en cause, le requérant pourrait demander un examen de la situation conformément aux dispositions du Statut...»

La Nouvelle-Zélande affirmait tenir de ce paragraphe le «droit» de solliciter, dans le cas prévu, «la reprise de l'affaire introduite par la requête du 9 mai 1973», et observait que le dispositif de l'arrêt considéré ne pouvait être interprété comme révélant de la part de la Cour une intention de clore définitivement l'instance. Le même jour, le Gouvernement néo-zélandais a aussi déposé au Greffe une «nouvelle demande en indication de mesures conservatoires», dans laquelle il est notamment fait référence à l'ordonnance en indication de mesures conservatoires rendue par la Cour le 22 juin 1973, avec pour objectif principal que la France

---

[30] La décision de la Cour a fait en l'espèce l'objet d'une ordonnance dans laquelle il est indiqué que la demande n'a été inscrite au rôle de la Cour qu'à seule fin de permettre à celle-ci de déterminer si les conditions posées audit paragraphe 63 étaient remplies.

s'abstienne de procéder à de nouveaux essais nucléaires aux atolls de Mururoa et de Fangataufa.

Après avoir tenu des audiences publiques les 11 et 12 septembre 1995, la Cour a rendu son ordonnance le 22 septembre 1995 en l'affaire. Elle y a estimé qu'en insérant au paragraphe 63 le membre de phrase « le requérant pourrait demander un examen de la situation conformément au Statut » la Cour n'avait pas exclu l'organisation d'une procédure spéciale pour y accéder (différente de celles qui sont indiquées dans le Statut de la Cour, comme le dépôt d'une nouvelle requête ou une demande en interprétation ou en revision qui, en tout cas, seraient restées ouvertes au demandeur) ; elle a dit cependant que le demandeur n'aurait pu se prévaloir de cette procédure spéciale que si s'étaient produites des circonstances qui auraient remis en cause le fondement de l'arrêt de 1974. La Cour a conclu que tel n'était pas le cas, étant donné que la décision de la France annoncée en 1995 avait trait à une série d'essais souterrains, tandis que le fondement de l'arrêt de 1974 était l'engagement de la France de ne pas procéder à de nouveaux essais nucléaires atmosphériques. Par suite, la demande en indication de mesures conservatoires présentée par la Nouvelle-Zélande, ainsi que la requête à fin d'intervention présentée par l'Australie et les requêtes à fin d'intervention et déclarations d'intervention présentées par le Samoa, les Iles Salomon, les Iles Marshall et les Etats fédérés de Micronésie qui, toutes, se rattachaient à titre incident à la demande principale présentée par la Nouvelle-Zélande, ont également été écartées.

1.75. Ile de Kasikili/Sedudu (Botswana/Namibie)

Le 29 mai 1996, le Gouvernement du Botswana et le Gouvernement de la Namibie ont notifié conjointement au greffier de la Cour un compromis qu'ils avaient signé le 15 février 1996 et qui était entré en vigueur le 15 mai 1996, en vue de soumettre à la Cour le différend qui les opposait concernant la frontière autour de l'île de Kasikili/Sedudu et le statut juridique de cette île. Dans ce compromis, il était fait référence à un traité signé le 1er juillet 1890 entre la Grande-Bretagne et l'Allemagne qui porte sur les sphères d'influence respectives de ces deux pays et à la constitution, le 24 mai 1992, d'une commission mixte d'experts techniques aux fins de déterminer la frontière entre la Namibie et le Botswana autour de l'île de Kasikili/Sedudu sur la base dudit traité et des principes applicables du droit international. N'étant pas parvenue à se prononcer sur la question qui lui avait été soumise, la commission mixte d'experts techniques a recommandé le recours à un mode de règlement pacifique du différend sur la base des règles et principes applicables du droit international. Lors d'une réunion au sommet tenue le 15 février 1995 à Harare (Zimbabwe), les présidents des deux Etats sont convenus de saisir la Cour du différend.

Dans son arrêt du 13 décembre 1999, la Cour a tout d'abord indiqué que l'île dont il était question, qui en Namibie est appelée « Kasikili » et au Botswana « Sedudu», a une superficie d'environ 3,5 kilomètres carrés, qu'elle est située sur le cours du fleuve Chobe, qui la contourne au nord et au sud, et qu'elle est sujette à des inondations qui commencent vers le mois de mars et durent plusieurs mois. La Cour a brièvement évoqué le contexte historique du différend, puis s'est penchée sur le texte du traité de 1890 qui, pour ce qui est de la région concernée, situe la limite entre les sphères d'influence de la Grande-Bretagne et de l'Allemagne dans le «chenal principal» du Chobe. La Cour a exprimé l'avis que le véritable différend entre les Parties avait trait à l'emplacement de ce chenal principal, le Botswana affirmant qu'il s'agissait du chenal contournant l'île de Kasikili/Sedudu au nord et la Namibie celui contournant l'île au sud. Le traité ne définissant pas la notion de «chenal principal», la Cour a donc entrepris de déterminer elle-même quel était le chenal principal du Chobe autour de l'île. Pour ce faire, elle a notamment pris en considération la profondeur et la largeur du chenal, le débit (c'est-à-dire le volume d'eau transportée), la configuration du profil du lit du chenal et sa navigabilité. Après avoir examiné les chiffres présentés par les Parties, ainsi que des levés effectués sur le terrain à des époques différentes, la Cour a conclu que «le chenal nord du Chobe autour de l'île de Kasikili/Sedudu doit être considéré comme son chenal principal». Ayant évoqué l'objet et le but du traité de 1890, ainsi que les travaux préparatoires, la Cour s'est attardée sur la conduite ultérieure des parties au traité. Elle a constaté que cette conduite n'avait donné lieu à aucun accord entre elles au sujet de l'interprétation du traité ou de l'application de ses dispositions. La Cour a en outre indiqué qu'elle ne pouvait tirer de conclusions du dossier cartographique, «eu égard à l'absence de toute carte traduisant officiellement la volonté des parties au traité de 1890» et compte tenu du «caractère incertain et contradictoire» des cartes produites par les Parties au différend. Elle a enfin examiné l'argument subsidiaire de la Namibie selon lequel cet Etat et ses prédécesseurs auraient acquis un titre sur l'île de Kasikili/Sedudu par prescription en vertu de l'exercice d'une juridiction souveraine sur cette île depuis le début du siècle, au vu et au su des autorités du Botswana et de ses prédécesseurs, et avec leur acceptation. La Cour a notamment relevé que, si des membres de la tribu des Masubia de la bande de Caprivi (territoire appartenant à la Namibie) avaient bien utilisé l'île pendant de nombreuses années, ils l'avaient fait de façon intermittente, au gré des saisons, et à des fins exclusivement agricoles, sans qu'il ait été établi qu'ils occupaient l'île «à titre de souverain», c'est-à-dire en y exerçant des attributs de la puissance publique au nom des autorités du Caprivi. La Cour a donc écarté cet argument. Après avoir conclu que la frontière entre le Botswana et la Namibie autour de l'île de Kasikili/Sedudu suit la ligne des sondages les plus profonds dans le chenal nord du Chobe et que l'île fait partie du territoire du Botswana, la Cour a constaté qu'aux termes d'un accord conclu en mai 1992 («communiqué de Kasane») les Parties se sont mutuellement garanti la liberté de navigation sur les chenaux autour de l'île pour les bateaux de leurs ressortissants battant pavillon national.

1.76. Convention de Vienne sur les relations consulaires (Paraguay c. Etats-Unis d'Amérique)

Le 3 avril 1998, la République du Paraguay a déposé au Greffe une requête introductive d'instance contre les Etats-Unis d'Amérique dans un différend concernant des violations alléguées de la convention de Vienne du 24 avril 1963 sur les relations consulaires. Le Paraguay a fondé la compétence de la Cour sur le paragraphe 1 de l'article 36 du Statut et l'article premier du protocole de signature qui accompagne la convention de Vienne sur les relations consulaires et qui donne compétence à la Cour pour le règlement des différends relatifs à l'interprétation ou à l'application de ladite convention. Le Paraguay a indiqué dans sa requête qu'en 1992 les autorités de l'Etat de Virginie avaient arrêté un ressortissant paraguayen, l'avaient accusé et jugé coupable d'homicide volontaire et condamné à la peine capitale sans l'avoir informé, comme l'exige l'alinéa b) du paragraphe 1 de l'article 36 de la convention de Vienne, de ses droits. Il était également allégué par le demandeur que les autorités de l'Etat de Virginie n'avaient pas avisé les autorités consulaires paraguayennes compétentes, lesquelles n'avaient donc été en mesure de fournir une assistance à leur ressortissant qu'à partir de 1996, lorsque le Gouvernement du Paraguay avait pris connaissance de l'affaire par ses propres moyens.

Le même jour, le 3 avril 1998, le Paraguay a également présenté une demande en indication de mesures conservatoires tendant à ce que le ressortissant en question ne soit pas exécuté tant que la décision n'aurait pas été rendue par la Cour. Le 9 avril 1998, la Cour a rendu en audience publique l'ordonnance relative à la demande de mesures conservatoires soumise par le Paraguay. La Cour a jugé à l'unanimité que les Etats-Unis d'Amérique devaient prendre toutes les mesures nécessaires pour que le ressortissant paraguayen en question ne soit pas exécuté tant que la décision n'aurait pas été rendue.

Par lettre du 2 novembre 1998, le Paraguay a indiqué qu'il souhaitait se désister de l'instance et renoncer à toute action en l'affaire. Les Etats-Unis d'Amérique ont accepté ce désistement le 3 novembre. La Cour a en conséquence rendu le 10 novembre 1998 une ordonnance prenant acte du désistement et prescrivant que l'affaire soit rayée du rôle.

1.77. Demande en interprétation de l'arrêt du 11 juin 1998 en l'affaire de la Frontière terrestre et maritime entre le Cameroun et le Nigéria (Cameroun c. Nigéria), exceptions préliminaires (Nigéria c. Cameroun)

Le 28 octobre 1998, la République du Nigéria a déposé au Greffe de la Cour une requête introductive d'instance contre la République du Cameroun par laquelle elle priait la Cour d'interpréter l'arrêt sur les exceptions préliminaires rendu le 11 juin 1998 en l'affaire de la *Frontière terrestre et maritime entre le Cameroun et le Nigéria* (voir ci-dessus n° 1.72). Dans sa demande en interprétation, le Nigéria a fait valoir que l'un des aspects de l'affaire de la *Frontière terrestre et maritime* dont la Cour restait saisie était la responsabilité du Nigéria qui serait engagée à raison de certains incidents qui se seraient produits, selon les allégations du Cameroun, en divers lieux de la région de Bakassi et du lac Tchad, ainsi que le long de la frontière entre ces deux régions. Le Nigéria a estimé que, le Cameroun n'ayant pas fourni des renseignements complets relatifs à ces incidents, la Cour n'avait pas pu préciser quels incidents devaient être pris en compte lors de l'examen de l'affaire au fond. Le Nigéria a considéré nécessaire d'interpréter le sens et la portée dudit arrêt. Il a été demandé à la Cour que l'arrêt soit interprété dans le sens proposé par le demandeur.

Après le dépôt des observations écrites du Cameroun sur la demande en interprétation du Nigéria, la Cour n'a pas jugé nécessaire d'inviter les Parties à fournir d'autres explications écrites ou orales. Le 25 mars 1999, la Cour a rendu un arrêt dans lequel elle concluait qu'elle avait déjà examiné, dans son arrêt de juin 1998, certaines des conclusions présentées par le Nigéria au terme de sa demande en interprétation et que ses autres conclusions tendaient à soustraire à l'examen de la Cour des éléments de fait et de droit dont la présentation avait déjà été autorisée par l'arrêt de 1998 ou qui n'avaient pas encore été présentés par le Cameroun. La Cour a conclu que, dans une hypothèse comme dans l'autre, elle ne pouvait examiner les conclusions du Nigéria. En conséquence, elle a déclaré que la demande en interprétation présentée par celui-ci était irrecevable.

1.78. Souveraineté sur Pulau Ligitan et Pulau Sipadan (Indonésie/Malaisie)

Le 2 novembre 1998, la République d'Indonésie et la Malaisie ont notifié conjointement à la Cour un compromis entre les deux Etats signé à Kuala Lumpur le 31 mai 1997 et entré en vigueur le 14 mai 1998. Aux termes dudit compromis, elles ont prié la Cour de déterminer, sur la base des traités, des accords et de tout autre élément de preuve produit par elles, auquel des deux Etats appartenait la souveraineté sur Pulau Ligitan et Pulau Sipadan.

Peu après le dépôt par les Parties des mémoires, contre-mémoires et répliques, les Philippines ont, le 13 mars 2001, demandé à intervenir dans l'affaire. Dans leur requête, les Philippines ont indiqué que l'objet de leur demande était de

> «préserver et sauvegarder les droits d'ordre historique et juridique [de leur gouvernement] qui découlent de la revendication de possession de souveraineté que ledit gouvernement formule sur le territoire du Nord-Bornéo dans la mesure où ces droits sont ou pourraient être mis en cause par une décision de la Cour relative à la question de la souveraineté sur Pulau Ligitan et Pulau Sipadan».

Les Philippines ont précisé qu'elles ne cherchaient pas à devenir partie en l'affaire.

La Cour a rendu le 23 octobre 2001 un arrêt par lequel elle a rejeté la demande d'intervention des Philippines.

Après avoir tenu des audiences publiques en juin 2002, la Cour a rendu son arrêt sur le fond le 17 décembre 2002. Dans cet arrêt, elle a commencé par rappeler le contexte historique complexe dans lequel s'inscrivait le différend qui opposait les Parties. Elle s'est ensuite penchée sur les titres invoqués par celles-ci. L'Indonésie soutenait à titre principal que sa souveraineté sur les îles se fondait sur un titre conventionnel, la convention de 1891 entre la Grande-Bretagne et les Pays-Bas.

Ayant examiné la convention de 1891, la Cour a dit que celle-ci, lue dans son contexte et à la lumière de son objet et de son but, ne pouvait pas être interprétée comme établissant une ligne de partage de la souveraineté sur des îles situées au large, à l'est de l'île de Sebatik, et que de ce fait cette convention ne constituait pas un titre sur lequel l'Indonésie pourrait fonder sa prétention sur Ligitan et Sipadan.

Une fois rejetée cette argumentation de l'Indonésie, la Cour est passée à l'examen des autres titres sur lesquels l'Indonésie et la Malaisie affirmaient pouvoir fonder leur souveraineté sur les îles de Ligitan et Sipadan.

Ayant déterminé qu'aucune des deux Parties ne détenait un titre conventionnel sur Ligitan et Sipadan, la Cour a ensuite examiné la question de savoir si l'Indonésie ou la Malaisie pourraient avoir un titre sur les îles en litige en vertu des effectivités qu'elles avaient invoquées.

L'Indonésie invoquait à cet égard une présence continue de la marine néerlandaise et de la marine indonésienne aux alentours de Ligitan et Sipadan. Elle ajoutait que les eaux baignant les îles étaient traditionnellement utilisées par des pêcheurs indonésiens. En ce qui concerne le premier de ces arguments, les faits retenus en l'espèce, de l'avis de la Cour, «ne permett[ai]ent [pas] de conclure que les autorités maritimes concernées considéraient Ligitan et Sipadan, ainsi que les eaux environnantes, comme relevant de la souveraineté des Pays-Bas ou de l'Indonésie». Quant au second argument, la Cour a estimé que «les activités de personnes privées ne sauraient être considérées comme des effectivités si elles ne se fondent pas sur une réglementation officielle ou ne se déroulent pas sous le contrôle de l'autorité publique».

Ayant rejeté les arguments de l'Indonésie fondés sur ses effectivités, la Cour est passée à l'examen des effectivités invoquées par la Malaisie. Pour preuve de son administration effective des îles, la Malaisie citait notamment les mesures prises par les autorités du Nord-Bornéo pour réglementer et limiter le ramassage des œufs de tortues sur Ligitan et Sipadan, activité qui revêtait à l'époque une certaine importance économique dans la région. Elle invoquait par ailleurs le fait que les autorités de la colonie du Nord-Bornéo avaient construit un phare sur Sipadan en 1962 et un autre sur Ligitan en 1963, que ceux-ci existaient toujours et qu'ils étaient entretenus par les autorités malaisiennes depuis son indépendance. La Cour a relevé que, «si les activités invoquées par la Malaisie ... sont modestes en nombre, elles présentent un caractère varié et comprennent des actes législatifs, administratifs et quasi judiciaires. Elles couvrent une période considérable et présentent une structure révélant l'intention d'exercer des fonctions étatiques à l'égard des deux îles, dans le contexte de l'administration d'un ensemble plus vaste d'îles.»

La Cour a en outre indiqué que, «à l'époque où ces activités [avaient] été menées, ni l'Indonésie ni son prédécesseur, les Pays-Bas, n'[avaient] jamais exprimé de désaccord ni élevé de protestation».

La Cour a conclu, sur la base des effectivités mentionnées ci-dessus, que la souveraineté sur Pulau Ligitan et Pulau Sipadan appartient à la Malaisie.

1.79. Ahmadou Sadio Diallo
(République de Guinée c. République démocratique du Congo)

Le 28 décembre 1998, la Guinée a déposé une requête introductive d'instance contre la République démocratique du Congo au sujet d'un différend relatif à de «graves violations du droit international» qui auraient été commises sur la personne de M. Ahmadou Sadio Diallo, ressortissant guinéen. Dans sa requête, la Guinée soutenait que

«Monsieur Ahmadou Sadio Diallo, homme d'affaires de nationalité guinéenne, a[vait] été, après trente-deux (32) ans passés en République démocratique du Congo, injustement incarcéré par les autorités de cet Etat, spolié de ses importants investissements, entreprises et avoirs mobiliers, immobiliers et bancaires puis expulsé.»

La Guinée y ajoutait que «[c]ette expulsion [était] intervenue à un moment où M. Ahmadou Sadio Diallo poursuivait le recouvrement d'importantes créances détenues par ses entreprises [Africom-Zaïre et Africontainers-Zaïre] sur l'Etat [congolais] et les sociétés pétrolières qu'il abrit[ait] et dont il [était] actionnaire».

Dans sa requête, la Guinée invoquait, pour fonder la compétence de la Cour, les déclarations d'acceptation de la juridiction obligatoire de celle-ci faites par les deux Etats au titre du paragraphe 2 de l'article 36 du Statut de la Cour.

Le 3 octobre 2002, la République démocratique du Congo (RDC) a soulevé des exceptions préliminaires portant sur la recevabilité de la requête de la Guinée. Dans son arrêt du 24 mai 2007 sur lesdites exceptions, la Cour a déclaré la requête de la République de Guinée recevable, d'une part, «en ce qu'elle a[vait] trait à la protection des droits de M. Diallo en tant qu'individu» et, d'autre part, en ce qu'elle avait trait à la protection des «droits propres de [celui-ci] en tant qu'associé des sociétés Africom-Zaïre et Africontainers-Zaïre». En revanche, la Cour a déclaré la requête de la République de Guinée irrecevable «en ce qu'elle a[vait] trait à la protection de M. Diallo pour les atteintes alléguées aux droits des sociétés Africom-Zaïre et Africontainers-Zaïre».

Dans son arrêt sur le fond du 30 novembre 2010, la Cour a jugé que, eu égard aux conditions dans lesquelles M. Diallo avait été expulsé le 31 janvier 1996, la RDC avait violé l'article 13 du Pacte international relatif aux droits civils et politiques, ainsi que le paragraphe 4 de l'article 12 de la Charte africaine des droits de l'homme et des peuples. Elle a également jugé que, eu égard aux conditions dans lesquelles M. Diallo avait été arrêté et détenu en 1995-1996 en vue de son expulsion, la RDC avait violé les paragraphes 1 et 2 de l'article 9 du Pacte et l'article 6 de la Charte africaine. La Cour a dit en outre que «la République démocratique du Congo a[vait] l'obligation de fournir une réparation appropriée, sous la forme d'une indemnisation, à la République de Guinée pour les conséquences préjudiciables résultant des violations d'obligations internationales visées aux points 2 et 3 [du dispositif]», à savoir les arrestations, les détentions et l'expulsion illicites de M. Diallo. La Cour a de surcroît jugé que la RDC avait violé les droits que M. Diallo tenait de l'alinéa b) du paragraphe 1 de l'article 36 de la convention de Vienne sur les relations consulaires, sans toutefois prescrire le versement d'une indemnité à ce titre. Dans le même arrêt, la Cour a rejeté le surplus des conclusions de la Guinée relatives aux arrestations et aux détentions de M. Diallo, y compris l'allégation selon laquelle celui-ci avait été soumis, pendant ses détentions, à un traitement prohibé par le paragraphe 1 de l'article 10 du Pacte. De plus, elle a jugé que la RDC n'avait pas violé les droits propres de M. Diallo en tant qu'associé des sociétés Africom-Zaïre et Africontainers-Zaïre. Enfin, la Cour a décidé, en ce qui concerne l'indemnisation due à la Guinée par la RDC, que, «au cas où les Parties ne pourraient se mettre d'accord à ce sujet dans les six mois à compter du[dit] arrêt, [cette] question ... sera[it] réglée par la Cour».

Le délai de six mois ainsi fixé par la Cour étant arrivé à échéance le 30 mai 2011 sans que les Parties aient pu se mettre d'accord sur la question de l'indemnisation due à la Guinée, il revenait à la Cour de déterminer le montant de l'indemnité à accorder à celle-ci, conformément aux conclusions formulées par la Cour dans son arrêt du 30 novembre 2010. La Cour a rendu son arrêt le 19 juin 2012.

Dans son mémoire, la Guinée évaluait à 250 000 dollars le dommage psychologique et moral subi par M. Diallo. La Cour a pris en considération différents facteurs aux fins d'évaluer ce préjudice, notamment le caractère arbitraire des arrestations et détentions dont l'intéressé avait fait l'objet, la durée exagérément longue de sa période de détention, les accusations sans preuve dont il avait été victime, le caractère illicite de son expulsion d'un pays dans lequel il résidait depuis trente-deux ans et où il exerçait des activités commerciales importantes, et le lien entre son expulsion et le fait qu'il avait tenté d'obtenir le recouvrement des créances qu'il estimait être dues à ses sociétés par l'Etat zaïrois ou des entreprises dans lesquelles ce dernier détenait une part importante du capital. Elle a également pris en considération le fait qu'il n'avait pas été démontré que l'intéressé avait été soumis à des mauvais traitements. Se basant sur des considérations d'équité, la Cour a considéré que la somme de 85 000 dollars constituait une indemnité appropriée au titre du préjudice immatériel subi par M. Diallo.

Dans son mémoire, la Guinée évaluait par ailleurs à 550 000 dollars la perte de biens personnels. La Cour a estimé que la Guinée n'était pas parvenue à établir l'étendue de la perte de biens personnels qu'aurait subie l'intéressé ni la mesure dans laquelle cette perte aurait été causée par le comportement illicite de la RDC. Tenant malgré tout compte du fait que M. Diallo avait vécu et travaillé sur le territoire congolais pendant une trentaine d'années, au cours desquelles il n'avait pu manquer d'accumuler des biens personnels, et se basant sur des considérations d'équité, la Cour a estimé que la somme de 10 000 dollars constituait une indemnité appropriée au titre dudit préjudice matériel subi par M. Diallo.

Dans son mémoire, la Guinée évaluait enfin à près de 6,5 millions de dollars la perte de rémunération et la privation de gains potentiels qu'aurait subies M. Diallo au cours de ses détentions et à la suite de son expulsion illicites. La Cour a estimé que la Guinée n'avait pu prouver l'existence d'un tel préjudice. En conséquence, elle n'a accordé aucune indemnité à ce titre.

La Cour a conclu que l'indemnité à verser à la Guinée s'élevait donc à un total de 95 000 dollars, payable le 31 août 2012 au plus tard. Elle a décidé que, en cas de paiement tardif, des intérêts moratoires sur la somme principale courraient, à compter du 1er septembre 2012, au taux annuel de 6 pour cent. La Cour a décidé que chaque Partie supporterait ses frais de procédure.

1.80. LaGrand (Allemagne c. Etats-Unis d'Amérique)

Le 2 mars 1999, la République fédérale d'Allemagne a déposé au Greffe de la Cour une requête introductive d'instance contre les Etats-Unis d'Amérique dans un différend concernant des violations alléguées de la convention de Vienne du 24 avril 1963 sur les relations consulaires. L'Allemagne a déclaré qu'en 1982 les autorités de l'Etat d'Arizona avaient arrêté deux ressortissants allemands, Karl et Walter LaGrand, qui avaient été jugés et condamnés à la peine capitale sans avoir été informés de leurs droits aux termes de l'alinéa b) du paragraphe 1 de l'article 36 de la convention de Vienne. L'Allemagne a également soutenu que, compte tenu de l'absence de la notification normalement requise, elle s'est trouvée dans l'impossibilité de protéger, comme le prévoient les articles 5 et 36 de la convention de Vienne, les intérêts de ses ressortissants devant les juges américains tant en première instance qu'en appel. L'Allemagne a fait valoir que, si ses ressortissants, finalement assistés par des agents consulaires allemands, ont effectivement allégué des violations de la convention de Vienne, devant les juridictions fédérales, ces dernières néanmoins, appliquant la doctrine de droit interne dite de la «carence procédurale», ont considéré qu'étant donné que les intéressés n'avaient pas fait valoir leurs droits lors de la procédure judiciaire au niveau de l'Etat fédéré ils ne pouvaient plus les invoquer dans la procédure fédérale. Dans sa requête, l'Allemagne, pour fonder la compétence de la Cour, s'est référée au paragraphe 1 de l'article 36 du Statut et à l'article premier du protocole de signature facultative de la convention de Vienne sur les relations consulaires.

L'Allemagne a accompagné sa requête d'une demande urgente en indication de mesures conservatoires, priant la Cour d'indiquer aux Etats-Unis de prendre «toutes les mesures en leur pouvoir pour que [l'un de ses ressortissants dont la date d'exécution avait été fixée au 3 mars 1999] ne soit pas exécuté en attendant la décision finale en la présente instance…». La Cour a rendu le 3 mars 1999 une ordonnance en indication de mesures conservatoires par laquelle elle imposait aux Etats-Unis entre autres de «prendre toutes les mesures dont ils dispos[aient] pour que [le ressortissant allemand] ne [fût] pas exécuté tant que la décision en la présente instance n'aura[it] pas été rendue». Les deux ressortissants allemands ont, cependant, été exécutés par les Etats-Unis.

Les audiences publiques en l'affaire ont été tenues du 13 au 17 novembre 2000. Dans son arrêt du 27 juin 2001, la Cour a d'abord retracé l'historique du différend et a ensuite examiné certaines objections formulées par les Etats-Unis d'Amérique à la compétence de la Cour et à la recevabilité des conclusions de l'Allemagne. Elle a dit qu'elle avait compétence pour connaître de l'ensemble des conclusions de l'Allemagne et que celles-ci étaient recevables.

Statuant sur le fond, la Cour a noté que les Etats-Unis ne niaient pas avoir violé, à l'encontre de l'Allemagne, l'alinéa *b)* du paragraphe 1 de l'article 36 de la convention de Vienne, qui imposait aux autorités compétentes des Etats-Unis d'informer les LaGrand de leur droit de faire avertir le consulat d'Allemagne de leur arrestation. Elle a ajouté qu'en l'espèce cette violation avait entraîné la violation des alinéas *a)* et *c)* du paragraphe 1 du même article, qui portent respectivement sur le droit de communication entre les fonctionnaires consulaires et leurs ressortissants, et le droit des fonctionnaires consulaires de rendre visite à leurs ressortissants incarcérés et de pourvoir à leur représentation en justice. La Cour a encore indiqué que les Etats-Unis avaient non seulement violé leurs obligations envers l'Allemagne en tant qu'Etat partie à la convention, mais qu'ils avaient commis une violation des droits individuels des LaGrand en vertu du paragraphe 1 de l'article 36, droits qui pouvaient être invoqués devant la Cour par l'Etat dont ces derniers détenaient la nationalité.

La Cour s'est ensuite penchée sur la conclusion de l'Allemagne selon laquelle les Etats-Unis avaient violé le paragraphe 2 de l'article 36 de la convention en appliquant des règles de leur droit interne, en particulier celle de la «carence procédurale». Selon cette disposition, le droit des Etats-Unis doit «permettre la pleine réalisation des fins pour lesquelles les droits sont accordés en vertu de [l'article 36]». La Cour a indiqué qu'en elle-même la règle de la «carence procédurale» ne viole pas l'article 36. Le problème, a constaté la Cour, se pose lorsque la règle en question empêche une personne détenue de remettre en cause sa condamnation et sa peine en se prévalant du manquement des autorités nationales compétentes à leurs obligations en vertu du paragraphe 1 de l'article 36. La Cour a conclu qu'en l'espèce la règle de la carence procédurale avait eu pour effet d'empêcher l'Allemagne d'assister en temps opportun les LaGrand dans leur défense, comme le prévoit la convention. Dans ces conditions, la Cour a dit que la règle susmentionnée avait violé en l'espèce le paragraphe 2 de l'article 36.

S'agissant de la violation alléguée, par les Etats-Unis, de l'ordonnance en indication de mesures conservatoires du 3 mars 1999, la Cour a fait remarquer que c'était la première fois qu'elle était appelée à se prononcer sur les effets juridiques de telles ordonnances rendues en vertu de l'article 41 de son Statut — dont l'interprétation a fait l'objet d'abondantes controverses doctrinales. Après avoir interprété l'article 41, la Cour a dit que ces ordonnances ont force obligatoire. En l'espèce, a indiqué la Cour, l'ordonnance du 3 mars 1999 «ne constituait pas une simple exhortation», mais «mettait une obligation juridique à la charge des Etats-Unis». La Cour a ensuite examiné les mesures prises par les Etats-Unis pour se conformer à ladite ordonnance et en a conclu que ces derniers ne l'avaient pas respectée.

Quant à la demande de l'Allemagne visant à obtenir l'assurance que les Etats-Unis ne répéteront pas leurs actes illicites, la Cour a pris acte du fait que ces derniers avaient rappelé à tous les stades de la procédure qu'ils mettaient en œuvre un programme vaste et détaillé pour assurer le respect par les autorités compétentes de l'article 36 de la convention et a conclu que cet engagement devait être considéré comme satisfaisant à la demande ainsi présentée par l'Allemagne. Néanmoins, la Cour a ajouté que, si les Etats-Unis, en dépit de cet engagement, manquaient à nouveau à leur obligation de notification consulaire au détriment de ressortissants allemands, des excuses ne suffiraient pas dans les cas où les intéressés auraient fait l'objet d'une détention prolongée ou été condamnés à des peines sévères. Dans le cas d'une telle condamnation, les Etats-Unis devraient, en mettant en œuvre les moyens de leur choix, permettre le réexamen et la revision du verdict de culpabilité et de la peine en tenant compte de la violation des droits prévus par la convention.

1.81-1.90. Licéité de l'emploi de la force
(Serbie-et-Monténégro c. Allemagne) (Serbie-et-Monténégro
c. Belgique) (Serbie-et-Monténégro c. Canada) (Yougoslavie
c. Espagne) (Yougoslavie c. Etats-Unis d'Amérique)
(Serbie-et-Monténégro c. France) (Serbie-et-Monténégro
c. Italie) (Serbie-et-Monténégro c. Pays-Bas)
(Serbie-et-Monténégro c. Portugal)
(Serbie-et-Monténégro c. Royaume-Uni)[31]

Le 29 avril 1999, la République fédérale de Yougoslavie a déposé auprès du Greffe de la Cour des requêtes introductives d'instance contre la Belgique, le Ca-

---

[31] Le titre des huit affaires qui demeuraient inscrites au rôle de la Cour a été modifié à la suite du changement de nom de la Yougoslavie intervenu le 4 février 2003. Dans le résumé ci-après, le nom «Yougoslavie» est maintenu en ce qui concerne tous les actes de procédure antérieurs à cette date.

nada, la France, l'Allemagne, l'Italie, les Pays-Bas, le Portugal, l'Espagne, le Royaume-Uni et les Etats-Unis d'Amérique en raison de violations alléguées de leur obligation de ne pas recourir à l'emploi de la force contre un autre Etat. Comme fondement de la compétence de la Cour, la Yougoslavie a invoqué, dans ses requêtes contre la Belgique, le Canada, les Pays-Bas, le Portugal, l'Espagne et le Royaume-Uni, le paragraphe 2 de l'article 36 du Statut de la Cour et l'article IX de la convention pour la prévention et la répression du crime de génocide adoptée par l'Assemblée générale des Nations Unies le 9 décembre 1948. La Yougoslavie s'est également fondée sur l'article IX de ladite convention dans ses requêtes contre la France, l'Allemagne, l'Italie et les Etats-Unis, mais a invoqué en outre le paragraphe 5 de l'article 38 du Règlement de la Cour.

Le 29 avril 1999, la Yougoslavie a également présenté dans chacune des affaires une demande en indication de mesures conservatoires visant à faire «cesser immédiatement l'[Etat défendeur concerné] de recourir à l'emploi de la force et ... de s'abstenir de tout acte constituant une menace de recours ou un recours à l'emploi de la force» contre la Yougoslavie. Les audiences sur les mesures conservatoires s'étant tenues du 10 au 12 mai 1999, la Cour a rendu sa décision dans chacune des affaires le 2 juin 1999. Dans deux d'entre elles *(Yougoslavie c. Espagne* et *Yougoslavie c. Etats-Unis d'Amérique)*, la Cour, tout en rejetant la demande en indication de mesures conservatoires, a conclu qu'elle n'avait manifestement pas compétence et a en conséquence ordonné que les affaires soient rayées du rôle. Dans les huit autres affaires, la Cour a dit qu'elle n'avait pas compétence *prima facie* (une des conditions préalables à l'indication de mesures conservatoires) et que, par suite, elle ne pouvait pas indiquer de telles mesures.

Dans chacune des huit affaires qui sont demeurées inscrites au rôle, les Parties défenderesses ont déposé des exceptions préliminaires d'incompétence et d'irrecevabilité.

Dans ses arrêts du 15 décembre 2004, la Cour a observé que la question de savoir si la Serbie-et-Monténégro était ou non partie au Statut de la Cour à l'époque de l'introduction des instances était une question fondamentale; en effet, si la Serbie-et-Monténégro n'était pas partie au Statut, la Cour ne lui serait pas ouverte à moins qu'elle n'ait rempli les conditions énoncées au paragraphe 2 de l'article 35 du Statut. Aussi la Cour a-t-elle dû examiner la question de savoir si le demandeur remplissait les conditions énoncées aux articles 34 et 35 du Statut, avant d'examiner celles relatives aux conditions énoncées aux articles 36 et 37 du Statut.

La Cour a relevé qu'il ne faisait aucun doute que la Serbie-et-Monténégro était un Etat aux fins du paragraphe 1 de l'article 34 du Statut. Cependant, certains défendeurs ont contesté que, au moment où elle a déposé sa requête, la Serbie-et-Monténégro remplissait les conditions posées au paragraphe 1 de l'article 35 du Statut au motif qu'elle n'était pas membre de l'Organisation des Nations Unies à l'époque considérée. Après avoir rappelé la suite des événements ayant trait au statut juridique de l'Etat demandeur vis-à-vis de l'Organisation des Nations Unies, la Cour a conclu que la situation juridique qui avait prévalu aux Nations Unies pendant la période comprise entre 1992 et 2000, à l'égard du statut de la République fédérale de Yougoslavie après l'éclatement de la République fédérative socialiste de Yougoslavie, était demeurée ambiguë et ouverte à des appréciations divergentes. En 2000, une nouvelle évolution avait marqué la fin de cette situation : après avoir demandé le 27 octobre de cette année-là à devenir Membre de l'Organisation des Nations Unies, la République fédérative de Yougoslavie y a été admise le 1ᵉʳ novembre par la résolution 55/12 de l'Assemblée générale. Le demandeur a donc le statut de Membre de l'Organisation des Nations Unies depuis le 1ᵉʳ novembre 2000. Toutefois, son admission au sein de l'Organisation des Nations Unies n'a pas remonté et n'a pu remonter à l'époque de l'éclatement et de la disparition de la République fédérative socialiste de Yougoslavie. La Cour a donc conclu que le demandeur, au moment où il a déposé sa requête introduisant dans chacune des affaires une instance devant la Cour, le 29 avril 1999, n'était, dans ces conditions, pas membre de l'Organisation des Nations Unies, ni en cette qualité partie au Statut de la Cour internationale de Justice. Par voie de conséquence, le demandeur n'étant pas devenu partie au Statut sur une quelconque autre base, la Cour ne lui était pas ouverte sur la base du paragraphe 1 de l'article 35 du Statut.

La Cour a ensuite examiné la question de savoir si elle pouvait être ouverte au demandeur en vertu du paragraphe 2 de l'article 35. Elle a relevé que l'expression «traités en vigueur» contenue dans ce paragraphe devait être interprétée comme visant les traités qui étaient en vigueur à la date à laquelle le Statut lui-même était entré en vigueur ; par conséquent, même à supposer que le demandeur ait été partie à la convention sur le génocide à la date pertinente, le paragraphe 2 de l'article 35 ne lui donnait pas accès à la Cour sur la base de l'article IX de cette convention puisque celle-ci n'était entrée en vigueur que le 12 janvier 1951, soit après l'entrée en vigueur du Statut.

Enfin, dans les instances introduites contre la Belgique et les Pays-Bas, la Cour a examiné la question de savoir si la Serbie-et-Monténégro était fondée à invoquer, comme base de compétence en ces affaires, la convention sur le règlement des différends qu'elle avait conclue avec chacun de ces Etats au début des années trente. Il convenait à cet effet de déterminer si les conventions datant du début des années trente, qui avaient été conclues avant l'entrée en vigueur du Statut, pouvaient constituer un «traité en vigueur» aux fins du paragraphe 2 de l'article 35 et, partant, offrir une base pour l'accès à la Cour. La Cour a observé tout d'abord que l'article 35 du Statut de la Cour visait l'accès à la présente Cour et non l'accès à sa devancière, la Cour permanente de Justice internationale (CPJI). Elle a observé ensuite que les conditions de transfert à la présente Cour de la compétence de la CPJI étaient régies par l'article 37 du Statut. La Cour a relevé que l'article 37 ne s'applique qu'entre des parties au Statut, sur la base du paragraphe 1 de l'article 35. Ayant déjà déterminé que la Serbie-et-Monténégro n'était pas partie à son Statut lorsqu'elle avait introduit les instances, la Cour en a conclu que l'article 37 ne pouvait pas ouvrir la présente Cour à la Serbie-et-Monténégro sur la base du paragraphe 2 de l'article 35, en vertu des conventions datant du début des années trente, que ces instruments aient été ou non en vigueur le 29 avril 1999, date du dépôt de la requête.

1.91-1.93. Activités armées sur le territoire du Congo
(République démocratique du Congo c. Burundi)
(République démocratique du Congo c. Ouganda)
(République démocratique du Congo c. Rwanda)

Le 23 juin 1999, la République démocratique du Congo (RDC) a déposé au Greffe de la Cour des requêtes introductives d'instance contre le Burundi, l'Ouganda et le Rwanda «en raison d'actes d'agression armée perpétrés en violation flagrante de la Charte des Nations Unies et de la Charte de l'Organisation de l'Unité africaine». Outre la cessation des actes allégués, le Congo a demandé l'obtention d'une réparation pour les actes de destruction intentionnelle et de pillage, ainsi que la restitution des biens et ressources nationales dérobés au profit des Etats défendeurs respectifs.

Dans ses requêtes introductives d'instance contre le Burundi et le Rwanda, la RDC a invoqué, comme fondements de la compétence de la Cour, le paragraphe 1 de l'article 36 du Statut, la convention de New York du 10 décembre 1984 contre la torture et autres peines ou traitements cruels, inhumains ou dégradants, la convention de Montréal du 23 septembre 1971 pour la répression d'actes illicites dirigés contre la sécurité de l'aviation civile et, enfin, le paragraphe 5 de l'article 38 du Règlement de la Cour. Cependant, le Gouvernement de la RDC a fait savoir à la Cour le 15 janvier 2001 qu'il entendait se désister de chacune des instances introduites contre le Burundi et le Rwanda en précisant qu'il se réservait la possibilité de faire valoir ultérieurement de nouveaux chefs de compétence de la Cour. Les deux affaires ont par conséquent été rayées du rôle le 30 janvier 2001. (Pour l'affaire introduite ultérieurement par la RDC contre le Rwanda, le 28 mai 2002, voir ci-après n° 1.102).

Dans l'affaire des *Activités armées sur le territoire du Congo (République démocratique du Congo c. Ouganda)*, la RDC a fondé la compétence de la Cour sur les déclarations d'acceptation de la juridiction obligatoire de la Cour faites par les deux Etats. Le 19 juin 2000, la RDC a déposé une demande en indication de mesures conservatoires tendant à la cessation de toute activité militaire et de toute violation des droits de l'homme et de la souveraineté de la RDC par l'Ouganda. Le 1er juillet 2000, la Cour a ordonné à chacune des Parties de prévenir et de s'abstenir de toute action armée qui risquerait de porter atteinte aux droits de l'autre Partie ou d'aggraver le différend, de prendre toute mesure nécessaire pour se conformer à toutes leurs obligations du droit international applicables en l'espèce, ainsi que d'assurer le plein respect des droits fondamentaux de l'homme et du droit humanitaire.

L'Ouganda a déposé par la suite un contre-mémoire contenant trois demandes reconventionnelles. Par une ordonnance du 29 novembre 2001, la Cour a décidé que deux desdites demandes reconventionnelles (actes d'agression que le Congo aurait commis à l'encontre de l'Ouganda ; attaques visant les locaux et le personnel diplomatique ougandais à Kinshasa ainsi que des ressortissants ougandais, dont le Congo serait responsable) étaient recevables comme telles et faisaient partie de l'instance en cours.

Après avoir tenu des audiences publiques en avril 2005, la Cour a rendu son arrêt au fond le 19 décembre 2005. La Cour s'est d'abord penchée sur la question de l'invasion de la RDC par l'Ouganda. Après examen du dossier que lui avaient soumis les Parties, elle a estimé que, à partir du mois d'août 1998, la RDC n'avait pas consenti à la présence de troupes ougandaises sur son territoire (hormis l'exception limitée relative à la région frontalière des monts Ruwenzori contenue dans l'accord de Luanda). La Cour a également rejeté la demande de l'Ouganda selon laquelle, là où son emploi de la force n'était pas couvert par le consentement, il agissait dans le cadre de l'exercice de son droit de légitime défense. Les conditions préalables à l'exercice d'un tel droit n'étaient pas réunies. Et la Cour de considérer que l'intervention militaire illicite de l'Ouganda avait été d'une ampleur et d'une durée telles qu'elle constituait une violation grave de l'interdiction de l'emploi de la force énoncée au paragraphe 4 de l'article 2 de la Charte des Nations Unies.

La Cour a également dit que, en soutenant activement, sur les plans militaire, logistique, économique et financier, des forces irrégulières qui opéraient sur le territoire congolais, l'Ouganda avait violé le principe du non-recours à la force dans les relations internationales ainsi que le principe de non-intervention.

La Cour s'est ensuite penchée sur la question de l'occupation et sur celle de la violation du droit relatif aux droits de l'homme et du droit humanitaire. Ayant conclu que l'Ouganda était une puissance occupante en Ituri à l'époque pertinente, la Cour a indiqué qu'il se trouvait en tant que tel dans l'obligation, énoncée à l'article 43 du règlement de La Haye de 1907, de prendre toutes les mesures qui dépendaient de lui en vue de rétablir et d'assurer, autant qu'il était possible, l'ordre public et la sécurité dans le territoire occupé en respectant, sauf empêchement absolu, les lois en vigueur en RDC. Cela n'avait pas été fait. La Cour a également considéré qu'il existait des éléments de preuve crédibles suffisants pour conclure que les troupes des UPDF (Uganda People's Defence Forces) avaient de manière générale commis diverses violations du droit international humanitaire et du droit relatif aux droits de l'homme. La Cour a estimé que ces violations étaient attribuables à l'Ouganda.

Le troisième point que la Cour a été appelée à examiner concernait l'exploitation alléguée de ressources naturelles congolaises par l'Ouganda. La Cour a estimé détenir de nombreuses preuves crédibles et convaincantes lui permettant de conclure que des officiers et des soldats des UPDF, parmi lesquels les officiers les plus haut gradés, avaient participé au pillage et à l'exploitation des ressources naturelles de la RDC et que les autorités militaires n'avaient pris aucune mesure pour mettre un terme à ces activités. L'Ouganda était responsable tant du comportement des UPDF dans leur ensemble que du comportement à titre individuel de soldats et d'officiers des UPDF en RDC. Il en était ainsi même si les officiers et soldats des UPDF avaient agi d'une manière contraire aux instructions données ou avaient outrepassé leur mandat. La Cour a en revanche conclu qu'elle ne disposait pas d'éléments de preuve crédibles permettant d'établir qu' il existait une politique gouvernementale de l'Ouganda visant à l'exploitation de ressources naturelles de la RDC, ou que l'Ouganda ait entrepris son intervention militaire dans le dessein d'obtenir un accès aux ressources congolaises.

En ce qui concerne la première demande reconventionnelle de l'Ouganda (voir ci-dessus concernant l'ordonnance du 29 novembre 2001), la Cour a conclu que celui-ci n'avait pas produit suffisamment d'éléments prouvant que la RDC avait fourni un soutien politique et militaire aux groupes rebelles anti-ougandais qui opéraient sur son territoire, ou même failli à son devoir de vigilance en tolérant la présence de rebelles anti-ougandais sur son territoire. La Cour a donc rejeté dans son intégralité la première demande reconventionnelle soumise par l'Ouganda.

S'agissant de la deuxième demande reconventionnelle de l'Ouganda (voir ci-dessus concernant l'ordonnance du 29 novembre 2001), la Cour a tout d'abord déclaré irrecevable la partie de cette demande portant sur des mauvais traitements qu'auraient subi, à l'aéroport international de Ndjili, des ressortissants ougandais ne bénéficiant pas du statut diplomatique. S'agissant du bien-fondé de la demande, elle a en revanche estimé qu'il existait suffisamment d'éléments de preuve attestant que des attaques avaient eu lieu contre l'ambassade et que des mauvais traitements avaient été infligés aux diplomates ougandais à l'aéroport international de Ndjili. Elle a conclu que, ce faisant, la RDC avait manqué aux obligations qui étaient les siennes en vertu de la convention de Vienne sur les relations diplomatiques. Elle a également conclu que la saisie de biens et d'archives à l'ambassade de l'Ouganda était aussi contraire aux dispositions du droit international des relations diplomatiques.

La Cour a indiqué dans son arrêt que la question de la nature, de la forme et du montant de la réparation que chacune des Parties devait à l'autre était réservée et ne lui serait soumise que si les Parties ne parvenaient pas à un accord fondé sur l'arrêt qu'elle venait de rendre.

Après le prononcé de l'arrêt, les Parties ont informé régulièrement la Cour de l'état d'avancement de leurs négociations.

Le 13 mai 2015, estimant que les négociations menées à ce sujet avec l'Ouganda avaient échoué, la RDC a demandé à la Cour de fixer le montant de la réparation due par celui-ci. Bien que l'Ouganda ait fait valoir que cette demande était prématurée, la Cour a constaté, dans une ordonnance en date du 1ᵉʳ juillet 2015, que, si les Parties avaient effectivement cherché à s'entendre directement sur la question, il était manifeste qu'elles n'avaient pas pu parvenir à un accord. Les Parties ont par la suite déposé leurs pièces de procédure écrite sur la question des réparations et l'affaire devrait être entendue en 2019.

1.94. Application de la convention pour la prévention et la répression du crime de génocide (Croatie c. Serbie)[32]

Le 2 juillet 1999, la Croatie a déposé une requête contre la République fédérale de Yougoslavie (RFY) «en raison de violations de la convention pour la prévention et la répression du crime de génocide». La Croatie invoque comme base de compétence de la Cour l'article IX de cette convention à laquelle, selon elle, tant la Croatie que la Yougoslavie sont parties. Le 11 septembre 2002, la Yougoslavie a déposé des exceptions préliminaires à la compétence de la Cour et à la recevabilité des demandes formulées par la Croatie.

La Cour a rendu son arrêt sur les exceptions préliminaires le 18 novembre 2008. La Cour a rejeté les première et troisième exceptions soulevées par le défendeur et elle a considéré que la deuxième n'avait pas un caractère exclusivement préliminaire.

Le 4 janvier 2010, la République de Serbie a déposé son contre-mémoire contenant des demandes reconventionnelles.

La Cour a tenu des audiences publiques du 3 mars au 1ᵉʳ avril 2014, au cours desquelles elle a également entendu des témoins et témoins-experts. La Cour a rendu son arrêt le 3 février 2015.

Tout d'abord, la Cour s'est intéressée à l'étendue de sa compétence, laquelle reposait, a-t-elle rappelé, exclusivement sur l'article IX de la convention sur le génocide. Elle a précisé que cela impliquait que la Cour n'était pas habilitée à se prononcer sur des violations alléguées d'autres obligations que les Parties tiendraient du droit international, violations qui ne peuvent être assimilées à un génocide, en particulier s'agissant d'obligations visant à protéger les droits de l'homme dans un conflit armé. Il en était ainsi même si les violations alléguées concernaient des obligations relevant de normes impératives ou des obligations relatives à la protection des valeurs humanitaires essentielles et que ces obligations pouvaient

---

[32] Le titre de l'affaire, d'abord entre la Croatie et la République fédérale de Yougoslavie, a été modifié à la suite 1) du changement de nom de la Yougoslavie pour Serbie-et-Monténégro, le 4 février 2003 et 2) du fait que, le 3 juin 2006, le Monténégro a déclaré son indépendance de la Serbie. Voir ci-dessus, note 29, p. 160. Dans le résumé ci-après, le nom «Yougoslavie» est utilisé en ce qui concerne tous les actes de procédure antérieurs au 4 février 2003, la dénomination «Serbie-et-Monténégro» pour tous les événements postérieurs à cette date et antérieurs au 3 juin 2006 et l'appellation «République de Serbie» ou «Serbie» pour tous les événements postérieurs au 3 juin 2006.

s'imposer *erga omnes*. La Cour a relevé par ailleurs que la compétence prévue par l'article IX ne s'étendait pas aux allégations concernant la violation du droit international coutumier en matière de génocide, même s'il est constant que la convention consacre des principes qui font également partie du droit international coutumier. Se référant à des énoncés contenus dans sa jurisprudence, elle a rappelé que ladite convention contient des obligations *erga omnes* et que l'interdiction du génocide revêt le caractère d'une norme impérative *(jus cogens)*.

Rappelant qu'elle avait dit, dans son arrêt de 2008, qu'elle avait compétence pour connaître des faits postérieurs au 27 avril 1992 (date à laquelle la RFY est devenue partie à la convention par voie de succession), mais qu'elle avait alors réservé sa décision sur sa compétence s'agissant de violations de la convention qui auraient été commises avant cette date, la Cour, après avoir examiné les arguments des Parties sur ce second aspect, a conclu qu'elle avait compétence pour connaître de la demande de la Croatie, y compris en ce que celle-ci se rapporte à des faits antérieurs au 27 avril 1992. A cet égard, la Cour a considéré que la RFY ne pouvait être liée par la convention sur le génocide avant le 27 avril 1992. Elle a toutefois pris note d'un argument avancé à titre subsidiaire par la Croatie, selon lequel la RFY (et, par la suite, la Serbie) pouvait avoir succédé à la responsabilité de la République fédérative socialiste de Yougoslavie (RFSY) pour des violations de la convention antérieures à cette date. La Cour a indiqué qu'il lui incomberait, afin de déterminer si la Serbie était responsable de violations de la convention, de décider : 1) si les actes allégués par la Croatie avaient été commis et, le cas échéant, s'ils contrevenaient à la convention ; 2) dans l'affirmative, si ces actes étaient attribuables à la RFSY au moment où ils avaient été commis et avaient engagé la responsabilité de cette dernière ; et 3) à supposer que la responsabilité de la RFSY eût été engagée, si la RFY avait succédé à cette responsabilité. Constatant que les Parties étaient en désaccord sur ces questions, la Cour a estimé qu'il existait entre elles un différend entrant dans le champ de l'article IX de la convention («différends ... relatifs à l'interprétation, l'application ou l'exécution de la présente convention, y compris ceux relatifs à la responsabilité d'un Etat en matière de génocide ou de l'un quelconque des autres actes énumérés à l'article III») et qu'elle avait donc compétence pour en connaître. Elle a précisé que, pour parvenir à cette conclusion, elle n'avait pas à trancher les questions susmentionnées, lesquelles relevaient du fond.

La Cour a par ailleurs considéré qu'elle n'avait pas à trancher les questions de recevabilité soulevées par la Serbie avant d'avoir examiné au fond la demande de la Croatie. S'agissant de l'argument de la Serbie selon lequel la demande de la Croatie était irrecevable en ce que la RFY ne pourrait se voir imputer des faits qui auraient eu lieu avant sa constitution en tant qu'Etat le 27 avril 1992, la Cour a estimé qu'il faisait intervenir des questions relatives à l'attribution, sur lesquelles elle n'avait pas à se prononcer avant d'avoir examiné au fond les actes allégués par la Croatie. S'agissant de l'argument avancé, à titre subsidiaire, par la Serbie, selon lequel la demande était irrecevable dans la mesure où elle se rapportait à des faits antérieurs au 8 octobre 1991, date à laquelle la Croatie avait vu le jour en tant qu'Etat et était devenue partie à la convention, la Cour a observé que la demanderesse n'avait pas formulé de demandes distinctes pour les événements survenus avant et après le 8 octobre 1991, et avait au contraire présenté une demande unique faisant état d'une ligne de conduite se durcissant au cours de l'année 1991. Dans ce contexte, la Cour a estimé qu'il convenait, en tout état de cause, de tenir compte de ce qui s'était produit avant cette date pour trancher la question de savoir si les événements survenus par la suite avaient emporté violation de la convention sur le génocide. Elle n'avait donc pas à statuer sur l'argument de la Serbie avant d'avoir examiné et apprécié l'ensemble des éléments de preuve présentés par la Croatie.

Ensuite, la Cour en est venue à l'examen au fond des demandes des Parties. Elle a rappelé que, aux termes de la Convention de 1948, le crime de génocide comprend deux éléments constitutifs. Le premier est l'élément matériel, à savoir les actes qui ont été commis (lesquels sont énoncés à l'article II et comprennent notamment le meurtre de membres du groupe (litt. *a*)) et l'atteinte grave à l'intégrité physique ou mentale de membres du groupe (litt. *b*)). Le second est l'élément moral, à savoir l'intention de détruire, en tout ou en partie, un groupe national, ethnique, racial ou religieux, comme tel. La Cour précise que cet élément moral est la composante propre du génocide et distingue celui-ci d'autres crimes graves. Il s'agit d'une intention spécifique *(dolus specialis)* qui s'ajoute à celle propre à chacun des actes incriminés pour constituer le génocide. La Cour explique que ce qui doit être visé est la destruction physique ou biologique du groupe protégé, ou d'une partie substantielle de ce groupe. La manifestation de cette intention est à rechercher, d'abord, dans les éléments de la politique de l'Etat (même si une telle intention s'exprime rarement de manière expresse), mais peut également être inférée d'une ligne de conduite, lorsque cette intention est la seule conclusion qui puisse raisonnablement être déduite des actes en cause.

S'agissant de la demande de la Croatie, la Cour a considéré que, dans les régions de Slavonie orientale, de Slavonie occidentale, de Banovina/Banija, de Kordun, de Lika et de Dalmatie, la JNA (l'armée de la RSFY) et des forces serbes avaient commis, d'une part, des meurtres de membres du groupe national ou ethnique croate et, d'autre part, des atteintes graves à l'intégrité physique ou mentale de membres du même groupe. Pour la Cour, ces actes étaient constitutifs de l'élément matériel du génocide au sens des litt. *a)* et *b)* de l'article II de la convention.

L'élément matériel du génocide ayant été établi, la Cour s'est penchée sur la question de savoir si les actes commis reflétaient une intention génocidaire. En l'absence de preuve directe d'une telle intention (par exemple, l'expression d'une politique à cet effet), elle a examiné s'il avait été démontré qu'existait une ligne de conduite qui ne pouvait être raisonnablement comprise que comme traduisant l'intention, de la part des auteurs desdits actes, de détruire une partie substantielle du groupe des Croates de souche. La Cour a considéré que tel n'était pas le cas. Elle a fait en particulier observer que les crimes commis contre les Croates de souche semblaient avoir visé le déplacement forcé de la majorité de la population croate des régions concernées, et non sa destruction physique ou biologique. Faute de preuve de l'intention requise, la Cour a conclu que la Croatie n'avait pas démontré ses allégations selon lesquelles un génocide ou d'autres violations de la convention avaient été commis. Elle a donc rejeté la demande de la Croatie dans sa totalité et n'a pas estimé nécessaire de se prononcer sur d'autres questions, telles que l'attribution des actes commis ou la succession à la responsabilité.

S'agissant de la demande reconventionnelle de la Serbie, jugée recevable, la Cour a conclu que, pendant et à la suite de l'opération «Tempête» menée en août 1995, des forces de la Croatie avaient commis des actes relevant des litt. *a)* et *b)* de l'article II : i) meurtres de membres du groupe national ou ethnique serbe en fuite ou étant demeurés dans les zones tombées sous le contrôle des forces de la Croatie; et ii) atteintes graves à l'intégrité physique ou mentale de Serbes.

Toutefois, la Cour a estimé que l'existence d'une intention de détruire, en tout ou en partie, le groupe national ou ethnique des Serbes de Croatie n'avait pas été démontrée en l'espèce. En particulier, si des actes constitutifs de l'élément matériel du génocide avaient été commis, ceux-ci ne l'avaient pas été à une échelle telle qu'ils ne pouvaient que raisonnablement démontrer l'existence d'une intention génocidaire. La Cour a conclu que ni le génocide ni d'autres violations de la convention sur le génocide n'avaient été établis. Elle a donc rejeté la demande reconventionnelle de la Serbie dans sa totalité.

1.95. Incident aérien du 10 août 1999 (Pakistan c. Inde)

Le 21 septembre 1999, la République islamique du Pakistan a déposé une requête introductive d'instance contre la République de l'Inde au sujet d'un différend relatif à la destruction, le 10 août 1999, d'un avion pakistanais. Par lettre du 2 novembre 1999, l'agent de l'Inde a fait savoir que son gouvernement souhaitait présenter des exceptions préliminaires à la compétence de la Cour, dont l'exposé était joint. Le 19 novembre 1999, la Cour a décidé que les pièces de la procédure écrite porteraient d'abord sur la question de la compétence de la Cour. Les audiences publiques sur la question de la compétence de la Cour ont été tenues du 3 au 6 avril 2000.

Dans son arrêt du 21 juin 2000, la Cour a constaté que, pour établir la compétence de la Cour, le Pakistan s'était fondé sur l'article 17 de l'Acte général pour le règlement pacifique des différends internationaux signé à Genève le 26 septembre 1928, sur les déclarations d'acceptation de la juridiction obligatoire de la Cour faites par les Parties et sur le paragraphe 1 de l'article 36 du Statut. Elle a examiné ces bases de compétence successivement.

La Cour a tout d'abord relevé que l'Inde britannique avait adhéré le 21 mai 1931 à l'Acte général de 1928. Elle a observé que l'Inde et le Pakistan avaient longuement discuté de la question de savoir si l'Acte général avait survécu à la dissolution de la Société des Nations et si, dans l'affirmative, les deux Etats étaient devenus parties à cet Acte lors de leur accession à l'indépendance. Se référant à une communication adressée au Secrétaire général des Nations Unies le 18 septembre 1974 dans laquelle le Gouvernement indien indiquait que, depuis l'accession à l'indépendance de l'Inde en 1947, il «ne s'était jamais considéré comme lié par l'Acte général de 1928, que ce soit par succession ou autrement», la Cour en a conclu que l'Inde ne saurait être regardée comme ayant été partie audit Acte à la date à laquelle la requête avait été déposée par le Pakistan et que cette convention ne constituait pas une base de compétence. La Cour s'est ensuite penchée sur les déclarations d'acceptation de la juridiction obligatoire de la Cour faites par les deux Etats. Elle a relevé que la déclaration de l'Inde contenait une réserve en vertu de laquelle étaient exclus de sa juridiction «les différends avec le gouvernement d'un Etat qui est ou a été membre du Commonwealth de nations». La Cour a rappelé que sa juridiction n'existe que dans les termes où elle a été acceptée et que la faculté qu'ont les Etats d'assortir leurs déclarations de réserves constitue une pratique reconnue. Par conséquent, les arguments du Pakistan selon lesquels la réserve de l'Inde aurait un caractère «extra-statutaire» ou serait frappée de caducité ne sauraient être retenus. Le Pakistan étant membre du Commonwealth, elle a conclu qu'elle n'avait pas compétence pour connaître de la requête sur la base des déclarations faites par les deux Etats.

Examinant en troisième lieu la dernière base de compétence invoquée par le Pakistan, à savoir le paragraphe 1 de l'article 36 du Statut, selon lequel «la compétence de la Cour s'étend à toutes les affaires que les parties lui soumettront, ainsi qu'à tous les cas spécialement prévus dans la Charte des Nations Unies», la Cour a indiqué que ni la Charte des Nations Unies ni l'article 1 de l'accord conclu entre les Parties à Simla le 2 juillet 1972 ne lui conféraient compétence pour connaître de ce différend.

La Cour a enfin expliqué qu'il «existe une distinction fondamentale entre l'acceptation par un Etat de la juridiction de la Cour et la compatibilité de certains actes avec le droit international» et que «l'absence de juridiction de la Cour ne dispense pas les Etats de leur obligation de régler leurs différends par des moyens pacifiques».

1.96. *Délimitation maritime entre le Nicaragua et le Honduras dans la mer des Caraïbes (Nicaragua c. Honduras)*

Le 8 décembre 1999, la République du Nicaragua a déposé une requête introductive d'instance contre la République du Honduras au sujet d'un différend relatif à la délimitation des zones maritimes relevant de chacun de ces Etats dans la mer des Caraïbes.

Après avoir tenu des audiences publiques en mars 2007, la Cour a rendu son arrêt le 8 octobre 2007. S'agissant de la souveraineté sur les îles de Bobel Cay, Savanna Cay, Port Royal Cay et South Cay, situées dans la zone du litige, la Cour a constaté qu'il n'avait pas été établi que le Honduras ou le Nicaragua possédait un titre sur ces îles en vertu de l'*uti possidetis juris*. S'étant alors attachée à rechercher d'éventuelles effectivités postcoloniales, la Cour a dit que la souveraineté sur ces îles revenait au Honduras, ce dernier ayant pu démontrer y avoir appliqué et fait respecter son droit pénal et son droit civil, sa réglementation de l'immigration, sa réglementation relative à l'activité des bateaux de pêche et aux constructions, et avoir usé de son autorité en matière de travaux publics. Quant à la délimitation des zones maritimes entre les deux Etats, la Cour a constaté qu'il n'existait de frontière établie le long du 15e parallèle ni sur la base de l'*uti possidetis juris*, ni sur la base d'un accord tacite entre les Parties, contrairement à ce que soutenait le Honduras. Elle a donc procédé elle-même à cette délimitation. Faute de pouvoir recourir à la méthode de l'équidistance en raison de circonstances géographiques particulières, la Cour a tracé une bissectrice (c'est-à-dire une ligne qui divise en deux parts égales l'angle formé par des lignes représentant la direction générale des côtes) d'un azimut de 70° 14′ 41,25″. Elle a ajusté sa ligne pour tenir compte des mers territoriales accordées aux îles susmentionnées et résoudre la question du chevauchement entre ces mers territoriales et celle de l'île d'Edinburgh Cay (Nicaragua) par le tracé d'une ligne médiane. Amenée à identifier le point de départ de la frontière maritime entre le Nicaragua et le Honduras, la Cour a décidé, compte tenu du fait que le cap Gracias a Dios (une projection territoriale qui constitue le point de jonction entre les façades côtières des deux Etats) ne cesse d'avancer vers l'est en raison des dépôts sédimentaires du fleuve Coco, de fixer ce point à 3 milles marins sur la bissectrice, au large du point identifié en 1962 par une commission mixte de démarcation comme étant, à l'époque, le point terminal de la frontière terrestre à l'embouchure du fleuve Coco. La Cour a encore chargé les Parties de négocier de bonne foi en vue de convenir du tracé d'une ligne reliant le point terminal actuel de la frontière terrestre au point de départ de la frontière maritime ainsi établi. S'agissant du point terminal de la frontière maritime, la Cour a déclaré que la ligne qu'elle avait tracée se prolongeait jusqu'à atteindre la zone dans laquelle pourraient être en cause les droits de certains Etats tiers.

1.97. Mandat d'arrêt du 11 avril 2000
(République démocratique du Congo c. Belgique)

Le 17 octobre 2000, la République démocratique du Congo (RDC) a déposé une requête introductive d'instance contre la Belgique au sujet d'un différend concernant un «mandat d'arrêt international» décerné le 11 avril 2000 par un juge d'instruction belge contre le ministre des affaires étrangères congolais en exercice, M. Abdoulaye Yerodia Ndombasi, en vue de son arrestation, puis de son extradition vers la Belgique, en raison de prétendus crimes constituant des «violations graves du droit international humanitaire». Ce mandat d'arrêt avait été diffusé à tous les Etats, y compris à la RDC, qui l'a reçu le 12 juillet 2000.

La RDC a également déposé une demande en indication de mesure conservatoire tendant «à faire ordonner la mainlevée immédiate du mandat d'arrêt litigieux». La Belgique, pour sa part, a demandé le rejet de cette demande et la radiation de l'affaire du rôle de la Cour. Dans l'ordonnance qu'elle a rendue le 8 décembre 2000, la Cour, tout en rejetant la demande de la Belgique tendant à ce que l'affaire soit rayée du rôle, a déclaré que «les circonstances, telles qu'elles se présent[ai]ent [alors] à la Cour, [n'étaient] pas de nature à exiger l'exercice de son pouvoir d'indiquer, en vertu de l'article 41 du Statut, des mesures conservatoires».

Le mémoire de la RDC a été déposé dans les délais prescrits. La Belgique a pour sa part déposé, dans les délais impartis, un contre-mémoire portant à la fois sur les questions de compétence et de recevabilité et sur les questions de fond.

Dans ses conclusions produites lors des audiences publiques, la RDC a demandé à la Cour de dire et juger que la Belgique avait violé la règle coutumière du droit international concernant l'inviolabilité et l'immunité de la juridiction pénale des ministres des affaires étrangères et qu'elle était tenue d'annuler ledit mandat d'arrêt international et de réparer le préjudice moral de la RDC. La Belgique a soulevé des exceptions d'incompétence, de non-lieu et d'irrecevabilité.

Dans son arrêt du 14 février 2002, la Cour a rejeté les exceptions soulevées par la Belgique et s'est déclarée compétente pour statuer sur la demande de la RDC. S'agissant du fond, la Cour a observé qu'en l'espèce elle ne devait examiner que les questions relatives à l'immunité de juridiction pénale et à l'inviolabilité d'un ministre des affaires étrangères en exercice, et ce sur la base du droit international coutumier.

La Cour a fait ensuite remarquer que, en droit international coutumier, le ministre des affaires étrangères ne se voit pas accorder les immunités pour son avantage personnel, mais pour lui permettre de s'acquitter librement de ses fonctions pour le compte de l'Etat qu'il représente. La Cour a considéré que les fonctions d'un ministre des affaires étrangères sont telles que, pour toute la durée de sa charge, il bénéficie d'une immunité de juridiction pénale et d'une inviolabilité totales à l'étranger. Dans la mesure où l'objectif de cette immunité et de cette inviolabilité est d'éviter qu'un autre Etat fasse obstacle à l'exercice des fonctions du ministre, il n'est pas possible d'opérer de distinction entre les actes accomplis par ce dernier à titre «officiel» et ceux qui l'auraient été à titre «privé», pas plus qu'entre les actes accomplis avant qu'il n'occupe les fonctions de ministre des affaires étrangères et ceux accomplis durant l'exercice de ces fonctions. La Cour a fait observer que, contrairement à ce qu'avançait la Belgique, elle n'avait pu déduire de l'examen de la pratique des Etats l'existence, en droit international coutumier, d'une exception quelconque à la règle consacrant l'immunité de juridiction pénale et l'inviolabilité des ministres des affaires étrangères en exercice, lorsqu'ils sont soupçonnés d'avoir commis des crimes de guerre ou des crimes contre l'humanité.

La Cour a en outre indiqué que les règles gouvernant la compétence des tribunaux nationaux et celles régissant les immunités juridictionnelles doivent être soigneusement distinguées. Les immunités résultant du droit international coutumier, notamment celles des ministres des affaires étrangères, demeurent opposables devant les tribunaux d'un Etat étranger, même lorsque ces tribunaux exercent une compétence pénale élargie sur la base de diverses conventions internationales tendant à la prévention et à la répression de certains crimes graves.

La Cour a toutefois souligné que l'immunité de juridiction dont bénéficie un ministre des affaires étrangères en exercice ne signifie pas qu'il bénéficie d'une *impunité* au titre de crimes qu'il aurait pu commettre, quelle que soit leur gravité. Alors que l'immunité de juridiction revêt un caractère procédural, la responsabilité pénale touche au fond du droit. L'immunité de juridiction peut certes faire obstacle aux poursuites pendant un certain temps ou à l'égard de certaines infractions ; elle ne saurait exonérer la personne qui en bénéficie de toute responsabilité pénale. La Cour a ensuite énuméré les circonstances dans lesquelles les immunités dont bénéficie en droit international un ministre ou un ancien ministre des affaires étrangères ne font en effet pas obstacle à ce que leur responsabilité pénale soit recherchée.

Après avoir examiné les termes du mandat d'arrêt du 11 avril 2000, la Cour a noté que l'*émission* du mandat d'arrêt litigieux, comme telle, constituait un acte de l'autorité judiciaire belge ayant vocation à permettre l'arrestation, sur le territoire belge, d'un ministre des affaires étrangères en exercice inculpé de crimes de guerre et de crimes contre l'humanité. Elle a estimé que, compte tenu de la nature et de l'objet du mandat, la seule émission de celui-ci avait constitué une violation d'une obligation de la Belgique à l'égard de la RDC en ce qu'elle avait méconnu l'immunité de M. Yerodia en sa qualité de ministre des affaires étrangères en exercice. La Cour a également déclaré que la diffusion du mandat d'arrêt litigieux dès juin 2000 par les autorités belges sur le plan international avait constitué une violation d'une obligation de la Belgique à l'égard de la RDC en ce qu'elle avait méconnu l'immunité du ministre des affaires étrangères en exercice. La Cour a estimé enfin que les conclusions auxquelles elle était parvenue constituaient une forme de satisfaction permettant de réparer le dommage moral dont se plaignait la RDC. Elle a considéré cependant que, pour rétablir «l'état qui aurait vraisemblablement existé si [l'acte illicite] n'avait pas été commis», la Belgique devait, par les moyens de son choix, mettre à néant le mandat en question et en informer les autorités auprès desquelles ce mandat avait été diffusé.

1.98. Demande en revision de l'arrêt du 11 juillet 1996 en l'affaire relative à l'Application de la convention pour la prévention et la répression du crime de génocide (Bosnie-Herzégovine c. Yougoslavie), exceptions préliminaires (Yougoslavie c. Bosnie-Herzégovine)

Le 24 avril 2001, la Yougoslavie[33] a déposé une demande en revision de l'arrêt rendu par la Cour le 11 juillet 1996 sur les exceptions préliminaires qu'elle avait soulevées dans l'instance introduite contre elle par la Bosnie-Herzégovine. Par cet arrêt du 11 juillet 1996, la Cour s'était déclarée compétente sur la base de l'article IX de la convention de 1948 pour la prévention et la répression du crime de génocide, avait écarté les bases supplémentaires de compétence invoquées par la Bosnie-Herzégovine et avait conclu que la requête déposée par cette dernière était recevable (voir n° 1.70). La Yougoslavie soutenait qu'une revision dudit arrêt était nécessaire dès lors qu'il apparaissait désormais clairement que, avant le 1er novembre 2000 (date à laquelle la Yougoslavie avait été admise au sein de l'Organisation des Nations Unies), elle n'était pas la continuatrice de la personnalité internationale juridique et politique de la République socialiste fédérative de Yougoslavie, qu'elle n'était pas un Etat Membre de l'ONU, qu'elle n'était pas partie au Statut de la Cour et qu'elle n'était pas un Etat partie à la convention sur le génocide. La Yougoslavie priait en conséquence la Cour de dire et juger qu'il existait un fait nouveau de nature à appeler une revision de l'arrêt de 1996 conformément aux dispositions de l'article 61 du Statut.

Après le dépôt, par la Bosnie-Herzégovine, de ses observations écrites sur la recevabilité de la requête, des audiences publiques ont eu lieu du 4 au 7 novembre 2002. Dans son arrêt sur la recevabilité de la requête, rendu le 3 février 2003, la Cour a notamment relevé qu'aux termes de l'article 61 du Statut la revision d'un arrêt ne peut être demandée qu'«en raison de la découverte» d'un fait «nouveau» qui, «avant le prononcé de l'arrêt», était inconnu. Un tel fait doit avoir préexisté au prononcé de l'arrêt, et avoir été découvert ultérieurement. En revanche, a poursuivi la Cour, un fait qui se produit plusieurs années après le prononcé d'un arrêt n'est pas un fait «nouveau» au sens de l'article 61, et ce, quelles que soient les conséquences juridiques qu'un tel fait peut avoir.

Ainsi, la Cour a considéré que l'admission de la Yougoslavie à l'Organisation des Nations Unies, survenue le 1er novembre 2000, c'est-à-dire bien après l'arrêt de 1996, ne pouvait être considérée comme un fait nouveau de nature à fonder une demande en revision de cet arrêt.

Dans le dernier état de son argumentation, la Yougoslavie avait prétendu que son admission à l'ONU et une lettre du conseiller juridique de l'Organisation datée du 8 décembre 2000 auraient «révélé» deux faits existant dès 1996, mais inconnus

---

[33] A savoir la République fédérale de Yougoslavie, qui est dénommée «RFY» dans l'arrêt du 3 février 2003.

à l'époque, à savoir qu'elle n'était pas alors partie au Statut de la Cour et n'était pas liée par la convention sur le génocide. A cet égard, la Cour a estimé que, ce faisant, la Yougoslavie ne se prévalait pas de faits existant en 1996, mais «fond[ait] en réalité sa requête en revision sur les conséquences juridiques qu'elle entend[ait] tirer de faits postérieurs à l'arrêt dont la revision [était] demandée». Ces conséquences, à les supposer établies, ne pouvaient être regardées comme des faits au sens de l'article 61 et la Cour a donc rejeté cette argumentation de la Yougoslavie.

La Cour a indiqué que, au moment où l'arrêt de 1996 a été rendu, la situation qui prévalait était celle créée par la résolution 47/1 de l'Assemblée générale. Cette résolution, adoptée le 22 septembre 1992, disposait notamment ce qui suit :

> «l'Assemblée générale ... considère que la République fédérative de Yougoslavie (Serbie et Monténégro) ne peut pas assumer automatiquement la [continuité de la] qualité de Membre de l'Organisation des Nations Unies à la place de l'ancienne République fédérative socialiste de Yougoslavie et, par conséquent, décide que la République fédérative de Yougoslavie (Serbie et Monténégro) devrait présenter une demande d'admission à l'Organisation et qu'elle ne participera pas aux travaux de l'Assemblée générale».

Dans son arrêt de 2003, la Cour a observé que

> «les difficultés concernant le statut de la RFY, survenues entre l'adoption de cette résolution et l'admission de la RFY à l'ONU le 1er novembre 2000, découlaient de la circonstance que, même si la prétention de la Yougoslavie à assurer la continuité de la personnalité juridique internationale de la RSFY [République socialiste fédérative de Yougoslavie] n'était pas «généralement acceptée»..., les conséquences précises de cette situation (telles que la non-participation aux travaux de l'Assemblée générale ou du Conseil économique et social et aux réunions des Etats parties au pacte international relatif aux droits civils et politiques, etc.) étaient déterminées au cas par cas».

La Cour a précisé que la résolution 47/1 ne portait pas atteinte au droit de la Yougoslavie d'ester devant la Cour ou d'être partie à un différend devant celle-ci dans les conditions fixées par le Statut et qu'elle ne touchait pas davantage à la situation de la Yougoslavie au regard de la convention sur le génocide. La Cour a souligné en outre que la résolution 55/12 en date du 1er novembre 2000 (par laquelle l'Assemblée générale décida d'admettre la Yougoslavie à l'ONU) ne pouvait avoir rétroactivement modifié la situation *sui generis* dans laquelle se trouvait cet Etat vis-à-vis de l'ONU pendant la période 1992-2000, ni sa situation à l'égard du Statut de la Cour et de la convention sur le génocide. Au vu de ce qui précède, la Cour a constaté qu'il n'avait pas été établi que la requête de la Yougoslavie reposerait sur la découverte «d'un fait» qui, «avant le prononcé de l'arrêt, était inconnu de la Cour et de la Partie qui demande la revision» et en a déduit que l'une des conditions de recevabilité d'une demande en revision prescrites au paragraphe 1 de l'article 61 du Statut n'était pas satisfaite.

1.99. Certains biens (Liechtenstein c. Allemagne)

Par une requête déposée au Greffe le 1er juin 2001, le Liechtenstein a introduit une instance contre l'Allemagne au sujet d'un différend afférent à

> «des décisions prises par l'Allemagne, en 1998 et depuis lors, tendant à traiter certains biens des ressortissants du Liechtenstein comme des avoirs allemands «saisis au titre des réparations ou des restitutions, ou en raison de l'état de guerre» — c'est-à-dire comme conséquence de la seconde guerre mondiale —, sans prévoir d'indemniser leurs propriétaires pour la perte de ces biens, et au détriment du Liechtenstein lui-même».

Le contexte historique du différend était le suivant. En 1945, la Tchécoslovaquie confisqua certains biens appartenant à des ressortissants du Liechtenstein, dont le prince Franz Josef II de Liechtenstein, en application des «décrets Beneš», qui autorisaient la confiscation des «biens agricoles» (y compris bâtiments, installations et biens meubles) de «toutes les personnes appartenant au peuple allemand ou hongrois, indépendamment de leur nationalité». Un régime spécial concernant les avoirs et autres biens allemands à l'étranger saisis en rapport avec la seconde guerre mondiale fut institué aux termes de la «convention sur le règlement de questions issues de la guerre et de l'occupation» (chapitre sixième), signée en 1952 à Bonn. En 1991, un tableau du maître hollandais Pieter van Laer fut prêté par un musée de Brno (Tchécoslovaquie) à un musée de Cologne (Allemagne) pour figurer dans une exposition. Ce tableau, propriété de la famille du prince régnant de Liechtenstein depuis le XVIIIe siècle, avait été confisqué en 1945 par la Tchécoslovaquie en application des décrets Beneš. Le prince Hans-Adam II de Liechtenstein, agissant à titre personnel, saisit alors les tribunaux allemands d'une action en restitution de la toile, mais cette action fut rejetée au motif que, selon les termes de l'article 3 du chapitre sixième de la convention sur le règlement (article dont les paragraphes 1 et 3 sont toujours en vigueur), aucune réclamation ou action ayant trait aux mesures prises contre des avoirs allemands à l'étranger au lendemain de la seconde guerre mondiale n'était recevable devant les tribunaux allemands. Une requête introduite par le prince Hans-Adam II devant la Cour européenne des droits de l'homme contre les décisions des tribunaux allemands fut également rejetée.

Comme base de compétence de la Cour, le Liechtenstein invoquait l'article premier de la convention européenne pour le règlement pacifique des différends, faite à Strasbourg le 29 avril 1957.

Le 27 juin 2002, l'Allemagne a déposé des exceptions préliminaires d'incompétence et d'irrecevabilité, et la procédure sur le fond a en conséquence été suspendue. Le 15 novembre 2002, le Liechtenstein a déposé ses observations écrites sur les exceptions préliminaires de l'Allemagne dans le délai prescrit par le président de la Cour.

Après la tenue d'audiences publiques sur les exceptions préliminaires de l'Allemagne en juin 2004, la Cour a rendu son arrêt le 10 février 2005. Elle a d'abord rejeté la première exception préliminaire de l'Allemagne, selon laquelle la Cour n'avait pas compétence en raison de l'absence de différend entre les Parties.

La Cour a ensuite examiné la deuxième exception de l'Allemagne, qui lui demandait de déterminer, à la lumière des dispositions de l'alinéa *a)* de l'article 27 de la convention européenne pour le règlement pacifique des différends, si le différend concernait des faits ou situations qui étaient antérieurs ou postérieurs au 18 février 1980, date d'entrée en vigueur de cette convention entre l'Allemagne et le Liechtenstein. La Cour a conclu que, si la présente instance avait été effectivement introduite par le Liechtenstein à la suite de décisions rendues par des tribunaux allemands concernant un tableau de Pieter van Laer, ces événements avaient eux-mêmes leur source dans certaines mesures prises par la Tchécoslovaquie en 1945, lesquelles avaient conduit à la confiscation de biens appartenant à certains ressortissants liechtensteinois, dont le prince Franz Josef II de Liechtenstein, ainsi que dans le régime spécial institué par la convention sur le règlement ; et que c'était la convention sur le règlement et les décrets Beneš qui étaient à l'origine ou constituaient par conséquent la cause réelle de ce différend. La Cour a donc retenu la deuxième exception préliminaire de l'Allemagne, concluant qu'elle ne pouvait se prononcer au fond sur les demandes du Liechtenstein.

1.100. *Différend territorial et maritime (Nicaragua c. Colombie)*

Le 6 décembre 2001, la République du Nicaragua a déposé une requête introductive d'instance contre la République de Colombie au sujet d'un différend concernant « un ensemble de questions juridiques interdépendantes en matière de titres territoriaux et de délimitation maritime, qui demeur[aient] en suspens » entre les deux Etats. Le 28 avril 2003, le Nicaragua a déposé son mémoire, dans le délai prescrit par la Cour. Le 21 juillet 2003, la Colombie a déposé des exceptions préliminaires d'incompétence, entraînant la suspension de la procédure sur le fond.

Par un arrêt sur lesdites exceptions, rendu le 13 décembre 2007, la Cour a déclaré avoir compétence pour connaître du différend relatif à la souveraineté sur les formations maritimes revendiquées par les Parties autres que les îles de San Andrés, Providencia et Santa Catalina. S'agissant de sa compétence concernant la question de la délimitation maritime, la Cour a conclu que le traité de 1928 entre les Parties n'avait pas opéré de délimitation générale des espaces maritimes entre la Colombie et le Nicaragua et que, le différend n'ayant pas été réglé au sens du pacte de Bogotá, elle avait donc compétence pour statuer sur celui-ci.

Le 25 février 2010, le Costa Rica a déposé une requête à fin d'intervention en l'affaire. Dans sa requête, le Costa Rica affirmait notamment que «[l]e Nicaragua comme la Colombie, par leurs revendications frontalières respectives, cherch[aient] à se voir attribuer des zones maritimes auxquelles le Costa Rica a[vait] droit» et indiquait qu'il souhaitait intervenir à l'instance en tant qu'Etat non partie. Le 10 juin 2010, la République du Honduras a elle aussi déposé une requête à fin d'intervention dans la même affaire, affirmant que, dans le différend qui opposait le Nicaragua à la Colombie, le Nicaragua avançait des prétentions maritimes se situant dans une zone de la mer des Caraïbes dans laquelle le Honduras avait des droits et des intérêts d'ordre juridique. Dans sa requête, le Honduras indiquait qu'il souhaitait principalement intervenir à l'instance en qualité de partie. La Cour a rendu deux arrêts, le 4 mai 2011, par lesquels elle a jugé que les requêtes à fin d'intervention du Costa Rica et du Honduras ne pouvaient être admises. La Cour a noté que l'intérêt d'ordre juridique invoqué par le Costa Rica ne serait susceptible d'être affecté que dans l'hypothèse où la frontière maritime que la Cour était appelée à tracer entre le Nicaragua et la Colombie serait prolongée vers le sud, au-delà d'une certaine latitude. Or, la Cour, suivant en cela sa jurisprudence, lorsqu'elle trace une ligne délimitant les espaces maritimes entre les deux Parties à la procédure principale, arrête, selon que de besoin, la ligne en question avant qu'elle n'atteigne la zone où les intérêts d'ordre juridique d'Etats tiers peuvent être en cause. La Cour en a conclu que l'intérêt d'ordre juridique invoqué par le Costa Rica n'était pas susceptible d'être affecté par la décision dans la procédure entre le Nicaragua et la Colombie. S'agissant de la requête à fin d'intervention du Honduras, la Cour a conclu que le Honduras n'était pas parvenu à démontrer qu'il possédait un intérêt d'ordre juridique susceptible d'être affecté par sa décision dans la procédure principale. La Cour a considéré d'une part que, la frontière maritime séparant le Honduras et le Nicaragua dans la mer des Caraïbes ayant été fixée intégralement dans l'arrêt qu'elle avait rendu entre ces deux Etats en 2007 (voir n° 1.96), il ne subsistait pas de droits ou d'intérêts d'ordre juridique que le Honduras pourrait rechercher à protéger à l'occasion du règlement du différend entre le Nicaragua et la Colombie. D'autre part, la Cour n'a pas estimé que le Honduras pouvait invoquer un intérêt d'ordre juridique, dans la procédure principale, sur la base du traité bilatéral de 1986 conclu entre lui et la Colombie, en précisant que, pour déterminer la frontière maritime entre la Colombie et le Nicaragua, elle ne se fonderait pas sur ledit traité.

Dans l'arrêt qu'elle a rendu sur le fond de l'affaire, le 19 novembre 2012, la Cour a dit que le différend territorial opposant les Parties concernait la souveraineté sur des formations situées dans la mer des Caraïbes — les cayes d'Alburquerque, les cayes de l'Est-Sud-Est, Roncador, Serrana, Quitasueño, Serranilla et Bajo Nuevo —, qui sont toutes découvertes à marée haute et sont donc des îles, susceptibles d'appropriation. La Cour a toutefois estimé que Quitasueño ne comporte qu'une seule île, minuscule, désignée QS 32, et un certain nombre de hauts-fonds découvrants (formations découvertes à marée basse et recouvertes à marée haute). La Cour a ensuite noté que, aux termes du traité de règlement territorial entre la Colombie et le Nicaragua de 1928, la Colombie a la souveraineté non seulement sur les îles de San Andrés, de Providencia et de Santa Catalina, mais également sur les autres îles, îlots et récifs qui «font partie» de l'archipel de San Andrés. Aussi, pour se prononcer sur la question de la souveraineté, la Cour devait-elle d'abord établir quelles sont les formations constituant l'archipel de San Andrés. Elle a conclu toutefois que ni le traité de 1928 ni les documents historiques n'établissaient de manière concluante la composition de cet archipel. La Cour a dès lors examiné les arguments et éléments de preuve autres que ceux fondés sur la composition de l'archipel aux termes du traité de 1928. Elle a conclu que ni le Nicaragua ni la Colombie n'avaient établi qu'ils détenaient un titre sur les formations maritimes en litige en vertu de l'*uti possidetis juris* (principe selon lequel, lors de leur indépendance, les nouveaux Etats héritent des territoires et des frontières des anciennes provinces coloniales), aucun élément ne venant clairement attester que les formations en question avaient été attribuées aux provinces coloniales du Nicaragua ou à celles de la Colombie. La Cour s'est intéressée ensuite à la question de savoir si la souveraineté peut être établie sur la base d'actes constituant une manifestation d'autorité d'un Etat sur un territoire donné (effectivités). Elle a estimé au terme de son examen que c'est la Colombie, et non le Nicaragua, qui a la souveraineté sur les îles faisant partie d'Alburquerque, de Bajo Nuevo, des cayes de l'Est-Sud-Est, de Quitasueño, de Roncador, de Serrana et de Serranilla.

Concernant la demande du Nicaragua tendant à la délimitation d'un plateau continental au-delà de 200 milles marins, la Cour a fait observer que «toute prétention [d'un Etat partie à la convention des Nations Unies sur le droit de la mer de 1982 (CNUDM)] relative à des droits sur le plateau continental au-delà de 200 milles d[evait] être conforme à l'article 76 de la CNUDM et examinée par la Commission des limites du plateau continental». Eu égard à l'objet et au but de la CNUDM, tels qu'exposés dans son préambule, le fait que la Colombie n'y soit pas partie n'exonérait pas le Nicaragua de ses obligations au titre de l'article 76 de cet instrument. La Cour a relevé que le Nicaragua n'avait communiqué à la Commission que des «informations préliminaires» qui, comme l'admettait ce dernier, étaient loin de satisfaire aux exigences requises pour que la Commission puisse formuler ses recommandations. Aucune autre information ne lui ayant été communiquée, la Cour a estimé que, en la présente instance, le Nicaragua n'avait pas apporté la preuve que sa marge continentale s'étendait suffisamment loin pour chevaucher le plateau continental dont la Colombie peut se prévaloir sur 200 milles marins à partir de sa côte continentale. La Cour n'était donc pas en mesure de délimiter la frontière entre le plateau continental étendu revendiqué par le Nicaragua et le plateau continental de la Colombie. Nonobstant cette dernière conclusion, la Cour a noté qu'il lui était cependant toujours demandé de

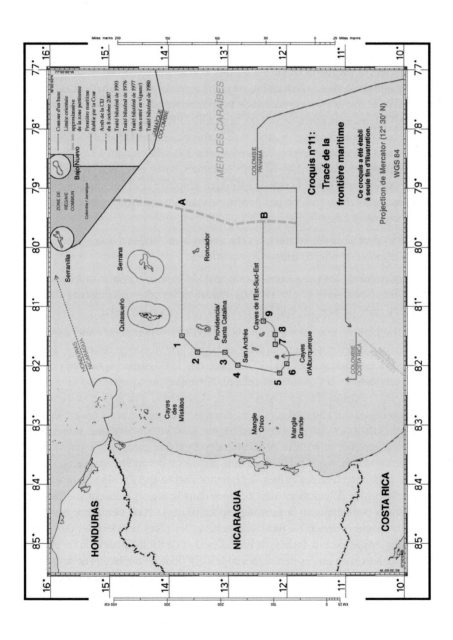

procéder à la délimitation de la zone située en deçà de la limite des 200 milles marins à partir de la côte nicaraguayenne, où les droits de la Colombie et du Nicaragua se chevauchent.

Aux fins de procéder à la délimitation de la frontière maritime, la Cour a commencé par identifier les côtes pertinentes des Parties, à savoir celles dont les projections se chevauchent. La Cour a dit que la côte pertinente du Nicaragua était l'intégralité de sa côte, à l'exception du court segment situé à proximité de Punta de Perlas, et que la côte pertinente de la Colombie était l'intégralité des côtes de ses îles, à l'exception de Quitasueño, Serranilla et Bajo Nuevo. La Cour a ensuite noté que la zone maritime pertinente, à savoir celle dans laquelle les droits potentiels des Parties se chevauchent, s'étendait à 200 milles marins à l'est de la côte nicaraguayenne. Au nord et au sud, les limites de la zone pertinente ont été déterminées par la Cour de manière à ne pas empiéter sur l'une quelconque des frontières existantes ou à ne pas pénétrer dans un secteur où les intérêts d'Etats tiers pourraient être affectés.

Afin d'effectuer la délimitation, la Cour a suivi la méthode en trois étapes qu'elle a déjà exposée et utilisée dans sa jurisprudence.

Premièrement, la Cour a choisi des points de base et construit une ligne médiane provisoire entre la côte nicaraguayenne et les côtes occidentales des îles colombiennes pertinentes, qui font face à la côte nicaraguayenne.

Deuxièmement, la Cour a examiné les circonstances pertinentes qui pourraient appeler un ajustement ou un déplacement de la ligne médiane provisoire afin de parvenir à un résultat équitable. Elle a noté que la disparité importante entre la côte pertinente de la Colombie et celle du Nicaragua (le rapport étant de 1 à 8,2) ainsi que la nécessité d'éviter que la ligne de délimitation n'ait pour effet d'amputer l'une ou l'autre des Parties des espaces maritimes correspondant à ses projections côtières étaient des circonstances pertinentes. La Cour a relevé que, si les considérations légitimes en matière de sécurité devraient être gardées à l'esprit lorsqu'il s'agirait de déterminer si la ligne médiane provisoire devait être ajustée ou déplacée, le comportement des Parties, les questions relatives à l'accès aux ressources naturelles et les délimitations déjà opérées dans la région n'étaient pas des circonstances pertinentes en la présente espèce. Dans la zone pertinente comprise entre la masse continentale nicaraguayenne et les côtes occidentales des cayes d'Alburquerque, de San Andrés, de Providencia et de Santa Catalina, là où elles se font face, les circonstances pertinentes appelaient donc un déplacement de la ligne médiane provisoire vers l'est. A cette fin, la Cour a estimé que les points de base situés sur les îles nicaraguayennes et colombiennes, respectivement, devaient se voir conférer une valeur différente, à savoir une valeur unitaire pour chacun des points de base colombiens et une valeur triple pour chacun des points de base nicaraguayens. La Cour a estimé cependant que la ligne pondérée ainsi construite n'aboutirait pas à un résultat équitable si elle était prolongée au nord et au sud, en ce qu'elle attribuerait à la Colombie une part bien plus importante de la zone pertinente que celle attribuée au Nicaragua alors que la longueur de la côte nicaraguayenne est plus de huit fois supérieure à celle de la côte colombienne. Cette ligne priverait en outre le Nicaragua des espaces situés à l'est des principales îles colombiennes dans lesquels se projette sa côte continentale. De l'avis de la Cour, un résultat équitable devait être obtenu en prolongeant la ligne frontière le long des parallèles jusqu'à la limite des 200 milles marins mesurés à partir de la côte du Nicaragua. Au nord, cette ligne longe le parallèle passant par le point le plus septentrional de la limite extérieure de la mer territoriale tracée à 12 milles marins de Roncador. Au sud, la frontière maritime suit tout d'abord la limite extérieure de la mer territoriale tracée à 12 milles marins des cayes d'Alburquerque et de l'Est-Sud-Est, puis le parallèle à partir du point le plus oriental de la mer territoriale des cayes de l'Est-Sud-Est. Pour éviter que Quitasueño et Serrana ne se retrouvent, dans ces conditions, du côté nicaraguayen de la ligne, la frontière maritime tracée autour de chacune de ces formations suit la limite extérieure de leur mer territoriale de 12 milles marins.

Troisièmement et enfin, la Cour a vérifié que la délimitation ainsi obtenue n'entraînait pas, compte tenu de l'ensemble des circonstances de l'affaire, une disproportion de nature à rendre le résultat inéquitable. La Cour a noté que la ligne frontière avait pour effet de partager la zone pertinente entre les Parties selon un rapport d'environ 1 à 3,44 en faveur du Nicaragua, alors que le rapport entre les côtes pertinentes était d'environ 1 à 8,2, et a conclu que cette ligne n'entraînait pas de disproportion donnant lieu à un résultat inéquitable.

1.101. Différend frontalier (Bénin/Niger)

Le 3 mai 2002, le Bénin et le Niger, par la notification conjointe d'un compromis signé le 15 juin 2001 à Cotonou et entré en vigueur le 11 avril 2002, ont saisi la Cour d'un différend concernant «la délimitation définitive de l'ensemble de leur frontière». Aux termes de l'article premier de ce compromis, les Parties sont convenues de soumettre leur différend frontalier à une chambre de la Cour, constituée en application du paragraphe 2 de l'article 26 du Statut, et de procéder chacune à la désignation d'un juge *ad hoc*. La Cour, par une ordonnance du 27 novembre 2002, a décidé, à l'unanimité, d'accéder à la demande des deux Parties tendant à former une chambre spéciale de cinq juges pour connaître de l'affaire.

Après avoir tenu des audiences publiques en mars 2005, la Chambre a rendu son arrêt le 12 juillet 2005. Elle a tout d'abord rappelé brièvement le cadre géographique et le contexte historique du différend entre ces deux anciennes colonies qui relevaient de l'Afrique occidentale française (AOF) jusqu'à leur accession à l'indépendance en août 1960; elle a ensuite examiné la question du droit applicable au différend. Elle a indiqué qu'il comprenait le principe de l'intangibilité des frontières héritées de la colonisation, ou principe de l'*uti possidetis juris*, qui «vise, avant tout, à assurer le respect des limites territoriales au moment de l'accession à l'indépendance». La Chambre a estimé que, en application de ce principe, elle devait déterminer en l'affaire la frontière héritée de l'administration française. Elle a noté que «les Parties [s'étaient] accord[ées] pour dire que les dates à prendre en considération à cet effet [étaient] celles auxquelles elles ont respectivement accédé à l'indépendance, à savoir les 1er et 3 août 1960».

La Chambre a examiné ensuite le tracé de la frontière dans le secteur du fleuve Niger. Elle a d'abord procédé à l'examen des divers actes réglementaires ou administratifs invoqués par les Parties à l'appui de leurs thèses respectives et conclu «qu'aucune [d'entre elles] n'a[vait] apporté la preuve de l'existence, durant la période coloniale, d'un titre issu» de tels actes. Conformément au principe selon lequel, dans l'éventualité où il n'existe aucun titre juridique, l'effectivité «doit inévitablement être prise en considération», la Chambre s'est ensuite penchée sur les éléments de preuve présentés par les Parties concernant l'exercice effectif d'autorité sur le terrain à l'époque coloniale, afin de déterminer le tracé de la frontière dans le secteur du fleuve Niger et d'indiquer auquel des deux Etats appartenait chacune des îles du fleuve, en particulier l'île de Lété.

Au terme de cet examen, la Chambre a conclu que la frontière entre le Bénin et le Niger dans ce secteur suit le chenal navigable principal du fleuve Niger tel qu'il existait à la date des indépendances, étant entendu que, au niveau des trois îles situées en face de Gaya, la frontière passe à gauche desdites îles. Il en résulte que le Bénin a un titre sur les îles situées entre la frontière ainsi définie et la rive droite du fleuve, et le Niger sur les îles situées entre cette frontière et la rive gauche du fleuve.

Aux fins de déterminer l'emplacement précis de la ligne frontière dans le chenal navigable principal, c'est-à-dire la ligne des sondages les plus profonds telle qu'elle existait à la date des indépendances, la Chambre s'est basée sur le rapport produit en 1970, à la demande des Gouvernements du Dahomey (ancien nom du Bénin), du Mali, du Niger et du Nigéria, par l'entreprise Netherlands Engineering Consultants (NEDECO). La Chambre a précisé dans l'arrêt les coordonnées de cent cinquante-quatre points par lesquels passe la ligne frontière entre le Bénin et le Niger dans ce secteur. Elle a indiqué notamment que Lété Goungou appartient au Niger. La Chambre a considéré enfin que le compromis lui avait conféré compétence pour déterminer aussi la frontière sur les ponts reliant Gaya et Malanville. Elle a estimé que la frontière sur ces ouvrages suit le tracé de la frontière dans le fleuve Niger.

Se penchant, dans la deuxième partie de son arrêt, sur le tracé occidental de la frontière entre le Bénin et le Niger, dans le secteur de la rivière Mékrou, la Chambre a procédé à l'examen des différents documents invoqués par les Parties à l'appui de leurs thèses respectives. Elle a estimé que, nonobstant l'existence d'un titre juridique de 1907 invoqué par le Niger à l'appui de la frontière qu'il revendiquait, il était établi que, «à partir de 1927 en tout cas, les autorités administratives compétentes [avaie]nt considéré le cours de la Mékrou comme la limite intercoloniale séparant le Dahomey du Niger, que ces autorités [avaie]nt traduit cette délimitation dans les actes successifs qu'elles [avaie]nt édictés à partir de 1927, lesquels indiqu[ai]ent, pour les uns, et suppos[ai]ent nécessairement, pour les autres, une telle limite, et que tel était l'état du droit à la date des indépendances en août 1960».

La Chambre a conclu que, dans le secteur de la rivière Mékrou, la frontière entre le Bénin et le Niger est constituée par la ligne médiane de cette rivière.

1.102. Activités armées sur le territoire du Congo
(nouvelle requête: 2002)
(République démocratique du Congo c. Rwanda)

Le 28 mai 2002, la République démocratique du Congo (RDC) a déposé au Greffe de la Cour une requête introductive d'instance contre le Rwanda en raison «des violations massives, graves et flagrantes des droits de l'homme et du droit international humanitaire», découlant

«des actes d'agression armée perpétrés par le Rwanda sur le territoire de la République démocratique du Congo en violation flagrante de la souveraineté et de l'intégrité territoriale de la République démocratique du Congo, garantie par les chartes de l'Organisation des Nations Unies et de l'Organisation de l'unité africaine».

La RDC indiquait dans sa requête que la compétence de la Cour pour connaître du différend qui l'opposait au Rwanda «découl[ait] des clauses compromissoires» contenues dans divers instruments juridiques internationaux, à savoir: la convention de 1979 sur l'élimination de toutes les formes de discrimination à l'égard des femmes, la convention internationale de 1965 sur l'élimination de toutes les formes de discrimination raciale, la convention de 1948 pour la prévention et la répression du crime de génocide, la constitution de l'Organisation mondiale de la Santé (OMS), l'acte constitutif de l'UNESCO, la convention de New York de 1984 contre la torture et autres peines ou traitements cruels, inhumains ou dégradants et la convention de Montréal de 1971 pour la répression d'actes illicites dirigés contre la sécurité de l'aviation civile. La RDC ajoutait que la compétence de la Cour découlerait aussi de la suprématie des normes impératives (*jus cogens*) en matière de droits de l'homme, telles que reflétées dans certains traités et conventions internationaux.

Le 28 mai 2002, jour du dépôt de la requête, la RDC a également présenté une demande en indication de mesures conservatoires. Des audiences publiques ont eu lieu les 13 et 14 juin 2002 sur cette demande. Par une ordonnance du 10 juillet 2002, la Cour a rejeté ladite demande, considérant qu'elle ne disposait pas en l'espèce de la compétence *prima facie* nécessaire pour indiquer les mesures conservatoires demandées par la RDC. Par ailleurs, «en l'absence d'incompétence manifeste», elle a aussi rejeté la demande du Rwanda tendant à ce que l'affaire soit rayée du rôle. La Cour a en outre précisé que les conclusions auxquelles elle était parvenue ne préjugeaient en rien sa compétence pour connaître du fond de l'affaire, ni aucune question relative à la recevabilité de la requête ou au fond lui-même.

Le 18 septembre 2002, la Cour a rendu une ordonnance prescrivant que les pièces de procédure écrite porteraient d'abord sur les questions de compétence de la Cour et de recevabilité de la requête.

Dans son arrêt du 3 février 2006, la Cour a jugé qu'elle n'avait pas compétence pour connaître de la requête déposée par la République démocratique du Congo. La Cour a estimé que les instruments internationaux invoqués par la RDC ne pouvaient servir de bases de compétence parce que, selon le cas : 1) le Rwanda n'y était pas partie (convention contre la torture et autres peines ou traitements cruels, inhumains ou dégradants) ou 2) il avait formulé des réserves à ces instruments (convention pour la prévention et la répression du crime de génocide et convention sur l'élimination de toutes les formes de discrimination raciale) ou 3) d'autres conditions préalables à la saisine de la Cour n'avaient pas été remplies (convention sur l'élimination de toutes les formes de discrimination à l'égard des femmes, Constitution de l'Organisation mondiale de la Santé, Constitution de l'Organisation des Nations Unies pour l'éducation, la science et la culture, convention de Montréal pour la répression d'actes illicites dirigés contre la sécurité de l'aviation civile).

La Cour n'ayant pas compétence pour connaître de la requête, elle n'a en conséquence pas eu à statuer sur la recevabilité de celle-ci. Consciente que la nature de l'objet du différend était très proche de celle de l'affaire *RDC c. Ouganda* (voir ci-dessus n° 1.92), et que les raisons pour lesquelles elle ne procéderait pas à l'examen au fond dans l'affaire *RDC c. Rwanda* devaient être soigneusement expliquées, la Cour a indiqué que certaines dispositions de son Statut s'opposaient à ce qu'elle puisse prendre position sur le fond des demandes formulées par la RDC. Toutefois, a-t-elle rappelé, «il existe une distinction fondamentale entre la question de l'acceptation de la juridiction de la Cour par les Etats et la conformité de leurs actes au droit international». A cet égard, «[q]u'ils aient accepté ou non la juridiction de la Cour, les Etats sont en effet tenus de se conformer aux obligations qui sont les leurs en vertu de la Charte des Nations Unies et des autres règles du droit international, y compris du droit international humanitaire et du droit international relatif aux droits de l'homme, et demeurent responsables des actes contraires au droit international qui pourraient leur être attribués».

1.103. *Demande en revision de l'arrêt du 11 septembre 1992*
en l'affaire du Différend frontalier terrestre, insulaire et maritime
(El Salvador/Honduras; Nicaragua (intervenant))
(El Salvador c. Honduras)

Le 10 septembre 2002, El Salvador a déposé une demande en revision de l'arrêt rendu le 11 septembre 1992 par une chambre de la Cour dans l'affaire du *Différend frontalier terrestre, insulaire et maritime (El Salvador/Honduras; Nicaragua (intervenant))*. El Salvador a indiqué que «la demande a[vait] pour seul but de chercher à obtenir une revision du tracé de la frontière fixée par la Cour en ce qui concerne le sixième secteur en litige de la frontière terrestre entre El Salvador et le Honduras». Il est à rappeler que c'est la première fois qu'est présentée une demande en revision d'un arrêt rendu par une chambre de la Cour.

Par une ordonnance du 27 novembre 2002, la Cour a décidé, à l'unanimité, d'accéder à la demande des deux Parties tendant à former une chambre spéciale de cinq juges pour connaître de l'affaire. Dans son ordonnance, la Cour a par ailleurs fixé au 1er avril 2003 la date d'expiration du délai pour le dépôt des observations écrites du Honduras sur la recevabilité de la demande en revision. Cette pièce ayant été déposée dans le délai ainsi prescrit, la Chambre a tenu des audiences publiques sur la recevabilité de ladite demande du 8 au 12 septembre 2003.

La Chambre a rendu son arrêt le 18 décembre 2003. La Chambre a d'abord rappelé qu'elle devait, à ce stade de la procédure, examiner la recevabilité de la demande aux fins de s'assurer que celle-ci satisfaisait aux conditions posées à l'article 61 du Statut de la Cour, c'est-à-dire que la demande doit, entre autres, être fondée sur la «découverte» d'un fait «de nature à exercer une influence décisive» qui «doit, avant le prononcé de l'arrêt, avoir été inconnu de la Cour et de la partie qui en demande la revision».

Après un examen des faits nouveaux invoqués par El Salvador, la Chambre a conclu qu'aucun d'entre eux n'était de nature à exercer une influence décisive sur l'arrêt du 11 septembre 1992 et la Chambre a indiqué qu'elle n'avait pas à rechercher si les autres conditions fixées par l'article 61 du Statut avaient été remplies.

1.104. *Avena et autres ressortissants mexicains (Mexique c. Etats-Unis d'Amérique)*

Le 9 janvier 2003, le Mexique a saisi la Cour d'un différend l'opposant aux Etats-Unis d'Amérique au sujet de violations alléguées des articles 5 et 36 de la convention de Vienne sur les relations consulaires du 24 avril 1963, concernant cinquante-quatre ressortissants mexicains condamnés à mort dans certains Etats des Etats-Unis. En même temps que sa requête, le Mexique a en outre déposé une demande en indication de mesures conservatoires visant notamment à ce que les Etats-Unis d'Amérique prennent toutes les mesures nécessaires pour faire en sorte qu'aucun ressortissant mexicain ne soit exécuté et qu'il ne soit pris aucune mesure qui puisse porter atteinte aux droits du Mexique ou de ses ressortissants en ce qui concerne toute décision que la Cour pourrait prendre sur le fond de l'affaire. Après avoir entendu les Parties en audiences publiques sur les mesures conservatoires le 21 janvier 2003, la Cour a rendu le 5 février 2003 une ordonnance par laquelle elle a décidé que les

> «Etats-Unis d'Amérique prendr[aient] toute mesure pour que MM. César Roberto Fierro Reyna, Roberto Moreno Ramos et Osvaldo Torres Aguilera

[trois des ressortissants mexicains] ne soient pas exécutés tant que l'arrêt définitif en la présente instance n'aura[it] pas été rendu»,

que les «Etats-Unis d'Amérique porter[aient] à la connaissance de la Cour toute mesure prise en application de [cette] ordonnance», et que la Cour demeurerait saisie des questions faisant l'objet de l'ordonnance jusqu'à ce qu'elle ait rendu son arrêt définitif.

Après avoir tenu des audiences publiques en décembre 2003, la Cour a rendu son arrêt le 31 mars 2004. Le Mexique ayant modifié ses demandes au cours de la phase écrite de la procédure et pendant la procédure orale, la Cour s'est finalement prononcée sur le cas de cinquante-deux (au lieu de cinquante-quatre) ressortissants mexicains.

La Cour a examiné quatre exceptions d'incompétence et cinq exceptions d'irrecevabilité soulevées par les Etats-Unis. Le Mexique a plaidé pour sa part l'irrecevabilité de toutes ces exceptions au motif qu'elles avaient été présentées après l'expiration du délai prévu dans le Règlement de la Cour. Mais celle-ci n'a pas retenu cet argument. La Cour a rejeté les exceptions soulevées par les Etats-Unis en réservant, pour certaines d'entre elles, l'examen au stade du fond des arguments avancés.

Statuant sur le fond de l'affaire, la Cour a d'abord examiné la question de savoir si les cinquante-deux individus concernés avaient exclusivement la nationalité mexicaine. En l'absence de preuve apportée par les Etats-Unis que certaines de ces personnes avaient aussi la nationalité américaine, la Cour a considéré que les Etats-Unis avaient, en vertu de l'alinéa *b)* du paragraphe 1 de l'article 36 de la Convention de Vienne, l'obligation d'information consulaire à l'égard des cinquante-deux ressortissants mexicains. Concernant la signification qu'il convient de donner à l'expression «sans retard», employée à l'alinéa *b)* du paragraphe 1 de l'article 36, la Cour a encore considéré qu'il existe une obligation de donner l'information consulaire au moment où il est constaté que la personne arrêtée est un ressortissant étranger, ou lorsqu'il existe des raisons de penser qu'il s'agit probablement d'un ressortissant étranger. La Cour a conclu que les Etats-Unis avaient violé dans tous les cas, sauf un, l'obligation de donner l'information consulaire requise. La Cour a ensuite pris note de l'interdépendance des alinéas *a), b)* et *c)* du paragraphe 1 de l'article 36 de la convention de Vienne et dit que les Etats-Unis avaient également violé, dans quarante-neuf cas, l'obligation de permettre aux fonctionnaires consulaires mexicains de communiquer avec leurs ressortissants et de se rendre auprès d'eux, de même que, dans trente-quatre cas, de pourvoir à leur représentation en justice.

Dans le cadre de l'examen des arguments du Mexique relatifs au paragraphe 2 de l'article 36 et à la possibilité pour les intéressés de disposer d'un réexamen et d'une revision effectifs des verdicts de culpabilité et de la peine entachés d'une violation du paragraphe 1 de l'article 36, la Cour a conclu que, dans trois cas, la règle de la carence procédurale n'ayant pas été revisée par les Etats-Unis depuis la décision de la Cour en l'affaire *LaGrand* (voir ci-dessus n° 1.80), les Etats-Unis avaient violé le paragraphe 2 de l'article 36, mais que le recours judiciaire demeurait possible dans quarante-neuf autres cas.

Concernant les conséquences juridiques des violations établies de l'article 36 et les demandes du Mexique sollicitant la *restitutio in integrum,* par l'annulation partielle ou totale des verdicts de culpabilité et de la peine, la Cour a souligné que le droit international exigeait une réparation dans une forme adéquate, en l'espèce le réexamen et la revision des verdicts de culpabilité et des peines prononcés par les tribunaux des Etats-Unis à l'encontre des ressortissants mexicains. La Cour a considéré que les Etats-Unis disposaient du choix des moyens de réexamen et de revision mais que, pour la mise en œuvre de ces procédures, il devait être tenu compte de la violation des droits reconnus par la convention de Vienne. Après avoir rappelé que le réexamen et la revision devaient s'inscrire dans le cadre d'une procédure judiciaire, la Cour a déclaré que la procédure de recours en grâce ne pouvait à elle seule suffire à cette fin, bien qu'elle puisse compléter le réexamen et la revision judiciaires. Contrairement aux allégations du Mexique, la Cour n'a trouvé aucune preuve d'une pratique récurrente et continue de violation de l'article 36 par les Etats-Unis. La Cour a par ailleurs reconnu l'action menée par les Etats-Unis pour favoriser le respect de la convention de Vienne, considérant que cet engagement suffisait à constituer une garantie et une assurance de non-répétition, tel que l'avait demandé le Mexique.

La Cour a enfin rappelé que les Etats-Unis avaient violé les paragraphes 1 et 2 de l'article 36 dans le cas des trois ressortissants mexicains visés par l'ordonnance du 5 février 2003 en indication de mesures conservatoires et que le réexamen et la revision des verdicts de culpabilité et de la peine n'avaient pas été effectués. La Cour a considéré qu'il revenait dès lors aux Etats-Unis de trouver un remède approprié qui soit de la nature du réexamen et de la revision, conformément aux critères retenus par la Cour dans son arrêt.

1.105. *Certaines procédures pénales engagées en France (République du Congo c. France)*

Le 9 décembre 2002, la République du Congo a déposé une requête introductive d'instance contre la France visant à faire annuler les actes d'instruction et de poursuite accomplis par la justice française à la suite d'une plainte pour crimes contre l'humanité et tortures prétendument commis au Congo sur des personnes de nationalité congolaise, émanant de certaines associations ayant pour objet la défense des droits de l'homme et mettant en cause le président congolais, M. Denis Sassou Nguesso, le ministre congolais de l'intérieur, le général Pierre Oba, ainsi que d'autres personnes, dont le général Norbert Dabira, inspecteur général des forces armées congolaises, et le général Blaise Adoua, commandant la garde présidentielle.

Dans sa requête, le Congo indiquait qu'il entendait fonder la compétence de la Cour, en application du paragraphe 5 de l'article 38 du Règlement, «sur le consentement que ne manquera[it] pas de donner la République française». Conformément à cette disposition, la requête du Congo avait été transmise au Gouvernement français et aucun acte de procédure n'avait été effectué. Par une lettre datée du 8 avril 2003, la France a indiqué qu'elle «accept[ait] la compétence de la Cour pour connaître de la requête en application de l'article 38, paragraphe 5» et l'affaire a ainsi été inscrite au rôle de la Cour. C'était la première fois, depuis l'adoption du paragraphe 5 de l'article 38 du Règlement en 1978, qu'un Etat acceptait ainsi l'invitation d'un autre Etat à reconnaître la compétence de la Cour pour connaître d'une affaire le mettant en cause.

La requête du Congo était accompagnée d'une demande en indication de mesure conservatoire «tend[ant] à faire ordonner la suspension immédiate de la procédure suivie par le juge d'instruction du tribunal de grande instance de Meaux», et des audiences sur cette demande se sont tenues les 28 et 29 avril 2003. Dans son ordonnance du 17 juin 2003, la Cour a conclu qu'aucun élément tendant à prouver l'existence d'un préjudice irréparable quelconque aux droits en litige n'avait été versé au dossier et que, dès lors, les circonstances n'étaient pas de nature à exiger l'exercice de son pouvoir d'indiquer des mesures conservatoires.

Des audiences devaient s'ouvrir en l'affaire le 6 décembre 2010, lorsque, par une lettre datée du 5 novembre 2010, l'agent du Congo, se référant à l'article 89 du Règlement, a informé la Cour que son gouvernement «retir[ait] … sa requête introductive d'instance» et l'a prié «de rendre une ordonnance prenant acte du désistement et prescrivant que l'affaire soit rayée du rôle». Une copie de cette lettre a immédiatement été transmise au Gouvernement français, qui a répondu dans une lettre datée du 8 novembre 2010 qu'il ne s'opposait pas au désistement du Congo. En conséquence, par ordonnance du 16 novembre 2010, la Cour a pris acte du désistement du Congo de l'instance et a ordonné que l'affaire soit rayée du rôle.

1.106. Souveraineté sur Pedra Branca/Pulau Batu Puteh, Middle Rocks et South Ledge (Malaisie/Singapour)

Le 24 juillet 2003, la Malaisie et Singapour ont saisi conjointement la Cour d'un différend les opposant, par la notification d'un compromis signé le 6 février 2003 et entré en vigueur le 9 mai 2003. Aux termes dudit compromis, les Parties priaient la Cour de «déterminer si la souveraineté sur : *a)* Pedra Branca/Pulau Batu Puteh ; *b)* Middle Rocks ; et *c)* South Ledge, appart[enait] à la Malaisie ou à la République de Singapour». Elles déclaraient d'avance «accepter l'arrêt de la Cour … comme définitif et obligatoire pour elles».

Après avoir tenu des audiences publiques en novembre 2007, la Cour a rendu son arrêt le 23 mai 2008. Dans cet arrêt, la Cour a d'abord indiqué que le Sultanat de Johor (prédécesseur de la Malaisie) détenait un titre originaire sur Pedra Branca/Pulau Batu Puteh, une île granitique sur laquelle se trouve le phare Horsburgh. Elle a constaté toutefois que, à la date à laquelle le différend s'était cristallisé (1980), ce titre était passé à Singapour, ainsi qu'en témoignait le comportement des Parties (en particulier certains actes effectués par Singapour à titre de souverain et l'absence de réaction de la Malaisie au comportement de Singapour). Elle a attribué par conséquent la souveraineté sur Pedra Branca/Pulau Batu Puteh à Singapour. Quant à Middle Rocks, une formation maritime constituée de plusieurs rochers découverts de manière permanente, la Cour a fait observer que les circonstances particulières qui l'avaient conduite à conclure que la souveraineté sur Pedra Branca/Pulau Batu Puteh appartenait à Singapour ne s'appliquaient manifestement pas à Middle Rocks. Elle a donc jugé que la Malaisie, en sa qualité de successeur du sultan de Johor, devait être considérée comme ayant conservé le titre originaire sur Middle Rocks. Enfin, la Cour a noté à propos du haut-fond découvrant de South Ledge qu'il relevait des eaux territoriales générées par Pedra Branca/Pulau Batu Puteh et par Middle Rocks, eaux territoriales qui semblaient se chevaucher. La Cour ayant rappelé qu'elle n'avait pas reçu des Parties pour mandat de délimiter leurs eaux territoriales, elle a conclu que la souveraineté sur South Ledge appartient à l'Etat dans les eaux territoriales duquel il est situé.

1.107. *Délimitation maritime en mer Noire (Roumanie c. Ukraine)*

Le 16 septembre 2004, la Roumanie a déposé une requête introductive d'instance contre l'Ukraine relative à un différend concernant «l'établissement d'une frontière maritime unique entre les deux Etats dans la mer Noire, qui permettrait de délimiter le plateau continental et les zones économiques exclusives relevant d'eux».

Après avoir tenu des audiences publiques en septembre 2008, la Cour a rendu son arrêt le 3 février 2009. Se fondant sur la pratique établie des Etats et sur sa propre jurisprudence, la Cour a déclaré devoir s'en tenir à la méthode en trois étapes énoncée par le droit de la délimitation maritime, méthode qui consiste, dans un premier temps, à tracer une ligne d'équidistance provisoire, puis à examiner les circonstances susceptibles de justifier un ajustement de cette ligne pour l'infléchir en conséquence et, enfin, à vérifier que la ligne ainsi ajustée ne donnera pas lieu à un résultat inéquitable en comparant le rapport entre les longueurs des côtes avec celui des zones maritimes pertinentes.

Se conformant à cette approche, la Cour a tracé dans un premier temps une ligne d'équidistance provisoire en fonction des points de base qu'elle avait décidé de retenir.

Dans un deuxième temps, la Cour s'est penchée sur l'examen de circonstances pertinentes pouvant appeler un ajustement de la ligne d'équidistance provisoire, en tenant compte de six critères possibles: 1) la disproportion éventuelle entre les longueurs des côtes; 2) le caractère fermé de la mer Noire et les délimitations déjà effectuées dans la région; 3) la présence de l'île des Serpents dans la zone de délimitation; 4) la conduite des Parties (concessions pétrolières et gazières, activités de pêche et patrouilles navales); 5) toute limitation éventuelle du droit de l'une ou l'autre Partie à un plateau continental ou à une zone économique exclusive; et 6) certaines considérations des Parties tenant à la sécurité. La Cour n'a vu, dans ces divers critères, aucune raison justifiant l'ajustement de la ligne d'équidistance provisoire. Notamment en ce qui concerne l'île des Serpents, elle a estimé que cette île ne devrait avoir d'autre incidence sur la délimitation que celle découlant de l'arc des 12 milles marins de mer territoriale.

Enfin, la Cour a confirmé que la ligne ne donnait pas lieu à un résultat inéquitable en comparant le rapport entre les longueurs des côtes avec celui des zones maritimes pertinentes.

Dans le dispositif de son arrêt, la Cour a dit, à l'unanimité, ce qui suit :

> «à partir du point 1, tel que convenu par les Parties à l'article premier du traité de 2003 relatif au régime de la frontière d'Etat, la ligne frontière maritime unique délimitant le plateau continental et les zones économiques exclusives de la Roumanie et de l'Ukraine dans la mer Noire suit l'arc des 12 milles marins de la mer territoriale de l'Ukraine entourant l'île des Serpents jusqu'à son intersection avec la ligne équidistante des côtes adjacentes de la Roumanie et de l'Ukraine, au point 2 (situé par 45° 03′ 18,5″ de latitude nord et 30° 09′ 24,6″ de longitude est). A partir du point 2, la frontière suit la ligne d'équidistance en passant par les points 3 (situé par 44° 46′ 38,7″ de latitude nord et 30° 58′ 37,3″ de longitude est) et 4 (situé par 44° 44′ 13,4″ de latitude nord et 31° 10′ 27,7″ de longitude est), jusqu'au point 5 (situé par 44° 02′ 53,0″ de latitude nord et 31° 24′ 35,0″ de longitude est). A partir du point 5, la frontière maritime se poursuit vers le sud le long de la ligne équidistante des côtes de la Roumanie et de l'Ukraine qui se font face, selon un azimut géodésique initial de 185° 23′ 54,5″, jusqu'à atteindre la zone où les droits d'Etats tiers peuvent entrer en jeu.»

Pour une illustration du tracé de la frontière maritime, voir le croquis p. 209.

1.108. Différend relatif à des droits de navigation et des droits connexes (Costa Rica c. Nicaragua)

Le 29 septembre 2005, le Costa Rica a déposé une requête introductive d'instance contre le Nicaragua au sujet d'un différend relatif aux droits de navigation et à des droits connexes du Costa Rica sur une partie du fleuve San Juan, dont la rive méridionale forme la frontière entre les deux Etats depuis l'adoption d'un traité bilatéral en 1858. Dans sa requête, le Costa Rica affirmait que «le Nicaragua — en particulier depuis la fin des années 90 — avait imposé sur le fleuve des restrictions touchant la navigation des navires costa-riciens et leurs passagers sur le fleuve San Juan» en violation de l'article VI du Traité de 1858 qui «donn[ait] au Nicaragua la souveraineté sur les eaux du fleuve San Juan, tout en reconnaissant parallèlement des droits importants au Costa Rica».

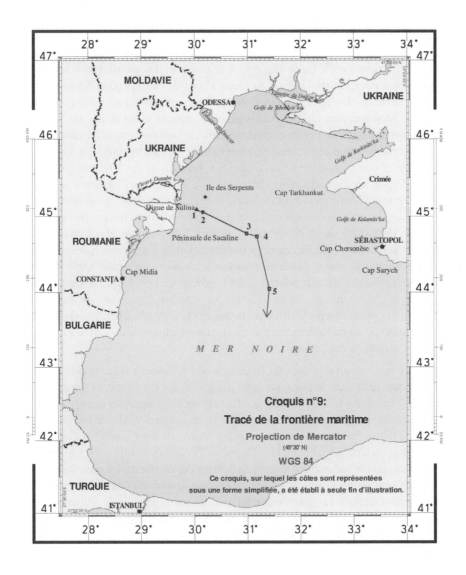

Croquis n°9:

Tracé de la frontière maritime

Projection de Mercator
(45°30' N)

WGS 84

Ce croquis, sur lequel les côtes sont représentées
sous une forme simplifiée, a été établi à seule fin d'illustration.

A la suite d'audiences publiques tenues en mars 2009, la Cour a rendu son arrêt le 13 juillet 2009.

S'agissant des droits de navigation que le Costa Rica tient du traité de 1858 dans la partie du fleuve San Juan où cette navigation est commune, la Cour a dit : que le Costa Rica a le droit de libre navigation sur le fleuve San Juan à des fins de commerce ; que le droit de naviguer à des fins de commerce dont jouit le Costa Rica couvre le transport des passagers ; que le droit de naviguer à des fins de commerce dont jouit le Costa Rica couvre le transport des touristes ; que les personnes qui voyagent sur le fleuve San Juan à bord de bateaux costa-riciens exerçant le droit de libre navigation du Costa Rica ne sont pas tenues de se procurer un visa nicaraguayen ; que les personnes qui voyagent sur le fleuve San Juan à bord de bateaux costa-riciens exerçant le droit de libre navigation du Costa Rica ne sont pas tenues d'acheter une carte de touriste nicaraguayenne ; que les habitants de la rive costa-ricienne du fleuve San Juan ont le droit de naviguer sur celui-ci entre les communautés riveraines afin de subvenir aux besoins essentiels de la vie quotidienne ; que le Costa Rica a le droit de navigation sur le fleuve San Juan avec des bateaux officiels exclusivement employés, dans des cas particuliers, en vue de fournir des services essentiels aux habitants des zones riveraines lorsque la rapidité du déplacement est une condition de la satisfaction des besoins de ces habitants ; que le Costa Rica n'a pas le droit de navigation sur le fleuve San Juan avec des bateaux affectés à des fonctions de police ; que le Costa Rica n'a pas le droit de navigation sur le fleuve San Juan aux fins de relever les membres du personnel des postes frontière de police établis sur la rive droite du fleuve et de pourvoir au ravitaillement de ceux-ci en équipement officiel, armes de service et munitions comprises.

En ce qui concerne le droit du Nicaragua de réglementer la navigation sur le fleuve San Juan dans la partie où cette navigation est commune, la Cour a dit : que le Nicaragua a le droit d'exiger que les bateaux costa-riciens et leurs passagers fassent halte aux premier et dernier postes nicaraguayens situés sur leur trajet le long du fleuve San Juan ; que le Nicaragua a le droit d'exiger la présentation d'un passeport ou d'un document d'identité par les personnes voyageant sur le fleuve San Juan ; que le Nicaragua a le droit de délivrer des certificats d'appareillage aux bateaux costa-riciens exerçant le droit de libre navigation du Costa Rica, mais n'a pas le droit d'exiger l'acquittement d'un droit en contrepartie de la délivrance de ces certificats ; que le Nicaragua a le droit d'imposer des horaires de navigation aux bateaux empruntant le fleuve San Juan ; que le Nicaragua a le droit d'exiger que les bateaux costa-riciens pourvus de mâts ou de tourelles arborent le pavillon nicaraguayen.

S'agissant de la pêche de subsistance, la Cour a dit que la pêche à des fins de subsistance pratiquée par les habitants de la rive costa-ricienne du San Juan depuis cette rive doit être respectée par le Nicaragua en tant que droit coutumier.

En ce qui a trait au respect par le Nicaragua des obligations internationales qui sont les siennes en vertu du traité de 1858, la Cour a dit : que le Nicaragua n'avait pas agi en conformité avec les obligations qui sont les siennes en vertu du traité de 1858 lorsqu'il a exigé des personnes qui voyagent sur le fleuve San Juan à bord de bateaux costa-riciens exerçant le droit de libre navigation du Costa Rica qu'elles se procurent des visas nicaraguayens ; que le Nicaragua n'avait pas agi en conformité avec les obligations qui sont les siennes en vertu du traité de 1858 lorsqu'il a exigé des personnes qui voyagent sur le fleuve San Juan à bord de bateaux costa-riciens exerçant le droit de libre navigation du Costa Rica qu'elles achètent des cartes de touriste nicaraguayennes ; que le Nicaragua n'avait pas agi en conformité avec les obligations qui sont les siennes en vertu du traité de 1858 lorsqu'il a exigé des exploitants de bateaux exerçant le droit de libre navigation du Costa Rica qu'ils s'acquittent de droits pour la délivrance de certificats d'appareillage.

1.109. Statut vis-à-vis de l'Etat hôte d'un envoyé diplomatique auprès des Nations Unies (Commonwealth de Dominique c. Suisse)

Le 26 avril 2006, le Commonwealth de Dominique a déposé une requête introductive d'instance contre la Suisse au sujet de prétendues violations par cette dernière de la convention de Vienne sur les relations diplomatiques, ainsi que d'autres instruments et règles de droit international, en rapport avec un envoyé diplomatique de la Dominique accrédité auprès de l'Organisation des Nations Unies à Genève.

Par lettre du 15 mai 2006, le premier ministre du Commonwealth de Dominique a fait savoir à la Cour que son gouvernement «ne souhait[ait] pas poursuivre l'instance introduite contre la Suisse» et a prié la Cour de rendre une ordonnance «prenant acte de [son] désistement sans condition» de l'instance et «prescrivant la radiation de l'affaire du rôle général». Par lettre du 24 mai 2006, l'ambassadeur de Suisse à La Haye a fait savoir à la Cour qu'il n'avait pas manqué d'informer les autorités suisses compétentes du désistement ainsi notifié. En conséquence, la Cour a rendu, le 9 juin 2006, une ordonnance dans laquelle, après avoir noté que le Gouvernement de la Confédération suisse n'avait pas fait acte de procédure en l'espèce, elle a pris acte du désistement du Commonwealth de Dominique de l'instance et a ordonné que l'affaire soit rayée du rôle.

1.110. Usines de pâte à papier sur le fleuve Uruguay (Argentine c. Uruguay)

Le 4 mai 2006, l'Argentine a déposé une requête introductive d'instance contre l'Uruguay au sujet de prétendues violations par l'Uruguay des obligations découlant pour celui-ci du statut du fleuve Uruguay, traité signé entre les deux Etats le 26 février 1975 (ci-après «le Statut de 1975») aux fins d'établir les mécanismes communs nécessaires à l'utilisation rationnelle et optimale de la partie du fleuve qui constitue leur frontière commune. Dans sa requête, l'Argentine reprochait à l'Uruguay d'avoir autorisé de manière unilatérale la construction de deux usines de pâte à papier sur le fleuve Uruguay, sans respecter la procédure obligatoire d'information et de consultation préalables prévue par le statut de 1975. Elle soutenait que ces usines constituaient une menace pour le fleuve et son environnement, qu'elles risquaient d'altérer la qualité des eaux du fleuve et de causer un préjudice transfrontalier sensible à l'Argentine. Pour fonder la compétence de la Cour, l'Argentine invoquait le paragraphe 1 de l'article 60 du statut de 1975, qui stipule que tout différend concernant l'interprétation ou l'application du statut qui ne pourrait être réglé par négociation directe peut être soumis par l'une ou l'autre des parties à la Cour.

La requête de l'Argentine était accompagnée d'une demande en indication de mesures conservatoires tendant à ce que l'Uruguay suspende les autorisations pour la construction des usines et les travaux de construction de celles-ci dans l'attente d'une décision finale de la Cour ; coopère avec l'Argentine afin de protéger et préserver le milieu aquatique du fleuve Uruguay ; s'abstienne de prendre toute autre mesure unilatérale relative à la construction des deux usines qui soit incompatible avec le statut de 1975 ; et s'abstienne également de toute autre mesure susceptible d'aggraver le différend ou d'en rendre le règlement plus difficile. Des audiences publiques ont eu lieu les 8 et 9 juin 2006 sur cette demande en indication de mesures conservatoires. Par ordonnance du 13 juillet 2006, la Cour a dit que les circonstances, telles qu'elles se présentaient alors à elle, n'étaient pas de nature à exiger l'exercice de son pouvoir d'indiquer, en vertu de l'article 41 du Statut, des mesures conservatoires.

Le 29 novembre 2006, l'Uruguay a présenté à son tour une demande en indication de mesures conservatoires au motif que, depuis le 20 novembre 2006, des groupes organisés de citoyens argentins avaient mis en place des barrages sur «un pont international d'importance vitale» sur le fleuve Uruguay, que cette action lui faisait subir des dommages économiques considérables et que l'Argentine n'avait pris aucune mesure pour faire cesser le blocage. Au terme de sa demande, l'Uruguay priait la Cour d'ordonner à l'Argentine de prendre «toutes les mesures raisonnables et appropriées … pour prévenir ou faire cesser l'interruption de la circulation entre l'Uruguay et l'Argentine, notamment le blocage de ponts et de routes entre les deux Etats» ; de s'abstenir «de toute mesure susceptible d'aggraver ou d'étendre le présent différend ou d'en rendre le règlement plus difficile» et de s'abstenir «de toute autre mesure susceptible de porter atteinte aux droits de l'Uruguay qui sont en cause devant la Cour». Des audiences publiques ont eu lieu les 18 et 19 décembre 2006 sur cette demande en indication de mesures conservatoires. Par ordonnance du 23 janvier 2007, la Cour a dit que les circonstances, telles qu'elles se présentaient alors à elle, n'étaient pas de nature à exiger l'exercice de son pouvoir d'indiquer, en vertu de l'article 41 du Statut, des mesures conservatoires.

Après avoir tenu des audiences publiques du 14 septembre 2009 au 2 octobre 2009, la Cour a rendu son arrêt le 20 avril 2010. S'agissant de l'argument de l'Argentine selon lequel des projets auraient été autorisés par l'Uruguay en violation du mécanisme de notification et de consultation préalables établi par les articles 7 à 13 dudit statut (les violations de nature procédurale), la Cour a relevé que l'Uruguay n'avait pas informé la commission administrative du fleuve Uruguay (CARU) de ces projets, contrairement à ce que prescrit le statut. La Cour a conclu que, en n'informant pas la CARU des travaux projetés avant la délivrance de l'autorisation environnementale préalable pour chacune des usines et pour le terminal portuaire adjacent à l'usine Orion (Botnia), et en ne notifiant pas les projets à l'Argentine par l'intermédiaire de la CARU, l'Uruguay avait violé le statut de 1975.

S'agissant de l'argument de l'Argentine selon lequel les activités industrielles autorisées par l'Uruguay avaient, ou auraient, un effet négatif sur la qualité des eaux du fleuve et de sa zone d'influence, et qu'elles avaient causé un préjudice sensible à la qualité de ces eaux, ainsi qu'un préjudice transfrontalier sensible à l'Argentine (les violations de fond), la Cour, après un examen détaillé des arguments des Parties, a jugé que

> «les éléments de preuve versés au dossier ne permettent pas d'établir de manière concluante que l'Uruguay n'a pas agi avec la diligence requise ou que les rejets d'effluents de l'usine Orion (Botnia) ont eu des effets délétères ou ont porté atteinte aux ressources biologiques, à la qualité des eaux ou à l'équilibre écologique du fleuve depuis le démarrage des activités de l'usine en novembre 2007».

La Cour a par conséquent conclu que l'Uruguay n'avait pas violé les obligations de fond découlant du statut. Après avoir énoncé cette conclusion, cependant, la Cour a insisté sur le fait que, en vertu du statut de 1975, «les Parties sont juridiquement tenues de poursuivre leur coopération par l'intermédiaire de la CARU et de permettre à cette dernière de développer les moyens nécessaires à la promotion de l'utilisation équitable du fleuve, tout en protégeant le milieu aquatique».

1.111. *Certaines questions concernant l'entraide judiciaire en matière pénale (Djibouti c. France)*

Le 9 janvier 2006, la République de Djibouti a déposé une requête contre la République française au sujet d'un différend

> «port[ant] sur le refus des autorités gouvernementales et judiciaires françaises d'exécuter une commission rogatoire internationale concernant la transmission aux autorités judiciaires djiboutiennes du dossier relatif à la procédure d'information relative à l'affaire contre X du chef d'assassinat sur la personne de Bernard Borrel et ce, en violation de la convention d'entraide judiciaire en matière pénale entre le Gouvernement [djiboutien] et le Gouvernement [français] du 27 septembre 1986, ainsi qu'en violation

d'autres obligations internationales pesant sur la [France] envers ... Djibouti ».

Djibouti prétendait également dans sa requête que les actes incriminés constituaient une violation du traité d'amitié et de coopération qu'il avait conclu avec la France le 27 juin 1977. Djibouti indiquait qu'il entendait fonder la compétence de la Cour sur le paragraphe 5 de l'article 38 du Règlement de la Cour. Cette disposition s'applique lorsqu'un Etat soumet un différend à la Cour en entendant fonder la compétence de celle-ci sur un consentement non encore donné ou manifesté par l'Etat contre lequel la requête est formée. C'était la seconde fois que la Cour était amenée à trancher un différend porté devant elle par une requête fondée sur le paragraphe 5 de l'article 38 de son Règlement. La France a consenti à la compétence de la Cour par une lettre en date du 25 juillet 2006, dans laquelle elle a précisé que cette acceptation « ne va[llait] qu'aux fins de l'affaire au sens de l'article 38, paragraphe 5 précité, c'est-à-dire pour le différend qui fait l'objet de la requête et dans les strictes limites des demandes formulées dans celle-ci » par Djibouti. Toutefois, les Parties étaient en désaccord sur la portée exacte du consentement de la France.

La Cour a rendu son arrêt le 4 juin 2008.

Après avoir établi l'étendue exacte de sa compétence en l'affaire, la Cour s'est penchée dans un premier temps sur la prétendue violation par la France du traité d'amitié et de coopération entre la France et Djibouti du 27 juin 1977. Tout en soulignant que les dispositions dudit traité constituaient des règles pertinentes de droit international qui avaient « une certaine incidence » sur les relations entre les Parties, la Cour a conclu que « le champ de coopération prévu par [c]e traité ne couvr[ait] pas le domaine judiciaire » et que les règles pertinentes précitées n'impos[aient] aucune obligation concrète en l'affaire.

La Cour s'est penchée ensuite sur l'allégation selon laquelle la France aurait violé ses obligations en vertu de la convention d'entraide judiciaire en matière pénale de 1986. Cette convention envisage une coopération judiciaire, notamment la demande et l'exécution de commissions rogatoires (il s'agit habituellement du transfert, à des fins judiciaires, d'informations détenues par une partie). La convention prévoit également des exceptions à cette coopération judiciaire. Les autorités judiciaires françaises ayant refusé de transmettre le dossier sollicité, une des questions clef de l'affaire était de savoir si ce refus relevait de la catégorie des exceptions autorisées. L'autre question qui se posait était de savoir si la France avait respecté les dispositions de la convention de 1986 pour ce qui est d'autres aspects. La Cour a conclu que les motifs invoqués par le juge d'instruction français pour ne pas faire droit à la demande d'entraide entraient dans les prévisions de l'article 2 c) de la convention, qui autorise l'Etat requis à refuser d'exécuter une commission rogatoire s'il estime que cette exécution est de nature à porter atteinte à la souveraineté, la sécurité, l'ordre public, ou d'autres de ses intérêts essentiels. En revanche, la Cour a fait observer que, aucun motif n'ayant été avancé dans la lettre datée du 6 juin 2005 par laquelle la France avait fait connaître à Djibouti son refus d'exécuter la commission rogatoire présentée par celui-ci le 3 novembre 2004, la France avait manqué à son obligation internationale de motivation au titre de l'article 17 de la convention de 1986.

1.112. Différend maritime (Pérou c. Chili)

Le 16 janvier 2008, le Pérou a déposé une requête introductive d'instance contre le Chili au sujet d'un différend portant, d'une part, sur «la délimitation de la frontière entre les zones maritimes des deux Etats dans l'océan Pacifique, à partir d'un point situé sur la côte, appelé Concordia, ... point terminal de la frontière terrestre telle qu'établie conformément au traité ... du 3 juin 1929» et, d'autre part, sur la reconnaissance de l'appartenance au Pérou d'une «zone maritime qui, située dans la limite de 200 milles marins de la côte du Pérou», devrait donc lui revenir «mais que le Chili considère comme faisant partie de la haute mer».

Dans l'arrêt qu'elle a rendu le 27 janvier 2014, la Cour a recherché s'il existait, comme le soutenait le Chili, une frontière maritime internationale convenue entre les Parties et suivant sur une distance d'au moins 200 milles marins le parallèle de latitude passant par le point de départ de la frontière terrestre le séparant du Pérou. Après avoir analysé les proclamations et déclarations du Pérou et du Chili (proclamations de 1947, déclaration de Santiago de 1952), ainsi que des accords et arrangements ultérieurs conclus par le Pérou, le Chili et l'Equateur, la Cour conclut que l'accord de 1954 relatif à une zone frontière maritime spéciale entre ces Etats reconnaissait qu'une frontière maritime existait déjà, sans que le texte n'indique toutefois quand ni par quels moyens cette frontière avait été agréée. La Cour a considéré par conséquent que la reconnaissance expresse de l'existence d'une frontière maritime par les Parties reposait nécessairement sur un accord tacite intervenu entre elles auparavant et «consacré» par l'accord de 1954. Après examen de l'ensemble des éléments de preuve pertinents qui lui ont été présentés quant à la frontière maritime convenue entre les Parties, la Cour conclut que celle-ci avait vocation générale et s'étendait sur une distance de 80 milles marins le long du parallèle à partir de son point de départ.

Ayant conclu qu'il existait entre les Parties une frontière maritime unique agréée et que celle-ci partait de l'intersection entre le parallèle de latitude passant par la borne frontière n° 1 et la laisse de basse mer, pour suivre ce parallèle sur 80 milles marins, la Cour a eu recours, s'agissant de la détermination du tracé de la frontière maritime au-delà de cette distance, à la méthode en trois étapes qu'elle applique habituellement. Premièrement, elle trace, en l'absence de raisons impératives contraires, une ligne d'équidistance provisoire. Dans un deuxième temps, elle examine s'il existe des circonstances pertinentes pouvant appeler l'ajustement de cette ligne pour parvenir à un résultat équitable. La troisième étape consiste à rechercher si la ligne, une fois ajustée, a pour effet de créer une disproportion marquée entre les espaces maritimes attribués à chacune des parties dans la zone pertinente, par rapport à la longueur de leurs côtes pertinentes.

La Cour conclut que la frontière maritime entre les Parties part du point d'intersection entre le parallèle de latitude passant par la borne frontière n° 1 et la laisse de basse mer, et longe ce parallèle sur une distance de 80 milles marins jusqu'au point A. A partir de ce point, elle suit la ligne d'équidistance jusqu'à atteindre la limite des 200 milles marins mesurée à partir des lignes de base chiliennes (point B). A partir de ce point, les projections des côtes des Parties sur une distance de 200 milles marins ne se chevauchant plus, la frontière maritime suit la limite des 200 milles marins mesurée à partir des lignes de base chiliennes jusqu'au point C, soit l'intersection des limites des 200 milles marins des espaces maritimes auxquels les Parties peuvent prétendre. Etant donné les circonstances de l'affaire, la Cour a déterminé le tracé de la frontière maritime entre les Parties sans en préciser les coordonnées géographiques exactes. Elle a rappelé que les Parties ne lui avaient pas demandé de le faire dans leurs conclusions finales, mais a néanmoins indiqué qu'elle attendait des Parties qu'elles procèdent à la détermination de ces coordonnées conformément à sa décision et dans un esprit de bon voisinage. Par la suite, le Pérou et le Chili ont approuvé, le 25 mars 2014, les coordonnées de leur frontière maritime.

Pour une illustration du tracé de la frontière maritime, voir le croquis [n° 4] p. 217.

1.113. Epandages aériens d'herbicides (Equateur c. Colombie)

Le 31 mars 2008, l'Equateur a déposé une requête introductive d'instance contre la Colombie au sujet d'un différend relatif à l'«épandage aérien par la Colombie d'herbicides toxiques en des endroits situés à proximité, le long ou de l'autre côté de sa frontière avec l'Equateur». Pour fonder la compétence de la Cour, l'Equateur invoquait l'article XXXI du pacte de Bogotá du 30 avril 1948. L'Equateur se référait également à l'article 32 de la convention des Nations Unies contre le trafic illicite de stupéfiants et de substances psychotropes (1988).

Par lettre datée du 12 septembre 2013, l'agent de l'Equateur, se référant à l'article 89 du Règlement et à l'accord auquel les Parties sont parvenues le 9 septembre 2013, «qui met définitivement un terme à l'ensemble des griefs formulés par l'Equateur contre la Colombie» en l'espèce, a fait savoir à la Cour que son gouvernement souhaitait se désister de l'instance. Par lettre du même jour, l'agent de la Colombie a informé la Cour, en application du paragraphe 2 de l'article 89 du Règlement, qu'il ne faisait pas objection au désistement de l'instance demandé par l'Equateur.

Selon les lettres reçues des Parties, l'accord du 9 septembre 2013 prévoit notamment l'établissement d'une zone d'exclusion, dans laquelle la Colombie ne se livrera à aucune opération d'épandage aérien, crée une commission mixte chargée

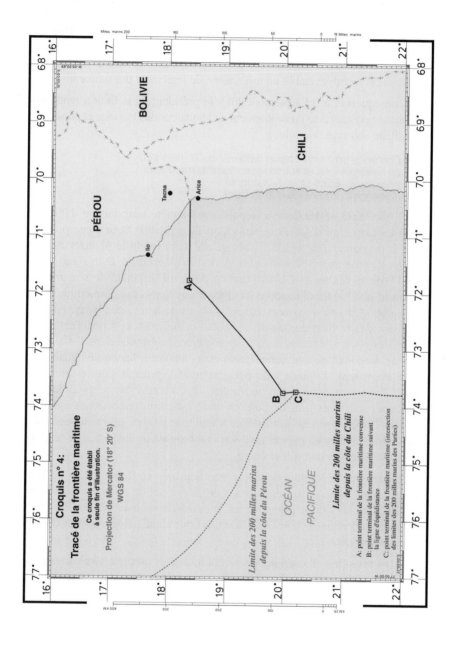

Croquis n° 4:
Tracé de la frontière maritime

Ce croquis a été établi
à seule fin d'illustration.

Projection de Mercator (18° 20' S)
WGS 84

Limite des 200 milles marins
depuis la côte du Pérou

OCÉAN
PACIFIQUE

Limite des 200 milles marins
depuis la côte du Chili

A: point terminal de la frontière maritime convenue
B: point terminal de la frontière maritime suivant
la ligne d'équidistance
C: point terminal de la frontière maritime (intersection
des limites des 200 milles marins des Parties)

PÉROU

BOLIVIE

CHILI

Tacna

Ilo

Arica

de veiller à ce que les opérations d'épandage menées en dehors de cette zone n'entraînent pas, par un phénomène de dérive, le dépôt d'herbicides en territoire équatorien, et prévoit, en l'absence de tels dépôts, la réduction échelonnée de la largeur de ladite zone ; selon ces mêmes lettres, cet accord fixe les modalités opérationnelles du programme d'épandage de la Colombie, prend acte de ce que les deux gouvernements sont convenus d'échanger de manière continue des informations à cet égard, et établit un mécanisme de règlement des différends.

En conséquence, le 13 septembre 2013, le président de la Cour a rendu une ordonnance prenant acte du désistement de l'Equateur de l'instance et prescrivant que l'affaire soit rayée du rôle.

1.114. *Demande en interprétation de l'arrêt du 31 mars 2004 en l'affaire* Avena et autres ressortissants mexicains (Mexique c. Etats-Unis d'Amérique) (Mexique c. Etats-Unis d'Amérique)

Le 5 juin 2008, le Mexique a déposé une requête introductive d'instance contre les Etats-Unis d'Amérique dans laquelle il priait la Cour d'interpréter le point 9) du paragraphe 153 de l'arrêt qu'elle avait rendu le 31 mars 2004 en l'affaire *Avena et autres ressortissants mexicains (Mexique c. Etats-Unis d'Amérique)* (voir ci-dessus n° 1.104). Dans ce point du dispositif de son arrêt, la Cour avait indiqué les obligations incombant aux Etats-Unis d'Amérique à titre de réparation, à savoir «assurer, par les moyens de leur choix, le réexamen et la revision des verdicts de culpabilité rendus et des peines prononcées» à l'encontre des ressortissants mexicains nommément désignés dans l'affaire. Le Mexique soutenait qu'une contestation était née entre les Parties quant à la portée et au sens du point 9 du paragraphe 153, priait la Cour de dire que celui-ci énonce une obligation de résultat, et, en conséquence, priait la Cour d'ordonner aux Etats-Unis de faire en sorte qu'aucun ressortissant mexicain cité dans l'arrêt *Avena* ne soit exécuté à moins et jusqu'à ce que le réexamen et la revision soient achevés et qu'il soit établi qu'aucun préjudice ne résultait de la violation commise à leur égard.

Le même jour, le Mexique a déposé une demande en indication de mesures conservatoires, afin de «sauvegarder ses droits et ceux de ses ressortissants» en attendant que la Cour se prononce sur la demande en interprétation de l'arrêt *Avena*. Par ordonnance du 16 juillet 2008, la Cour a indiqué les mesures conservatoires suivantes :

> «*a)* Les Etats-Unis d'Amérique prendront toutes les mesures nécessaires pour que MM. José Ernesto Medellín Rojas, César Roberto Fierro Reyna, Rubén Ramírez Cárdenas, Humberto Leal García et Roberto Moreno Ramos ne soient pas exécutés tant que n'aura pas été rendu l'arrêt sur la demande en interprétation présentée par les Etats-Unis du Mexique, à moins et jusqu'à ce que ces cinq ressortissants mexicains aient bénéficié du réexamen et de la revision prévus aux paragraphes 138 à 141 de l'arrêt rendu

par la Cour le 31 mars 2004 dans l'affaire *Avena et autres ressortissants mexicains (Mexique c. Etats-Unis d'Amérique)*;

b) Le Gouvernement des Etats-Unis d'Amérique portera à la connaissance de la Cour les mesures prises en application de la présente ordonnance.»

A la suite de la présentation d'observations écrites par les Etats-Unis et d'un supplément d'information par les deux Parties, la Cour a rendu son arrêt sur la demande en interprétation du Mexique le 19 janvier 2009.

La Cour a jugé que la demande en interprétation présentée par le Mexique ne portait pas tant sur «le sens et la portée» de l'arrêt *Avena*, comme le requiert l'article 60, que sur «la question générale des effets d'un arrêt de la Cour dans l'ordre juridique interne des Etats parties à l'affaire dans laquelle cet arrêt a été rendu». La Cour a en conséquence estimé que, «[d]e par son caractère général, la question qui sous-tend[ait] la demande en interprétation présentée par le Mexique échappait à la compétence conférée de manière spécifique à la Cour par l'article 60» et que «[s]'il y avait une contestation, elle ne portait pas sur l'interprétation de l'arrêt *Avena*, et en particulier du point 9) du paragraphe 153». En conséquence, la Cour a conclu qu'elle ne pouvait faire droit à la demande en interprétation présentée par le Mexique.

1.115. Application de la convention internationale sur l'élimination de toutes les formes de discrimination raciale (Géorgie c. Fédération de Russie)

Le 12 août 2008, la République de Géorgie a introduit une instance devant la Cour contre la Fédération de Russie concernant les «actes commis [par celle-ci] sur le territoire de la Géorgie et dans les environs, en violation de la CIEDR [convention internationale sur l'élimination de toutes les formes de discrimination raciale de 1965]». La Géorgie a soutenu que la Fédération de Russie,

> «en raison des actions commises par l'intermédiaire de ses organes et agents d'Etat, et d'autres personnes et entités exerçant une autorité gouvernementale, et par l'intermédiaire des forces séparatistes d'Ossétie du Sud et d'Abkhazie et d'autres agents agissant sur ses instructions et sous sa direction et son contrôle, s'[était] rendue responsable de violations graves des obligations fondamentales que lui impose la CIEDR, notamment aux articles 2, 3, 4, 5 et 6».

Elle a invoqué, comme base de compétence de la Cour, l'article 22 de la convention sur l'élimination de toutes les formes de discrimination raciale.

La requête de la Géorgie était accompagnée d'une demande en indication de mesures conservatoires à l'effet de sauvegarder les droits qu'elle tenait de la CIEDR «s'agissant de protéger ses ressortissants des violences à caractère discriminatoire que leur inflige[aie]nt les forces armées russes opérant de concert avec les milices séparatistes et des mercenaires étrangers».

Le 15 août 2008, eu égard à la gravité de la situation, le président de la Cour, agissant en vertu du paragraphe 4 de l'article 74 du Règlement, a invité instamment les Parties «à agir de manière que toute ordonnance de la Cour sur la demande en indication de mesures conservatoires puisse avoir les effets voulus».

A la suite d'audiences publiques qui se sont tenues du 8 au 10 octobre 2008, la Cour a rendu une ordonnance sur la demande en indication de mesures conservatoires présentée par la Géorgie. Elle a conclu qu'elle avait *prima facie* compétence en vertu de l'article 22 de la CIEDR pour connaître de l'affaire et elle a ordonné aux Parties

> «en Ossétie du Sud, en Abkhazie et dans les régions géorgiennes adjacentes, ... [de] s'abstenir de tous actes de discrimination raciale contre des personnes, des groupes de personnes ou des institutions, ... [de] s'abstenir d'encourager, de défendre ou d'appuyer toute discrimination raciale pratiquée par une personne ou une organisation quelconque, ... [de] faire tout ce qui [était] en leur pouvoir ... afin de garantir, sans distinction d'origine nationale ou ethnique, i) la sûreté des personnes, ii) le droit de chacun de circuler librement et de choisir sa résidence à l'intérieur d'un Etat, iii) la protection des biens des personnes déplacées et des réfugiés [et de] faire tout ce qui [était] en leur pouvoir afin de garantir que les autorités et les institutions publiques se trouvant sous leur contrôle ou sous leur influence ne se livrent pas à des actes de discrimination raciale à l'encontre de personnes, groupes de personnes ou institutions».

La Cour a également indiqué que «[c]haque Partie s'abstiendra[it] de tout acte qui risquerait de porter atteinte aux droits de l'autre Partie au regard de tout arrêt que la Cour pourrait rendre en l'affaire, ou qui risquerait d'aggraver ou d'étendre le différend porté devant elle ou d'en rendre la solution plus difficile». Enfin, la Cour a ordonné à chaque partie «[de l']informer de la manière dont elle assur[ait] l'exécution des mesures conservatoires».

Le 1er décembre 2009, la Fédération de Russie a déposé quatre exceptions préliminaires d'incompétence.

Dans son arrêt du 1er avril 2011, la Cour a commencé par examiner la première exception préliminaire de la Fédération de Russie, qui consistait à dire qu'il n'existait entre les deux Etats aucun différend touchant l'interprétation ou l'application de la CIEDR à la date à laquelle la Géorgie avait déposé sa requête. Elle a conclu qu'aucun des documents ou déclarations fournis ne permettait d'établir qu'un différend concernant des actes de discrimination raciale avait existé en juillet 1999. La Cour a cependant conclu que les échanges qui ont eu lieu le 10 août 2008 entre les représentants de la Géorgie et de la Fédération de Russie au Conseil de sécurité, les accusations formulées les 9 et 11 août par le président de la Géorgie et la réponse qui leur a été donnée le 12 août par le ministre russe des affaires étrangères attestaient que, ce jour-là, c'est-à-dire le jour où la Géorgie a déposé sa requête, un différend relatif au respect par la Fédération de Russie de ses obligations en vertu de la CIEDR invoquées par la Géorgie existait entre ces deux Etats. La première exception préliminaire soulevée par la Fédération de Russie a donc été rejetée.

Dans sa deuxième exception préliminaire, la Fédération de Russie a fait valoir que les exigences de procédure relatives à la saisine de la Cour, posées à l'article 22 de la CIEDR, n'avaient pas été respectées. Aux termes de cette disposition, «[t]out différend entre deux ou plusieurs Etats parties touchant l'interprétation ou l'application de la présente convention qui n'aura pas été réglé par voie de négociation ou au moyen des procédures expressément prévues par ladite convention sera porté, à la requête de toute partie au différend, devant la Cour internationale de Justice pour qu'elle statue à son sujet, à moins que les parties au différend ne conviennent d'un autre mode de règlement.» La Cour a tout d'abord fait observer que la Géorgie n'avait pas prétendu que, avant de la saisir, elle avait eu recours, ou tenté d'avoir recours, aux procédures expressément prévues par la CIEDR. Aussi a-t-elle limité son examen à la question de savoir s'il avait été satisfait à la condition préalable de négociation.

En déterminant ce qui constitue des négociations, la Cour a observé que celles-ci se distinguaient de simples protestations ou contestations.

La Cour a relevé que des négociations avaient bien eu lieu entre la Géorgie et la Fédération de Russie avant la naissance du différend. Toutefois, en l'absence de différend sur des questions relevant de la CIEDR avant le 9 août 2008, lesdites négociations ne sauraient être réputées avoir porté sur ces questions et, dès lors, étaient dénuées de pertinence pour l'examen de la deuxième exception préliminaire de la Fédération de Russie auquel la Cour procédait. La Cour a donc conclu qu'il n'avait été satisfait à aucune des conditions énoncées à l'article 22 de la CIEDR, lequel ne saurait donc fonder sa compétence en l'affaire. En conséquence, la deuxième exception préliminaire de la Fédération de Russie a été retenue.

Ayant retenu la deuxième exception préliminaire de la Fédération de Russie, la Cour a conclu qu'elle n'avait pas à se pencher ni à se prononcer sur les autres exceptions à sa compétence soulevées par le défendeur, et qu'elle ne pouvait pas connaître du fond de l'affaire. En conséquence, l'ordonnance du 15 octobre 2008 indiquant des mesures conservatoires a cessé de produire ses effets dès le prononcé de l'arrêt de la Cour.

1.116. *Application de l'accord intérimaire du 13 septembre 1995 (ex-République yougoslave de Macédoine c. Grèce)*

Le 17 novembre 2008, l'ex-République yougoslave de Macédoine a déposé au Greffe de la Cour une requête introductive d'instance contre la République hellénique au sujet d'un différend concernant l'interprétation et l'exécution de l'accord intérimaire du 13 septembre 1995. En particulier, le demandeur cherchait à établir que, en s'opposant à l'adhésion du demandeur à l'OTAN, le défendeur avait violé le paragraphe 1 de l'article 11 dudit accord, qui prévoit que :

> «Lorsque le présent accord intérimaire sera entré en vigueur, la première partie ne s'opposera pas à la demande d'admission de la seconde partie dans des organisations et institutions internationales, multilatérales ou régionales dont la première Partie est membre, non plus qu'à la participation de la seconde partie à ces organisations et institutions ; toutefois, la première partie se réserve le droit d'élever des objections à une telle demande ou à une telle participation si la seconde partie doit être dotée dans ces organisations ou institutions d'une appellation différente que celle prévue au paragraphe 2 de la résolution 817 (1993) du Conseil de sécurité des Nations Unies.»

Au paragraphe 2 de la résolution 817, le Conseil de sécurité recommandait que le demandeur soit admis comme membre de l'Organisation des Nations Unies, et qu'il soit «désigné provisoirement, à toutes fins utiles à l'Organisation, sous le nom d'«ex-République yougoslave de Macédoine» en attendant que soit réglée la divergence qui a surgi au sujet de son nom». Dans la période qui suivit l'adoption de l'accord intérimaire, le demandeur fut admis au sein de plusieurs organisations internationales dont le défendeur était déjà membre. La candidature du demandeur fut examinée à une réunion des Etats membres de l'OTAN tenue à Bucarest (ci-après le «sommet de Bucarest») les 2 et 3 avril 2008, mais le demandeur ne fut pas invité à entamer des discussions en vue de son adhésion. Dans le communiqué publié à l'issue du sommet, il était précisé que le demandeur serait invité à adhérer «dès qu'une solution mutuellement acceptable à la question de son nom aura[it] été trouvée».

Dans son arrêt du 5 décembre 2011, la Cour s'est d'abord penchée sur les allégations du défendeur, qui soutenait que la Cour n'avait pas compétence pour connaître de l'affaire et que la requête était irrecevable, et ce, pour plusieurs raisons. La Cour n'a retenu aucune de ces exceptions, et a conclu qu'elle était compétente pour connaître du différend et que la requête était recevable.

Pour ce qui concerne l'affaire au fond, la Cour s'est demandé si le défendeur s'était opposé à l'admission du demandeur à l'OTAN au sens du paragraphe 1 de l'article 11 de l'accord intérimaire. Au vu des éléments qui lui avaient été soumis, la Cour a estimé que le défendeur avait, dans sa correspondance diplomatique officielle et par la voie des déclarations de ses dirigeants, clairement indiqué avant, pendant et après le sommet de Bucarest, que le règlement de la divergence au sujet du nom était le «critère décisif» pour qu'il accepte l'admission du demandeur à l'OTAN. La Cour a donc conclu que le défendeur s'était opposé, au sens de la première clause du paragraphe 1 de l'article 11 de l'accord intérimaire, à l'admission du demandeur à l'OTAN.

La Cour a ensuite répondu par la négative à la question de savoir si l'opposition que le défendeur avait manifestée, au sommet de Bucarest, contre l'admission du demandeur à l'OTAN relevait de l'exception énoncée dans la seconde clause du paragraphe 1 de l'article 11 de l'accord intérimaire.

Ainsi, la Cour a conclu que le défendeur, en s'opposant à l'admission du demandeur à l'OTAN au sommet de Bucarest, ne s'était pas conformé à l'obligation que lui imposait le paragraphe 1 de l'article 11 de l'accord intérimaire. Elle a aussi rejeté les arguments subsidiaires du défendeur, à l'effet que son objection avait été élevée en réponse à des violations de l'accord intérimaire par le demandeur.

Quant à la forme que pouvait revêtir la réparation à accorder pour le manquement du défendeur à l'obligation qui lui incombait aux termes du paragraphe 1 de l'article 11, la Cour a estimé être fondée à déclarer que le défendeur avait méconnu son obligation de ne pas s'opposer à l'admission du demandeur à l'OTAN et qu'une telle conclusion constituait une satisfaction appropriée. La Cour n'a pas estimé nécessaire d'ordonner au défendeur, comme le demandeur l'en priait, de s'abstenir à l'avenir de toute action contraire à l'obligation que lui impose le paragraphe 1 de l'article 11 de l'accord.

1.117. *Immunités juridictionnelles de l'Etat (Allemagne c. Italie; Grèce (intervenant))*

Le 23 décembre 2008, la République fédérale d'Allemagne a introduit une instance contre la République italienne, dans laquelle elle demandait à la Cour de déclarer que l'Italie n'avait pas respecté l'immunité de juridiction que lui reconnaît le droit international en permettant que des actions civiles soient intentées contre elle devant des tribunaux italiens. Ces actions civiles tendaient à la réparation de dommages causés par des violations du droit international commises par le IIIᵉ Reich au cours de la seconde guerre mondiale. L'Allemagne demandait également à la Cour de reconnaître que l'Italie avait aussi violé l'immunité de l'Allemagne en prenant des mesures d'exécution forcée contre une propriété de l'Etat allemand située en territoire italien — la villa Vigoni. L'Allemagne demandait enfin à la Cour de déclarer que l'Italie avait violé l'immunité de juridiction de l'Allemagne en déclarant exécutoires en Italie des condamnations civiles prononcées par des tribunaux grecs à l'encontre de l'Allemagne pour des faits similaires à ceux ayant donné lieu aux actions intentées devant les tribunaux italiens. L'Allemagne se référait en particulier à la condamnation dont elle avait fait l'objet à raison du massacre perpétré par des unités de l'armée allemande pendant leur retrait en 1944, dans le village grec de Distomo.

Pour fonder la compétence de la Cour, l'Allemagne invoquait l'article premier de la convention européenne pour le règlement pacifique des différends du 29 avril 1957, qui a été ratifiée par l'Italie le 29 janvier 1960 et par l'Allemagne le 18 avril 1961.

Le mémoire de l'Allemagne et le contre-mémoire de l'Italie ont été déposés dans les délais fixés par l'ordonnance de la Cour du 29 avril 2009. Dans son contre-mémoire, l'Italie, se référant à l'article 80 du Règlement de la Cour, a présenté une demande reconventionnelle «portant sur la question des réparations dues aux victimes italiennes des graves violations du droit international humanitaire commises par les forces du Reich allemand». La Cour a jugé la demande reconventionnelle formulée par l'Italie irrecevable, car le différend que l'Italie entendait lui soumettre par voie de demande reconventionnelle concernait des faits et situations antérieurs à l'entrée en vigueur entre les Parties de la convention européenne pour le règlement pacifique des différends du 29 avril 1957, qui constituait la base de la compétence de la Cour en l'espèce (ordonnance du 6 juillet 2010).

Le 13 janvier 2011, la Grèce a déposé une requête à fin d'intervention en l'affaire. Dans sa requête, la Grèce indiquait souhaiter intervenir au sujet des décisions rendues par ses propres cours et tribunaux concernant le massacre de Distomo et exécutées (par voie d'*exequatur*) par des juridictions italiennes. La Cour, dans une ordonnance du 4 juillet 2011, a considéré qu'elle pourrait estimer nécessaire d'examiner, à la lumière du principe de l'immunité de l'Etat, les décisions de la justice grecque afin de se prononcer sur la conclusion de l'Allemagne selon laquelle l'Italie avait violé son immunité de juridiction en déclarant exécutoires sur le sol italien des décisions judiciaires grecques fondées sur des violations du droit international humanitaire commises par le Reich allemand au cours de la seconde guerre mondiale. Cela permettait de conclure que la Grèce possédait un intérêt d'ordre juridique auquel l'arrêt à rendre en l'affaire était susceptible de porter atteinte, et que, par conséquent, la République hellénique pouvait être autorisée à intervenir en tant que non-partie, «dans la mesure où son intervention se limit[ait] aux décisions [rendues par la justice grecque en l'affaire *Distomo*]».

Dans son arrêt, rendu le 3 février 2012, la Cour a d'abord examiné la question de savoir si l'Italie avait violé l'immunité de juridiction de l'Allemagne en permettant que des actions civiles soient intentées contre cet Etat devant des tribunaux italiens. Elle a relevé à cet égard que la question qu'elle avait à trancher n'était pas de savoir si les actes perpétrés par le IIIe Reich pendant la seconde guerre mondiale étaient illicites, mais si, dans le cadre des actions civiles se rapportant à ces actes engagées contre l'Allemagne, la justice italienne était tenue d'accorder l'immunité à l'Allemagne. La Cour a jugé que le refus des tribunaux italiens de reconnaître l'immunité à l'Allemagne constituait un manquement de l'Italie à ses obligations internationales. La Cour a dit à cet égard que, en l'état actuel du droit international coutumier, un Etat n'est pas privé de l'immunité pour la seule raison qu'il est accusé de violations graves du droit international des droits de l'homme ou du droit international des conflits armés. La Cour a en outre constaté que, à supposer que les règles du droit des conflits armés qui interdisent le meurtre, la déportation et le travail forcé soient des normes de *jus cogens*, ces règles n'entrent pas en conflit avec celles qui régissent l'immunité de l'Etat. Ces deux catégories de règles se rapportent à des questions différentes : celles qui régissent l'immunité de l'Etat se bornent à déterminer si les tribunaux d'un Etat sont fondés à exercer leur juridiction à l'égard d'un autre ; elles sont sans incidence sur la question de savoir si le comportement à l'égard duquel les actions ont été engagées était licite ou illicite. La Cour a enfin examiné l'argument de l'Italie consistant à affirmer que c'était à juste titre que les tribunaux italiens avaient refusé de reconnaître à l'Allemagne l'immunité, au motif qu'avaient échoué toutes les autres tentatives d'obtenir réparation menées par les divers groupes de victimes concernées avant d'engager des procédures devant les juridictions italiennes. La Cour n'a vu, dans la pratique interne et internationale pertinente, aucun élément permettant d'affirmer que le droit international ferait dépendre le droit d'un Etat à l'immunité de l'existence d'autres voies effectives permettant d'obtenir réparation.

La Cour a ensuite examiné la question de savoir si l'Italie avait violé l'immunité de l'Allemagne en prenant une mesure de contrainte contre une propriété de l'Etat allemand située en territoire italien. La Cour a relevé que la villa Vigoni était utilisée pour les besoins d'une activité de service public dépourvue de caractère commercial ; que l'Allemagne n'avait d'aucune manière consenti à l'inscription de cette hypothèque, ni n'avait réservé ce bien à la satisfaction des demandes en justice dirigées contre elle. Les conditions pour qu'une mesure de contrainte puisse être prise à l'égard d'un bien appartenant à un Etat étranger n'ayant ainsi pas été remplies en l'espèce, la Cour a conclu que l'Italie avait manqué à son obligation de respecter l'immunité d'exécution de l'Allemagne.

La Cour a enfin examiné la question de savoir si l'Italie avait violé l'immunité de l'Allemagne en déclarant exécutoires en Italie les condamnations civiles prononcées par des tribunaux grecs à l'encontre de l'Allemagne dans l'affaire du massacre commis dans le village grec de Distomo par les forces armées du IIIe Reich en 1944. Elle a estimé que les décisions italiennes en question avaient violé l'obligation de l'Italie de respecter l'immunité de juridiction de l'Allemagne.

En conséquence, la Cour a déclaré que l'Italie devrait, en promulguant une législation appropriée ou en recourant à toute autre méthode de son choix, faire en sorte que les décisions de ses tribunaux et celles d'autres autorités judiciaires qui contrevenaient à l'immunité reconnue à l'Allemagne par le droit international soient privées d'effet.

1.118. Questions concernant l'obligation de poursuivre ou d'extrader (Belgique c. Sénégal)

Le 19 février 2009, la Belgique a déposé une requête introductive d'instance contre le Sénégal au sujet de M. Hissène Habré, ancien président du Tchad qui demeurait sur le sol sénégalais depuis qu'il y avait obtenu l'asile politique en 1990. La Belgique soutenait en particulier que, en manquant de poursuivre ou d'extrader vers la Belgique M. Habré pour certains actes que celui-ci était accusé d'avoir commis au cours de sa présidence, y compris des actes de torture et des crimes contre l'humanité, le Sénégal avait violé l'obligation dite *aut dedere aut judicare* (c'est-à-dire «extrader ou poursuivre»), prévue à l'article 7 de la convention contre la torture et autres peines ou traitements cruels, inhumains ou dégradants ainsi qu'en droit international coutumier.

Le même jour, la Belgique a présenté une demande en indication de mesures conservatoires, priant la Cour d'ordonner au «Sénégal d[e] prendre toutes les mesures en son pouvoir pour que M. H. Habré reste sous le contrôle et la surveillance des autorités judiciaires du Sénégal afin que les règles de droit international dont [elle] demand[ait] le respect puissent être correctement appliquées».

Dans son ordonnance du 28 mai 2009, la Cour, faisant référence aux assurances données par le Sénégal, au cours de la procédure orale, suivant lesquelles il ne permettrait pas à M. Habré de quitter son territoire tant que l'affaire serait pendante, a conclu qu'il n'y avait aucun risque de préjudice irréparable aux droits revendiqués par la Belgique et qu'il n'existait aucune urgence justifiant l'indication de mesures conservatoires.

Dans son arrêt en date du 20 juillet 2012, la Cour a commencé par examiner les questions relatives à sa compétence et à la recevabilité des demandes de la Belgique soulevées par le Sénégal. Elle a estimé qu'elle était compétente pour trancher les demandes de la Belgique fondées sur l'interprétation ou l'application de l'article 6, paragraphe 2, et de l'article 7, paragraphe 1, de la convention contre la torture. La Cour a par ailleurs considéré qu'elle n'était pas compétente pour connaître de la question de savoir si le Sénégal était tenu d'engager des poursuites à l'encontre d'un ressortissant étranger à raison de crimes relevant du droit international coutumier que celui-ci aurait commis à l'étranger.

S'agissant de la recevabilité des demandes de la Belgique, la Cour a estimé que, à partir du moment où tout Etat partie à la convention contre la torture pouvait invoquer la responsabilité d'un autre Etat partie dans le but de faire constater le manquement allégué de celui-ci à des obligations *erga omnes partes*, c'est-à-dire des obligations dues à l'égard de l'ensemble des Etats parties, la Belgique avait, en tant qu'Etat partie à ladite convention, qualité pour invoquer la responsabilité du Sénégal à raison des manquements allégués de celui-ci à ses obligations en vertu de l'article 6, paragraphe 2, et de l'article 7, paragraphe 1, de cette convention. Dès lors, la Cour a considéré que les demandes de la Belgique fondées sur ces dispositions étaient recevables.

S'agissant de la violation alléguée de l'article 6, paragraphe 2, de la convention contre la torture, aux termes duquel l'Etat sur le territoire duquel se trouve la personne soupçonnée d'avoir commis des actes de torture «procède immédiatement à une enquête préliminaire en vue d'établir les faits», la Cour a relevé que le Sénégal n'avait versé au dossier aucun élément démontrant que celui-ci avait conduit une telle enquête. En l'espèce, l'établissement des faits s'imposait au moins à partir de l'an 2000, lorsqu'une plainte avait été déposée au Sénégal contre M. Habré; elle n'avait pas été davantage enclenchée en 2008, lorsqu'une nouvelle plainte avait été déposée contre M. Habré à Dakar, après les modifications législatives et constitutionnelles intervenues respectivement en 2007 et 2008. La Cour en a conclu que le Sénégal avait manqué à son obligation au titre de la disposition susvisée.

S'agissant de la violation alléguée de l'article 7, paragraphe 1, de la convention contre la torture, la Cour a commencé par examiner la nature et le sens de l'obligation prévue par cette disposition.

Elle en a conclu que l'obligation de poursuivre incombant au Sénégal, en vertu de l'article 7, paragraphe 1, de la convention, ne valait pas pour les actes prétendument commis avant l'entrée en vigueur de cet instrument à son égard, soit le 26 juin 1987, rien n'empêchant cependant le Sénégal d'engager des poursuites en ce qui concerne des actes ayant été commis avant cette date. La Cour a relevé que la Belgique était, pour sa part, en droit de lui demander, à compter du 25 juillet 1999 — date à laquelle elle était devenue partie à la convention —, de se prononcer sur le respect par le Sénégal de son obligation au titre de l'article 7, paragraphe 1, de la convention.

La Cour a enfin examiné la question de la mise en œuvre de l'obligation de poursuivre. Elle a conclu que l'obligation prévue au paragraphe 1 de l'article 7 imposait au Sénégal de prendre toutes les mesures nécessaires pour sa mise en œuvre dans les meilleurs délais, en particulier une fois que la première plainte avait été déposée contre M. Habré en 2000. Le Sénégal ne l'ayant pas fait, il avait manqué, et continuait de manquer, aux obligations qui lui incombaient au titre du paragraphe 1 de l'article 7 de la convention.

La Cour a conclu que, en manquant à ses obligations au titre du paragraphe 2 de l'article 6 et du paragraphe 1 de l'article 7 de la convention, le Sénégal avait engagé sa responsabilité internationale. Dès lors, s'agissant d'un fait illicite à caractère continu, il était tenu d'y mettre fin et devait ainsi prendre sans autre délai les mesures nécessaires en vue de saisir ses autorités compétentes pour l'exercice de l'action pénale, s'il n'extradait pas M. Habré.

1.119. Compétence judiciaire et exécution des décisions en matière civile et commerciale (Belgique c. Suisse)

Le 21 décembre 2009, le Royaume de Belgique a introduit une instance contre la Confédération suisse au sujet d'un différend concernant principalement l'interprétation et l'application de la convention de Lugano du 16 septembre 1988 concernant la compétence judiciaire et l'exécution des décisions en matière civile et commerciale. Le mémoire de la Belgique a été déposé le 23 novembre 2010. Le 18 février 2011, la Suisse souleva des exceptions préliminaires à la compétence de la Cour et à la recevabilité de la requête dans cette affaire.

Par lettre datée du 21 mars 2011, l'agent de la Belgique a fait savoir à la Cour que son gouvernement, «en concertation avec la Commission de l'Union européenne, estim[ait] pouvoir se désister de l'instance introduite par [la Belgique] contre la Suisse». La Suisse ne s'étant pas opposé au désistement, la Cour a pris acte de celui-ci et a rayé l'affaire de son rôle (ordonnance du 5 avril 2011).

1.120. Certaines questions en matière de relations diplomatiques (Honduras c. Brésil)

Le 28 octobre 2009, l'ambassadeur du Honduras aux Pays-Bas a déposé au Greffe de la Cour une requête contre le Brésil au sujet d'un «différend entre [les deux Etats] port[ant] sur des questions juridiques en matière de relations diplomatiques et en relation avec le principe de non-intervention dans les affaires qui relèvent essentiellement de la compétence nationale d'un Etat, incorporé dans la Charte des Nations Unies». Il y était allégué que le Brésil avait «violé ses obligations découlant de l'article 2 (7) de la Charte des Nations Unies et celles de la convention de Vienne sur les relations diplomatiques de 1961».

Pour fonder la compétence de la Cour, le Honduras invoquait l'article XXXI du traité de règlement pacifique, signé le 30 avril 1948 et officiellement désigné aux termes de son article XL, sous le nom de «pacte de Bogotá», ratifié sans aucune réserve par le Honduras le 13 janvier 1950 et par le Brésil le 9 novembre 1965.

Un exemplaire original de la requête a été transmis le 28 octobre 2009 au Gouvernement brésilien, et le Secrétaire général de l'Organisation des Nations Unies a également été informé du dépôt de cette requête.

Par lettre en date du 28 octobre 2009 reçue au Greffe le 30 octobre 2009 sous le couvert d'un courrier du 29 octobre 2009 émanant de M. Jorge Arturo Reina, Représentant permanent du Honduras auprès de l'Organisation des Nations Unies, Mme Patricia Isabel Rodas Baca, ministre des relations extérieures dans le gouvernement dirigé par M. José Manuel Zelaya Rosales, a informé la Cour, notamment, que l'ambassadeur du Honduras aux Pays-Bas n'avait pas qualité pour représenter le Honduras devant la Cour et que «l'ambassadeur Eduardo Enrique Reina [était] désigné comme seul représentant légitime du Gouvernement hondurien près la Cour internationale de Justice». Copie de la communication avec annexes émanant du représentant permanent du Honduras auprès de l'Organisation des Nations Unies a été adressée le 3 novembre 2009 au Brésil, ainsi qu'au Secrétaire général de l'Organisation des Nations Unies. La Cour a décidé que, vu les circonstances, et jusqu'à nouvel ordre, aucune autre mesure ne serait prise en l'affaire.

Par lettre en date du 30 avril 2010, reçue au Greffe le 3 mai 2010, Mario Miguel Canahuati, ministre hondurien des relations extérieures, a fait savoir à la Cour que le Gouvernement hondurien «renon[çait] à poursuivre la procédure initiée par [ladite] requête» et «par conséquent retir[ait] cette requête du Greffe». En conséquence, le président de la Cour a rendu, le 12 mai 2010, une ordonnance dans laquelle, après avoir noté que le Brésil n'avait pas fait acte de procédure en l'affaire, il prenait acte du désistement du Honduras de l'instance et ordonnait que l'affaire soit rayée du rôle.

1.121. Chasse à la baleine dans l'Antarctique
(Australie c. Japon; Nouvelle-Zélande (intervenant))

Le 31 mai 2010, l'Australie a introduit contre le Japon une instance concernant «la poursuite par le Japon de l'exécution d'un vaste programme de chasse à la baleine dans le cadre de la deuxième phase du programme japonais de recherche scientifique sur les baleines en vertu d'un permis spécial dans l'Antarctique («JARPA II»), en violation des obligations contractées par cet Etat aux termes de la convention internationale pour la réglementation de la chasse à la baleine («ICRW»), ainsi que d'autres obligations internationales relatives à la préservation des mammifères marins et de l'environnement marin».

L'Australie a invoqué comme base de compétence de la Cour les dispositions du paragraphe 2 de l'article 36 de son Statut, renvoyant aux déclarations d'acceptation de la juridiction obligatoire de la Cour faites par l'Australie et le Japon le 22 mars 2002 et le 9 juillet 2007, respectivement.

Le 20 novembre 2012, la Nouvelle-Zélande a déposé au Greffe une déclaration d'intervention en l'affaire. Se prévalant du paragraphe 2 de l'article 63 du Statut, la Nouvelle-Zélande soutenait que, du fait qu'étant partie à la convention internationale pour la réglementation de la chasse à la baleine, l'interprétation que la Cour pourrait donner de celle-ci dans l'arrêt en l'espèce présentait pour elle un intérêt direct.

Dans une ordonnance du 13 février 2013, ayant constaté que la Nouvelle-Zélande satisfaisait aux conditions énoncées dans le Statut et le Règlement, la Cour a dit que la déclaration d'intervention était recevable. La Cour a tenu des audiences publiques du 26 juin au 16 juillet 2013, au cours desquelles ont été entendus l'Australie et le Japon, les experts dont chaque partie avait demandé l'audition par la Cour, ainsi que la Nouvelle-Zélande sur l'objet de son intervention.

Dans l'arrêt qu'elle a rendu le 31 mars 2014, la Cour a tout d'abord estimé qu'elle avait compétence pour connaître de l'affaire, écartant l'argument du Japon selon lequel le litige relevait du champ d'application d'une réserve dont est assortie la déclaration australienne d'acceptation de la juridiction obligatoire de la Cour. Elle s'est ensuite penchée sur la question de l'interprétation et de l'application de l'article VIII de la convention de 1946, dont le paragraphe 1 autorise, dans sa partie pertinente, les parties à «accorder à l'un quelconque de [leurs] ressortissants un permis spécial autorisant l'intéressé à tuer, capturer et traiter des baleines en vue de recherches scientifiques».

S'agissant de l'interprétation de cette disposition, la Cour a observé que, si la recherche scientifique est l'une des composantes d'un programme de chasse à la baleine, la mise à mort, la capture et le traitement des cétacés auxquels il aura été procédé dans ce cadre ne relèveront des prévisions de l'article VIII que si ces activités sont menées «en vue de» recherches scientifiques. Pour déterminer ce point et, en particulier, si c'est à des fins de recherche scientifique qu'un programme recourt à des méthodes létales, la Cour examine si les éléments de sa conception et de sa mise en œuvre sont raisonnables au regard des objectifs de recherche annoncés.

En ce qui concerne l'application de cette disposition, la Cour a indiqué que JARPA II pouvait globalement être qualifié de programme de «recherche scientifique». Elle a toutefois estimé que les éléments de preuve dont elle disposait ne permettaient pas d'établir que la conception et la mise en œuvre de ce programme étaient raisonnables au regard des objectifs de recherche annoncés. Elle a conclu que les permis spéciaux au titre desquels le Japon autorisait la mise à mort, la capture et le traitement de baleines dans le cadre de JARPA II n'étaient pas délivrés «en vue de recherches scientifiques» au sens de l'article VIII, paragraphe 1, de la convention de 1946.

La Cour s'est enfin penchée sur les conséquences de cette conclusion, à la lumière de l'affirmation de l'Australie selon laquelle le Japon avait contrevenu à plusieurs dispositions du règlement annexé à ladite convention pour la réglementation de la chasse à la baleine. Estimant que le Japon avait effectivement violé certaines des dispositions invoquées (à savoir les moratoires sur la chasse commerciale et les usines flottantes, ainsi que l'interdiction de la chasse commerciale dans le sanctuaire de l'océan Austral), la Cour en est venue à la question des remèdes. Constatant que JARPA II était toujours en cours, elle a ordonné au Japon de révoquer tout permis, autorisation ou licence déjà délivré pour mettre à mort, capturer ou traiter des baleines dans le cadre de ce programme, et de s'abstenir d'accorder tout nouveau permis en vertu de l'article VIII, paragraphe 1, de la convention au titre dudit programme.

1.122. Différend frontalier (Burkina Faso/Niger)

Le 20 juillet 2010, le Burkina Faso et le Niger ont saisi conjointement la Cour d'un différend frontalier les opposant, en vertu d'un compromis signé le 24 février 2009 à Niamey et entré en vigueur le 20 novembre 2009. A l'article 2 du com-

Croquis n° 4:
TRACÉ DE LA FRONTIÈRE TEL QUE DÉTERMINÉ PAR LA COUR
Ce croquis a été établi à seule fin d'illustration

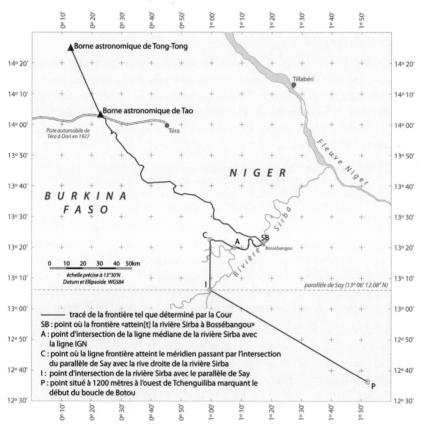

promis, la Cour était priée notamment de déterminer le tracé de la frontière entre les deux pays dans le secteur allant de la borne astronomique de Tong-Tong au début de la boucle de Botou.

Dans son arrêt du 16 avril 2013, la Cour a observé que l'article 6 du compromis, intitulé « Droit applicable », mettait en exergue, parmi les règles de droit international applicables au différend, « le principe de l'intangibilité des frontières héritées de la colonisation et l'accord du 28 mars 1987 ». Elle a noté que les deux premiers articles de cet accord précisaient quels actes et documents de l'administration coloniale française devaient être utilisés pour déterminer la ligne de délimitation existant au moment de l'accession des deux pays à l'indépendance. Elle a ensuite interprété et appliqué les instruments pertinents pour déterminer la frontière dans le secteur en question.

La Cour a décidé que, eu égard aux circonstances de l'espèce, elle procéderait plus tard, par voie d'ordonnance, à la désignation d'experts sollicitée par les Parties au paragraphe 4 de l'article 7 du compromis aux fins de démarcation de leur frontière dans la zone contestée. Par une ordonnance datée du 12 juillet 2013, la Cour a désigné les trois experts demandés. L'affaire est ainsi arrivée à son terme et a été rayée du rôle de la Cour.

1.123-1.124. Certaines activités menées par le Nicaragua dans la région frontalière(Costa Rica c. Nicaragua) et Construction d'une route au Costa Rica le long du fleuve San Juan (Nicaragua c. Costa Rica)

Le 18 novembre 2010, la République du Costa Rica a déposé une requête introductive d'instance contre la République du Nicaragua à raison d'une prétendue « incursion en territoire costa-ricien de l'armée nicaraguayenne, qui occupe et utilise une partie de celui-ci, ainsi que de violations par le Nicaragua d'obligations lui incombant envers le Costa Rica », et notamment le principe de l'intégrité territoriale et l'interdiction du recours à la menace ou à l'emploi de la force.

Dans sa requête, le Costa Rica prétend que le Nicaragua a, à l'occasion de deux incidents distincts, occupé son sol dans le cadre de la construction d'un canal entre le fleuve San Juan et la lagune de los Portillos (également connue sous le nom de « lagon de Harbor Head ») et mené certaines activités connexes de dragage dans le San Juan. Selon le Costa Rica, la construction de ce canal et les travaux de dragage altéreraient le débit des eaux alimentant le Colorado, fleuve costa-ricien, et causeraient d'autres dommages à son territoire, notamment aux zones humides et aux réserves nationales de flore et de faune sauvages de la région. Cette affaire a été inscrite au rôle de la Cour sous l'intitulé *Certaines activités menées par le Nicaragua dans la région frontalière (Costa Rica c. Nicaragua)* (ci-après l'« affaire *Costa Rica c. Nicaragua* »).

Le 18 novembre 2010, le Costa Rica a également déposé une demande en indication de mesures conservatoires à l'effet de protéger ses « droits ... à la souveraineté, à l'intégrité territoriale et à la non-ingérence dans les droits qui sont les siens sur le fleuve San Juan, ses terres et ses zones naturelles protégées, ainsi que ... ses droits relatifs à l'intégrité et au débit du Colorado». La demande du Costa Rica tendait notamment à obtenir le retrait des forces armées nicaraguayennes du territoire litigieux, la cessation immédiate de la construction du canal et la suspension du dragage du fleuve Colorado. Par son ordonnance en indication de mesures conservatoires en date du 8 mars 2011, la Cour a demandé aux Parties de ne pas envoyer ou maintenir sur le territoire litigieux des agents, qu'ils soient civils, de police ou de sécurité. Elle a toutefois autorisé, sous certaines conditions, le Costa Rica à y envoyer des agents civils chargés de la protection de l'environnement. Elle a enfin demandé aux Parties de ne pas aggraver ou étendre le différend.

Le 22 décembre 2011, le Nicaragua a introduit une instance contre le Costa Rica pour «violations de sa souveraineté et dommages importants à l'environnement sur son territoire». Dans sa requête, il soutient en particulier que le Costa Rica réalise, sur la majeure partie de la zone frontalière entre les deux Etats, le long du fleuve San Juan, de vastes travaux tendant à la construction d'une route qui auraient de graves conséquences pour l'environnement. Cette affaire a été inscrite au rôle de la Cour sous l'intitulé *Construction d'une route au Costa Rica le long du fleuve San Juan (Nicaragua c. Costa Rica)* (ci-après l'«affaire *Nicaragua c. Costa Rica*»).

Le 6 août 2012, le Nicaragua a déposé son contre-mémoire en l'affaire *Costa Rica c. Nicaragua*, dans lequel il a présenté quatre demandes reconventionnelles.

Dans une lettre datée du 19 décembre 2012, remise lors du dépôt du mémoire du Nicaragua en l'affaire *Nicaragua c. Costa Rica*, le Nicaragua a demandé à la Cour de procéder à la jonction des instances dans les affaires *Costa Rica c. Nicaragua* et *Nicaragua c. Costa Rica*.

Par deux ordonnances en date du 17 avril 2013, la Cour a décidé, compte tenu des circonstances, et conformément au principe d'une bonne administration de la justice et aux impératifs d'économie judiciaire, de joindre les instances dans les deux affaires.

Par une ordonnance en date du 18 avril 2013, la Cour a déclaré que l'objet de la première demande reconventionnelle présentée par le Nicaragua dans l'affaire *Costa Rica c. Nicaragua* (demande relative aux conséquences dommageables que pourrait engendrer la construction susmentionnée d'une route par le Costa Rica) était en substance identique à celui de sa demande principale dans l'affaire *Nicaragua c. Costa Rica*, et qu'en conséquence de la jonction d'instances il n'y avait pas lieu de statuer sur la recevabilité de cette demande reconventionnelle comme telle. La Cour a jugé que les deuxième et troisième demandes reconventionnelles étaient irrecevables car il n'existait pas de connexité directe entre ces demandes, relatives respectivement à la question de la souveraineté dans la baie de San Juan del Norte et au droit de navigation du Nicaragua sur le fleuve Colorado, et les demandes principales du Costa Rica. Enfin, la Cour a estimé qu'il n'y avait pas lieu pour elle de connaître de la quatrième demande reconventionnelle, relative à la mise en œuvre des mesures conservatoires indiquées précédemment par la Cour, les Parties étant libres d'aborder cette question dans la suite de la procédure.

Le 23 mai 2013, le Costa Rica a déposé une demande tendant à ce que la Cour modifie d'urgence son ordonnance du 8 mars 2011. Dans son ordonnance du 16 juillet 2013, la Cour a estimé que le changement intervenu dans la situation n'était pas de nature à justifier une modification de son ordonnance antérieure. Elle a par ailleurs réaffirmé les mesures qu'elle avait indiquées dans son ordonnance du 8 mars 2011, en particulier celle enjoignant aux Parties de « s'abst[enir] de tout acte qui risquerait d'aggraver ou d'étendre le différend dont [elle] est saisie ou d'en rendre la solution plus difficile ».

Le 24 septembre 2013, le Costa Rica a déposé une demande en indication de nouvelles mesures conservatoires en l'affaire *Costa Rica c. Nicaragua*. Cette demande faisait suite à la construction, par le Nicaragua, de deux nouveaux chenaux *(caños)* dans la partie septentrionale du territoire litigieux, le plus grand étant celui situé à l'est (ci-après le « *caño* oriental »). Dans son ordonnance du 22 novembre 2013, la Cour a décidé non seulement de réaffirmer les mesures conservatoires qu'elle avait indiquées dans son ordonnance du 8 mars 2011 (voir ci-dessus), mais aussi d'en prescrire de nouvelles. La Cour a ainsi dit que le Nicaragua devait s'abstenir de toute activité de dragage ou autre dans le territoire litigieux, et, en particulier, de tous travaux sur les deux nouveaux *caños*, ajoutant qu'il devait combler la tranchée creusée sur la plage au nord du *caño* oriental. La Cour a par ailleurs dit que, sauf nécessité liée à la mise en œuvre de l'obligation précitée, le Nicaragua devait assurer le retrait du territoire litigieux de tous agents, qu'ils soient civils, de police ou de sécurité et empêcher l'entrée de tels agents dans ledit territoire, et qu'il devait assurer le retrait du territoire litigieux de toutes personnes privées relevant de sa juridiction ou sous son contrôle et empêcher leur entrée dans ledit territoire. La Cour a également dit que le Costa Rica pourrait, sous certaines conditions, prendre des mesures appropriées au sujet des deux nouveaux *caños*.

Pour sa part, le Nicaragua a déposé, le 11 octobre 2013, une demande en indication de mesures conservatoires en l'affaire *Nicaragua c. Costa Rica*, indiquant qu'il cherchait à protéger certains droits auxquels portaient selon lui atteinte les travaux de construction routière réalisés par le Costa Rica (voir ci-dessus), notamment le déplacement transfrontière de sédiments et d'autres résidus qui en résulte. Après avoir tenu des audiences sur ladite demande au début du mois de novembre 2013, la Cour a estimé, dans une ordonnance en date du 13 décembre 2013, que les circonstances, telles qu'elles se présentaient à elle, n'étaient pas de nature à exiger l'exercice de son pouvoir d'indiquer des mesures conservatoires.

Des audiences ont été tenues dans les deux instances jointes au mois d'avril 2015. La Cour a rendu son arrêt sur le fond le 16 décembre 2015. En ce qui concerne la première affaire, la Cour a notamment déclaré que le Costa Rica avait souveraineté sur le territoire litigieux s'étendant dans la partie septentrionale d'Isla Portillos. Elle a par conséquent considéré que, par les activités qu'il avait menées sur le territoire litigieux depuis 2010, et notamment en creusant trois *caños* et en établissant une présence militaire sur certaines parties de ce territoire, le Nicaragua avait violé la souveraineté territoriale du Costa Rica, ainsi que les obligations auxquelles il était tenu en vertu de l'ordonnance en indication de mesures conservatoires rendue par la Cour le 8 mars 2011. Dans son arrêt, la Cour a déclaré que le Nicaragua avait l'obligation d'indemniser le Costa Rica à raison des dommages matériels qu'il lui avait causés par ses activités illicites et que, à défaut d'accord à ce sujet entre les Parties dans un délai de douze mois, elle procéderait elle-même au règlement de cette question dans une étape ultérieure de la procédure.

Dans ce même arrêt, concernant la seconde affaire, la Cour a déclaré que la construction de la route par le Costa Rica comportait un risque de dommage transfrontière important et que le Costa Rica avait par conséquent l'obligation d'effectuer une évaluation de l'impact sur l'environnement que lui impose le droit international général. Le Costa Rica ne s'étant pas conformé à cette obligation, la Cour a dit qu'il n'y avait pas lieu de déterminer si ce dernier avait une obligation de notification et de consultation envers le Nicaragua. S'agissant des allégations concernant la violation d'obligations de fond, à commencer par celle de faire preuve de la diligence requise en vue de prévenir les dommages transfrontières importants, la Cour a conclu que le Nicaragua n'avait pas prouvé que la construction de la route lui aurait causé des dommages transfrontières importants, et a rejeté en conséquence les demandes du Nicaragua sur ce point. En ce qui concerne la réparation demandée par le Nicaragua, la Cour a conclu que la constatation par elle de ce que le Costa Rica avait violé son obligation de procéder à une évaluation de l'impact sur l'environnement était pour le Nicaragua une mesure de satisfaction appropriée.

Par une lettre en date du 16 janvier 2017, le Costa Rica, se référant à sa décision dans la première affaire *(Costa Rica c. Nicaragua)*, a prié la Cour de régler la question de l'indemnisation qui lui était due à raison des dommages matériels qui lui avaient été causés par les activités illicites du Nicaragua dans la région frontalière. A l'issue d'une procédure écrite en deux tours, la Cour a entamé son délibéré et s'est prononcée par un arrêt rendu le 2 février 2018.

Dans son arrêt, la Cour a dit que les dommages causés à l'environnement, en particulier la dégradation ou la perte consécutive de biens et services environnementaux, ainsi que les coûts des mesures de restauration de l'environnement endommagé, sont susceptibles d'indemnisation en droit international. Avant d'attribuer une valeur pécuniaire aux dommages causés à l'environnement par les activités illicites du Nicaragua, la Cour a vérifié l'existence et l'étendue des dommages en question, et recherché s'il existait un lien de causalité direct et certain entre lesdits dommages et les activités nicaraguayennes. Au terme de son évaluation des dommages, la Cour a accordé au Costa Rica une indemnité de 120 000 dollars des Etats-Unis à raison de la dégradation ou de la perte de biens et services environnementaux subie par la zone touchée, ainsi qu'une indemnité de 2 708,39 dollars des Etats-Unis pour les mesures de restauration concernant la zone humide. Outre l'indemnité pour les dommages causés à l'environnement, la Cour a accordé au Costa Rica une indemnité de 236 032,16 dollars des Etats-Unis à raison des frais et dépenses qu'il avait engagés en conséquence directe des activités illicites du Nicaragua dans la partie septentrionale d'Isla Portillos, ainsi que des intérêts compensatoires sur lesdits frais et dépenses d'un montant de 20 150,04 dollars des Etats-Unis. Il ressort de l'analyse faite par la Cour que l'indemnisation due au Costa Rica par le Nicaragua s'élevait à un total de 378 890,59 dollars des Etats-Unis, payable le 2 avril 2018 au plus tard. Par lettre en date du 22 mars 2018, le Nicaragua a informé le Greffe de la Cour que, le 8 mars 2018, il avait versé au Costa Rica le montant total de l'indemnité due à celui-ci.

1.125. Demande en interprétation de l'arrêt du 15 juin 1962 en l'affaire du Temple de Préah Vihéar (Cambodge c. Thaïlande) *(Cambodge c. Thaïlande)*

Par une requête déposée au Greffe le 28 avril 2011, le Royaume du Cambodge a saisi la Cour d'une demande en interprétation de l'arrêt rendu par elle, le 15 juin 1962, en l'affaire du *Temple de Préah Vihéar (Cambodge c. Thaïlande)*. Dans cet arrêt, la Cour avait dit que «le temple de Préah Vihéar [était] situé en territoire relevant de la souveraineté du Cambodge» et que «la Thaïlande [était] tenue de retirer tous les éléments de ses forces armées installés dans le temple ou dans ses environs situés en territoire cambodgien» (v. ci-dessus n° 1.34). En 2008, le temple fut inscrit, à la demande du Cambodge, au Patrimoine mondial de l'UNESCO. A la suite de cette inscription, plusieurs incidents armés eurent lieu entre les Parties dans la zone frontalière proche du temple. Le jour même du dépôt de la requête, le Cambodge, soulignant l'urgence et le risque d'un préjudice irréparable, avait également présenté une demande en indication de mesures conservatoires. Dans son ordonnance du 18 juillet 2011 relative à cette dernière demande, la Cour a estimé pouvoir exercer ses pouvoirs conformément à l'article 41 de son Statut, et a indiqué des mesures conservatoires prescrivant notamment aux deux Parties de retirer leur personnel militaire d'une «zone démilitarisée provisoire» entourant le temple, telle que définie dans l'ordonnance.

Dans l'arrêt qu'elle a rendu le 11 novembre 2013, la Cour a conclu qu'il existait une contestation entre les Parties quant au sens et à la portée de l'arrêt de 1962. La Cour en est alors venue à l'interprétation de l'arrêt de 1962. La Cour a relevé que la principale contestation entre les Parties concernait la portée territoriale du deuxième point du dispositif, c'est-à-dire l'étendue des «environs» du temple de Préah Vihéar.

La Cour a considéré que, au vu des motifs de l'arrêt de 1962, examinés à la lumière des écritures et plaidoiries en l'instance initiale, le deuxième point du dispositif de l'arrêt de 1962 prescrivait à la Thaïlande de retirer de l'intégralité du territoire de l'éperon de Préah Vihéar tous les personnels thaïlandais qui y étaient alors installés. En conséquence, la Cour a dit que l'expression «environs situés en territoire cambodgiens» devait être interprétée comme s'étendant au moins à la zone où il était établi, à l'époque de la procédure initiale, qu'un détachement de la police thaïlandaise était alors installé. Elle a peu après identifié et décrit les limites de cette zone.

La Cour a ensuite examiné le lien entre le deuxième point et le reste du dispositif. Elle a considéré que la portée territoriale des trois points du dispositif est la même : la conclusion énoncée au premier point, selon laquelle l'expression «le temple de Préah Vihéar est situé en territoire relevant de la souveraineté du Cambodge» doit être considérée comme renvoyant, ainsi que les deuxième et troisième points, à l'intégralité du territoire de l'éperon de Préah Vihéar.

1.126. Obligation de négocier un accès à l'océan Pacifique (Bolivie c. Chili)

L'Etat plurinational de Bolivie a introduit devant la Cour, le 24 avril 2013, une instance contre la République du Chili au sujet d'un différend ayant trait à «l'obligation du Chili de négocier de bonne foi et de manière effective avec la Bolivie en vue de parvenir à un accord assurant à celle-ci un accès pleinement souverain à l'océan Pacifique». Dans sa requête, la Bolivie soutient que, «au-delà des obligations générales que lui impose le droit international, le Chili s'est plus particulièrement engagé, par des accords, sa pratique diplomatique et une série de déclarations attribuables à ses plus hauts représentants, à négocier afin que soit assuré à la Bolivie un accès souverain à la mer». Selon la Bolivie, «[l]e Chili ne s'est pas conformé à cette obligation et … en conteste … l'existence même». La Bolivie invoque dans sa requête, comme base de compétence de la Cour, l'article XXXI du traité américain de règlement pacifique (pacte de Bogotá) du 30 avril 1948.

Le 15 juillet 2014, le Chili a déposé une exception préliminaire à la compétence de la Cour, entraînant la suspension de la procédure sur le fond. A la suite du dépôt de l'exposé écrit de la Bolivie sur cette exception préliminaire, des audiences ont été tenues en mai 2015. Dans l'arrêt qu'elle a rendu le 24 septembre 2015, la Cour a rejeté l'exception préliminaire soulevée par le Chili et a déclaré qu'elle avait compétence pour connaître de la requête déposée par la Bolivie.

Après le dépôt du contre-mémoire du Chili, la Cour a autorisé la présentation d'une réplique de la Bolivie et d'une duplique du Chili, respectivement le 21 mars 2017 et le 21 septembre 2017. Des audiences publiques ont été tenues en mars 2018, et la Cour a rendu son arrêt sur le fond le 1er octobre 2018.

Dans son arrêt, la Cour examine les divers fondements juridiques invoqués par la Bolivie à l'appui de l'obligation de négocier son accès souverain à l'océan Pacifique qui, selon elle, incombe au Chili. La Cour conclut qu'aucun de ces fondements n'établit une obligation pour le Chili de négocier l'accès souverain de la Bolivie à l'océan Pacifique. Elle ajoute que cette conclusion «ne doit cependant pas être comprise comme empêchant les Parties de poursuivre leur dialogue et leurs échanges dans un esprit de bon voisinage, afin de traiter les questions relatives à l'enclavement de la Bolivie, dont la solution est considérée par l'une et l'autre comme relevant de leur intérêt mutuel. Avec la volonté des Parties, des négociations ayant un sens seront possibles.»

1.127. Question de la délimitation du plateau continental entre le Nicaragua et la Colombie au delà de 200 milles marins de la côte nicaraguayenne (Nicaragua c. Colombie)

Le 16 septembre 2013, le Nicaragua a introduit une instance contre la Colombie concernant un «différend [relatif à] la délimitation entre, d'une part, le plateau continental du Nicaragua s'étendant au-delà de 200 milles marins des lignes de base à partir desquelles est mesurée la largeur de la mer territoriale du Nicaragua et, d'autre part, le plateau continental de la Colombie». Dans sa requête, le Nicaragua prie la Cour de déterminer «[l]e tracé précis de la frontière maritime entre les portions de plateau continental relevant du Nicaragua et de la Colombie au-delà des limites établies par la Cour dans son arrêt du 19 novembre 2012» en l'affaire du *Différend territorial et maritime (Nicaragua c. Colombie)* (voir ci-dessus n° 1.100). Le demandeur prie également la Cour d'énoncer «[l]es principes et les règles de droit international régissant les droits et obligations des deux Etats concernant la zone de plateau continental où leurs revendications se chevauchent et l'utilisation des ressources qui s'y trouvent, et ce, dans l'attente de la délimitation de leur frontière maritime au-delà de 200 milles marins de la côte nicaraguayenne».

Pour fonder la compétence de la Cour, le Nicaragua invoque l'article XXXI du traité américain de règlement pacifique signé le 30 avril 1948 (dénommé officiellement «pacte de Bogotá»). Le Nicaragua soutient en outre que, «dans la mesure où la Cour n'a pas, dans son arrêt du 19 novembre 2012, tranché de manière définitive la question de la délimitation du plateau continental entre lui-même et la Colombie dans la zone située à plus de 200 milles marins de la côte nicaraguayenne, question dont elle était et reste saisie dans l'affaire du *Différend territorial et maritime (Nicaragua c. Colombie)*, l'objet de la requête demeure dans le champ de la compétence de la Cour».

Le 14 août 2014, la Colombie a soulevé des exceptions préliminaires à la compétence de la Cour et à la recevabilité de la requête, entraînant la suspension de la procédure sur le fond. Après avoir tenu des audiences publiques en octobre 2015, la Cour a dit, dans son arrêt du 17 mars 2016 sur les exceptions préliminaires soulevées par la Colombie, qu'elle a compétence, sur la base de l'article XXXI du pacte de Bogotá, pour connaître de la première demande formulée par le Nicaragua dans sa requête, dans laquelle il prie la Cour de déterminer «[l]e tracé précis de la frontière maritime entre les portions de plateau continental relevant du Nicaragua et de la Colombie au-delà des limites établies par la Cour dans son arrêt du 19 novembre 2012», et que cette demande est recevable.

La Cour a notamment conclu que, la requête du Nicaragua ayant été soumise à la Cour après l'avis de dénonciation du pacte de Bogotá de la Colombie, mais avant l'expiration du préavis d'un an, prévu à l'article LVI, entraînant l'extinction du traité pour cet Etat, l'article XXXI lui conférant compétence demeurait en vigueur entre les Parties à la date du dépôt de la requête en l'affaire. La Cour a par ailleurs rejeté l'exception préliminaire par laquelle la Colombie soutenait que les questions soulevées par le Nicaragua dans sa requête avaient été «expressément tranchées» dans son arrêt de 2012; elle a estimé qu'il ressortait de l'examen du point 3 du dispositif de l'arrêt de 2012 qu'elle n'avait pas tranché la question de savoir si le Nicaragua pouvait se prévaloir d'un plateau continental au-delà de 200 milles marins de sa côte, et qu'elle n'était donc pas empêchée, par l'effet de l'autorité de la chose jugée, de se prononcer sur la requête introduite par le Nicaragua le 16 septembre 2013.

La Cour a en revanche retenu l'exception d'irrecevabilité soulevée par la Colombie au sujet de la seconde demande, par laquelle le Nicaragua l'invitait, dans l'attente de la délimitation de la frontière maritime des Parties au-delà de 200 milles marins de la côte nicaraguayenne, à déterminer les principes et les règles de droit international régissant les droits et obligations des deux Etats concernant la zone du plateau continental où leurs revendications se chevauchent. La Cour a relevé que cette demande ne portait pas sur un différend réel entre les Parties et qu'elle ne comportait en outre aucune précision sur ce qu'il est demandé à la Cour de décider.

Par ordonnance du 28 avril 2016, le président de la Cour a fixé au 28 septembre 2016 et au 28 septembre 2017, respectivement, les nouvelles dates d'expiration des délais pour le dépôt d'un mémoire par le Nicaragua et la Colombie. Par ordonnance du 8 décembre 2017, la Cour a autorisé la présentation d'une réplique par le Nicaragua et d'une duplique par la Colombie. Elle a fixé au 9 juillet 2018 et au 11 février 2019, respectivement, les dates d'expiration des délais pour le dépôt de ces pièces écrites.

1.128. Violations alléguées de droits souverains et d'espaces maritimes dans la mer des Caraïbes (Nicaragua c. Colombie)

Le 26 novembre 2013, le Nicaragua a introduit une instance contre la Colombie concernant un «différend relatif aux violations des droits souverains et des espaces maritimes du Nicaragua qui lui ont été reconnus par la Cour dans son arrêt du

19 novembre 2012 [en l'affaire du *Différend territorial et maritime (Nicaragua c. Colombie)* (voir ci-dessus n° 1.100)], ainsi qu'à la menace de la Colombie de recourir à la force pour commettre ces violations».

Pour fonder la compétence de la Cour, le Nicaragua invoque l'article XXXI du traité américain de règlement pacifique signé le 30 avril 1948 («pacte de Bogotá»). Le Nicaragua soutient par ailleurs, à titre subsidiaire, que «la compétence de la Cour réside dans le pouvoir qui est le sien de se prononcer sur les mesures requises par ses arrêts».

Après le dépôt du mémoire du Nicaragua, la Colombie a soulevé des exceptions préliminaires à la compétence de la Cour.

Dans son arrêt du 17 mars 2016, la Cour a dit qu'elle avait compétence, sur la base de l'article XXXI du pacte de Bogotá, pour statuer sur le différend relatif à de prétendues violations par la Colombie des droits du Nicaragua dans les zones maritimes dont celui-ci affirme qu'elles lui ont été reconnues par l'arrêt de 2012. La Cour a cependant retenu l'exception préliminaire soulevée par la Colombie selon laquelle il n'existait pas de différend à la date du dépôt de la requête au sujet de la demande du Nicaragua faisant grief à la Colombie d'avoir manqué à l'obligation de s'abstenir de recourir à la menace ou à l'emploi de la force.

Par une ordonnance du même jour, la Cour a fixé au 17 novembre 2016 la date d'expiration du délai pour le dépôt du contre-mémoire de la Colombie.

Dans le contre-mémoire qu'elle a déposé le 17 novembre 2016, la Colombie a présenté quatre demandes reconventionnelles. Dans son ordonnance du 15 novembre 2017, la Cour a jugé recevables les troisième et quatrième demandes reconventionnelles présentées par la Colombie concernant la violation alléguée par le Nicaragua d'un droit des pêcheurs artisanaux de l'archipel de San Andrés d'accéder aux bancs où ils ont coutume de pêcher et d'exploiter ceux-ci, et l'adoption par le Nicaragua du décret n° 33-2013 du 19 août 2013, qui aurait établi des lignes de base droites avec pour effet d'étendre les eaux intérieures et les espaces maritimes nicaraguayens au-delà de ce que permet le droit international. En outre, la Cour a fixé au 15 mai et au 15 novembre 2018, respectivement, les dates d'expiration des délais pour le dépôt de la réplique du Nicaragua et de la duplique de la Colombie.

Par ordonnance du 4 décembre 2018, la Cour a autorisé la présentation par le Nicaragua d'une pièce additionnelle portant exclusivement sur les demandes reconventionnelles présentées par la Colombie, et fixé au 4 mars 2019 la date d'expiration du délai pour le dépôt de cette pièce.

1.129. Questions concernant la saisie et la détention de certains documents et données (Timor-Leste c. Australie)

Le 17 décembre 2013, le Timor-Leste a introduit une instance contre l'Australie concernant la saisie, et la détention ultérieure, par «des agents de l'Australie, de documents, données et autres biens appartenant au Timor-Leste ou que celui-ci a le droit de protéger en vertu du droit international». Le Timor-Leste soutient que ces éléments ont été pris dans les locaux professionnels de l'un de ses conseillers juridiques à Narrabundah, Territoire de la capitale australienne, prétendument en vertu d'un mandat délivré sur la base de l'article 25 de l'*Australian Security Intelligence Organisation Act* de 1979. Or, avance-t-il, les éléments saisis comprennent notamment des documents, des données et une correspondance échangée entre le Timor-Leste et ses conseillers juridiques qui se rapportent à un *Arbitrage en vertu du traité du 20 mai 2002 sur la mer de Timor*, en cours entre le Timor-Leste et l'Australie. Pour fonder la compétence de la Cour, le Timor-Leste invoque la déclaration qu'il a faite le 21 septembre 2012 en vertu du paragraphe 2 de l'article 36 du Statut, et celle qu'a faite l'Australie le 22 mars 2002 en vertu de cette même disposition.

Le 17 décembre 2013, le Timor-Leste a également déposé une demande en indication de mesures conservatoires à l'effet de protéger ses droits et d'empêcher que les documents et données saisis par l'Australie soient utilisés contre les intérêts et droits du Timor-Leste dans le cadre de l'arbitrage précité et à l'égard d'autres questions ayant trait à la mer du Timor et à ses ressources. Le Timor-Leste a en outre prié le président de la Cour de faire usage du pouvoir que lui confère le paragraphe 4 de l'article 74 du Règlement de la Cour.

Par lettre datée du 18 décembre 2013, le président de la Cour a, en application de la disposition susmentionnée du Règlement, appelé l'Australie à «agir de manière que toute ordonnance de la Cour sur la demande en indication de mesures conservatoires puisse avoir les effets voulus et, en particulier, [à] s'abstenir de tout acte qui pourrait porter préjudice aux droits que la République démocratique du Timor-Leste invoque en la présente procédure».

Après avoir entendu les Parties, la Cour, dans une ordonnance en date du 3 mars 2014 sur la demande en indication de mesures conservatoires présentée par le Timor-Leste, a décidé que l'Australie devait faire en sorte que le contenu des éléments saisis ne soit d'aucune manière et à aucun moment utilisé par une quelconque personne au détriment du Timor-Leste, et ce, jusqu'à ce que la présente affaire vienne à son terme, qu'elle devait conserver sous scellés les documents et données électroniques saisis, ainsi que toute copie qui en aurait été faite, jusqu'à toute nouvelle décision de la Cour, et, par ailleurs, qu'elle ne devait s'ingérer d'aucune manière dans les communications entre le Timor-Leste et ses conseillers juridiques ayant trait à l'arbitrage en vertu du traité du 20 mai 2002 sur la mer de Timor en cours entre le Timor-Leste et l'Australie, à toute négociation bilatérale future sur la délimitation maritime, ou à toute autre procédure entre les deux Etats qui s'y rapporte, dont la présente instance devant la Cour.

Les audiences qui devaient se tenir à compter du 17 septembre 2014 n'ont toutefois pas eu lieu, les Parties ayant, par lettre conjointe du 1er septembre 2014, demandé à la Cour de bien vouloir « ajourner la procédure orale … afin de [leur] permettre … de rechercher un règlement à l'amiable».

Quelques mois plus tard, l'Australie a indiqué, par une lettre du 25 mars 2015, qu'elle «souhait[ait] restituer les éléments retirés du cabinet Collaery Lawyers le 3 décembre 2013» qui faisaient l'objet de l'instance, et a sollicité une modification en conséquence de l'ordonnance en indication de mesures conservatoires rendue le 3 mars 2014. Par une ordonnance du 22 avril 2015, la Cour a autorisé la restitution des documents et copies en cause.

Par une lettre du 2 juin 2015, le Timor-Leste a fait savoir à la Cour qu'il souhaitait se désister de l'instance. L'Australie ayant indiqué qu'elle n'y faisait pas objection, le président de la Cour a, par une ordonnance en date du 11 juin 2015, pris acte du désistement du Timor-Leste et l'affaire a été rayée du rôle.

1.130-1.131. Délimitation maritime dans la mer des Caraïbes et l'océan Pacifique (Costa Rica c. Nicaragua) et Frontière terrestre dans la partie septentrionale d'Isla Portillos (Costa Rica c. Nicaragua)

Le 25 février 2014, le Costa Rica a introduit une instance contre le Nicaragua au sujet d'un «[d]ifférend relatif à la délimitation maritime dans la mer des Caraïbes et l'océan Pacifique». Le Costa Rica priait la Cour de déterminer, dans son intégralité et sur la base du droit international, le tracé d'une frontière maritime unique entre l'ensemble des espaces maritimes relevant respectivement du Costa Rica et du Nicaragua dans la mer des Caraïbes et dans l'océan Pacifique.

Après avoir consulté les Parties, la Cour a décidé, par une ordonnance en date du 31 mai 2016, de faire procéder à une expertise pour contribuer à établir certains éléments factuels pertinents aux fins du règlement du différend qui lui était soumis. Par une ordonnance en date du 16 juin 2016, le président de la Cour a désigné M. Eric Fouache et M. Francisco Gutiérrez, professeurs, respectivement, de géographie et de géologie et géomorphologie, en tant qu'experts indépendants, dont la mission était de déterminer l'état de la côte entre chacun des deux points que, dans leurs écritures, le Costa Rica et le Nicaragua présentent comme étant le point de départ de la frontière maritime dans la mer des Caraïbes.

Le 16 janvier 2017, le Costa Rica a déposé une nouvelle requête introductive d'instance contre le Nicaragua au sujet d'un «différend relatif à la définition précise de la frontière dans la zone de la lagune de Los Portillos/Harbor Head et à l'établissement par le Nicaragua d'un nouveau camp militaire» sur la plage d'Isla Portillos (affaire relative à la *Frontière terrestre dans la partie septentrionale d'Isla Portillos (Costa Rica c. Nicaragua)*). Le Costa Rica priait en outre la Cour de joindre cette instance à celle relative à la *Délimitation maritime dans la mer des Caraïbes et l'océan Pacifique (Costa Rica c. Nicaragua)*.

Compte tenu de la nature des demandes formulées par le Costa Rica en l'affaire relative à la *Frontière terrestre dans la partie septentrionale d'Isla Portillos (Costa*

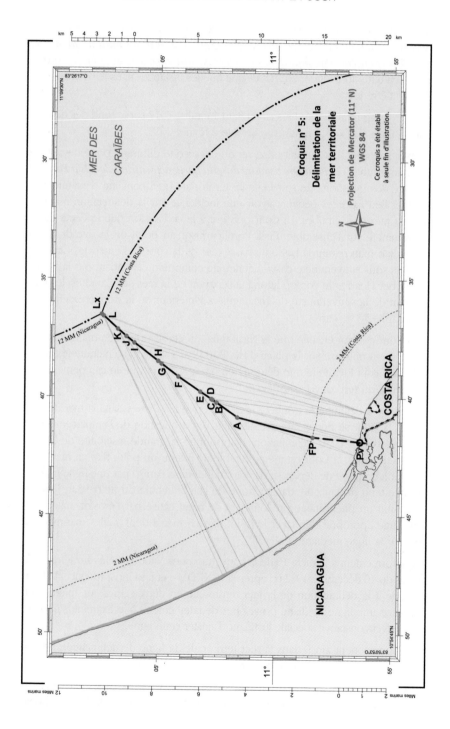

Croquis n° 5:
Délimitation de la
mer territoriale

Projection de Mercator (11° N)
WGS 84

Ce croquis a été établi
à seule fin d'illustration.

MER DES
CARAÏBES

12 MM (Costa Rica)

12 MM (Nicaragua)

2 MM (Costa Rica)

COSTA RICA

2 MM (Nicaragua)

NICARAGUA

Rica c. Nicaragua) et du lien étroit que celles-ci entretiennent avec certains aspects du différend en l'affaire relative à la *Délimitation maritime dans la mer des Caraïbes et l'océan Pacifique (Costa Rica c. Nicaragua)*, la Cour, par une ordonnance en date du 2 février 2017, a décidé que les instances dans les deux affaires devaient être jointes.

Après avoir tenu des audiences du 3 au 13 juillet 2017 sur le fond des deux affaires jointes, la Cour a rendu son arrêt le 2 février 2018.

Dans son arrêt, la Cour fait observer que le second différend porté devant elle (l'affaire relative à la *Frontière terrestre dans la partie septentrionale d'Isla Portillos*) soulève des questions de souveraineté territoriale qu'il convient d'examiner en premier lieu car elles peuvent avoir une incidence sur la délimitation maritime dans la mer des Caraïbes. La Cour parvient à la conclusion que le Costa Rica a souveraineté sur l'ensemble d'Isla Portillos jusqu'au point où la rive droite du fleuve San Juan rejoint la laisse de basse mer de la côte de la mer des Caraïbes. La zone sous souveraineté costa-ricienne ne comprend cependant pas la lagune de Harbor Head et le cordon littoral la séparant de la mer des Caraïbes, lesquels relèvent de la souveraineté du Nicaragua, à l'intérieur de la frontière définie au paragraphe 73 de l'arrêt.

La Cour conclut ensuite que le Nicaragua, en établissant et en maintenant un campement militaire sur la plage d'Isla Portillos, a violé la souveraineté territoriale du Costa Rica telle que déterminée par la Cour et que le campement doit être retiré du territoire costa-ricien.

Appelée à délimiter la frontière maritime entre les Parties dans la mer des Caraïbes, la Cour se penche en premier lieu sur la question de l'emplacement du point de départ de la délimitation. Etant donné la grande instabilité de la côte dans cette zone, la Cour estime préférable de retenir un point fixe en mer et de le relier à un point de départ sur la côte (défini dans l'arrêt) par une ligne mobile. Compte tenu du fait que, dans la zone de l'embouchure du fleuve San Juan, la côte subit un phénomène prédominant de recul causé par l'érosion marine, la Cour juge approprié de placer le point fixe en mer à deux milles marins de la côte sur la ligne médiane (point FP).

Conformément à l'article 15 de la convention des Nations Unies sur le droit de la mer du 10 décembre 1982 (ci après la «CNUDM») et à sa jurisprudence, la Cour procède à la délimitation de la mer territoriale en deux étapes : premièrement, elle trace une ligne médiane provisoire ; deuxièmement, elle examine s'il existe quelque circonstance spéciale justifiant d'ajuster cette ligne.

La Cour obtient ainsi, dans la mer territoriale, la ligne de délimitation figurée sur le croquis [n° 5] de l'arrêt (reproduit ci-dessus à la page 243).

La Cour en vient alors à la délimitation des zones économiques exclusives et portions de plateau continental relevant respectivement du Costa Rica et du Ni-

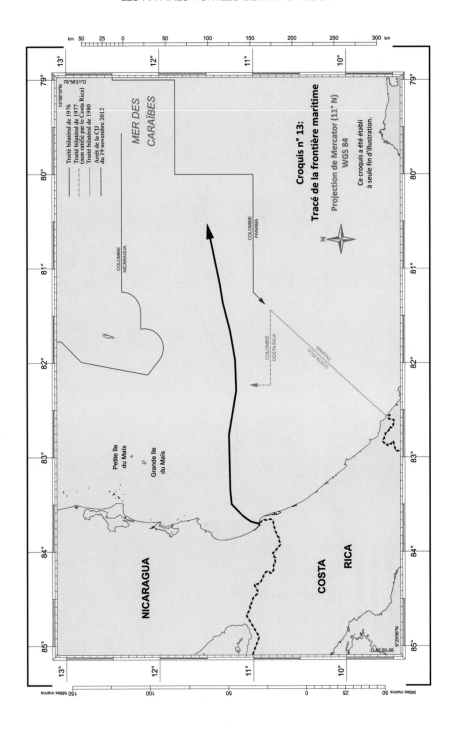

Croquis n° 13:
Tracé de la frontière maritime

Projection de Mercator (11° N)
WGS 84

Ce croquis a été établi
à seule fin d'illustration.

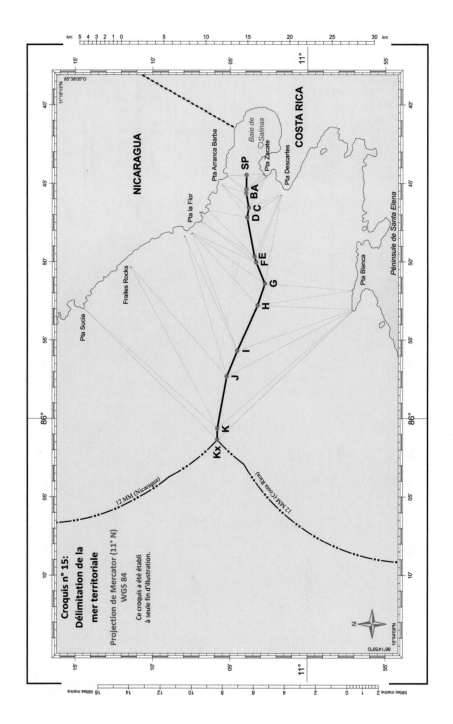

Croquis n° 15:
Délimitation de la
mer territoriale

Projection de Mercator (11° N)
WGS 84

Ce croquis a été établi
à seule fin d'illustration.

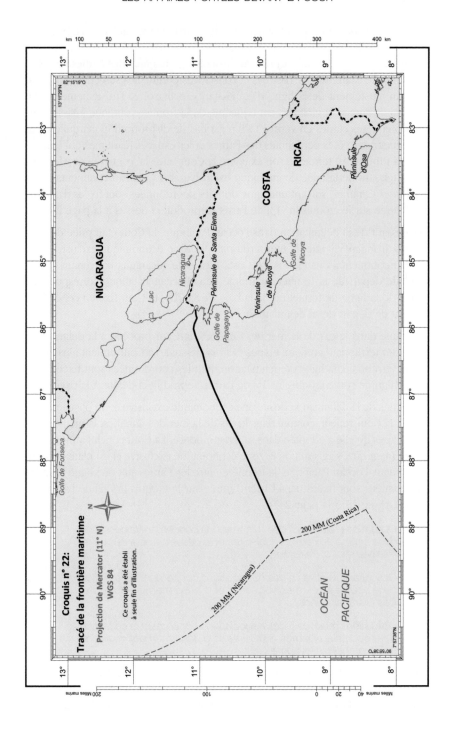

Croquis n° 22:
Tracé de la frontière maritime

Projection de Mercator (11° N)
WGS 84

Ce croquis a été établi
à seule fin d'illustration.

caragua. Elle applique à cet effet la méthode en trois étapes qu'elle a établie. Premièrement, elle définit une ligne d'équidistance provisoire en se servant des points de base les plus appropriés sur les côtes pertinentes des Parties. Deuxièmement, elle examine s'il existe des circonstances pertinentes susceptibles de justifier un ajustement de la ligne d'équidistance provisoire. Troisièmement, elle apprécie le caractère globalement équitable de la frontière obtenue à l'issue des deux premières étapes en vérifiant s'il n'y a pas de disproportion marquée entre la longueur des côtes pertinentes des Parties et les espaces maritimes qui leur seraient attribués. Au terme de son examen, la Cour trace la frontière entre les Parties, s'agissant de la zone économique exclusive et du plateau continental dans la mer des Caraïbes, suivant une ligne dont les coordonnées sont fixées dans l'arrêt (figurée sur le croquis [n° 13] de l'arrêt (reproduit ci-dessus à la page 245).

S'agissant de la délimitation dans l'océan Pacifique, la Cour était priée de délimiter la frontière divisant la mer territoriale, la zone économique exclusive et le plateau continental des Parties. Le Costa Rica et le Nicaragua convenant que le point de départ de la frontière maritime dans l'océan Pacifique correspond au milieu de la ligne de fermeture de la baie de Salinas, la Cour fixe en cet endroit le point de départ de sa délimitation.

Comme dans le cas de la mer des Caraïbes, la Cour procède à la délimitation de la mer territoriale en deux étapes (voir ci-dessus). La Cour obtient ainsi, dans la mer territoriale, la ligne de délimitation dont les coordonnées sont fixées dans l'arrêt (figurée sur le croquis [n° 15] de l'arrêt (reproduit ci-dessus à la page 246).

Aux fins de la délimitation de la zone économique exclusive et du plateau continental, la Cour retient, comme dans le cas de la mer des Caraïbes, la méthode en trois étapes qu'elle a adoptée dans sa jurisprudence. La Cour conclut au terme de son examen que, s'agissant de la zone économique exclusive et du plateau continental dans l'océan Pacifique, la frontière entre les Parties suit une ligne dont les coordonnées sont fixées dans l'arrêt (figurée sur le croquis [n° 22] de l'arrêt (reproduit ci-dessus à la page 247).

1.132. Obligations relatives à des négociations concernant la cessation de la course aux armes nucléaires et le désarmement nucléaire (Iles Marshall c. Pakistan) ;

1.133. Obligations relatives à des négociations concernant la cessation de la course aux armes nucléaires et le désarmement nucléaire (Iles Marshall c. Inde) ;

1.134. Obligations relatives à des négociations concernant la cessation de la course aux armes nucléaires et le désarmement nucléaire (Iles Marshall c. Royaume-Uni)

Le 24 avril 2014, les Iles Marshall ont déposé des requêtes introductives d'instance contre neuf Etats (par ordre alphabétique : la Chine, les Etats-Unis d'Amérique, la Fédération de Russie, la France, l'Inde, Israël, le Pakistan, la République populaire démocratique de Corée et le Royaume-Uni de Grande-Bretagne et d'Irlande du Nord) pour des manquements allégués à leurs obligations relatives à la cessation de la course aux armes nucléaires à une date rapprochée et au désarmement nucléaire.

Quoique ces neuf requêtes avaient toutes trait au même sujet, la République des Iles Marshall établit une distinction entre les trois Etats (l'Inde, le Pakistan et le Royaume-Uni de Grande-Bretagne et d'Irlande du Nord) qui avaient reconnu la compétence obligatoire de la Cour en vertu du paragraphe 2 de l'article 36 du Statut de la Cour, et les six autres Etats, à l'égard desquels les Iles Marshall entendaient fonder la compétence de la Cour sur un consentement non encore donné. Conformément au paragraphe 5 de l'article 38, les requêtes déposées contre ces six Etats ont été transmises à ces derniers, mais elles n'ont pas été inscrites au rôle général de la Cour et aucun acte de procédure n'a été effectué en l'absence de consentement des Etats concernés.

En ce qui concerne les affaires inscrites au rôle de la Cour, les Iles Marshall reprochaient plus spécifiquement au Royaume-Uni de manquer à l'article VI du traité sur la non-prolifération des armes nucléaires (TNP), auquel ils sont tous deux parties. Cet article dispose que les parties «s'engage[nt] à poursuivre de bonne foi des négociations sur des mesures efficaces relatives à la cessation de la course aux armements nucléaires à une date rapprochée et au désarmement nucléaire, et sur un traité de désarmement général et complet sous un contrôle international strict et efficace». Bien que l'Inde et le Pakistan ne soient pas parties au TNP, les Iles Marshall soutenaient à leur égard que certaines obligations énoncées dans cet instrument s'appliquent à tous les Etats en vertu du droit international coutumier, et que tel était le cas des obligations prévues à son article VI.

L'Inde et le Pakistan ayant fait savoir à la Cour qu'ils considéraient que celle-ci n'avait pas compétence pour connaître du différend allégué par les Iles Marshall, ou que la requête de ces dernières n'était pas recevable, il a été décidé que ces questions devaient être réglées en premier lieu et qu'il serait statué séparément sur ces questions, avant toute procédure sur le fond, en application de l'article 79, paragraphe 2, du Règlement. Les Parties ont par la suite déposé, dans les délais fixés, leurs pièces écrites sur ces questions.

Dans l'instance introduite contre le Royaume-Uni, la Cour a fixé les dates d'expiration des délais pour le dépôt du mémoire des Iles Marshall et du contre-mémoire du Royaume-Uni. Toutefois, dans le délai de trois mois après le dépôt du mémoire du demandeur, le Royaume-Uni a soulevé certaines exceptions préliminaires en l'affaire, en conséquence de quoi la procédure sur le fond a été suspendue, conformément à l'article 79, paragraphe 5, du Règlement, et les Iles Marshall ont présenté un exposé écrit contenant leurs observations et conclusions sur les exceptions préliminaires soulevées par le Royaume-Uni.

Des audiences publiques se sont tenues dans les trois affaires au mois de mars 2016, et la Cour a rendu ses arrêts dans ces affaires le 5 octobre 2016.

Dans chacun de ces trois arrêts, la Cour a considéré que l'exception d'incompétence soulevée par les Etats défendeurs fondée sur l'absence de différend entre les Parties au moment du dépôt des requêtes devait être retenue. La Cour précise notamment que, pour qu'un différend existe, les points de vue de celles-ci, quant à l'exécution ou à la non-exécution de certaines obligations internationales, doivent être nettement opposés. Elle ajoute qu'un différend existe lorsque les éléments de preuve montrent que le défendeur avait connaissance, ou ne pouvait pas ne pas avoir connaissance, de ce que ses vues se heurtaient à l'opposition manifeste du demandeur. Enfin, elle souligne que l'existence d'un différend doit en principe être appréciée à la date du dépôt de la requête. Ayant examiné les déclarations et le comportement des Parties dans chacune des affaires, la Cour a considéré qu'ils ne permettaient pas de conclure à l'existence d'un différend entre les Etats en cause. N'ayant pas compétence au titre du paragraphe 2 de l'article 36 de son Statut, la Cour ne pouvait procéder à l'examen de ces affaires au fond.

1.135. *Délimitation maritime dans l'océan Indien (Somalie c. Kenya)*

Le 28 août 2014, la Somalie a introduit une requête introductive d'instance contre le Kenya au sujet d'un «différend relatif à la délimitation maritime dans l'océan Indien». Dans sa requête, la Somalie soutient que les deux Etats «ne s'accordent pas sur l'emplacement de la frontière maritime dans la zone où se chevauchent les espace maritimes auxquels [ils] prétendent» et que «[l]es négociations diplomatiques, dans le cadre desquelles leurs vues respectives ont été pleinement échangées, n'ont pas permis de résoudre leur désaccord». La Somalie prie la Cour de «déterminer, conformément au droit international, le tracé complet de la frontière maritime unique départageant l'ensemble des espaces maritimes relevant du Kenya et d'elle-même dans l'océan Indien, y compris le plateau continental au-delà de la limite des 200 [milles marins]». Le demandeur invite en outre la Cour à «déterminer les coordonnées géographiques précises de la frontière maritime unique dans l'océan Indien».

Pour fonder la compétence de la Cour, la Somalie invoque les dispositions du paragraphe 2 de l'article 36 de son Statut, et fait référence aux déclarations d'acceptation de la juridiction obligatoire de la Cour faites respectivement par la Somalie et le Kenya le 11 avril 1963 et le 19 avril 1965.

Le 13 juillet 2015, la Somalie a déposé son mémoire, dans le délai prescrit par la Cour. Le 7 octobre 2015, le Kenya a déposé des exceptions préliminaires à la compétence de la Cour et la recevabilité de la requête, entraînant la suspension de la procédure au fond. Par un arrêt sur lesdites exceptions, rendu le 2 février 2017, la Cour a déclaré avoir compétence pour procéder à la délimitation maritime entre la Somalie et le Kenya dans l'océan Indien, au titre du paragraphe 2 de l'article 36 du Statut et des déclarations d'acceptation de la juridiction obligatoire de la Cour faites par les Parties, et que la requête de la Somalie était recevable.

Par ordonnance du 2 février 2017, la Cour a fixé au 18 décembre 2017 la date d'expiration du délai pour le dépôt du contre-mémoire du Kenya. Cette pièce a été déposée dans le délai ainsi fixé. A la demande des Parties, la Cour a autorisé la présentation d'une réplique par la Somalie et d'une duplique par le Kenya dans une ordonnance en date du 2 février 2018 fixant les dates d'expiration des délais pour le dépôt de ces écritures au 18 juin 2018 et au 18 décembre 2018, respectivement.

1.136. *Différend concernant le statut et l'utilisation des eaux du Silala (Chili c. Bolivie)*

Le 6 juin 2016, le Chili a introduit une instance contre l'Etat de Bolivie au sujet d'un différend ayant trait au statut et à l'utilisation des eaux du Silala. D'après le Chili, le différend entre les deux Etats porte sur la nature du Silala en tant que cours d'eau international, et des droits et obligations qui en découlent pour les Parties au regard du droit international.

Le Chili a déposé son mémoire le 3 juillet 2017, et la Bolivie son contre-mémoire le 3 septembre 2018. Dans ce dernier, la Bolivie a présenté trois demandes reconventionnelles, par lesquelles elle prie la Cour de dire que «la Bolivie détient souveraineté sur les chenaux artificiels et les installations de drainage du Silala qui sont situés sur son territoire, et a le droit de décider si ceux-ci doivent être entretenus et de quelle manière; [qu'elle] détient la souveraineté sur les eaux du Silala dont l'écoulement a été artificiellement aménagé, amélioré ou créé sur son territoire, et le Chili n'a pas droit à cet écoulement artificiel; [et que] toute fourniture, par la Bolivie au Chili, d'eaux s'écoulant artificiellement du Silala, ainsi que les conditions et modalités d'une telle fourniture, notamment la redevance à verser, sont soumises à la conclusion d'un accord avec la Bolivie».

Par ordonnance en date du 15 novembre 2018, la Cour a prescrit la présentation d'une réplique du Chili et d'une duplique de la Bolivie, limitées aux demandes reconventionnelles du défendeur, et a fixé les dates d'expiration des délais pour le dépôt de ces écritures au 15 février et au 15 mai 2019, respectivement.

1.137. *Immunités et procédures pénales (Guinée équatoriale c. France)*

Le 13 juin 2016, la République de Guinée équatoriale a introduit une instance contre la République française, au sujet d'un différend ayant trait à «l'immunité de juridiction pénale du second vice-président de la République de Guinée équatoriale chargé de la défense et de la sécurité de l'Etat [M. Teodoro Nguema Obiang Mangue], ainsi qu'au] statut juridique de l'immeuble qui abrite l'ambassade de Guinée équatoriale en France».

Pour fonder la compétence de la Cour, la Guinée équatoriale invoquait le protocole de signature facultative concernant le règlement obligatoire des différends relatif à la convention de Vienne sur les relations diplomatiques du 18 avril 1961 et la convention des Nations Unies contre la criminalité transnationale organisée du 15 novembre 2000.

Le 29 septembre 2016, la Guinée équatoriale a déposé une demande en indication de mesures conservatoires. La Guinée équatoriale a en outre prié le président de la Cour de faire usage du pouvoir que lui confère le paragraphe 4 de l'article 74 du Règlement de la Cour. Par lettre du 3 octobre 2016, le vice-président de la Cour, faisant fonction de président en l'affaire, a, en application de la disposition susmentionnée du Règlement, appelé l'attention de la France «sur la nécessité d'agir de manière que toute ordonnance de la Cour sur la demande en indication de mesures conservatoires puisse avoir les effets voulus».

Après avoir entendu les Parties, la Cour, dans une ordonnance du 7 décembre 2016, a indiqué que la France devait, dans l'attente d'une décision finale en l'affaire, prendre toutes les mesures dont elle dispose pour que les locaux présentés comme abritant la mission diplomatique de la Guinée équatoriale au 42 avenue Foch à Paris jouissent d'un traitement équivalent à celui requis par l'article 22 de la convention de Vienne sur les relations diplomatiques, de manière à assurer leur inviolabilité. En revanche, pour ce qui est de la demande de la Guinée relative à l'immunité de M. Teodoro Nguema Obiang Mangue, la Cour a estimé qu'il n'existait pas, *prima facie*, de différend entre les Parties susceptible d'entrer dans les prévisions de la convention contre la criminalité transnationale organisée, et qu'elle n'avait par conséquent pas compétence *prima facie* pour examiner sur cette base la demande en indication de mesures conservatoires de la Guinée équatoriale.

Le 3 janvier 2017, la Guinée équatoriale a déposé son mémoire, dans le délai prescrit par la Cour. Le 31 mars 2017, la France a déposé des exceptions préliminaires à la compétence de la Cour et la recevabilité de la requête, entraînant la suspension de la procédure au fond. Dans le délai fixé par la Cour, la Guinée équatoriale a présenté, le 31 juillet 2017, un exposé écrit contenant ses observations et conclusions sur les exceptions préliminaires soulevées par la France. Après avoir tenu des audiences publiques au mois de février 2018, la Cour a rendu le 6 juin 2018 son arrêt sur les exceptions préliminaires soulevées par la France.

Dans son arrêt, la Cour a retenu l'exception préliminaire soulevée par la France, selon laquelle la Cour n'avait pas compétence sur la base de l'article 35 de la convention des Nations Unies contre la criminalité transnationale organisée. Elle a en revanche déclaré avoir compétence, sur la base du protocole de signature facultative à la convention de Vienne sur les relations diplomatiques concernant le règlement obligatoire des différends, pour se prononcer sur la requête de la Guinée équatoriale, en ce qu'elle a trait au statut de l'immeuble sis au 42 avenue Foch à Paris en tant que locaux de sa mission, et que ce volet de la requête était recevable.

Par ordonnance du 6 juin 2018, la Cour a fixé au 6 décembre 2018 la date d'expiration du délai pour le dépôt du contre-mémoire de la France. Cette pièce a été déposée dans le délai prescrit.

1.138. Certains actifs iraniens
(République islamique d'Iran c. Etats-Unis d'Amérique)

Le 14 juin 2016, l'Iran introduit une instance contre les Etats-Unis au sujet d'un différend relatif à des «violations, par le Gouvernement des Etats-Unis, du traité d'amitié, de commerce et de droits consulaires entre l'Iran et les Etats-Unis, signé à Téhéran le 15 août 1955 et entré en vigueur le 16 juin 1957». Selon le demandeur, les Etats-Unis, qui considèrent de longue date «que l'Iran peut être qualifié d'Etat soutenant le terrorisme (désignation que l'Iran conteste catégoriquement)», ont adopté un certain nombre d'actes législatifs et exécutifs ayant pour conséquence pratique d'assujettir les actifs et intérêts de l'Iran et d'entités iraniennes, notamment ceux de la banque centrale iranienne (également appelée «banque Markazi»), aux procédures d'exécution des Etats-Unis, y compris lorsque ces actifs ou intérêts «sont considérés comme appartenant à des entités juridiques distinctes ... non parties au jugement sur la responsabilité dont l'exécution est recherchée» ou qu'ils «appartiennent à l'Iran ou à des entités iraniennes ... et jouissent de l'immunité à l'égard des procédures d'exécution en vertu du droit international et des dispositions du traité» de 1955. L'Iran ajoute que, en conséquence de ces actes, «toute une série de réclamations ont été tranchées au détriment [de lui-même] et des entités iraniennes, ou sont pendantes», et que les tribunaux américains «ont rejeté à maintes reprises les tentatives faites par la banque Markazi pour invoquer les immunités dont jouissent les biens en question» en vertu du droit américain et du traité de 1955. Le demandeur affirme que les actes et décisions en question «emportent violation de plusieurs dispositions du traité d'amitié».

Pour fonder la compétence de la Cour, l'Iran invoque le paragraphe 2 de l'article XXI du traité de 1955, auquel les Etats-Unis et l'Iran sont parties l'un et l'autre.

Par ordonnance du 1er juillet 2016, la Cour a fixé au 1er février 2017 et au 1er septembre 2017, respectivement, la date d'expiration du délai pour le dépôt du mémoire de l'Iran et du contre-mémoire des Etats-Unis. Le mémoire de l'Iran a été déposé dans le délai ainsi fixé. Le 1er mai 2017, les Etats-Unis ont déposé des exceptions préliminaires d'incompétence de la Cour et d'irrecevabilité de la requête, entraînant la suspension de la procédure au fond. Par ordonnance en date du 2 mai 2017, le président de la Cour a fixé le délai pour le dépôt, par l'Iran, d'un exposé écrit contenant ses observations et conclusions sur les exceptions préliminaires au 1er septembre 2017.

Des audiences publiques sur les exceptions préliminaires soulevées par les Etats-Unis se sont tenues du lundi 8 au vendredi 12 octobre 2018, et la Cour a ensuite entamé son délibéré.

1.139. Application de la convention internationale pour la répression
du financement du terrorisme et de la convention internationale
sur l'élimination de toutes les formes de discrimination raciale
(Ukraine c. Fédération de Russie)

Le 16 janvier 2017, l'Ukraine a introduit une instance contre la Fédération de Russie concernant des violations alléguées de la convention internationale pour la répression du financement du terrorisme du 9 décembre 1999 et de la convention internationale pour l'élimination de toutes les formes de discrimination raciale du 21 décembre 1965. L'Ukraine soutient en particulier que, depuis 2014, la Russie a porté son ingérence dans les affaires ukrainiennes à des niveaux dangereux, «intervenant militairement en Ukraine, finançant des actes de terrorisme et violant les droits de l'homme de millions de citoyens ukrainiens, y compris, pour un nombre par trop élevé d'entre eux, leur droit à la vie». L'Ukraine considère que, par ses actions, la Russie viole les principes fondamentaux du droit international, y compris ceux qui sont énoncés dans la convention internationale pour la répression du financement du terrorisme (ci-après la «convention contre le financement du terrorisme»). Dans sa requête, l'Ukraine soutient en outre que, dans la République autonome de Crimée et la ville de Sébastopol, la Fédération de Russie a «défié de manière éhontée la Charte des Nations Unies, en s'emparant par la force militaire d'une partie du territoire ukrainien souverain». Elle affirme que, «pour tenter de légitimer cet acte d'agression, la Fédération de Russie a orchestré un «référendum» illégal qu'elle s'est hâtée de mettre en œuvre dans un climat de violence et d'intimidation contre les groupes ethniques non russes». Selon l'Ukraine, cette «campagne délibérée de répression culturelle, qui a débuté avec l'invasion et le référendum, et se poursuit aujourd'hui», constitue une violation de la convention internationale pour l'élimination de toutes les formes de discrimination raciale (ci-après la «CIEDR»).

Le 16 janvier 2017, l'Ukraine a également présenté une demande en indication de mesures conservatoires.

A la suite des audiences tenues du lundi 6 au jeudi 9 mars 2017, la Cour a rendu le 19 avril 2017 son ordonnance sur la demande en indication de mesures conservatoires présentée par l'Ukraine. La Cour a conclu que les conditions auxquelles son Statut subordonne l'indication de mesures conservatoires n'étaient réunies que dans le cas de la CIEDR. Afin de protéger les droits revendiqués par l'Ukraine, la Cour a estimé qu'il y avait lieu d'indiquer que, en ce qui concerne la situation en Crimée, la Fédération de Russie devait, conformément aux obligations lui incombant au titre de la CIEDR, «s'abstenir de maintenir ou d'imposer des limitations à la capacité de la communauté des Tatars de Crimée de conserver ses instances représentatives, y compris le Majlis», et «faire en sorte de rendre disponible un enseignement en langue ukrainienne». La Cour a également indiqué que les Parties devaient s'abstenir de tout acte qui risquerait d'aggraver ou d'étendre le différend ou d'en rendre la solution plus difficile.

Par ordonnance en date du 12 mai 2017, le président de la Cour a fixé au 12 juin 2018 et au 12 juillet 2019, respectivement, la date d'expiration du délai pour le dépôt du mémoire de l'Ukraine et du contre-mémoire de la Russie.

Le 12 septembre 2018, la Fédération de Russie a soulevé certaines exceptions préliminaires à la compétence de la Cour et à la recevabilité de la requête. Conformément au paragraphe 5 de l'article 79 du Règlement, la procédure sur le fond a alors été suspendue. Par ordonnance en date du 17 septembre 2018, le président de la Cour a fixé au 14 janvier 2019 la date d'expiration du délai pour la présentation par l'Ukraine d'un exposé écrit contenant ses observations et conclusions sur les exceptions préliminaires soulevées par la Fédération de Russie.

1.140. Demande en revision de l'arrêt du 23 mai 2008 en l'affaire relative à la Souveraineté sur Pedra Branca/Pulau Batu Puteh, Middle Rocks et South Ledge (Malaisie/Singapour) (Malaisie c. Singapour)

Le 2 février 2017, la Malaisie a déposé une demande en revision de l'arrêt rendu par la Cour le 23 mai 2008 en l'affaire relative à la *Souveraineté sur Pedra Branca/Pulau Batu Puteh, Middle Rocks et South Ledge (Malaisie/Singapour)* (voir ci-dessus n° 1.106). Dans cet arrêt, la Cour avait dit 1) que la souveraineté sur Pedra Branca/Pulau Batu Puteh appartenait à Singapour; 2) que la souveraineté sur Middle Rocks appartenait à la Malaisie; et 3) que la souveraineté sur South Ledge appartenait à l'Etat dans les eaux territoriales duquel il était situé.

Par lettre datée du 28 mai 2018, le coagent de la Malaisie a notifié à la Cour que les Parties étaient convenues d'un désistement de l'instance en l'affaire. Copie de cette lettre a été communiquée à l'agent de Singapour, qui, par lettre en date du 29 mai 2018, a confirmé l'accord de son gouvernement concernant ce désistement.

Le 29 mai 2018, la Cour a rendu une ordonnance prenant acte du désistement, par accord des Parties, de l'instance introduite le 2 février 2017 par la Malaisie contre Singapour et prescrivant que l'affaire soit rayée du rôle.

1.141. Jadhav (Inde c. Pakistan)

Le 8 mai 2017, la République de l'Inde a introduit une instance contre la République islamique du Pakistan, dénonçant de «graves violations de la convention de Vienne sur les relations consulaires» en rapport avec la détention et le procès d'un ressortissant indien, M. Kulbhushan Sudhir Jadhav, condamné à mort par un tribunal militaire au Pakistan.

Pour fonder la compétence de la Cour, le requérant invoque le paragraphe 1 de l'article 36 du Statut de la Cour, au titre de l'article I du protocole de signature facultative à la convention de Vienne sur les relations consulaires concernant le règlement obligatoire des différends du 24 avril 1963.

Le 8 mai 2017, l'Inde a également présenté une demande en indication de mesures conservatoires. Le demandeur a soutenu que «M. Jadhav sera[it] exécuté, à moins que la Cour, par des mesures conservatoires, prescrive au Gouvernement du Pakistan de prendre toutes les mesures nécessaires pour qu'il soit sursis à son exécution tant qu'elle ne se sera pas prononcée sur le fond» de l'affaire. L'Inde a en outre prié le président de la Cour de faire usage du pouvoir que lui confère le paragraphe 4 de l'article 74 du Règlement de la Cour. Par lettre en date du 9 mai 2017, le président de la Cour a, en application de la disposition susmentionnée du Règlement, invité le Gouvernement pakistanais, dans l'attente de la décision de la Cour sur la demande en indication de mesures conservatoires, «à agir de manière que toute ordonnance de la Cour à cet égard puisse avoir les effets voulus».

A l'issue des audiences publiques sur la demande en indication de mesures conservatoires présentée par l'Inde, qui se sont tenues le 15 mai 2017, la Cour a rendu son ordonnance le 18 mai 2017. Dans son ordonnance, la Cour a prescrit à la République islamique du Pakistan de «prendre toutes les mesures dont [elle] dispose pour que M. Jadhav ne soit pas exécuté tant que la décision définitive … n'aura pas été rendue» et de porter à la connaissance de la Cour toutes les mesures qui auront été prises en application de cette ordonnance.

Par ordonnance en date du 13 juin 2017, le président a fixé au 13 septembre 2017 et au 13 décembre 2017, respectivement, les dates d'expiration des délais pour le dépôt du mémoire de l'Inde et du contre-mémoire du Pakistan. Ces pièces ont été dûment déposées dans les délais prescrits.

La Cour, compte tenu de l'accord intervenu entre les Parties, a également autorisé le dépôt d'une réplique par la République de l'Inde et d'une duplique par la République islamique du Pakistan, fixant, respectivement, au 17 avril 2018 et au 17 juillet 2018 les dates d'expiration des délais pour le dépôt de ces pièces écrites. Ces pièces ayant été déposées dans les délais ainsi fixés, des audiences publiques ont été prévues en l'affaire du lundi 18 au jeudi 21 février 2019.

1.142. Demande en interprétation de l'arrêt du 23 mai 2008 en l'affaire relative à la Souveraineté sur Pedra Branca/Pulau Batu Puteh, Middle Rocks et South Ledge (Malaisie/Singapour) (Malaisie c. Singapour)

Le 30 juin 2017, la Malaisie a déposé une demande en interprétation de l'arrêt rendu par la Cour le 23 mai 2008 en l'affaire relative à la *Souveraineté sur Pedra Branca/Pulau Batu Puteh, Middle Rocks et South Ledge (Malaisie/Singapour)* (voir ci-dessus n° 1.106). Dans cet arrêt, la Cour avait dit 1) que la souveraineté sur Pedra Branca/Pulau Batu Puteh appartenait à la République de Singapour; 2) que la souveraineté sur Middle Rocks appartenait à la Malaisie; et 3) que la souveraineté sur South Ledge appartenait à l'Etat dans les eaux territoriales duquel il était situé.

Par lettre datée du 28 mai 2018, le coagent de la Malaisie a notifié à la Cour que les Parties étaient convenues d'un désistement de l'instance en l'affaire. Copie de cette lettre a été communiquée à l'agent de Singapour, qui, par lettre en date du 29 mai 2018, a confirmé l'accord de son gouvernement concernant ce désistement.

Le 29 mai 2018, la Cour a rendu une ordonnance prenant acte du désistement, par accord des Parties, de l'instance introduite le 30 juin 2017 par la Malaisie contre Singapour et prescrivant que l'affaire soit rayée du rôle.

1.143. *Sentence arbitrale du 3 octobre 1899 (Guyana c. Venezuela)*

Le 29 mars 2018, la République coopérative du Guyana (ci-après le «Guyana») a déposé auprès de la Cour une requête contre la République bolivarienne du Venezuela (ci-après le «Venezuela») priant la Cour de «confirmer la validité juridique et l'effet contraignant de la sentence arbitrale du 3 octobre 1899 relative à la frontière entre la colonie de Guyane britannique et les Etats-Unis du Venezuela (ci-après la «sentence de 1899»)». Le demandeur soutient que la sentence de 1899 portait «règlement complet, parfait et définitif» de toutes les questions intéressant la détermination de la ligne frontière entre la colonie de Guyane britannique et les Etats-Unis du Venezuela.

Le Guyana soutient que, en 1962, le Venezuela a contesté la sentence pour la première fois, la qualifiant d'«arbitraire» et de «nulle et non avenue», ce qui a conduit à la signature, à Genève, le 17 février 1966, de l'accord tendant à régler le différend relatif à la frontière entre le Venezuela et la Guyane britannique (ci-après l'«accord de Genève»). Cet accord prévoyait le «recours à une série de mécanismes en vue de résoudre définitivement le différend».

Pour fonder la compétence de la Cour, le Guyana soutient que l'accord de Genève a habilité le Secrétaire général de l'Organisation des Nations Unies à choisir le mécanisme auquel il convenait de faire appel pour régler pacifiquement le différend en cause, conformément à l'article 33 de la Charte des Nations Unies. Le Secrétaire général ayant déterminé, le 30 janvier 2018, que la procédure de bons offices qu'il avait entreprise n'avait pas permis d'aboutir à un règlement pacifique du différend, et ayant indiqué aux Parties qu'il avait «choisi la Cour internationale de Justice comme mécanisme de règlement du différend», le Guyana a déclaré soumettre sa requête en application de la décision du Secrétaire général.

Le Venezuela lui ayant fait savoir qu'il estimait qu'elle était manifestement dépourvue de compétence, et qu'il n'entendait pas prendre part à l'instance, la Cour, par une ordonnance en date du 19 juin 2018, a décidé, en application de l'article 79, paragraphe 2, de son Règlement, que, dans les circonstances de l'espèce, elle devait régler en premier lieu la question de sa compétence, et qu'en conséquence il devait être statué séparément, avant toute procédure sur le fond, sur cette question. La Cour a considéré que la possibilité pour le Venezuela de faire usage de ses droits procéduraux en tant que Partie à l'affaire était préservée, et a fixé le 19 novembre 2018 et le 18 avril 2019 comme dates d'expiration des délais pour le dépôt, respectivement, d'un mémoire du Guyana et d'un contre-mémoire du Venezuela consacrés à la question de la compétence de la Cour.

1.144. *Application de la convention internationale sur l'élimination de toutes les formes de discrimination raciale (Qatar c. Emirats arabes unis)*

Le 11 juin 2018, le Qatar a introduit une instance contre les Emirats arabes unis devant la Cour, à raison de violations alléguées de la convention internationale du 21 décembre 1965 sur l'élimination de toutes les formes de discrimination raciale (ci-après la «CIEDR»).

Dans sa requête, le Qatar affirmait notamment que, le 5 juin 2017, les Emirats arabes unis avaient promulgué et mis en œuvre un ensemble de mesures discriminatoires qui ciblaient les Qatariens au motif de leur origine nationale. La requête était accompagnée d'une demande en indication de mesures conservatoires tendant à protéger les droits que le Qatar tient de la CIEDR dans l'attente d'une décision sur le fond.

Pour fonder la compétence de la Cour, le demandeur invoque le paragraphe 1 de l'article 36 du Statut de la Cour et l'article 22 de la CIEDR.

La Cour a tenu des audiences publiques sur la demande en indication de mesures conservatoires du mercredi 27 au vendredi 29 juin 2018. Par une ordonnance rendue le 23 juillet 2018, la Cour a conclu que, *prima facie*, elle avait compétence en vertu de l'article 22 de la CIEDR pour connaître de l'affaire dans la mesure où le différend entre les Parties concernait «l'interprétation ou l'application» de cette convention, et que l'ensemble des autres conditions auxquelles son Statut subordonne l'indication de mesures conservatoires étaient réunies. Au terme de son ordonnance, la Cour a indiqué que les Emirats arabes unis devaient «veiller à ce que i) les familles qataro-émiriennes séparées par suite des mesures adoptées par les Emirats arabes unis le 5 juin 2017 soient réunies; ii) les étudiants qatariens affectés par les mesures adoptées par les Emirats arabes unis le 5 juin 2017 puissent terminer leurs études aux Emirats arabes unis ou obtenir leur dossier scolaire ou universitaire s'ils souhaitent étudier ailleurs; et iii) les Qatariens affectés par les mesures adoptées par les Emirats arabes unis le 5 juin 2017 puissent avoir accès aux tribunaux et autres organes judiciaires de cet Etat». La Cour a également indiqué que les deux Parties devaient s'abstenir de tout acte qui risquerait d'aggraver ou d'étendre le différend ou d'en rendre le règlement plus difficile.

Par une ordonnance en date du 25 juillet 2018, le président de la Cour a fixé au 25 avril 2019 et au 27 janvier 2020, respectivement, les dates d'expiration des délais pour le dépôt du mémoire du Qatar et du contre-mémoire des Emirats arabes unis.

1.145. Appel concernant la compétence du Conseil de l'OACI en vertu de l'article 84 de la convention relative à l'aviation civile internationale (Arabie saoudite, Bahreïn, Egypte et Emirats arabes unis c. Qatar)

1.146. Appel concernant la compétence du Conseil de l'OACI en vertu de l'article II, section 2, de l'accord de 1944 relatif au transit des services aériens internationaux (Bahreïn, Egypte et Emirats arabes unis c. Qatar)

Le 4 juillet 2018, le Royaume d'Arabie saoudite, le Royaume de Bahreïn, la République arabe d'Egypte et les Emirats arabes unis ont déposé devant la Cour, en vertu de l'article 84 de la convention relative à l'aviation civile internationale (ou «convention de Chicago»), une requête conjointe tendant à faire appel de la décision rendue le 29 juin 2018 par le Conseil de l'Organisation de l'aviation civile internationale dans une instance introduite par l'Etat du Qatar contre ces quatre Etats le 30 octobre 2017.

Le même jour, le Royaume de Bahreïn, la République arabe d'Egypte et les Emirats arabes unis ont déposé devant la Cour, en vertu de la section 2 de l'article II de l'accord relatif au transit des services aériens internationaux (l'«accord ATSAI»), une requête conjointe tendant à faire appel de la décision rendue le 29 juin 2018 par le Conseil de l'Organisation de l'aviation civile internationale dans une instance introduite par l'Etat du Qatar contre ces trois Etats le 30 octobre 2017.

Dans ces requêtes, il est indiqué que, en 2013 et 2014, à l'issue de plusieurs années d'activités diplomatiques, les Etats membres du Conseil de coopération du Golfe ont adopté un ensemble d'instruments et d'accords, dénommés collectivement les accords de Riyad, en vertu desquels le Qatar «s'engageait à cesser d'appuyer, de financer ou d'héberger des personnes ou groupes mettant en danger la sécurité nationale, notamment des groupes terroristes». Les demandeurs avancent en outre que, le Qatar ayant selon eux manqué à ses engagements, ils ont, le 5 juin 2017, adopté un ensemble de contre-mesures «visant à inciter [celui-ci] à s'acquitter de ses obligations». Ont ainsi été imposées des restrictions de l'espace aérien aux aéronefs immatriculés dans cet Etat. Le 30 octobre 2017, le Qatar a introduit deux requêtes auprès du Conseil de l'OACI contre les Etats susmentionnés, lesquels ont soulevé deux exceptions préliminaires à chacune des requêtes du Qatar, faisant valoir que le Conseil de l'OACI n'était pas compétent pour connaître des demandes figurant dans celles-ci ou, à titre subsidiaire, que ces demandes étaient irrecevables. Le Conseil de l'OACI a, par deux décisions rendues le 29 juin 2018, rejeté ces exceptions préliminaires.

Devant la Cour, les demandeurs avancent trois moyens à l'appui de leurs requêtes. Premièrement, ils contestent les décisions du Conseil de l'OACI au motif qu'elles auraient été rendues à l'issue d'une procédure «manifestement ... entachée d'irrégularité et conduite en méconnaissance des principes fondamentaux de procédure régulière et du droit d'être entendu». Au titre des deuxième et troisième moyens, ils font valoir que «le Conseil de l'OACI a commis une erreur de fait et de droit» en rejetant, respectivement, les première et seconde exceptions préliminaires à sa compétence pour connaître des requêtes du Qatar.

Par ordonnances en date du 25 juillet 2018, le président de la Cour a fixé au 27 décembre 2018 et au 27 mai 2019, respectivement, les dates d'expiration des délais pour le dépôt, dans chacune des deux affaires, du mémoire des demandeurs et du contre-mémoire du Qatar.

1.147. *Violations alléguées du traité d'amitié, de commerce et de droits consulaires de 1955 (République islamique d'Iran c. Etats-Unis d'Amérique)*

Le 16 juillet 2018, la République islamique d'Iran a introduit une instance contre les Etats-Unis d'Amérique au sujet d'un différend concernant des violations alléguées du traité d'amitié, de commerce et de droits consulaires signé par les deux Etats à Téhéran le 15 août 1955 et entré en vigueur le 16 juin 1957 (ci-après le «traité de 1955»). L'Iran affirme que sa requête porte sur la décision prise le 8 mai 2018 par les Etats-Unis «de rétablir pleinement et de faire appliquer» un ensemble de sanctions et de mesures restrictives le visant, directement ou indirectement, ainsi que ses sociétés, voire ses nationaux, des sanctions et mesures que les autorités américaines avaient auparavant décidé de lever dans le cadre du plan d'action global commun — un accord sur le programme nucléaire iranien qui avait été conclu le 14 juillet 2015 par l'Iran, les cinq Membres permanents du Conseil de sécurité de l'Organisation des Nations Unies, l'Allemagne et l'Union européenne. Le demandeur soutient que, du fait des «sanctions du 8 mai» et des autres sanctions qu'ils ont annoncées, les Etats-Unis «ont violé et continuent de violer de multiples dispositions» du traité de 1955.

Pour fonder la compétence de la Cour, le demandeur invoque le paragraphe 2 de l'article XXI du traité de 1955.

Le 16 juillet 2018, l'Iran a également présenté une demande en indication de mesures conservatoires afin que ses droits en vertu du traité de 1955 soient sauvegardés dans l'attente de l'arrêt de la Cour sur le fond de l'affaire.

Le 23 juillet 2018, le président de la Cour, agissant au titre du paragraphe 4 de l'article 74 du Règlement, a adressé au secrétaire d'Etat des Etats-Unis une communication urgente pour inviter le Gouvernement américain «à agir de manière que toute ordonnance de la Cour sur la demande en indication de mesures conservatoires puisse avoir les effets voulus».

Après avoir entendu les Parties au cours d'audiences publiques tenues du 27 au 30 août 2018, la Cour a rendu son ordonnance sur la demande en indication de mesures conservatoires le 3 octobre 2018.

Dans son ordonnance, la Cour conclut que, *prima facie*, elle est compétente en vertu du paragraphe 2 de l'article XXI du traité de 1955 pour connaître de l'affaire, et que les autres conditions auxquelles son Statut subordonne l'indication de mesures conservatoires sont réunies.

Au terme de son ordonnance, la Cour indique 1) que «les Etats-Unis d'Amérique, conformément à leurs obligations au titre du traité d'amitié, de commerce et de droits consulaires conclu en 1955, doivent, par les moyens de leur choix, supprimer toute entrave que les mesures annoncées le 8 mai 2018 mettent à la libre exportation vers le territoire de la République islamique d'Iran i) de médicaments et de matériel médical; ii) de denrées alimentaires et de produits agricoles; et iii) des pièces détachées, des équipements et des services connexes (notamment le service après-vente, l'entretien, les réparations et les inspections) nécessaires à la sécurité de l'aviation civile» et 2) qu'ils «doivent veiller à ce que les permis et autorisations nécessaires soient accordés et à ce que les paiements et autres transferts de fonds ne soient soumis à aucune restriction dès lors qu'il s'agit de l'un des biens et services visés au point 1)». La Cour indique également que les deux Parties doivent s'abstenir de tout acte qui risquerait d'aggraver ou d'étendre le différend dont elle est saisie ou d'en rendre la solution plus difficile.

Par ordonnance en date du 10 octobre 2018, la Cour a fixé au 10 avril 2019 et au 10 octobre 2019, respectivement, les dates d'expiration des délais pour le dépôt du mémoire de la République islamique d'Iran et du contre-mémoire des Etats-Unis d'Amérique.

1.148. *Transfert de l'ambassade des Etats-Unis à Jérusalem (Palestine c. Etats-Unis d'Amérique)*

Le 28 septembre 2018, la Palestine a introduit une instance contre les Etats-Unis d'Amérique devant la Cour au sujet d'un différend concernant des violations alléguées de la convention de Vienne sur les relations diplomatiques du 18 avril 1961 (ci-après la «convention de Vienne»). La Palestine soutient qu'il découle de la convention de Vienne que la mission diplomatique d'un Etat accréditant doit être établie sur le territoire de l'Etat accréditaire. Selon elle, compte tenu du statut spécial de cette ville, «[l]e transfert de l'ambassade des Etats-Unis en Israël [à] Jérusalem constitue une violation de la convention de Vienne».

Pour fonder la compétence de la Cour, le demandeur invoque l'article premier du protocole de signature facultative à la convention de Vienne concernant le règlement obligatoire des différends.

Les Etats-Unis ont informé la Cour qu'ils ne s'estimaient pas liés par une relation conventionnelle avec le demandeur au titre de la convention de Vienne ou du protocole de signature facultative. Les Etats-Unis ont conclu en conséquence qu'ils considéraient la Cour manifestement dépourvue de compétence pour connaître de la requête et que l'affaire devait être rayée du rôle.

La Cour, se référant au paragraphe 2 de l'article 79 de son Règlement, a estimé que, dans les circonstances de l'espèce, il était nécessaire de régler en premier lieu les questions de sa compétence et de la recevabilité de la requête, et qu'en conséquence il devait être statué séparément, avant toute procédure sur le fond, sur ces questions. Par ordonnance en date du 15 novembre 2018, la Cour a fixé au 15 mai 2019 et au 15 novembre 2019, respectivement, les dates d'expiration des délais pour le dépôt d'un mémoire de la Palestine et d'un contre-mémoire des Etats-Unis sur les questions de la compétence de la Cour et de la recevabilité de la requête.

Affaires consultatives

2.1. Conditions de l'admission d'un Etat comme Membre des Nations Unies (article 4 de la Charte)

Depuis la création des Nations Unies, une douzaine d'Etats avaient demandé sans succès à être admis dans l'Organisation. Le Conseil de sécurité avait rejeté leurs demandes, à la suite du veto de l'un ou l'autre des membres permanents du Conseil. Il a été alors proposé l'admission de tous les candidats en même temps. L'Assemblée générale en a référé à la Cour. Interprétant l'article 4 de la Charte des Nations Unies dans son avis consultatif du 28 mai 1948, la Cour a déclaré que les conditions posées pour l'admission des Etats sont limitatives et que, si elles sont remplies par un Etat candidat, le Conseil de sécurité doit faire la recommandation permettant à l'Assemblée générale de statuer sur l'admission.

2.2. Compétence de l'Assemblée générale pour l'admission d'un Etat aux Nations Unies

L'avis consultatif ci-dessus ainsi formulé par la Cour n'a pas abouti à la solution du problème au sein du Conseil de sécurité. Un Etat Membre des Nations Unies a alors proposé que l'on interprète le mot «recommandation» au sens de l'article 4 de la Charte comme ne signifiant pas nécessairement une recommandation favorable. En d'autres termes, un Etat pourrait être admis par l'Assemblée générale même en l'absence de toute recommandation, cette absence étant interprétée comme une recommandation défavorable. On a fait valoir que cela permettrait de faire échec aux effets du veto. Dans son avis consultatif du 3 mars 1950, la Cour a souligné les deux conditions posées par la Charte à l'admission de nouveaux membres : une recommandation du Conseil de sécurité et une décision de l'Assemblée générale. Si cette dernière était habilitée à prendre une décision en l'absence de recommandation du Conseil de sécurité, celui-ci se verrait privé d'une importante fonction que lui confère la Charte. On ne saurait interpréter comme une recommandation défavorable l'absence de recommandation du Conseil de sécurité, qui est la conséquence du veto, le Conseil ayant lui-même interprété sa propre décision comme une absence de recommandation.

2.3. Réparation des dommages subis au service des Nations Unies

A la suite de l'assassinat en septembre 1948 à Jérusalem du médiateur envoyé par les Nations Unies, le comte Folke Bernadotte, et d'autres membres de la mission des Nations Unies en Palestine, l'Assemblée générale a demandé à la Cour si les Nations Unies avaient capacité pour intenter contre l'Etat responsable une action internationale en réparation du dommage causé à l'Organisation et à la victime. En cas de réponse affirmative, il s'agissait en outre de savoir de quelle manière l'action entreprise par les Nations Unies pourrait se concilier avec les droits dont pouvait être titulaire l'Etat dont la victime était le ressortissant. Dans son avis du 11 avril 1949, la Cour a estimé que l'Organisation a été conçue comme devant exercer des fonctions et des droits qui ne s'expliquent que par la possession des attributs de la personnalité internationale et de la capacité d'agir sur le plan international. En conséquence, l'Organisation a la capacité d'intenter une action et de lui donner le caractère d'une action internationale en réparation du dommage qui lui a été causé. En outre, la Cour a déclaré que l'Organisation peut demander réparation non seulement du dommage qu'elle a elle-même subi, mais encore de celui qui a été causé à la victime ou à ses ayants droit. Bien que, selon la règle traditionnelle, la protection diplomatique ne doive être exercée que par l'Etat national, l'Organisation doit être considérée en droit international comme possédant les pouvoirs qui, si la Charte ne les énonce pas expressément, sont conférés à l'Organisation parce qu'ils sont essentiels à l'accomplissement de ses fonctions. Elle peut avoir à confier à ses agents des missions importantes dans des régions troublées du monde. Dans ces cas-là, il faut que ses agents disposent d'un appui et d'une protection appropriés. La Cour a donc estimé que l'Organisation a capacité pour demander une réparation adéquate visant également les dommages subis par la victime ou ses ayants droit. Le risque d'une éventuelle action concurrente de la part de l'Organisation et de l'Etat national de la victime peut être écarté par la conclusion d'une convention générale ou d'accords relatifs à chaque cas particulier.

2.4. Interprétation des traités de paix conclus avec la Bulgarie, la Hongrie et la Roumanie

Il s'agissait dans cette affaire de la procédure à suivre pour le règlement des différends entre les Etats signataires des traités de paix de 1947 (Bulgarie, Hongrie, Roumanie d'une part, Etats alliés de l'autre). Dans un premier avis consultatif en date du 30 mars 1950, la Cour a déclaré que les pays qui avaient signé un traité prévoyant une procédure arbitrale pour le règlement des différends relatifs à son interprétation ou à son application étaient tenus de désigner leurs représentants au sein des commissions d'arbitrage prévues par ce traité. En dépit de cet avis consultatif, les trois Etats qui avaient refusé de nommer leurs représentants au sein des commissions d'arbitrage n'ont pas modifié leur attitude. Un délai leur a été imparti pour se soumettre à l'obligation imposée par les traités, tels que les avait interprétés la Cour. A l'expiration de ce délai, la Cour a été invitée à dire si le Secrétaire général — qui, aux termes des traités, est habilité à désigner le troisième membre de la commission arbitrale en cas de désaccord entre les parties sur cette désignation — pouvait procéder à cette nomination, alors même que l'une des parties n'avait pas désigné son représentant au sein de la commission. Dans un second avis consultatif rendu le 18 juillet 1950, la Cour a répondu qu'il ne pouvait en être ainsi, car cela aboutirait à la création d'une commission de deux membres, alors que le traité prévoyait une commission de trois membres statuant à la majorité.

2.5. Statut international du Sud-Ouest africain

Cet avis consultatif, rendu le 11 juillet 1950 à la demande de l'Assemblée générale, avait trait à la définition du statut juridique du territoire dont l'administration avait été confiée après la première guerre mondiale, par la Société des Nations, à l'Union sud-africaine en vertu d'un mandat conféré à ce pays. La Société des Nations avait disparu, entraînant avec elle le mécanisme de surveillance des mandats. En outre, il n'était pas prévu dans la Charte des Nations Unies que les territoires préalablement sous mandat seraient placés automatiquement sous le régime de tutelle. La Cour a déclaré que la dissolution de la Société des Nations et du mécanisme de surveillance prévu par elle n'avait pas entraîné l'expiration du mandat. L'Etat mandataire était donc toujours tenu de rendre compte de son administration à l'Organisation des Nations Unies, qui était juridiquement compétente pour exercer les fonctions de surveillance incombant précédemment à la Société des Nations. Le degré de surveillance à exercer par l'Assemblée générale ne pouvait cependant dépasser celui qui avait été admis sous le régime des mandats et devait se rapprocher, dans toute la mesure possible, de la procédure appliquée à cet égard par le Conseil de la Société des Nations. D'autre part, l'Etat mandataire n'était pas tenu de placer le territoire sous un régime de tutelle, bien qu'il pût avoir à cet égard certaines obligations d'ordre politique et moral. Enfin, cet Etat n'avait pas compétence pour procéder unilatéralement à la modification du statut international du Sud-Ouest africain.

2.6. Procédure de vote applicable aux questions touchant les rapports et pétitions relatifs au territoire du Sud-Ouest africain

A la suite de l'avis consultatif précédent (n° 2.5), l'Assemblée générale des Nations Unies avait adopté le 11 octobre 1954 un article F spécialement consacré à la procédure de vote qu'elle devait suivre pour prendre des décisions touchant les rapports et pétitions relatifs au territoire du Sud-Ouest africain. Ce texte disposait que ces décisions seraient considérées comme questions importantes au sens de l'article 18, paragraphe 2, de la Charte et qu'une majorité des deux tiers des membres présents et votants serait donc exigée. Dans son avis consultatif du 7 juin 1955, la Cour a estimé que l'article F correspondait à une interprétation exacte de l'avis précédemment émis. Il n'avait trait qu'à la procédure et les questions de procédure étaient sans rapport avec le degré de surveillance exercé par l'Assemblée générale. Celle-ci était en droit d'appliquer sa propre procédure de vote et l'article F respectait la condition d'une conformité aussi large que possible entre la surveillance exercée par l'Assemblée et la procédure suivie par le Conseil de la Société des Nations.

2.7. Admissibilité de l'audition de pétitionnaires par le Comité du Sud-Ouest africain

Dans cet avis consultatif du 1er juin 1956, la Cour a déclaré que le fait, pour le Comité du Sud-Ouest africain institué par l'Assemblée générale des Nations Unies, d'accorder des audiences à des pétitionnaires sur des questions relatives à ce territoire serait conforme à son avis consultatif de 1950 consacré au statut international du Sud-Ouest africain (voir ci-dessus n° 2.5) si une telle action se révélait nécessaire au maintien d'une surveillance internationale effective sur le territoire sous mandat. L'Assemblée générale avait compétence pour assurer une surveillance effective et adéquate de l'administration du territoire sous mandat. Sous le régime de la Société des Nations, le Conseil aurait eu compétence pour autoriser de telles audiences. Bien que le degré de surveillance à exercer par l'Assemblée ne dût pas dépasser celui qui était admis sous le régime des mandats, le fait d'accorder des audiences ne constituerait pas un excès de surveillance. Dans les conditions du moment, l'audition de pétitionnaires par le Comité du Sud-Ouest africain pouvait servir l'intérêt du bon fonctionnement du système des mandats.

2.8. Conséquences juridiques pour les Etats de la présence continue de l'Afrique du Sud en Namibie (Sud-Ouest africain) nonobstant la résolution 276 (1970) du Conseil de sécurité

Le 27 octobre 1966, l'Assemblée générale a décidé que le mandat pour le Sud-Ouest africain (voir ci-dessus n°s 2.5 à 2.7 et affaires contentieuses n°s 1.35-1.36) était terminé et que l'Afrique du Sud n'avait aucun autre droit d'administrer le territoire. En 1969, le Conseil de sécurité a demandé au Gouvernement sud-africain de retirer immédiatement son administration de ce territoire. Le 30 janvier 1970, il a déclaré que la présence continue des autorités sud-africaines en Namibie était illégale et que toutes les mesures prises par le Gouvernement sud-africain au nom de la Namibie ou en ce qui la concerne depuis la cessation du mandat étaient illégales et invalides ; en outre, il a demandé à tous les Etats de s'abstenir de relations avec le Gouvernement sud-africain qui soient incompatibles avec cette déclaration. Le 29 juillet 1970, il a décidé de demander à la Cour un avis consultatif sur les conséquences juridiques pour les Etats de la présence continue de l'Afrique du Sud en Namibie. Le 21 juin 1971, la Cour a exprimé l'avis que la présence continue de l'Afrique du Sud en Namibie était illégale et que l'Afrique du Sud avait l'obligation d'en retirer immédiatement son administration. Elle a dit que les Etats Membres des Nations Unies avaient l'obligation de reconnaître l'illégalité de cette présence et le défaut de validité des mesures prises par l'Afrique du Sud au nom de la Namibie ou en ce qui la concerne, et de s'abstenir de tous actes qui impliqueraient la reconnaissance de la légalité de ladite présence et de ladite administration ou constitueraient une aide à cet égard. Enfin, elle a énoncé qu'il incombait aux Etats non membres des Nations Unies de prêter leur assistance à l'action entreprise par les Nations Unies en ce qui concerne la Namibie.

2.9. Réserves à la convention pour la prévention et la répression du crime de génocide

En novembre 1950, l'Assemblée générale a posé à la Cour une série de questions sur le point de savoir quelle serait la situation d'un Etat qui a assorti de réserves sa signature à la convention multilatérale sur le génocide dans le cas où d'autres Etats, signataires de la même convention, feraient objection à ces réserves. La Cour a estimé dans son avis consultatif du 28 mai 1951 que, même lorsqu'une convention ne contient aucune disposition relative aux réserves, on ne peut en déduire qu'elles soient interdites. Il faut tenir compte du caractère de la convention, de son objet et de ses dispositions. C'est dans le degré de compatibilité entre la réserve et le but de la convention qu'il faut rechercher le critère qui guidera tant l'attitude de l'Etat qui formule la réserve que celle de l'Etat qui y fait objection. La Cour n'a pas estimé qu'une réponse catégorique puisse être donnée à la question de caractère abstrait qui lui était posée. Quant aux effets de la réserve dans les relations entre Etats, la Cour a estimé qu'aucun Etat ne peut être lié par une réserve à laquelle il n'a pas consenti. Chacun est donc libre de décider, pour sa part, si l'Etat qui a formulé la réserve est ou non partie à la convention. Cette situation présente des inconvénients réels, mais seul un article inséré dans la convention et relatif à l'utilisation de la procédure des réserves pourrait y remédier. Une troisième question portait sur l'effet d'une objection émanant d'un Etat qui n'est pas encore partie à la convention, soit qu'il ne l'ait pas signée, soit qu'il l'ait signée mais non ratifiée. La Cour a estimé que, dans le premier cas, il est inconcevable qu'un Etat qui n'est pas signataire de la convention puisse en exclure un autre. Dans le second cas, la situation est différente : l'objection est valable mais ne produit pas d'effets juridiques immédiats ; elle ne constitue que la définition et l'affirmation de l'attitude qu'adoptera un Etat signataire lorsqu'il sera devenu partie à la convention. Dans tout ce qui précède, la Cour n'a statué que sur le cas particulier qui lui était soumis, celui de la convention sur le génocide.

2.10. Effet de jugements du Tribunal administratif des Nations Unies accordant indemnité

Le Tribunal administratif des Nations Unies avait été créé par l'Assemblée générale avec mission de statuer sur les requêtes invoquant la violation des contrats de travail ou des conditions de nomination des fonctionnaires du Secrétariat des Nations Unies. Dans son avis consultatif du 13 juillet 1954, la Cour a estimé que l'Assemblée n'avait pas le droit, pour une raison quelconque, de refuser d'exécuter un jugement du Tribunal administratif accordant une indemnité à un fonctionnaire des Nations Unies à l'engagement duquel il avait été mis fin sans son assentiment. La Cour a conclu que le Tribunal était un corps indépendant et véritablement judiciaire prononçant des jugements définitifs et sans appel dans le cadre limité de ses fonctions et non pas simplement un organisme consultatif ou subordonné; ses jugements avaient donc force obligatoire à l'égard de l'Organisation des Nations Unies et par conséquent de l'Assemblée générale.

2.11. Jugements du Tribunal administratif de l'OIT sur requêtes contre l'UNESCO

Le statut du Tribunal administratif de l'Organisation internationale du Travail (OIT) (dont la compétence a été acceptée par l'Organisation des Nations Unies pour l'éducation, la science et la culture (UNESCO) pour régler certains différends qui pourraient s'élever entre l'Organisation et les membres de son personnel) prévoit que les jugements rendus par ce Tribunal seront définitifs et sans appel, sous réserve du droit pour l'Organisation de les contester; en cas de pareille contestation, la question de la validité de la décision rendue par le Tribunal sera soumise à la Cour pour avis consultatif, avis qui aura force obligatoire. Quatre membres du personnel de l'UNESCO qui bénéficiaient de contrats de durée définie s'étant plaints de ce que le Directeur général eût refusé de renouveler ces contrats à leur expiration, le Tribunal administratif de l'OIT s'est prononcé en leur faveur. L'UNESCO a contesté la validité des jugements du Tribunal, soutenant que les intéressés n'avaient aucun droit au renouvellement de leur contrat et que la compétence du Tribunal se limitait à connaître des requêtes invoquant l'inobservation des contrats d'engagement ou du statut du personnel. Dans son avis consultatif du 23 octobre 1956, la Cour a dit qu'une note administrative annonçant que tous les titulaires de contrats de durée définie se verraient offrir le renouvellement de leurs contrats, sous réserve de certaines conditions, pouvait raisonnablement être considérée comme liant l'UNESCO et qu'il suffisait, pour établir la compétence du Tribunal, que les réclamations parussent présenter un lien substantiel et non pas simplement artificiel avec les stipulations et les dispositions invoquées. En conséquence, la Cour a exprimé l'avis que le Tribunal administratif était compétent pour connaître des requêtes en question.

2.12. Composition du Comité de la sécurité maritime de l'Organisation intergouvernementale consultative de la navigation maritime

L'Organisation intergouvernementale consultative de la navigation maritime (OMCI) — devenue depuis l'Organisation maritime internationale (OMI) — comprend entre autres organes une Assemblée et un Comité de la sécurité maritime. Ce Comité, aux termes de l'article 28A de la convention portant création de l'Organisation, se compose de quatorze membres élus par l'Assemblée parmi les pays qui ont un intérêt important dans les questions de sécurité maritime, et huit au moins d'entre eux doivent être ceux qui possèdent les flottes de commerce les plus importantes. En procédant pour la première fois à l'élection des membres du Comité, le 15 janvier 1959, l'Assemblée de l'OMCI n'a élu ni le Libéria ni le Panama, bien que ces deux Etats fussent parmi les huit membres de l'Organisation possédant le tonnage immatriculé le plus important. L'Assemblée a ultérieurement décidé de demander à la Cour si le Comité de la sécurité maritime avait été établi conformément à la convention portant création de l'Organisation. Dans son avis consultatif du 8 juin 1960, la Cour a répondu négativement à cette question.

2.13. Certaines dépenses des Nations Unies

Selon l'article 17, paragraphe 2, de la Charte des Nations Unies, «les dépenses de l'Organisation sont supportées par les Membres selon la répartition fixée par l'Assemblée générale». Le 20 décembre 1961, l'Assemblée générale a adopté une résolution demandant un avis consultatif sur le point de savoir si les dépenses qu'elle avait autorisées en ce qui concerne les opérations des Nations Unies au Congo et les opérations de la Force d'urgence des Nations Unies au Moyen-Orient constituaient des dépenses de l'Organisation au sens de cet article. Dans son avis consultatif du 20 juillet 1962, la Cour a répondu qu'il s'agissait bien de dépenses de l'Organisation. Elle a souligné que, en vertu de l'article 17, paragraphe 2, de la Charte, les «dépenses de l'Organisation» sont les sommes payées pour couvrir les frais relatifs à la réalisation des buts de l'Organisation. Après avoir examiné des résolutions autorisant les dépenses en question, la Cour a conclu que ces dépenses avaient été faites à cette fin. Ayant analysé les principaux arguments avancés contre la conclusion que les dépenses en question devaient être considérées comme des dépenses de l'Organisation, elle a estimé que ces arguments étaient mal fondés.

2.14. Demande de réformation du jugement n° 158 du Tribunal administratif des Nations Unies

Un ancien membre du personnel des Nations Unies s'étant plaint du non-renouvellement de son contrat d'engagement de durée déterminée, le Tribunal administratif des Nations Unies s'est prononcé à ce sujet par un jugement n° 158 en date du 28 avril 1972. Recourant au mécanisme institué par l'Assemblée générale en 1955, l'intéressé a présenté une demande de réformation de ce jugement au Comité des demandes de réformation de jugements du Tribunal administratif, lequel a décidé que la demande reposait sur des bases sérieuses et a prié la Cour de donner un avis consultatif sur deux questions ressortant des thèses énoncées dans cette demande. Dans un avis consultatif du 12 juillet 1973, la Cour a décidé de donner suite à la requête du Comité, en estimant que la procédure de réformation n'était pas incompatible avec les principes généraux d'une action en justice. En réponse aux deux questions qui lui avaient été soumises, elle a exprimé l'avis que, contrairement aux thèses du membre du personnel intéressé, le Tribunal n'avait pas omis d'exercer sa juridiction et n'avait pas commis dans la procédure une erreur essentielle ayant provoqué un mal-jugé.

2.15. *Sahara occidental*

Le 13 décembre 1974, l'Assemblée générale a demandé à la Cour un avis consultatif sur les questions suivantes:

«I. Le Sahara occidental (Río de Oro et Sakiet El Hamra) était-il, au moment de la colonisation par l'Espagne, un territoire sans maître *(terra nullius)?*»

Si la réponse à la première question est négative:

«II. Quels étaient les liens juridiques de ce territoire avec le Royaume du Maroc et l'ensemble mauritanien?»

Dans son avis consultatif, rendu le 16 octobre 1975, la Cour a répondu négativement à la question I. En ce qui concerne la question II, elle a exprimé l'avis que les éléments et renseignements portés à sa connaissance montraient l'existence, au moment de la colonisation espagnole, de liens juridiques d'allégeance entre le sultan du Maroc et certaines des tribus vivant sur le territoire du Sahara occidental. Ils montraient également l'existence de droits, y compris certains droits relatifs à la terre, qui constituaient des liens juridiques entre l'ensemble mauritanien, au sens où la Cour l'entendait, et le territoire du Sahara occidental. En revanche, la Cour a conclu que les éléments et renseignements portés à sa connaissance n'établissaient l'existence d'aucun lien de souveraineté territoriale entre le territoire du Sahara occidental, d'une part, et le Royaume du Maroc ou l'ensemble mauritanien, d'autre part. La Cour ne constatait donc pas l'existence de liens juridiques de nature à modifier l'application de la résolution 1514 (XV) (1960) de l'Assemblée générale — qui contient la déclaration sur l'octroi de l'indépendance aux pays et aux peuples coloniaux — quant à la décolonisation du Sahara occidental et en particulier l'application du principe d'autodétermination grâce à l'expression libre et authentique de la volonté des populations du territoire.

2.16. *Interprétation de l'accord du 25 mars 1951 entre l'OMS et l'Egypte*

Ayant examiné l'éventualité de transférer le bureau régional de l'Organisation mondiale de la Santé (OMS) pour la Méditerranée orientale, actuellement situé à Alexandrie, dans un autre pays, l'Assemblée mondiale de la Santé a demandé à la Cour en mai 1980 un avis consultatif sur les questions suivantes:

«1. Les clauses de négociation et de préavis énoncées dans la section 37 de l'accord du 25 mars 1951 entre l'Organisation mondiale de la Santé et l'Egypte sont-elles applicables au cas où l'une ou l'autre partie à l'accord souhaite que le bureau régional soit transféré hors du territoire égyptien?

2. Dans l'affirmative, quelles seraient les responsabilités juridiques tant de l'Organisation mondiale de la Santé que de l'Egypte en ce qui concerne

le bureau régional à Alexandrie, au cours des deux ans séparant la date de dénonciation de l'accord et la date où celui-ci deviendrait caduc?»

La Cour a exprimé l'avis que, dans l'éventualité d'un transfert du bureau régional hors d'Egypte, l'OMS et l'Egypte auraient l'obligation réciproque de se consulter de bonne foi sur les conditions et modalités de transfert et celle de négocier sur les dispositions à prendre pour que ce transfert nuise le moins possible aux travaux de l'OMS et aux intérêts de l'Egypte. En outre, nonobstant la durée du préavis prévue expressément dans l'accord de 1951, la partie souhaitant le transfert aurait l'obligation de donner à l'autre un préavis raisonnable. Pendant la période de préavis, les responsabilités juridiques de l'OMS et de l'Egypte seraient de s'acquitter de bonne foi des obligations réciproques ci-dessus énoncées.

2.17. Demande de réformation du jugement n° 273 du Tribunal administratif des Nations Unies

Un ancien fonctionnaire du Secrétariat de l'ONU ayant contesté la décision par laquelle le Secrétaire général avait refusé de lui verser une prime dite de rapatriement sans attestation d'un changement de résidence au moment où il avait pris sa retraite, le Tribunal administratif des Nations Unies, par un jugement du 15 mai 1981, a reconnu au requérant le droit de recevoir cette prime et, puisqu'elle ne lui avait pas été versée, d'obtenir réparation du préjudice subi. Il a évalué ce préjudice au montant de la prime de rapatriement dont le paiement avait été refusé. Le Gouvernement des Etats-Unis d'Amérique a présenté une demande de réformation du jugement au Comité des demandes de réformation de jugements du Tribunal administratif, lequel a prié la Cour de donner un avis consultatif sur le bien-fondé de cette décision. Dans un avis consultatif du 20 juillet 1982, la Cour a décidé, en dépit d'un certain nombre d'irrégularités de procédure et de fond, de donner suite à la requête du Comité et a interprété la question posée comme l'invitant en réalité à dire si le Tribunal administratif avait commis une erreur de droit concernant les dispositions de la Charte des Nations Unies ou avait outrepassé sa juridiction ou sa compétence. Sur le premier point, la Cour a estimé que, n'ayant pas pour mission de refaire le procès qui s'était déroulé devant le Tribunal, elle n'avait pas à examiner ce que serait la bonne interprétation du statut et du règlement du personnel de l'ONU au-delà de ce qui était strictement nécessaire pour déterminer si l'interprétation du Tribunal était contraire aux dispositions de la Charte. Ayant constaté que le Tribunal s'était borné à appliquer les dispositions du statut et du règlement établies sous l'autorité de l'Assemblée générale qu'il avait jugées pertinentes, elle a dit qu'il n'avait pas commis d'erreur de droit concernant les dispositions de la Charte. Sur le second point, la Cour a considéré que la compétence du Tribunal s'étendait à la portée des dispositions du statut et du règlement du personnel et que le Tribunal n'avait donc pas outrepassé sa juridiction ou sa compétence.

2.18. Demande de réformation du jugement n° 333 du Tribunal administratif des Nations Unies

L'affaire concerne le refus par le Secrétaire général de l'ONU de prolonger l'engagement d'un fonctionnaire du Secrétariat au-delà de la date d'expiration du contrat de durée déterminée dont il était titulaire, motif pris de ce que ce fonctionnaire était détaché d'une administration nationale, que ce détachement avait pris fin et que son contrat avec les Nations Unies était limité à la durée du détachement. Par un jugement du 8 juin 1984, le Tribunal administratif a rejeté la requête introduite par ce fonctionnaire contre le refus opposé par le Secrétaire général. Le fonctionnaire intéressé a présenté une demande de réformation du jugement au Comité des demandes de réformation de jugements du Tribunal administratif, lequel a prié la Cour de donner un avis consultatif sur le bien-fondé de cette décision. Dans son avis consultatif, donné le 27 mai 1987, la Cour a conclu que le Tribunal administratif n'avait pas manqué d'exercer sa juridiction en ne répondant pas à la question de savoir s'il existait un obstacle juridique au renouvellement de l'engagement du requérant à l'Organisation des Nations Unies après la venue à expiration de son contrat de durée déterminée, et qu'il n'avait pas commis d'erreur de droit concernant les dispositions de la Charte des Nations Unies. A cet égard, de l'avis de la Cour, le Tribunal a établi que le cas du requérant avait bien été pris «équitablement en considération» et par déduction que le Secrétaire général ne s'était pas fait une idée fausse de l'effet du détachement, et il a dû avoir présent à l'esprit le contenu du paragraphe 3 de l'article 101 de la Charte lorsqu'il a examiné la question. De l'avis de la Cour, on ne saurait mettre en cause de telles constatations en invoquant une erreur de droit concernant les dispositions de la Charte.

2.19. Applicabilité de l'obligation d'arbitrage en vertu de la section 21 de l'accord du 26 juin 1947 relatif au siège de l'Organisation des Nations Unies

Le 2 mars 1988, l'Assemblée générale de l'Organisation des Nations Unies a adopté une résolution par laquelle elle demandait à la Cour de donner un avis consultatif sur la question de savoir si les Etats-Unis d'Amérique, en tant que partie à l'accord entre l'Organisation des Nations Unies et les Etats-Unis relatif au siège de l'Organisation des Nations Unies, étaient tenus de recourir à l'arbitrage conformément à la section 21 dudit accord. Cette résolution avait été adoptée comme suite à la signature et à la prochaine mise en vigueur d'une loi des Etats-Unis, intitulée *Foreign Relations Authorization Act*, dont le titre X énonce certaines interdictions concernant l'Organisation de libération de la Palestine et, notamment, l'interdiction

> «d'établir ou de maintenir sur le territoire relevant de la juridiction des Etats-Unis un bureau, un siège, des locaux ou autres établissements installés sur ordre ou sur instructions de l'Organisation de libération de la Palestine».

Or, l'OLP, conformément à l'accord de siège, disposait d'une mission permanente auprès de l'Organisation des Nations Unies. Le Secrétaire général de l'Organisation des Nations Unies a invoqué la procédure de règlement des différends visée à la section 21 de l'accord et a proposé que la phase de négociations prévue dans le cadre de cette procédure débute le 20 janvier 1988. Les Etats-Unis, pour leur part, ont fait savoir à l'Organisation qu'ils ne pouvaient ni ne souhaitaient devenir officiellement partie à ladite procédure de règlement, dans la mesure où ils étaient encore en train d'examiner la situation et que le Secrétaire général avait demandé que l'administration fédérale lui donne l'assurance que les arrangements alors en vigueur en ce qui concerne la mission permanente d'observation de l'OLP ne seraient ni restreints ni modifiés d'aucune manière. Le 11 février 1988, l'Organisation a fait savoir au département d'Etat qu'elle avait choisi son arbitre et a prié instamment les Etats-Unis de faire de même.

La Cour, considérant que la décision de demander un avis consultatif avait été prise «en tenant compte des contraintes de temps», a accéléré sa procédure. Des exposés écrits ont été déposés, dans les délais prescrits, par l'Organisation des Nations Unies, les Etats-Unis, la République arabe syrienne et la République démocratique allemande, et la Cour a tenu, les 11 et 12 avril 1988, des audiences auxquelles le conseiller juridique de l'ONU a pris part.

La Cour a donné son avis consultatif le 26 avril 1988. Elle a tout d'abord procédé à un examen minutieux des événements survenus tant avant qu'après le dépôt de la requête pour avis consultatif, et ce aux fins de déterminer s'il existait entre l'Organisation des Nations Unies et les Etats-Unis un différend du type prévu dans l'accord de siège. Ce faisant, la Cour a fait observer que sa seule tâche était de déterminer si les Etats-Unis étaient tenus de se soumettre à l'arbitrage en vertu dudit accord, et non pas de se prononcer sur la question de savoir si les mesures adoptées par cet Etat en ce qui concerne la mission d'observation de l'OLP étaient ou non contraires à cet accord. La Cour a notamment relevé que les Etats-Unis avaient fait savoir que l' «existence d'un différend» entre l'Organisation des Nations Unies et eux «n'était [alors] pas encore établie puisque la loi en question n'avait pas encore été appliquée» puis, par la suite, en se référant au «différend [en cours] portant sur le statut de la mission d'observation de l'OLP», avaient exprimé l'avis que l'arbitrage serait prématuré. Après avoir introduit une action devant les tribunaux nationaux, les Etats-Unis ont informé la Cour dans leur exposé écrit qu'ils pensaient qu'un arbitrage ne serait pas «opportun et que ce n'[était] pas le moment pour y recourir». Après avoir dit qu'elle ne saurait faire prévaloir des considérations d'opportunité sur les obligations résultant de la section 21, la Cour a constaté que les attitudes opposées de l'Organisation des Nations Unies et des Etats-Unis révélaient l'existence d'un différend, quelle que fût la date à laquelle on pouvait considérer qu'il était né. Elle a ensuite qualifié ce différend de différend relatif à l'application de l'accord de siège. Elle a ensuite constaté que, compte tenu de l'attitude des Etats-Unis, le Secrétaire général avait épuisé en l'espèce les possibilités de négociations qui s'offraient à lui, et que l'Organisation des Nations Unies et les Etats-Unis n'avaient pas non plus envisagé de régler leur différend par un «autre mode de règlement agréé» au sens de la section 21 de l'accord. La Cour a en conséquence conclu que les Etats-Unis étaient tenus de respecter l'obligation de recourir à l'arbitrage prévue à la section 21. Elle a rappelé ce faisant le principe fondamental en droit international de la prééminence de ce droit sur le droit interne, prééminence consacrée depuis longtemps par la jurisprudence.

2.20. *Applicabilité de la section 22 de l'article VI de la convention sur les privilèges et immunités des Nations Unies*

Le 24 mai 1989, le Conseil économique et social des Nations Unies (ECOSOC) a adopté une résolution par laquelle il a demandé un avis consultatif à la Cour, à titre prioritaire, sur la question de l'applicabilité de la section 22 de l'article VI de la convention sur les privilèges et immunités des Nations Unies au cas de M. Dumitru Mazilu, rapporteur de la Sous-Commission de la lutte contre les mesures discriminatoires et de la protection des minorités, organe de la Commission des droits de l'homme. L'intéressé, ressortissant roumain, s'était vu confier, par une résolution de la Sous-Commission, la tâche d'établir un rapport sur les droits de l'homme et la jeunesse, tâche pour laquelle le Secrétaire général était prié de lui apporter toute l'aide dont il aurait besoin. M. Mazilu était absent lors de la session de la Sous-Commission (1987) pendant laquelle il devait présenter son rapport, la Roumanie ayant fait savoir qu'il avait été hospitalisé. Le mandat de M. Mazilu vint finalement à expiration le 31 décembre 1987, mais sans que l'intéressé soit dessaisi de la tâche de rapporteur qui lui avait été assignée. M. Mazilu a pu faire parvenir à l'Organisation des Nations Unies divers messages dans lesquels il se plaignait du fait que les autorités roumaines refusaient de lui délivrer une autorisation de voyage. Lesdites autorités ont par ailleurs fait savoir, suite à des contacts que le Secrétaire général adjoint aux droits de l'homme, à la demande de la Sous-Commission, avait pris avec elles, que toute intervention du Secrétariat ou toute forme d'enquête à Bucarest seraient considérées comme une ingérence dans les affaires intérieures de la Roumanie. Ces autorités ont ultérieurement fait connaître à l'Organisation leur position quant à l'applicabilité à M. Mazilu de la convention sur les privilèges et immunités des Nations Unies, en faisant valoir notamment que la convention n'assimilait pas les rapporteurs, dont les activités n'étaient qu'occasionnelles, aux experts en mission pour les Nations Unies ; qu'ils ne pourraient, même en cas d'assimilation partielle, que bénéficier d'immunités et privilèges fonctionnels ; que ceux-ci ne commenceraient à jouer qu'au moment où l'expert entreprendrait un voyage lié à l'accomplissement de sa mission ; et que, dans le pays dont il était ressortissant, l'expert ne jouissait de tels privilèges et immunités que pour ce qui se rapporte au contenu de l'activité afférente à sa mission.

La Cour a donné son avis le 15 décembre 1989. La Cour a tout d'abord rejeté un argument de la Roumanie selon lequel elle n'aurait pas compétence. Elle n'a par ailleurs pas trouvé de raisons décisives qui auraient pu la conduire à ne pas considérer comme opportun de donner un avis. Elle a procédé ensuite à une analyse minutieuse de la section 22 de l'article VI de la convention, qui concerne les «experts en missions pour l'Organisation des Nations Unies». La Cour est notamment arrivée à la conclusion que la section 22 de la convention était applicable aux personnes (autres que les fonctionnaires de l'Organisation des Nations Unies) auxquelles une mission avait été confiée par l'Organisation et qui étaient de ce fait en droit de bénéficier des privilèges et immunités prévus par ce texte pour exercer leurs fonctions en toute indépendance; que, pendant toute la durée de cette mission, les experts jouissaient de ces privilèges et immunités fonctionnels, qu'ils soient ou non en déplacement; et que lesdits privilèges et immunités pouvaient être invoqués à l'encontre de l'Etat de la nationalité ou de la résidence, sauf réserve à la section 22 de la convention formulée valablement par cet Etat. Considérant ensuite le cas spécifique de M. Mazilu, elle a exprimé l'avis que l'intéressé continuait à avoir la qualité de rapporteur spécial, qu'il devait de ce fait être considéré comme expert en mission au sens de la section 22 de la convention et que cette section était dès lors applicable à son cas.

2.21. Licéité de l'utilisation des armes nucléaires par un Etat dans un conflit armé

Par une lettre en date du 27 août 1993, enregistrée au Greffe le 3 septembre 1993, le directeur général de l'Organisation mondiale de la Santé (OMS) a officiellement communiqué au greffier une décision de l'Assemblée mondiale de la Santé tendant à soumettre à la Cour la question suivante, énoncée dans la résolution WHA46.40 adoptée le 14 mai 1993 :

> «Compte tenu des effets des armes nucléaires sur la santé et l'environnement, leur utilisation par un Etat au cours d'une guerre ou d'un autre conflit armé constituerait-elle une violation de ses obligations au regard du droit international, y compris la Constitution de l'OMS?»

La Cour a décidé que l'OMS et les Etats membres de cette organisation admis à ester devant la Cour étaient susceptibles de fournir des renseignements sur la question, conformément au paragraphe 2 de l'article 66 du Statut. Des exposés écrits ont été déposés par trente-cinq Etats, puis des observations écrites sur ces exposés ont été présentées par neuf Etats. Au cours de la procédure orale, qui s'est déroulée en octobre et novembre 1995, l'OMS et vingt Etats ont présenté des exposés oraux. Le 8 juillet 1996, la Cour a dit qu'elle ne pouvait donner l'avis consultatif qui lui avait été demandé par l'Assemblée mondiale de la Santé.

Elle a estimé que trois conditions sont requises pour fonder sa compétence lorsqu'une requête pour avis consultatif lui est soumise par une institution spécialisée : l'institution dont émane la requête doit être dûment autorisée, conformément à la Charte, à demander des avis à la Cour ; l'avis sollicité doit porter sur une question juridique ; et cette question doit se poser dans le cadre de l'activité de l'institution requérante. Les deux premières conditions étaient remplies. En ce qui concerne la troisième, toutefois, la Cour a dit qu'aux termes de la Constitution de l'OMS celle-ci est habilitée à traiter des effets sur la santé de l'utilisation d'armes nucléaires, ou de toute autre activité dangereuse, et à prendre des mesures préventives destinées à protéger la santé des populations au cas où de telles armes seraient utilisées ou de telles activités menées; la question posée en l'espèce à la Cour portait toutefois non sur les effets de l'utilisation d'armes nucléaires sur la santé, mais sur la licéité de l'utilisation de telles armes compte tenu de leurs effets sur la santé et l'environnement.

La Cour a rappelé que les organisations internationales ne jouissent pas, à l'instar des Etats, de compétences générales, mais sont régies par le «principe de spécialité», c'est-à-dire dotées par les Etats qui les créent de compétences d'attribution dont les limites sont fonction des intérêts communs que ceux-ci leur donnent pour mission de promouvoir. L'OMS est au surplus une organisation internationale d'une nature particulière — une «institution spécialisée» qui fait partie d'un système basé sur la Charte des Nations Unies tendant à organiser la coopération internationale de façon cohérente par le rattachement à l'Organisation des Nations Unies, dotée de compétences de portée générale, de diverses organisations autonomes et complémentaires, dotées de compétences sectorielles. La Cour a en conséquence conclu que les attributions de l'OMS sont nécessairement limitées au domaine «de la santé publique» et ne sauraient empiéter sur celles d'autres composantes du système des Nations Unies. Or il ne fait pas de doute que les questions touchant au recours à la force, à la réglementation des armements et au désarmement sont du ressort de l'Organisation des Nations Unies et échappent à la compétence des institutions spécialisées. La Cour a donc estimé que la question sur laquelle portait la demande d'avis consultatif que l'OMS lui avait soumise ne se posait pas «dans le cadre [de l']activité» de cette organisation.

2.22. Licéité de la menace ou de l'emploi d'armes nucléaires

Par une lettre en date du 19 décembre 1994, enregistrée au Greffe le 6 janvier 1995, le Secrétaire général de l'Organisation des Nations Unies a officiellement communiqué au Greffe la décision prise par l'Assemblée générale, par sa résolution 49/75 K adoptée le 15 décembre 1994, de soumettre à la Cour, pour avis consultatif, la question suivante: «Est-il permis en droit international de recourir à la menace ou à l'emploi d'armes nucléaires en toute circonstance?» La résolution priait la Cour de rendre son avis «dans les meilleurs délais». Des exposés écrits ont été déposés par vingt-huit Etats, puis des observations écrites sur ces exposés ont été présentées par deux Etats. Au cours de la procédure orale, qui s'est déroulée en octobre et novembre 1995, vingt-deux Etats ont présenté des exposés oraux.

Le 8 juillet 1996, la Cour a rendu son avis consultatif. Après avoir conclu qu'elle avait compétence pour donner un avis sur la question posée et qu'il n'existait aucune raison décisive pour user de son pouvoir discrétionnaire de ne pas donner l'avis, la Cour a déterminé que le droit applicable qui était le plus directement pertinent était le droit relatif à l'emploi de la force, tel que consacré par la Charte des Nations Unies, et le droit applicable dans les conflits armés, ainsi que tous traités concernant spécifiquement l'arme nucléaire que la Cour pourrait considérer comme pertinents.

La Cour a ensuite examiné la question de la licéité ou de l'illicéité d'un recours aux armes nucléaires à la lumière des dispositions de la Charte qui ont trait à la menace ou à l'emploi de la force. Elle a notamment observé que ces dispositions s'appliquent à n'importe quel emploi de la force, indépendamment des armes employées. Elle a mentionné en outre que le principe de proportionnalité ne peut pas, par lui-même, exclure le recours aux armes nucléaires en légitime défense en toutes circonstances. Mais, en même temps, un emploi de la force qui serait proportionné conformément au droit de la légitime défense doit, pour être licite, satisfaire aux exigences du droit applicable dans les conflits armés, dont en particulier les principes et règles du droit humanitaire. Elle a précisé que les notions de «menace» et d'«emploi» de la force au sens de l'article 2, paragraphe 4, de la Charte vont de pair, en ce sens que si, dans un cas donné, l'emploi même de la force est illicite — pour quelque raison que ce soit —, la menace d'y recourir le sera également.

La Cour s'est ensuite penchée sur le droit applicable dans les situations de conflit armé. D'un examen du droit coutumier et conventionnel, elle a conclu que l'emploi d'armes nucléaires ne peut pas être regardé comme spécifiquement interdit sur la base de ce droit. Elle n'a par ailleurs pas trouvé d'interdiction spécifique du recours aux armes nucléaires dans les traités qui prohibent expressément l'emploi de certaines armes de destruction massive. La Cour est ensuite passée à l'examen du droit international coutumier à l'effet d'établir si on pouvait tirer de cette source de droit une interdiction de la menace ou de l'emploi des armes nucléaires en tant que telles. Constatant que les membres de la communauté internationale étaient profondément divisés sur le point de savoir si le non-recours aux armes nucléaires pendant les cinquante dernières années constituait l'expression d'une *opinio juris*, elle n'a pas estimé pouvoir conclure à l'existence d'une telle *opinio juris*. L'apparition, en tant que *lex lata*, d'une règle coutumière prohibant spécifiquement l'emploi des armes nucléaires en tant que telles se heurtait aux tensions qui subsistaient entre, d'une part, une *opinio juris* naissante et, d'autre part, une adhésion encore forte à la pratique de la dissuasion. La Cour s'est ensuite attachée à la question de savoir si le recours aux armes nucléaires devait être considéré comme illicite au regard des principes et règles du droit international humanitaire applicable dans les conflits armés, ainsi que du droit de la neutralité. Elle a mis en exergue deux principes cardinaux : *a)* le premier établit la distinction entre combattants et non-combattants ; les Etats ne doivent jamais prendre pour cible des civils, ni en conséquence utiliser des armes qui sont dans l'incapacité de distinguer entre cibles

civiles et cibles militaires; *b)* selon le second, il ne faut pas causer des maux su-
perflus aux combattants; les Etats n'ont donc pas un choix illimité quant aux armes
qu'ils emploient. La Cour a également cité la clause de Martens, selon laquelle les
personnes civiles et les combattants restent sous la sauvegarde et sous l'empire
des principes du droit des gens, tels qu'ils résultent des usages établis, des principes de l'humanité et des exigences de la conscience publique.

La Cour a indiqué que, si l'applicabilité aux armes nucléaires des principes et
règles du droit humanitaire ainsi que du principe de neutralité n'était pas contestée, les conséquences qu'il y avait lieu d'en tirer étaient en revanche controver-
sées. Elle a relevé que, eu égard aux caractéristiques uniques des armes
nucléaires, l'utilisation de ces armes n'apparaît guère conciliable avec le respect
des exigences du droit applicable dans les conflits armés. La Cour a été amenée
à constater que «[a]u vu de l'état actuel du droit international, ainsi que des éléments de fait dont elle dispose, [elle] ne peut cependant conclure de façon définitive que la menace ou l'emploi d'armes nucléaires serait licite ou illicite dans
une circonstance extrême de légitime défense dans laquelle la survie même d'un
Etat serait en cause». La Cour a enfin ajouté qu'il existe une obligation de poursuivre de bonne foi et de mener à terme des négociations conduisant au désarmement nucléaire dans tous ses aspects, sous un contrôle international, strict et
efficace.

2.23. Différend relatif à l'immunité de juridiction d'un rapporteur spécial de la Commission des droits de l'homme

Par une lettre en date du 7 août 1998, le Secrétaire général de l'Organisation
des Nations Unies a officiellement communiqué au Greffe la décision 1998/297
du 5 août 1998, par laquelle le Conseil économique et social priait la Cour de
donner un avis consultatif sur la question de droit concernant l'applicabilité de la
section 22 de l'article VI de la convention sur les privilèges et immunités des Nations Unies à un rapporteur spécial de la Commission des droits de l'homme,
ainsi que sur les obligations juridiques de la Malaisie en l'espèce. Le rapporteur
spécial, M. Cumaraswamy, faisait l'objet de plusieurs procès intentés contre lui
devant des tribunaux malaisiens par des demandeurs qui affirmaient qu'il avait
tenu des propos de caractère diffamatoire dans une interview publiée dans une
revue spécialisée et qui lui réclamaient des dommages et intérêts pour un montant
total de 112 millions de dollars des Etats-Unis. Selon le Secrétaire général de l'Organisation, M. Cumaraswamy s'était exprimé en sa qualité officielle de rapporteur
spécial et bénéficiait par conséquent de l'immunité de juridiction, conformément
à la convention susmentionnée.

Après que des exposés écrits eurent été présentés par le Secrétaire général et
par divers Etats, des audiences publiques se sont tenues les 7, 8 et 10 décembre 1998, au cours desquelles la Cour a entendu les exposés du représentant de
l'Organisation des Nations Unies et de trois Etats, dont la Malaisie. Dans son avis

consultatif du 29 avril 1999, après avoir conclu qu'elle était compétente pour rendre un tel avis, la Cour a rappelé qu'un rapporteur spécial à qui est confiée une mission pour les Nations Unies doit être considéré comme un expert en mission au sens de la section 22 de l'article VI de la convention sur les privilèges et immunités des Nations Unies. Elle a observé que la Malaisie avait reconnu que M. Cumaraswamy était un expert en mission et que ces experts jouissent des privilèges et immunités prévus par la convention dans leurs relations avec les Etats parties, y compris ceux dont ils sont les ressortissants. La Cour a alors recherché si l'immunité s'appliquait à M. Cumaraswamy dans les circonstances propres au cas d'espèce. Elle a souligné que c'est au Secrétaire général, en sa qualité de plus haut fonctionnaire de l'Organisation des Nations Unies, que sont principalement conférés la responsabilité et le pouvoir d'apprécier si ses agents ont agi dans le cadre de leurs fonctions et, lorsqu'il conclut par l'affirmative, de protéger ces agents en faisant valoir leur immunité. La Cour a observé qu'en l'espèce le Secrétaire général avait été conforté dans son opinion que M. Cumaraswamy avait parlé en sa qualité officielle par le fait que l'article litigieux faisait état à plusieurs reprises de sa qualité de rapporteur spécial, et qu'en 1997 la Commission des droits de l'homme avait prorogé son mandat, reconnaissant ainsi qu'il n'avait pas outrepassé ses fonctions en donnant l'interview. Examinant les obligations juridiques de la Malaisie, la Cour a indiqué que, lorsque les tribunaux nationaux sont saisis d'une affaire mettant en cause l'immunité d'un agent de l'ONU, toute conclusion du Secrétaire général concernant cette immunité doit leur être notifiée immédiatement et qu'ils doivent y accorder le plus grand poids. Les questions d'immunité sont des questions préliminaires qui doivent être tranchées par les tribunaux nationaux dans les meilleurs délais dès le début de la procédure. Le comportement d'un organe de l'Etat, y compris de ses tribunaux, devant être considéré comme un fait de cet Etat, la Cour a conclu que le Gouvernement de la Malaisie n'avait pas agi conformément aux obligations que lui imposait le droit international en l'espèce.

2.24. Conséquences juridiques de l'édification d'un mur dans le territoire palestinien occupé

L'Assemblée générale des Nations Unies, par sa résolution ES-10/14 adoptée le 8 décembre 2003 lors de sa dixième session extraordinaire d'urgence, a décidé de soumettre à la Cour, pour avis consultatif, la question suivante :

> «Quelles sont en droit les conséquences de l'édification du mur qu'Israël, puissance occupante, est en train de construire dans le territoire palestinien occupé, y compris à l'intérieur et sur le pourtour de Jérusalem-Est, selon ce qui est exposé dans le rapport du Secrétaire général, compte tenu des règles et des principes du droit international, notamment la quatrième convention de Genève de 1949, et les résolutions consacrées à la question par le Conseil de sécurité et l'Assemblée générale?»

La résolution demandait à la Cour de rendre «d'urgence» son avis. La Cour a décidé que les Etats admis à ester devant elle, ainsi que la Palestine, l'Organisation des Nations Unies, puis, à leur demande, la Ligue des Etats arabes et l'Organisation de la Conférence islamique, étaient susceptibles de fournir des renseignements sur la question, conformément aux paragraphes 2 et 3 de l'article 66 du Statut. Des exposés écrits ont été déposés par quarante-quatre Etats, la Palestine et quatre organisations internationales, dont l'Union européenne. Au cours de la procédure orale, qui s'est déroulée du 23 au 25 février 2004, douze Etats, la Palestine et deux organisations internationales ont présenté des exposés oraux. La Cour a rendu son avis consultatif le 9 juillet 2004.

La Cour a d'abord relevé que l'Assemblée générale, qui lui avait demandé l'avis consultatif, était autorisée à le faire en vertu du paragraphe 1 de l'article 96 de la Charte. Elle a observé que l'Assemblée générale, en demandant un avis à la Cour, n'avait pas outrepassé sa compétence telle que limitée par le paragraphe 1 de l'article 12 de la Charte, aux termes duquel l'Assemblée ne doit faire aucune recommandation à l'égard d'un différend ou d'une situation pour lesquels le Conseil de sécurité remplit ses fonctions, à moins que ce dernier ne le lui demande. La Cour s'est par ailleurs référée au fait que l'Assemblée générale avait adopté la résolution ES-10/14 lors de sa dixième session extraordinaire d'urgence, convoquée sur la base de la résolution 377 A (V) — qui prévoit que, lorsque le Conseil de sécurité manque à s'acquitter de sa responsabilité principale dans le maintien de la paix et de la sécurité internationales, l'Assemblée générale peut immédiatement examiner la question afin de faire des recommandations aux Etats membres. Ecartant un certain nombre d'objections d'ordre procédural, la Cour a constaté que les conditions prévues par cette résolution avaient été remplies lors de la convocation de la dixième session extraordinaire d'urgence, en particulier au moment où l'Assemblée générale avait décidé de lui demander l'avis en question, le Conseil de sécurité ayant été alors dans l'incapacité d'adopter une résolution portant sur la construction du mur du fait du vote négatif d'un membre permanent. La Cour a enfin rejeté les arguments selon lesquels un avis ne pouvait être donné en l'espèce au motif que la demande ne portait pas sur une question juridique ou que la question posée était abstraite ou politique.

Ayant établi sa compétence, la Cour s'est interrogée, dans un second temps, sur l'opportunité de rendre l'avis sollicité. Elle a rappelé à ce propos que l'absence de consentement d'un Etat à sa juridiction contentieuse était sans effet sur sa compétence en matière consultative et que le fait de rendre un avis n'avait pas pour effet de tourner le principe du consentement au règlement judiciaire. La question qui avait fait l'objet de la demande s'inscrivait en effet dans un cadre plus large que celui du différend bilatéral entre Israël et la Palestine et intéressait directement l'Organisation des Nations Unies. La Cour n'a pas retenu davantage l'argument selon lequel elle aurait dû s'abstenir de donner l'avis sollicité au motif que celui-ci pouvait faire obstacle à un règlement politique négocié du conflit israélo-palestinien. Elle a par ailleurs affirmé disposer de renseignements et d'éléments de preuve suffisants pour lui permettre de donner l'avis et précisé qu'il revenait à l'Assemblée générale d'apprécier l'utilité de ce dernier. La Cour a finalement conclu de ce qui précède qu'il n'existait aucune raison décisive l'empêchant de donner l'avis demandé.

Examinant la licéité en droit international de l'édification du mur par Israël dans le territoire palestinien occupé, la Cour a d'abord déterminé les règles et principes de droit international applicables à la question posée par l'Assemblée générale. La Cour a rappelé, en se référant au paragraphe 4 de l'article 2 de la Charte des Nations Unies et à la résolution 2625 (XXV) de l'Assemblée générale, les principes coutumiers de l'interdiction de la menace et de l'emploi de la force et de l'illicéité de toute acquisition de territoire par ces moyens. Elle a également cité le principe du droit des peuples à disposer d'eux-mêmes, qui a été consacré dans la Charte et réaffirmé par la résolution 2625 (XXV). S'agissant du droit international humanitaire, la Cour a mentionné les dispositions du règlement de La Haye de 1907, qui ont acquis un caractère coutumier, ainsi que celles de la quatrième convention de Genève de 1949 applicables dans les territoires palestiniens s'étant trouvés, avant le conflit armé de 1967, à l'est de la ligne de démarcation de l'armistice de 1949 (ou «Ligne verte») et qui avaient, à l'occasion de ce conflit, été occupés par Israël. La Cour a enfin relevé que des instruments relatifs aux droits de l'homme (pacte international relatif aux droits civils, pacte international relatif aux droits économiques, sociaux et culturels et convention des Nations Unies relative aux droits de l'enfant) s'appliquaient dans le territoire palestinien occupé.

La Cour a ensuite recherché si la construction du mur avait porté atteinte aux règles et principes précédemment identifiés. Faisant observer que le tracé du mur incorporait environ 80 % des colons installés dans le territoire palestinien occupé, la Cour a rappelé, comme le Conseil de sécurité l'avait fait à l'égard de la quatrième convention de Genève, que ces colonies avaient été installées en méconnaissance du droit international. Ayant fait état de certaines craintes exprimées devant elle que le tracé du mur préjugeât la frontière future entre Israël et la Palestine, la Cour a estimé que la construction du mur et le régime qui lui était associé créaient sur le terrain un «fait accompli» qui aurait pu devenir permanent et, de ce fait, équivaloir à une annexion *de facto*. La Cour ayant relevé par ailleurs que le tracé choisi consacrait sur le terrain les mesures illégales prises par Israël concernant Jérusalem et les colonies de peuplement et avait conduit à de nouvelles modifications dans la composition démographique du territoire palestinien occupé, elle a conclu que la construction du mur, s'ajoutant aux mesures prises antérieurement, dressait un obstacle grave à l'exercice par le peuple palestinien de son droit à l'autodétermination et violait de ce fait l'obligation incombant à Israël de respecter ce droit.

Examinant par ailleurs l'impact de la construction du mur sur la vie quotidienne des habitants du territoire palestinien occupé, la Cour a considéré que la construction du mur et le régime qui lui était associé étaient contraires aux dispositions pertinentes du règlement de La Haye de 1907, ainsi que de la quatrième convention de Genève, de même qu'ils entravaient la liberté de circulation des habitants du territoire telle que garantie par le pacte international relatif aux droits civils et politiques et l'exercice par les intéressés de leurs droits au travail, à la santé, à l'éducation et à un niveau de vie suffisant tels que proclamés par le pacte international relatif aux droits économiques, sociaux, culturels et la convention relative aux droits de l'enfant. La Cour a encore constaté que la construction du mur, combinée à l'établissement de colonies de peuplement, et le régime qui lui était associé tendaient à modifier la composition démographique du territoire palestinien occupé et étaient de ce fait contraires à la quatrième convention de Genève et aux résolutions pertinentes du Conseil de sécurité. Rejetant en outre les clauses de limitation ou de dérogation invoquées devant elle et contenues dans certains instruments du droit humanitaire et des droits de l'homme, lorsque des impératifs militaires ou des nécessités de sécurité nationale ou d'ordre public l'exigent notamment, la Cour a indiqué qu'elle n'avait pas été convaincue que la poursuite des objectifs de sécurité avancés par Israël nécessitait l'adoption du tracé choisi pour le mur, concluant à la violation par Israël, du fait de la construction de ce dernier, de certaines de ses obligations en vertu du droit humanitaire et des droits de l'homme. La Cour a enfin estimé qu'Israël ne pouvait se prévaloir du droit de légitime défense et de l'état de nécessité, comme excluant l'illicéité de la construction du mur, et a conclu, en conséquence, que la construction du mur ainsi que le régime qui lui était associé étaient contraires au droit international.

Procédant à l'examen des conséquences de ces violations, la Cour a rappelé l'obligation pour Israël de respecter le droit à l'autodétermination du peuple palestinien et les obligations auxquelles Israël était tenu en vertu du droit humanitaire et des droits de l'homme. La Cour a par ailleurs considéré qu'Israël devait, avec effet immédiat, mettre un terme à la violation de ses obligations internationales en cessant, d'une part, les travaux d'édification du mur, en procédant, d'autre part, au démantèlement des portions de l'ouvrage situées dans le territoire palestinien occupé et en abrogeant, par ailleurs, ou en privant d'effet, l'ensemble des actes législatifs et réglementaires adoptés en vue de l'édification du mur et la mise en place du régime qui lui était associé. La Cour a souligné enfin l'obligation d'Israël de réparer tous les dommages causés à toutes les personnes physiques ou morales affectées par la construction du mur. Concernant les conséquences juridiques pour les autres Etats, la Cour a indiqué que tous les Etats étaient dans l'obligation de ne pas reconnaître la situation illicite découlant de la construction du mur, de même qu'ils ne devaient prêter aucune aide ou assistance au maintien de la situation créée par cette construction. Elle a par ailleurs relevé qu'il appartenait à chacun d'entre eux de veiller, dans le respect de la Charte des Nations Unies et du droit international, à ce qu'il soit mis fin aux entraves, résultant de la construction du mur, à l'exercice par le peuple palestinien de son droit à l'autodétermination. La Cour a en outre rappelé l'obligation qu'avaient les Etats parties à la quatrième convention de Genève, dans le respect de la Charte et du droit international, de faire respecter par Israël le droit international humanitaire incorporé dans cette convention. Concernant l'ONU, et spécialement l'Assemblée générale et le Conseil de sécurité, la Cour a enfin estimé qu'ils devaient tenir compte de l'avis consultatif rendu en examinant quelles nouvelles mesures devaient être prises afin de mettre un terme à la situation illicite en question.

2.25. Conformité au droit international de la déclaration unilatérale d'indépendance relative au Kosovo

Le 8 octobre 2008 (résolution 63/3), l'Assemblée générale a décidé de demander à la Cour de donner un avis consultatif sur la question suivante : « La déclaration unilatérale d'indépendance des institutions provisoires d'administration autonome du Kosovo est-elle conforme au droit international ? »

Trente-six Etats Membres de l'Organisation des Nations Unies ont déposé des exposés écrits, et les auteurs de la déclaration unilatérale d'indépendance ont eux-mêmes déposé une contribution écrite. Quatorze Etats ont fait des observations écrites sur les exposés écrits des Etats et la contribution écrite des auteurs de la déclaration d'indépendance. Vingt-huit Etats et les auteurs de la déclaration unilatérale d'indépendance ont participé aux audiences publiques qui se sont tenues du 1er au 11 décembre 2009.

Dans l'avis consultatif qu'elle a rendu le 22 juillet 2010, la Cour a conclu que « la déclaration d'indépendance du Kosovo adoptée le 17 février 2008 n'[avait] pas violé le droit international ». Avant de parvenir à cette conclusion, la Cour s'est d'abord interrogée sur le point de savoir si elle avait compétence pour donner l'avis consultatif demandé par l'Assemblée générale. Après avoir constaté qu'elle avait compétence pour donner l'avis consultatif demandé, la Cour a examiné la question, soulevée par un certain nombre de participants, de savoir si elle devait néanmoins, dans l'exercice de son pouvoir discrétionnaire, décider de ne pas exercer cette compétence. La Cour a conclu que, à la lumière de sa jurisprudence, il n'existait pas « de raison décisive de refuser d'exercer sa compétence » à l'égard de la demande.

S'agissant de la portée et du sens de la question, la Cour a conclu que la référence aux « institutions provisoires d'administration autonome du Kosovo » figurant dans la question formulée par l'Assemblée générale ne l'empêchait pas de décider elle-même si la déclaration d'indépendance avait été prononcée par les institutions provisoires d'administration autonome ou par une autre entité. Elle a aussi conclu que la question à laquelle il lui était demandé de répondre n'était pas celle de savoir si le droit international conférait au Kosovo un droit positif de déclarer son indépendance, mais si une règle du droit international interdisait une telle déclaration.

La Cour a, dans un premier temps, cherché à déterminer si la déclaration d'indépendance était conforme au droit international général. Elle a relevé qu'« il ressort[ait] clairement de la pratique » des Etats au XVIIIe siècle, XIXe siècle et au début du XXe siècle que « le droit international n'interdisait nullement les déclarations d'indépendance ». La Cour a notamment conclu que « [l]a portée du principe de l'intégrité territoriale [était] … limitée à la sphère des relations interétatiques ». Elle a aussi établi qu'aucune interdiction générale des déclarations d'indépendance ne pouvait être déduite des résolutions du Conseil de sécurité condamnant d'autres déclarations d'indépendance, puisque ces déclarations d'indépendance s'inscrivaient dans le contexte d'un recours illicite à la force ou d'une violation d'une norme de *jus cogens*. La Cour a donc conclu que la déclaration d'indépendance relative au Kosovo n'avait pas violé le droit international général.

La Cour a ensuite recherché si la déclaration d'indépendance était en conformité avec la résolution 1244 du 10 juin 1999 du Conseil de sécurité. Elle a jugé que l'objet et le but de cette résolution étaient d'établir « un régime juridique temporaire de caractère exceptionnel qui s'[était] substitué … à l'ordre juridique serbe … à titre transitoire ». La Cour s'est ensuite penchée sur l'identité des auteurs de la déclaration d'indépendance. L'analyse du contenu et de la forme de la déclaration, ainsi que du contexte dans lequel elle avait été formulée, a amené la Cour à conclure que ses auteurs n'étaient pas les institutions provisoires d'administration autonome, mais des « personnes ayant agi de concert en leur qualité de représentants du peuple du Kosovo, en dehors du cadre de l'administration intérimaire ». La Cour a conclu que la déclaration d'indépendance ne violait pas la résolution 1244 pour deux raisons. Premièrement, la Cour a mis l'accent sur le fait que les deux instruments « ét[aient] de nature différente », la résolution 1244 étant muette sur le statut final du Kosovo, tandis que la déclaration d'indépendance constituait une tentative pour déterminer ce statut. Deuxièmement, elle a relevé que la résolution 1244 n'imposait que des obligations très limitées aux acteurs non étatiques, et qu'aucune de ces obligations n'emportait la moindre interdiction de déclarer l'indépendance. Enfin, au vu de la conclusion à laquelle elle était parvenue, selon laquelle la déclaration d'indépendance n'émanait pas des institutions provisoires d'administration autonome du Kosovo, la Cour a jugé que ses auteurs n'étaient pas liés par le cadre constitutionnel établi en vertu de la résolution 1244, et que la déclaration d'indépendance n'avait donc pas violé ce cadre.

En conséquence, la Cour a conclu que l'adoption de la déclaration d'indépendance n'avait violé aucune règle applicable du droit international. Le 9 septembre 2010, l'Assemblée générale a adopté une résolution dans laquelle elle a pris acte de la teneur de l'avis de la Cour donné en réponse à sa demande (résolution 64/298).

2.26. Jugement n° 2867 du Tribunal administratif de l'Organisation internationale du Travail sur requête contre le Fonds international de développement agricole

En avril 2010, la Cour a reçu une demande d'avis consultatif du Fonds international de développement agricole («FIDA»), institution spécialisée des Nations Unies, concernant un jugement du Tribunal administratif de l'Organisation internationale du Travail («TAOIT») rendu le 3 février 2010. Dans ce jugement, le TAOIT ordonnait au FIDA de verser à Mme Saez García, une fonctionnaire du Mécanisme mondial de la Convention des Nations Unies sur la lutte contre la désertification — dont il est l'organisme d'accueil — l'équivalent de deux années de traitement ainsi que des dommages-intérêts pour préjudice moral, et de lui rembourser ses dépens, en raison de la suppression de son poste et du refus de renouveler son contrat.

La Cour, dans l'avis consultatif qu'elle a rendu le 1er février 2012, a tout d'abord vérifié sa compétence pour répondre à la demande, et examiné l'opportunité d'exercer cette compétence en l'espèce. S'agissant de sa propre compétence, la Cour, se référant à ses précédents avis, a rappelé qu'elle ne peut connaître d'une contestation élevée contre un jugement du TAOIT, en vertu de l'article XII de l'annexe au statut du Tribunal, que pour deux motifs : soit parce que le TAOIT a affirmé à tort sa compétence, soit parce que sa décision a été viciée par une faute essentielle dans la procédure suivie. S'agissant de l'opportunité de répondre à la demande d'avis, la Cour a souligné les difficultés que fait naître la procédure de réformation des jugements du TAOIT, tant du point de vue de l'égalité d'accès à la Cour que du point de vue de l'égalité dans la procédure se déroulant devant celle-ci, seule l'institution employant le fonctionnaire ayant accès à la Cour. La Cour a en particulier constaté que le principe de l'égalité d'accès aux procédures d'appel ou autres recours disponibles, sauf exception fondée sur des motifs objectifs et raisonnables, doit désormais être considéré comme partie intégrante du principe de l'égalité, qui découle des exigences d'une bonne administration de la justice. Bien que le système de réformation en vigueur ne paraisse pas satisfaire effectivement au principe moderne de l'égalité d'accès aux cours et tribunaux, la Cour, à qui il n'appartient pas de modifier ce système, n'a pas jugé devoir refuser de répondre à la requête pour un tel motif. La Cour a par ailleurs veillé, conformément à la pratique suivie lors de précédentes demandes de réformation, à atténuer l'inégalité devant elle du fonctionnaire et de l'institution qui l'emploie, inégalité découlant des dispositions de son Statut, en décidant que le président du Fonds devait lui transmettre toute déclaration exposant le point de vue de Mme Saez García que celle-ci pourrait vouloir porter à son attention, et qu'il n'y aurait pas de procédure orale (son Statut ne permettant pas aux personnes physiques de participer en pareil cas à des audiences). La Cour a ainsi conclu sur ces différents points en réaffirmant sa préoccupation face à l'inégalité d'accès à la Cour, mais en considérant néanmoins que compte tenu de l'ensemble des circonstances de l'espèce, en particulier des mesures qu'elle avait prises aux fins de réduire l'inégalité dans la procédure se déroulant devant elle, que les raisons qui auraient pu la pousser à refuser de donner un avis consultatif n'étaient pas suffisamment décisives pour la conduire à le faire.

Sur le fond de la demande, la Cour a examiné et confirmé la validité du jugement rendu par le TAOIT au sujet du contrat d'engagement de Mme Saez García. Il était en particulier demandé à la Cour de se prononcer sur la compétence du TAOIT pour connaître de la requête de la fonctionnaire dirigée contre le FIDA. Ce dernier soutenait que Mme Saez García était une fonctionnaire du Mécanisme mondial, que ce dernier n'était pas un organe du Fonds, et que par conséquent l'acceptation de la compétence du Tribunal par le FIDA ne s'étendait pas à la plainte de la requérante. La Cour a jugé, sur ce point, que Mme Saez García était bien une fonctionnaire du FIDA, et que le Tribunal était ainsi compétent *ratione personae* pour examiner sa requête. Par ailleurs, la Cour a considéré que les griefs de la fonctionnaire étaient de ceux dont pouvait connaître le TAOIT, conformément à son statut. En particulier, la Cour a jugé que la contestation de la décision du Fonds de ne pas renouveler le contrat de la fonctionnaire entrait dans la catégorie des requêtes invoquant l'inobservation des stipulations de son contrat d'engagement ou des dispositions statutaires ou réglementaires applicables au personnel du Fonds, ainsi qu'il est prescrit au paragraphe 5 de l'article II du statut du Tribunal. Ayant conclu que le TAOIT était ainsi fondé à affirmer sa compétence, tant *ratione personae* que *ratione materiae*, la Cour a estimé que les autres contestations soulevées par le Fonds n'appelaient pas de réponse de sa part, soit parce que certaines contestations visaient à solliciter l'avis de la Cour sur le raisonnement du Tribunal ou sur son jugement au fond, points sur lesquels la Cour n'a aucun droit de regard dans le cadre d'une procédure en réformation, soit parce que les contestations constituaient une répétition de la question relative à la compétence, sans autres éléments, à laquelle la Cour avait déjà répondu.

2.27. *Effets juridiques de la séparation de l'archipel des Chagos de Maurice en 1965*

Le 22 juin 2017, l'Assemblée générale des Nations Unies a adopté la résolution 71/292, priant la Cour internationale de Justice de donner un avis consultatif sur les questions suivantes:

«Le processus de décolonisation a-t-il été validement mené à bien lorsque Maurice a obtenu son indépendance en 1968, à la suite de la séparation de l'archipel des Chagos de son territoire et au regard du droit international, notamment des obligations évoquées dans les résolutions de l'Assemblée générale 1514 (XV) du 14 décembre 1960, 2066 (XX) du 16 décembre 1965, 2232 (XXI) du 20 décembre 1966 et 2357 (XXII) du 19 décembre 1967?»

«Quelles sont les conséquences en droit international, y compris au regard des obligations évoquées dans les résolutions susmentionnées, du maintien de l'archipel des Chagos sous l'administration du Royaume-Uni de Grande-Bretagne et d'Irlande du Nord, notamment en ce qui concerne l'impossibilité dans laquelle se trouve Maurice d'y mener un programme de réinstallation pour ses nationaux, en particulier ceux d'origine chagossienne?»

Après avoir reçu des exposés écrits et des observations écrites de nombreux Etats (dont Maurice et le Royaume-Uni) et de l'Union africaine, la Cour a tenu des audiences publiques entre le 3 et le 6 septembre 2018. Vingt-deux Etats, incluant encore une fois Maurice et le Royaume-Uni, ainsi que l'Union africaine, ont présenté des exposés oraux. La Cour a ensuite entamé son délibéré.

> Le texte des décisions contentieuses ou consultatives de la Cour est reproduit dans la série *Recueil des arrêts, avis consultatifs et ordonnances*.

Annexes

Table des matières

Résolution 171 (II)
de l'Assemblée générale des Nations Unies

14 novembre 1947

Nécessité pour l'Organisation des Nations Unies et pour ses organes d'utiliser davantage les services de la Cour internationale de Justice

A

L'Assemblée générale,

Considérant qu'il incombe à l'Organisation des Nations Unies d'encourager le développement progressif du droit international;

Considérant qu'il est de la plus haute importance que l'interprétation de la Charte des Nations Unies et des constitutions des institutions spécialisées repose sur des principes consacrés de droit international;

Considérant que la Cour internationale de Justice est le principal organe judiciaire des Nations Unies;

Considérant qu'il est de toute première importance aussi qu'il soit le plus largement fait appel à la Cour pour le développement progressif du droit international, tant à l'occasion de litiges entre Etats qu'en matière d'interprétation constitutionnelle,

Recommande aux organes de l'Organisation des Nations Unies et aux institutions spécialisées d'examiner de temps à autre les points de droit difficiles et importants soulevés au cours de leurs travaux, et, si ces points sont de la compétence de la Cour internationale de Justice et concernent des questions de principe qu'il est désirable de voir régler — telles que notamment des points d'interprétation de la Charte des Nations Unies ou des statuts des institutions spécialisées —, de les soumettre pour avis consultatif à la Cour internationale de Justice, pourvu que les organes ou institutions visés y soient dûment autorisés conformément à l'article 96, paragraphe 2, de la Charte.

. . . .

C

L'Assemblée générale,

Considérant que la solution des différends internationaux doit, selon l'article 1 de la Charte, être conforme aux principes de la justice et du droit international;

Considérant que la Cour internationale de Justice pourrait résoudre ou aider à résoudre conformément à ces principes de nombreux différends si, par la pleine application des dispositions de la Charte et du Statut de la Cour, un usage plus fréquent était fait des services de la Cour,

1. *Attire l'attention* des Etats qui n'ont pas encore accepté la juridiction obligatoire de la Cour internationale de Justice conformément à l'article 36, paragraphes 2 et 5, du Statut de la Cour, sur l'intérêt qu'il y a à ce que le plus grand nombre possible d'Etats acceptent cette juridiction avec le moins de réserves possible;

2. *Attire l'attention* des Etats Membres sur l'utilité qu'il y a à insérer, dans les traités et conventions, des clauses compromissoires prévoyant, sans préjudice de l'article 95 de la Charte, le recours, de préférence et autant que possible, à la Cour internationale de Justice, pour les différends auxquels donneraient lieu l'interprétation ou l'application desdits traités et conventions;

3. *Recommande* d'une manière générale aux Etats Membres de soumettre leurs différends d'ordre juridique à la Cour internationale de Justice.

Résolution 3232 (XXIX)
de l'Assemblée générale des Nations Unies

12 novembre 1974

Examen du rôle de la Cour internationale de Justice

L'Assemblée générale,

Rappelant que la Cour internationale de Justice est l'organe judiciaire principal de l'Organisation des Nations Unies,

Ayant présent à l'esprit que, conformément à l'article 10 de la Charte des Nations Unies, le rôle de la Cour internationale de Justice est une question qui continue à mériter de retenir l'attention de l'Assemblée générale,

Rappelant en outre que, en vertu du paragraphe 3 de l'article 2 de la Charte des Nations Unies, les Membres de l'Organisation règlent leurs différends internationaux par des moyens pacifiques, de telle manière que la paix et la sécurité internationales ainsi que la justice ne soient pas mises en danger,

Prenant note des vues exprimées par les Etats Membres durant les débats de la Sixième Commission sur la question de l'examen du rôle de la Cour internationale de Justice lors des vingt-cinquième, vingt-sixième, vingt-septième et vingt-neuvième sessions de l'Assemblée générale,

Prenant note également des observations transmises par les Etats Membres et par la Suisse en réponse à un questionnaire envoyé par le Secrétaire général conformément aux résolutions 2723 (XXV) et 2818 (XXVI) de l'Assemblée générale, ainsi que du texte de la lettre adressée au Secrétaire général par le Président de la Cour internationale de Justice,

Considérant que la Cour internationale de Justice a récemment revisé le Règlement de la Cour de manière qu'il soit plus facile d'avoir recours à elle pour le règlement judiciaire des différends, notamment en simplifiant la procédure, en réduisant la probabilité de délais et de frais injustifiés et en prévoyant une plus grande influence des parties pour ce qui est de la composition des chambres *ad hoc,*

Rappelant le développement et la codification croissants du droit international dans des conventions ouvertes à une participation universelle et, partant, la nécessité d'une interprétation et d'une application uniformes de ces conventions,

Reconnaissant que le développement du droit international peut se refléter, entre autres, dans des déclarations et des résolutions de l'Assemblée générale, lesquelles peuvent, à ce titre, être prises en considération par la Cour internationale de Justice,

Rappelant en outre les possibilités qu'offre, en vertu du paragraphe 2 de l'article 38 du Statut de la Cour internationale de Justice, la faculté pour la Cour, si les parties sont d'accord, de statuer *ex aequo et bono,*

1. *Reconnaît* qu'il est souhaitable que les Etats étudient la possibilité d'accepter, avec aussi peu de réserves que possible, la juridiction obligatoire de la Cour, conformément à l'article 36 de son Statut;

2. *Appelle l'attention* des Etats sur l'avantage qu'il y a à insérer dans les traités, dans les cas où cela est jugé possible et approprié, des clauses prévoyant que les différends pouvant surgir de l'interprétation ou de l'application desdits traités seront soumis à la Cour internationale de Justice;

3. *Demande* aux Etats de garder à l'étude la possibilité d'identifier les affaires pour lesquelles il peut être fait usage de la Cour internationale de Justice;

4. *Appelle l'attention* des Etats sur la possibilité de faire usage des chambres, ainsi qu'il est prévu aux articles 26 et 29 du Statut de la Cour internationale de Justice et dans le Règlement de la Cour, y compris de celles qui connaîtraient de catégories déterminées d'affaires;

5. *Recommande* que les organes des Nations Unies et les institutions spécialisées examinent de temps à autre les questions juridiques relevant de la compétence de la Cour internationale de Justice qui se sont posées ou qui se poseront durant leurs activités et étudient l'opportunité de les soumettre à la Cour pour obtenir un avis consultatif, à condition d'être dûment autorisés à ce faire;

6. *Réaffirme* que le recours à un règlement judiciaire des différends juridiques, particulièrement le renvoi à la Cour internationale de Justice, ne devrait pas être considéré comme un acte d'inimitié entre Etats.

Résolution 44/23
de l'Assemblée générale des Nations Unies

17 novembre 1989

Décennie des Nations Unies pour le droit international

L'Assemblée générale,

Considérant qu'un des buts des Nations Unies est de maintenir la paix et la sécurité internationales et à cette fin de réaliser, par des moyens pacifiques, conformément aux principes de la justice et du droit international, l'ajustement ou règlement de différends ou de situations, de caractère international, susceptibles de mener à une rupture de la paix,

Rappelant la déclaration relative aux principes du droit international touchant les relations amicales et la coopération entre les Etats conformément à la Charte des Nations Unies et la déclaration de Manille sur le règlement pacifique des différends internationaux,

Considérant qu'il appartient à l'Organisation des Nations Unies de faire mieux accepter et respecter les principes du droit international et d'encourager le développement progressif du droit international et sa codification,

Convaincue qu'il faut renforcer la primauté du droit dans les relations internationales,

Soulignant qu'il faut encourager l'enseignement, l'étude, la diffusion et une compréhension plus large du droit international,

Notant que la dernière décennie du XXe siècle verra la célébration d'importants anniversaires liés à l'adoption d'instruments juridiques internationaux, tels le centenaire de la première conférence internationale de la paix, tenue à La Haye en 1899, qui a adopté la convention pour le règlement pacifique des conflits internationaux et créé la Cour permanente d'arbitrage, le cinquantième anniversaire de la signature de la Charte des Nations Unies et le vingt-cinquième de l'adoption de la déclaration relative aux principes du droit international touchant les relations amicales et la coopération entre les Etats conformément à la Charte des Nations Unies,

1. *Déclare* la période 1990-1999 Décennie des Nations Unies pour le droit international;

2. *Considère* que la décennie devrait avoir notamment pour objectifs principaux:

    a) de promouvoir l'acceptation et le respect des principes du droit international;

    b) de promouvoir les moyens pacifiques de règlement des différends entre Etats, y compris le recours à la Cour internationale de Justice et le plein respect de cette institution;

c) d'encourager le développement progressif du droit international et sa codification;

d) d'encourager l'enseignement, l'étude, la diffusion et une compréhension plus large du droit international;

3. *Prie* le Secrétaire général de demander aux Etats Membres, aux organismes internationaux compétents et aux organisations non gouvernementales actives dans ce domaine de lui communiquer leurs vues sur le programme de la décennie et les initiatives à prendre durant la décennie, notamment sur la possibilité de convoquer à la fin de la décennie une troisième conférence internationale de la paix ou autre conférence internationale appropriée, et de lui rendre compte à sa quarante-cinquième session;

4. *Décide* de confier l'examen de cette question, à sa quarante-cinquième session, à un groupe de travail de la Sixième Commission qui sera chargé de présenter, en vue de la décennie, des recommandations acceptables pour tous;

5. *Décide* également d'inscrire à l'ordre du jour provisoire de sa quarante-cinquième session la question intitulée «Décennie des Nations Unies pour le droit international».

Résolution A/RES/71/147
de l'Assemblée générale des Nations Unies

13 décembre 2016

Célébration du soixante-dixième anniversaire
de la Cour internationale de Justice

L'Assemblée générale,

Consciente que tous les Membres de l'Organisation doivent, aux termes du paragraphe 3 de l'article 2 de la Charte des Nations Unies, régler leurs différends internationaux par des moyens pacifiques de telle manière que la paix et la sécurité internationales, ainsi que la justice, ne soient pas compromises,

Ayant à l'esprit la Déclaration relative aux principes du droit international touchant les relations amicales et la coopération entre les Etats conformément à la Charte des Nations Unies [34] et la Déclaration de Manille sur le règlement pacifique des différends internationaux [35],

Considérant que l'état de droit doit être universellement instauré et respecté aux niveaux national et international,

Rappelant que la Cour internationale de Justice est l'organe judiciaire principal de l'Organisation des Nations Unies, et réaffirmant l'autorité et l'indépendance de cet organe,

Notant que 2016 est l'année du soixante-dixième anniversaire de la séance inaugurale de la Cour internationale de Justice,

Se félicitant de la cérémonie spéciale qui a eu lieu à La Haye en avril 2016 pour célébrer cet anniversaire,

1. *Adresse* ses félicitations solennelles à la Cour internationale de Justice pour l'important rôle qu'elle joue depuis soixante-dix ans, en tant que principal organe judiciaire de l'Organisation des Nations Unies, s'agissant de statuer sur les différends entre Etats, et reconnaît la valeur du travail qu'elle accomplit ;

2. *Sait gré* à la Cour des mesures qu'elle a prises pour gérer l'augmentation de son volume de travail avec le maximum d'efficacité ;

3. *Souligne* qu'il est souhaitable de trouver des moyens pratiques de renforcer la Cour, eu égard en particulier aux besoins qui découlent de l'alourdissement de sa charge de travail ;

4. *Encourage* les Etats à continuer d'envisager de faire appel à la Cour par les moyens prévus dans son Statut, et invite ceux qui ne l'ont pas encore fait à envisager de reconnaître la juridiction de la Cour conformément à son Statut ;

---

[34] Résolution 2625 (XXV), annexe.
[35] Résolution 37/10, annexe.

5. *Demande* aux Etats de réfléchir aux moyens de renforcer les activités de la Cour, notamment en apportant leur concours, à titre volontaire, au Fonds d'affectation spéciale destiné à aider les Etats à porter leurs différends devant la Cour internationale de Justice, afin que celui-ci puisse poursuivre son action et accroître son aide aux pays qui soumettent leurs différends à la Cour;

6. *Souligne* qu'il importe de promouvoir les travaux de la Cour internationale de Justice, et demande instamment que les efforts se poursuivent, par les moyens disponibles, pour encourager la sensibilisation du public grâce à l'enseignement, l'étude et une diffusion plus large des activités de la Cour en matière de règlement pacifique des différends, s'agissant tant de ses fonctions judiciaires que de ses fonctions consultatives.

———————

Membres et anciens membres de la CIJ

Les personnes suivantes ont exercé ou exercent encore les fonctions de membre de la Cour (le nom des membres actuels de la Cour est indiqué en gras ; le nom des personnes décédées est précédé d'un astérisque) :

Nom	Pays	Durée des fonctions
R. Abraham	France	2005-
* R. Ago	Italie	1979-1995
* A. Aguilar-Mawdsley	Venezuela	1991-1995
B. A. Ajibola	Nigéria	1991-1994
* R. J. Alfaro	Panama	1959-1964
A. S. Al-Khasawneh	Jordanie	2000-2011
* A. Alvarez	Chili	1946-1955
* F. Ammoun	Liban	1965-1976
* E. C. Armand-Ugon	Uruguay	1952-1961
* P. Azevedo	Brésil	1946-1951
* A. H. Badawi	Egypte	1946-1965
* J. Basdevant	France	1946-1964
* R. R. Baxter	Etats-Unis d'Amérique	1979-1980
M. Bedjaoui	Algérie	1982-2001
* C. Bengzon	Philippines	1967-1976
M. Bennouna	Maroc	2006-
D. Bhandari	Inde	2012-
T. Buergenthal	Etats-Unis d'Amérique	2000-2010
* J. L. Bustamante y Rivero	Pérou	1961-1970
A. A. Cançado Trindade	Brésil	2009-
* L. F. Carneiro	Brésil	1951-1955
* F. de Castro	Espagne	1970-1979
* R. Córdova	Mexique	1955-1964
J. R. Crawford	Australie	2015-
* C. De Visscher	Belgique	1946-1952
* H. C. Dillard	Etats-Unis d'Amérique	1970-1979
J. E. Donoghue	Etats-Unis d'Amérique	2010-
N. Elaraby	Egypte	2001-2006
* A. El-Erian	Egypte	1979-1981
* T. O. Elias	Nigéria	1976-1991
A. El-Khani	Syrie	1981-1985
* J. Evensen	Norvège	1985-1994
* I. Fabela	Mexique	1946-1952
L. Ferrari Bravo	Italie	1995-1997
* Sir Gerald Fitzmaurice	Royaume-Uni	1960-1973
* C.-A. Fleischhauer	Allemagne	1994-2003
* I. Forster	Sénégal	1964-1982
G. Gaja	Italie	2012-

Nom	Pays	Durée des fonctions
K. Gevorgian	Fédération de Russie	2015-
* S. A. Golunsky	URSS	1952-1953
Sir Christopher Greenwood	Royaume-Uni	2009-2018
* A. Gros	France	1964-1984
* J. G. Guerrero	El Salvador	1946-1958
G. Guillaume	France	1987-2005
* G. H. Hackworth	Etats-Unis d'Amérique	1946-1961
* G. Herczegh	Hongrie	1993-2003
Dame Rosalyn Higgins	Royaume-Uni	1995-2009
* Hsu Mo	Chine	1946-1956
* L. Ignacio-Pinto	Bénin	1970-1979
Y. Iwasawa	Japon	2018-
* Sir Robert Jennings	Royaume-Uni	1982-1995
* P. C. Jessup	Etats-Unis d'Amérique	1961-1970
* E. Jiménez de Aréchaga	Uruguay	1970-1979
K. Keith	Nouvelle-Zélande	2006-2015
* H. Klaestad	Norvège	1946-1961
* F. I. Kojevnikov	URSS	1953-1961
* P. H. Kooijmans	Pays-Bas	1997-2006
* V. M. Koretsky	URSS	1961-1970
A. G. Koroma	Sierra Leone	1994-2012
* S. B. Krylov	URSS	1946-1952
* M. Lachs	Pologne	1967-1993
* G. Ladreit de Lacharrière	France	1982-1987
* Sir Hersch Lauterpacht	Royaume-Uni	1955-1960
* Sir Arnold Duncan McNair	Royaume Uni	1946-1955
* K. Mbaye	Sénégal	1982-1991
* G. Morelli	Italie	1961-1970
* L. M. Moreno Quintana	Argentine	1955-1964
* P. D. Morozov	URSS	1970-1985
* H. Mosler	République fédérale d'Allemagne	1976-1985
* Nagendra Singh	Inde	1973-1988
* Ni Zhengyu	Chine	1985-1994
S. Oda	Japon	1976-2003
* C. D. Onyeama	Nigéria	1967-1976
H. Owada	Japon	2003-2018
* L. Padilla Nervo	Mexique	1964-1973
G. Parra-Aranguren	Venezuela	1996-2009
* R. S. Pathak	Inde	1989-1991
* S. Petrén	Suède	1967-1976
R. Ranjeva	Madagascar	1991-2009
* Sir Benegal Rau	Inde	1952-1953

Nom	Pays	Durée des fonctions
* J. E. Read	Canada	1946-1958
F. Rezek	Brésil	1997-2006
P. L. Robinson	Jamaïque	2015-
* J. M. Ruda	Argentine	1973-1991
N. Salam	Liban	2018-
S. M. Schwebel	Etats-Unis d'Amérique	1981-2000
J. Sebutinde	Ouganda	2012-
B. Sepúlveda-Amor	Mexique	2006-2015
* J. Sette-Camara	Brésil	1979-1988
* M. Shahabuddeen	Guyana	1988-1997
Shi Jiuyong	Chine	1994-2010
B. Simma	Allemagne	2003-2012
L. Skotnikov	Fédération de Russie	2006-2015
* Sir Percy Claude Spender	Australie	1958-1967
* J. Spiropoulos	Grèce	1958-1967
* K. Tanaka	Japon	1961-1970
* N. K. Tarassov	Fédération de Russie	1985-1995
* S. E. D. Tarazi	Syrie	1976-1980
P. Tomka	Slovaquie	2003-
V. S. Vereshchetin	Fédération de Russie	1995-2006
* Sir Humphrey Waldock	Royaume-Uni	1973-1981
C. G. Weeramantry	Sri Lanka	1991-2000
* V. K. Wellington Koo	Chine	1957-1967
* B. Winiarski	Pologne	1946-1967
Xue Hanqin	Chine	2010-
A. A. Yusuf	Somalie	2009-
* Sir Muhammad Zafrulla Khan	Pakistan	1954-1961 ; 1964-1973
* M. Zoričić	Yougoslavie	1946-1958

Juges *ad hoc* auprès de la CIJ

Depuis l'institution de la Cour, des juges *ad hoc* ont été désignés dans les affaires suivantes (leur nationalité est indiquée lorsqu'elle n'est pas celle du pays qui les a nommés):

Détroit de Corfou (Royaume-Uni c. Albanie). Désignés par l'Albanie: M. I. Daxner (Tchécoslovaquie), qui a siégé pour l'arrêt sur l'exception préliminaire, et M. B. Ečer (Tchécoslovaquie), qui a siégé pour les arrêts sur le fond et sur la fixation du montant des réparations.

Droit d'asile (Colombie/Pérou), Demande d'interprétation de l'arrêt du 20 novembre 1950 en l'affaire du droit d'asile (Colombie c. Pérou) et *Haya de la Torre (Colombie c. Pérou)*. Désigné par la Colombie: M. J. J. Caicedo Castilla. Désigné par le Pérou: M. L. Alayza y Paz Soldán.

Ambatielos (Grèce c. Royaume-Uni). Désigné par la Grèce: M. J. Spiropoulos.

Anglo-Iranian Oil Co. (Royaume-Uni c. Iran). Désigné par l'Iran: M. K. Sandjabi.

Nottebohm (Liechtenstein c. Guatemala). Désigné par le Liechtenstein: M. P. Guggenheim (Suisse). Désigné par le Guatemala: M. C. García Bauer[36].

Or monétaire pris à Rome en 1943 (Italie c. France, Royaume-Uni et Etats-Unis d'Amérique). Désigné par l'Italie: M. G. Morelli.

Droit de passage sur territoire indien (Portugal c. Inde). Désigné par le Portugal: M. M. Fernandes. Désigné par l'Inde: M. M. A. C. Chagla.

Application de la convention de 1902 pour régler la tutelle des mineurs (Pays-Bas c. Suède). Désigné par les Pays-Bas: M. J. Offerhaus. Désigné par la Suède: M. F. J. C. Sterzel.

Interhandel (Suisse c. Etats-Unis d'Amérique). Désigné par la Suisse: M. P. Carry.

Incident aérien du 27 juillet 1955 (Israël c. Bulgarie). Désigné par Israël: M. D. Goitein. Désigné par la Bulgarie: M. J. Zourek (Tchécoslovaquie).

Incident aérien du 27 juillet 1955 (Etats-Unis d'Amérique c. Bulgarie)[37]. Désigné par la Bulgarie: M. J. Zourek (Tchécoslovaquie).

Sentence arbitrale rendue par le roi d'Espagne le 23 décembre 1906 (Honduras c. Nicaragua). Désigné par le Honduras: M. R. Ago (Italie). Désigné par le Nicaragua: M. F. Urrutia Holguín (Colombie).

Barcelona Traction, Light and Power Company, Limited (Belgique c. Espagne)[38]. Désigné par la Belgique: M. W. J. Ganshof van der Meersch. Désigné par l'Espagne: M. F. de Castro.

---

[36] Le Gouvernement du Guatemala avait d'abord désigné comme juge *ad hoc* M. J. C. Herrera, puis M. J. Matos, avant de désigner M. García Bauer.

[37] L'affaire a été rayée du rôle avant que la Cour ait eu l'occasion de siéger.

[38] L'affaire a été rayée du rôle avant que la Cour ait eu l'occasion de siéger.

Sud-Ouest africain (Ethiopie c. Afrique du Sud; Libéria c. Afrique du Sud). Désigné par l'Ethiopie et le Libéria : sir Louis Mbanefo (Nigéria)[39]. Désigné par l'Afrique du Sud : M. J. T. van Wyk.

Cameroun septentrional (Cameroun c. Royaume-Uni). Désigné par le Cameroun : M. Ph. Beb a Don.

Barcelona Traction, Light and Power Company, Limited (nouvelle requête : 1962) (Belgique c. Espagne). Désignés par la Belgique : M. W. J. Ganshof van der Meersch, qui a siégé pour le premier arrêt sur les exceptions préliminaires, et M. W. Riphagen (Pays-Bas), qui a siégé pour le deuxième arrêt. Désigné par l'Espagne : M. E. C. Armand-Ugon (Uruguay).

Plateau continental de la mer du Nord (République fédérale d'Allemagne/Danemark; République fédérale d'Allemagne/Pays-Bas). Désigné par la République fédérale d'Allemagne : M. H. Mosler. Désigné par le Danemark et les Pays-Bas : M. M. Sørensen (Danemark).

Appel concernant la compétence du Conseil de l'OACI (Inde c. Pakistan). Désigné par l'Inde : M. N. Singh.

Essais nucléaires (Australie c. France). Désigné par l'Australie : sir G. Barwick.

Essais nucléaires (Nouvelle-Zélande c. France). Désigné par la Nouvelle-Zélande : sir G. Barwick (Australie).

Procès de prisonniers de guerre pakistanais (Pakistan c. Inde). Désignés par le Pakistan : sir M. Z. Khan, qui a siégé pour la demande en indication de mesures conservatoires jusqu'au 2 juillet 1973, et M. M. Yaqub Ali Khan[40].

Sahara occidental. Désigné par le Maroc : M. A. Boni (Côte d'Ivoire).

Plateau continental de la mer Egée (Grèce c. Turquie). Désigné par la Grèce : M. M. Stassinopoulos.

Plateau continental (Tunisie/Jamahiriya arabe libyenne). Désigné par la Tunisie : M. J. Evensen (Norvège). Désigné par la Jamahiriya arabe libyenne : M. E. Jiménez de Aréchaga (Uruguay).

Délimitation de la frontière maritime dans la région du golfe du Maine (Canada/Etats-Unis d'Amérique) (affaire portée devant une chambre). Désigné par le Canada : M. M. Cohen.

Plateau continental (Jamahiriya arabe libyenne/Malte). Désigné par la Jamahiriya arabe libyenne : M. E. Jiménez de Aréchaga (Uruguay). Désignés par Malte :

---

[39] Les Gouvernements de l'Ethiopie et du Libéria avaient désigné comme juge *ad hoc* M. J. Chesson, puis sir Muhammad Zafrulla Khan et sir Adetokunboh A. Ademola, avant de désigner sir Louis Mbanefo.

[40] L'affaire a été rayée du rôle avant que la Cour ait eu l'occasion de siéger pour examiner la question de sa compétence.

M. J. Castañeda (Mexique), qui a siégé pour l'arrêt sur la requête de l'Italie à fin d'intervention, et M. N. Valticos (Grèce), qui a siégé pour l'arrêt sur le fond.

Différend frontalier (Burkina Faso/République du Mali) (affaire portée devant une chambre). Désigné par le Burkina Faso : M. F. Luchaire (France). Désigné par la République du Mali : M. G. Abi-Saab (Egypte).

Activités militaires et paramilitaires au Nicaragua et contre celui-ci (Nicaragua c. Etats-Unis d'Amérique). Désigné par le Nicaragua : M. C.-A. Colliard (France).

Demande en revision et en interprétation de l'arrêt du 24 février 1982 en l'affaire du Plateau continental (Tunisie/Jamahiriya arabe libyenne) *(Tunisie c. Jamahiriya arabe libyenne)*. Désignée par la Tunisie : Mme S. Bastid (France). Désigné par la Jamahiriya arabe libyenne : M. E. Jiménez de Aréchaga (Uruguay).

Différend frontalier terrestre, insulaire et maritime (El Salvador/Honduras; Nicaragua (intervenant)) (affaire portée devant une chambre). Désigné par El Salvador : M. Valticos (Grèce). Désigné par le Honduras : M. Virally (France). A la suite du décès de M. Virally, M. S. Torres Bernárdez (Espagne) a été désigné par le Honduras.

Délimitation maritime dans la région située entre le Groenland et Jan Mayen (Danemark c. Norvège). Désigné par le Danemark : M. P. H. Fischer.

Incident aérien du 3 juillet 1988 (République islamique d'Iran c. Etats-Unis d'Amérique)[41]. Désigné par la République islamique d'Iran : M. M. Aghahosseini.

Sentence arbitrale du 31 juillet 1989 (Guinée-Bissau c. Sénégal). Désigné par la Guinée-Bissau : M. H. Thierry (France). Le mandat de M. Mbaye étant venu à expiration le 5 février 1991, le Sénégal ne comptait plus de juge de sa nationalité sur le siège. En conséquence, le Sénégal a désigné M. K. Mbaye pour siéger en qualité de juge *ad hoc*.

Différend territorial (Jamahiriya arabe libyenne/Tchad). Désigné par la Jamahiriya arabe libyenne : M. J. Sette-Camara (Brésil). Désigné par le Tchad : M. G. Abi-Saab (Egypte).

Timor oriental (Portugal c. Australie). Désigné par le Portugal : M. A. de Arruda Ferrer-Correia. A la suite de la démission de M. A. de Arruda Ferrer-Correia le 14 juillet 1994, M. K. J. Skubiszewski (Pologne) a été désigné par le Portugal. Désigné par l'Australie : sir N. Stephen.

Passage par le Grand-Belt (Finlande c. Danemark). Désigné par la Finlande : M. B. Broms. Désigné par le Danemark : M. P. H. Fischer.

Délimitation maritime et questions territoriales entre Qatar et Bahreïn (Qatar c. Bahreïn). Désigné par le Qatar : M. J. M. Ruda (Argentine). A la suite du décès

---

[41] L'affaire a été rayée du rôle avant que la Cour ait eu l'occasion de siéger.

de M. Ruda, M. Torres Bernárdez (Espagne) a été désigné par le Qatar. Désigné par Bahreïn : M. N. Valticos (Grèce). M. Valticos a démissionné pour raisons de santé à compter de la fin de la phase consacrée à la compétence de la Cour et à la recevabilité de la requête. En conséquence, Bahreïn a désigné M. M. Shahabuddeen (Guyana). A la suite de la démission de M. Shahabuddeen, Bahreïn a désigné M. Y. L. Fortier (Canada) pour siéger en qualité de juge *ad hoc*.

Questions d'interprétation et d'application de la convention de Montréal de 1971 résultant de l'incident aérien de Lockerbie (Jamahiriya arabe libyenne c. Royaume-Uni). Désigné par la Jamahiriya arabe libyenne : M. A. S. El-Kosheri (Egypte). Dame R. Higgins s'étant récusée, le Royaume-Uni a désigné sir Robert Jennings pour siéger en qualité de juge *ad hoc*. Ce dernier a siégé en cette qualité pour la phase consacrée à la compétence de la Cour et à la recevabilité de la requête.

Questions d'interprétation et d'application de la convention de Montréal de 1971 résultant de l'incident aérien de Lockerbie (Jamahiriya arabe libyenne c. Etats-Unis d'Amérique). Désigné par la Jamahiriya arabe libyenne : M. A. S. El-Kosheri (Egypte).

Plates-formes pétrolières (République islamique d'Iran c. Etats-Unis d'Amérique). Désigné par la République islamique d'Iran : M. F. Rigaux (Belgique).

Application de la convention pour la prévention et la répression du crime de génocide (Bosnie-Herzégovine c. Serbie-et-Monténégro). Désigné par la Bosnie-Herzégovine : sir E. Lauterpacht (Royaume-Uni). A la suite de la démission de sir E. Lauterpacht, la Bosnie-Herzégovine a désigné M. A. Mahiou (Algérie). Désigné par la Serbie-et-Monténégro : M. M. Kreća.

Projet Gabčíkovo-Nagymaros (Hongrie/Slovaquie). Désigné par la Slovaquie : M. K. J. Skubiszewski (Pologne). S. Exc. le professeur Skubiszewski, président du Tribunal des réclamations Etats-Unis/Iran, et juge *ad hoc* à la Cour, est décédé le 8 février 2010, alors que l'affaire était encore pendante.

Frontière terrestre et maritime entre le Cameroun et le Nigéria (Cameroun c. Nigéria ; Guinée équatoriale (intervenant)). Désigné par le Cameroun : M. K. Mbaye (Sénégal). Désigné par le Nigéria : prince B. A. Ajibola.

Compétence en matière de pêcheries (Espagne c. Canada). Désigné par l'Espagne : M. S. Torres Bernárdez. Désigné par le Canada : M. M. Lalonde.

Demande d'examen de la situation au titre du paragraphe 63 de l'arrêt rendu par la Cour le 20 décembre 1974 dans l'affaire des Essais nucléaires (Nouvelle-Zélande c. France). Désigné par la Nouvelle-Zélande : sir G. Palmer.

Demande en interprétation de l'arrêt du 11 juin 1998 en l'affaire de la Frontière terrestre et maritime entre le Cameroun et le Nigéria (Cameroun c. Nigéria), exceptions préliminaires *(Nigéria c. Cameroun).* Désigné par le Nigéria : prince B. A. Ajibola. Désigné par le Cameroun: M. K. Mbaye (Sénégal).

Souveraineté sur Pulau Ligitan et Pulau Sipadan (Indonésie/Malaisie). Désigné par l'Indonésie : M. M. Shahabuddeen (Guyana). A la suite de la démission de M. M. Shahabuddeen, M. T. Franck (Etats-Unis d'Amérique) a été désigné par l'Indonésie. Désigné par la Malaisie : M. C. G. Weeramantry (Sri Lanka).

Ahmadou Sadio Diallo (République de Guinée c. République démocratique du Congo). Désigné par la République de Guinée : M. M. Bedjaoui (Algérie). A la suite de la démission de M. Bedjaoui le 10 septembre 2002, la République de Guinée a désigné M. A. Mahiou (Algérie). Désigné par la République démocratique du Congo : M. A. M. Kanunk'a Tshiabo.

Licéité de l'emploi de la force (Serbie-et-Monténégro c. Belgique) (Serbie-et-Monténégro c. Canada) (Serbie-et-Monténégro c. France) (Serbie-et-Monténégro c. Allemagne) (Serbie-et-Monténégro c. Italie) (Serbie-et-Monténégro c. Pays-Bas) (Serbie-et-Monténégro c. Portugal) (Yougoslavie c. Espagne) (Serbie-et-Monténégro c. Royaume-Uni) (Yougoslavie c. Etats-Unis d'Amérique). Désigné par la Serbie-et-Monténégro [Yougoslavie] dans les dix affaires : M. M. Kreća. Désigné par la Belgique dans l'affaire *Serbie-et-Monténégro c. Belgique* : M. P. Duinslaeger. Désigné par le Canada dans l'affaire *Serbie-et-Monténégro c. Canada* : M. M. Lalonde. Désigné par l'Italie dans l'affaire *Serbie-et-Monténégro c. Italie* : M. G. Gaja. Désigné par l'Espagne dans l'affaire *Yougoslavie c. Espagne* : M. S. Torres Bernárdez. Ceux-ci ont siégé en qualité de juges *ad hoc* lors de l'examen des demandes en indication de mesures conservatoires présentées par la Serbie-et-Monténégro. En mars 2000, le Portugal a annoncé son intention de désigner un juge *ad hoc.* La Cour a toutefois décidé que, compte tenu de la présence sur le siège de juges de nationalités britannique, française et néerlandaise, les juges *ad hoc* désignés par les Etats défendeurs ne devaient pas siéger lors de la phase des exceptions préliminaires. Elle a fait observer que cette décision était sans préjudice de la question de savoir si, dans le cas où elle rejetterait les exceptions des défendeurs, des juges *ad hoc* pourraient siéger lors de phases ultérieures des affaires.

Activités armées sur le territoire du Congo (République démocratique du Congo c. Burundi) (République démocratique du Congo c. Ouganda) (République démocratique du Congo c. Rwanda). Désigné par la République démocratique du Congo dans les trois affaires : M. J. Verhoeven (Belgique). Désigné par le Burundi dans l'affaire *République démocratique du Congo c. Burundi* : M. J. J. A. Salmon (Belgique). Désigné par l'Ouganda dans l'affaire *République démocratique du Congo c. Ouganda* : M. J. L. Kateka (Tanzanie). Suite à l'élection de Mme J. Sebutinde, de nationalité ougandaise, en tant que membre de la Cour à compter du 6 février 2012, le mandat de M. Kateka a pris fin. Désigné par le Rwanda dans l'affaire *République démocratique du Congo c. Rwanda* : M. C. J. R. Dugard (Afrique du Sud).

Application de la convention pour la prévention et la répression du crime de génocide (Croatie c. Serbie). Désigné par la Croatie : M. B. Vukas. Désigné par la Serbie : M. M. Kreća.

Incident aérien du 10 août 1999 (Pakistan c. Inde). Désigné par le Pakistan : M. S. S. U. Pirzada. Désigné par l'Inde : M. B. P. J. Reddy.

Délimitation maritime entre le Nicaragua et le Honduras dans la mer des Caraïbes (Nicaragua c. Honduras). Désigné par le Nicaragua : M. G. Gaja (Italie). Désigné par le Honduras : M. Julio González Campos (Espagne). A la suite de la démission de M. J. G. Campos, le Honduras a désigné M. S. Torres Bernárdez.

Mandat d'arrêt du 11 avril 2000 (République démocratique du Congo c. Belgique). Désigné par la République démocratique du Congo : M. S. Bula-Bula. Désignée par la Belgique : Mme C. Van den Wyngaert.

*Demande en revision de l'arrêt du 11 juillet 1996 en l'affaire relative à l'*Application de la convention pour la prévention et la répression du crime de génocide (Bosnie-Herzégovine c. Yougoslavie), exceptions préliminaires *(Yougoslavie c. Bosnie-Herzégovine).* Désigné par la Yougoslavie : M. V. Dimitrijević. Désigné par la Bosnie-Herzégovine : M. S. Hodžić. A la suite de la démission de M. Hodžić le 9 avril 2002, la Bosnie-Herzégovine a désigné M. A. Mahiou (Algérie).

Certains biens (Liechtenstein c. Allemagne). Désigné par le Liechtenstein : M. I. Brownlie (Royaume-Uni). A la suite de la démission de M. Brownlie, le Liechtenstein a désigné sir F. Berman (Royaume-Uni). Désigné par l'Allemagne : M. C.-A. Fleischhauer, M. Simma s'étant récusé.

Différend territorial et maritime (Nicaragua c. Colombie). Désigné par le Nicaragua : M. M. Bedjaoui (Algérie). Désigné par la Colombie : M. Y. L. Fortier (Canada). A la suite de la démission de M. Fortier, le 7 septembre 2010, la Colombie a désigné M. J.-P. Cot (France). A la suite de la démission de M. Bedjaoui le 2 mai 2006, le Nicaragua a désigné M. G. Gaja (Italie). A la suite de l'élection de ce dernier comme membre de la Cour, le Nicaragua a désigné M. T. A. Mensah (Ghana)[42].

Différend frontalier (Bénin/Niger). Désigné par le Bénin : M. M. Bennouna (Maroc). Désigné par le Niger : M. M. Bedjaoui (Algérie).

Activités armées sur le territoire du Congo (nouvelle requête : 2002) (République démocratique du Congo c. Rwanda). Désigné par la République démocratique du Congo : M. J.-P. Mavungu Mvumbi-di-Ngoma. Désigné par le Rwanda : M. C. J. R. Dugard (Afrique du Sud).

Demande en revision de l'arrêt du 11 septembre 1992 en l'affaire du Différend frontalier terrestre, insulaire et maritime (El Salvador/Honduras ; Nicaragua (in-

---

[42] Compte tenu de cette décision, le juge Gaja a estimé qu'il convenait pour lui de ne pas prendre part à la suite de la procédure en l'affaire.

tervenant)) *(El Salvador c. Honduras)*. Désigné par El Salvador: M. F. H. Paolillo (Uruguay). Désigné par le Honduras: M. S. Torres Bernárdez (Espagne).

Avena et autres ressortissants mexicains (Mexique c. Etats-Unis d'Amérique). Désigné par le Mexique: M. B. Sepúlveda-Amor.

Certaines procédures pénales engagées en France (République du Congo c. France). Désigné par la République du Congo: M. J.-Y. De Cara (France). Le juge Abraham s'étant déporté, la France a désigné M. G. Guillaume.

Souveraineté sur Pedra Branca/Pulau Batu Puteh, Middle Rocks et South Ledge (Malaisie/Singapour). Désigné par la Malaisie: M. C. J. R. Dugard (Afrique du Sud). Désigné par Singapour: M. P. Sreenivasa Rao (Inde).

Délimitation maritime en mer Noire (Roumanie c. Ukraine). Désigné par la Roumanie: M. J.-P. Cot (France). Désigné par l'Ukraine: M. B. H. Oxman (Etats-Unis d'Amérique).

Différend relatif à des droits de navigation et des droits connexes (Costa Rica c. Nicaragua). Le Gouvernement du Costa Rica avait désigné comme juge *ad hoc* M. A. A. Cançado Trindade (Brésil). M. Cançado Trindade ayant par la suite été élu membre de la Cour, à compter du 6 février 2009, il a continué à siéger en l'affaire jusqu'au terme de celle-ci, le 13 juillet 2009. Désigné par le Nicaragua: M. G. Guillaume (France).

Usines de pâte à papier sur le fleuve Uruguay (Argentine c. Uruguay). Désigné par l'Argentine: M. R. E. Vinuesa. Désigné par l'Uruguay: M. S. Torres Bernárdez (Espagne).

Certaines questions concernant l'entraide judiciaire en matière pénale (Djibouti c. France). Désigné par Djibouti: M. A. A. Yusuf (Somalie). M. Abraham s'étant récusé en vertu de l'article 24 du Statut de la Cour, la France a désigné M. G. Guillaume.

Différend maritime (Pérou c. Chili). Désigné par le Pérou: M. G. Guillaume (France). Désigné par le Chili: M. F. Orrego Vicuña.

Epandages aériens d'herbicides (Equateur c. Colombie). Désigné par l'Equateur: M. R. E. Vinuesa (Argentine). Désigné par la Colombie: M. J.-P. Cot[43].

Application de la convention internationale sur l'élimination de toutes les formes de discrimination raciale (Géorgie c. Fédération de Russie). Désigné par la Géorgie: M. G. Gaja (Italie).

Application de l'accord intérimaire du 13 septembre 1995 (ex-République yougoslave de Macédoine c. Grèce). Désigné par l'ex-République yougoslave de Macédoine: M. B. Vukas (Croatie). Désigné par la Grèce: M. E. Roucounas.

---

[43] L'affaire a été rayée du rôle avant que la Cour ait eu l'occasion de siéger.

Immunités juridictionnelles de l'Etat (Allemagne c. Italie). Désigné par l'Italie : M. G. Gaja.

Questions concernant l'obligation de poursuivre ou d'extrader (Belgique c. Sénégal). Désigné par la Belgique : M. Ph. Kirsch (Belgique/Canada). Désigné par le Sénégal : M. S. Sur (France).

Chasse à la baleine dans l'Antarctique (Australie c. Japon). Désignée par l'Australie : Mme H. Charlesworth.

Différend frontalier (Burkina Faso/Niger). Désigné par le Burkina Faso : M. J.-P. Cot (France). Celui-ci ayant démissionné, le Burkina Faso a désigné M. Y. Daudet (France). Désigné par le Niger : M. A. Mahiou (Algérie).

Certaines activités menées par le Nicaragua dans la région frontalière (Costa Rica c. Nicaragua). Désigné par le Costa Rica : M. C. J. R. Dugard (Afrique du Sud). Désigné par le Nicaragua : M. G. Guillaume (France).

Demande en interprétation de l'arrêt du 15 juin 1962 en l'affaire du Temple de Préah Vihéar (Cambodge c. Thaïlande) *(Cambodge c. Thaïlande).* Désigné par le Cambodge : M. G. Guillaume (France). Désigné par la Thaïlande : M. J.-P. Cot (France).

Construction d'une route au Costa Rica le long du fleuve San Juan (Nicaragua c. Costa Rica). Désigné par le Nicaragua : M. G. Guillaume (France). Désigné par le Costa Rica : M. B. Simma (Allemagne). Suite à la décision de la Cour de joindre les instances dans cette affaire et dans celle relative à *Certaines activités menées par le Nicaragua dans la région frontalière (Costa Rica c. Nicaragua)*, M. Simma a démissionné.

Obligation de négocier un accès à l'océan Pacifique (Bolivie c. Chili). Désigné par la Bolivie : M. Y. Daudet (France). Désignée par le Chili : Mme L. Arbour (Canada). Celle-ci ayant démissionné de ses fonctions le 26 mai 2017, le Chili a ensuite désigné M. D. M. McRae (Canada) pour la remplacer.

Question de la délimitation du plateau continental entre le Nicaragua et la Colombie au-delà de 200 milles marins de la côte nicaraguayenne (Nicaragua c. Colombie). Désigné par le Nicaragua : M. L. Skotnikov (Fédération de Russie). Désigné par la Colombie : M. C. Brower (Etats-Unis d'Amérique).

Violations alléguées de droits souverains et d'espaces maritimes dans la mer des Caraïbes (Nicaragua c. Colombie). Le Nicaragua avait d'abord désigné M. G. Guillaume (France) ; celui-ci ayant démissionné de ses fonctions le 8 septembre 2015, le Nicaragua a ensuite désigné M. Y. Daudet (France). La Colombie a désigné M. D. Caron (Etats-Unis d'Amérique) (décédé le 20 février 2018).

Questions concernant la saisie et la détention de certains documents et données (Timor-Leste c. Australie), Désigné par le Timor-Leste : M. J.-P. Cot (France). Désigné par l'Australie : M. I. Callinan.

Délimitation maritime dans la mer des Caraïbes et l'océan Pacifique (Costa Rica c. Nicaragua). Désigné par le Costa Rica : M. B. Simma (Allemagne). Désigné par le Nicaragua : M. A. S. Al-Khasawneh (Jordanie) (instance jointe à *Frontière terrestre dans la partie septentrionale d'Isla Portillos (Costa Rica c. Nicaragua)* le 2 février 2017).

Obligations relatives à des négociations concernant la cessation de la course aux armes nucléaires et le désarmement nucléaire (Iles Marshall c. Inde) (Iles Marshall c. Pakistan) (Iles Marshall c. Royaume-Uni). Désigné par les Iles Marshall dans les trois affaires : M. M. Bedjaoui (Algérie).

Délimitation maritime dans l'océan Indien (Somalie c. Kenya). Désigné par le Kenya : M. G. Guillaume (France).

Différend concernant le statut et l'utilisation des eaux du Silala (Chili c. Bolivie). Désigné par le Chili : M. B. Simma (Allemagne). Désigné par la Bolivie : M. Y. Daudet (France).

Immunités et procédures pénales (Guinée équatoriale c. France) Désigné par la Guinée équatoriale : M. J. Kateka (République-Unie de Tanzanie).

Certains actifs iraniens (République islamique d'Iran c. Etats-Unis d'Amérique). Désigné par la République islamique d'Iran : M. D. Momtaz. Désigné par les Etats-Unis : M. D. Caron (décédé le 20 février 2018), suivi par M. C. Brower (Etats-Unis d'Amérique).

Frontière terrestre dans la partie septentrionale d'Isla Portillos (Costa Rica c. Nicaragua). Désigné par le Costa Rica : M. B. Simma (Allemagne). Désigné par le Nicaragua : M. A. S. Al-Khasawneh (Jordanie). (Instance jointe à *Délimitation maritime dans la mer des Caraïbes et l'océan Pacifique (Costa Rica c. Nicaragua)* le 2 février 2017).

Application de la convention internationale pour la répression du financement du terrorisme et de la convention internationale sur l'élimination de toutes les formes de discrimination raciale (Ukraine c. Fédération de Russie). Désigné par l'Ukraine : M. F. Pocar (Italie). Désigné par la Fédération de Russie : M. L. Skotnikov.

Demande en revision de l'arrêt du 23 mai 2008 en l'affaire relative à la Souveraineté sur Pedra Branca/Pulau Batu Puteh, Middle Rocks et South Ledge (Malaisie/Singapour) *(Malaisie c. Singapour)*. Désigné par la Malaisie : M. C. J. R. Dugard (Afrique du Sud). Désigné par Singapour : M. G. Guillaume (France)[44].

Jadhav (Inde c. Pakistan). Désigné par le Pakistan : M. T. H. Jillani.

Demande en interprétation de l'arrêt du 23 mai 2008 en l'affaire relative à la Souveraineté sur Pedra Branca/Pulau Batu Puteh, Middle Rocks et South

---

[44] L'affaire a été rayée du rôle avant que la Cour ait eu l'occasion de siéger.

Ledge (Malaisie/Singapour) *(Malaisie c. Singapour)*. Désigné par la Malaisie : M. C. J. R. Dugard (Afrique du Sud). Désigné par Singapour : M. G. Guillaume (France)[45].

Application de la convention internationale sur l'élimination de toutes les formes de discrimination raciale (Qatar c. Emirats arabes unis). Désigné par le Qatar : M. Y. Daudet (France). Désigné par les Emirats arabes unis : M. J.-P. Cot (France).

Violations alléguées du traité d'amitié, de commerce et de droits consulaires de 1955 (République islamique d'Iran c. Etats-Unis d'Amérique). Désigné par la République islamique d'Iran : M. D. Momtaz. Désigné par les Etats-Unis : M. C. Brower.

---

[45] L'affaire a été rayée du rôle avant que la Cour ait eu l'occasion de siéger.

Affaires contentieuses
et procédures consultatives devant la CIJ

Titre	Dates
[1] *Détroit de Corfou (Royaume-Uni c. Albanie)*	1947-1949
[1] *Pêcheries (Royaume-Uni c. Norvège)*	1949-1951
[4] *Protection de ressortissants et protégés français en Egypte (France c. Egypte)*	1949-1950
[1] *Droit d'asile (Colombie/Pérou)*	1949-1950
[1] *Droit des ressortissants des Etats-Unis d'Amérique au Maroc (France c. Etats-Unis d'Amérique)*	1950-1952
[1] *Demande d'interprétation de l'arrêt du 20 novembre 1950 en l'affaire du droit d'asile (Colombie c. Pérou)*	1950
[1] *Haya de la Torre (Colombie c. Pérou)*	1950-1951
[1] *Ambatielos (Grèce c. Royaume-Uni)*	1951-1953
[2] *Anglo-Iranian Oil Co. (Royaume-Uni c. Iran)*	1951-1952
[1] *Minquiers et Ecréhous (France/Royaume-Uni)*	1951-1953
[2] *Nottebohm (Liechtenstein c. Guatemala)*	1951-1955
[2] *Or monétaire pris à Rome en 1943 (Italie c. France, Royaume-Uni et Etats-Unis d'Amérique)*	1953-1954
[4] *Société Electricité de Beyrouth (France c. Liban)*	1953-1954
[3] *Traitement en Hongrie d'un avion des Etats-Unis d'Amérique et de son équipage (Etats-Unis d'Amérique c. République populaire de Hongrie)*	1954
[3] *Traitement en Hongrie d'un avion des Etats-Unis d'Amérique et de son équipage (Etats-Unis d'Amérique c. Union des Républiques socialistes soviétiques)*	1954
[3] *Incident aérien du 10 mars 1953 (Etats-Unis d'Amérique c. Tchécoslovaquie)*	1955-1956
[3] *Antarctique (Royaume-Uni c. Argentine)*	1955-1956
[3] *Antarctique (Royaume-Uni c. Chili)*	1955-1956
[3] *Incident aérien du 7 octobre 1952 (Etats-Unis d'Amérique c. Union des Républiques socialistes soviétiques)*	1955-1956
[2] *Certains emprunts norvégiens (France c. Norvège)*	1955-1957

Titre	Dates
[1] *Droit de passage sur territoire indien (Portugal c. Inde)*	1955-1960
[1] *Application de la convention de 1902 pour régler la tutelle des mineurs (Pays-Bas c. Suède)*	1957-1958
[2] *Interhandel (Suisse c. Etats-Unis d'Amérique)*	1957-1959
[2] *Incident aérien du 27 juillet 1955 (Israël c. Bulgarie)*	1957-1959
[4] *Incident aérien du 27 juillet 1955 (Etats-Unis d'Amérique c. Bulgarie)*	1957-1960
[4] *Incident aérien du 27 juillet 1955 (Royaume-Uni c. Bulgarie)*	1957-1959
[1] *Souveraineté sur certaines parcelles frontalières (Belgique/Pays-Bas)*	1957-1959
[1] *Sentence arbitrale rendue par le roi d'Espagne le 23 décembre 1906 (Honduras c. Nicaragua)*	1958-1960
[3] *Incident aérien du 4 septembre 1954 (Etats-Unis d'Amérique c. Union des Républiques socialistes soviétiques)*	1958
[4] *Barcelona Traction, Light and Power Company, Limited (Belgique c. Espagne)*	1958-1961
[4] *Compagnie du port, des quais et des entrepôts de Beyrouth et Société Radio-Orient (France c. Liban)*	1959-1960
[3] *Incident aérien du 7 novembre 1954 (Etats-Unis d'Amérique c. Union des Républiques socialistes soviétiques)*	1959
[1] *Temple de Préah Vihéar (Cambodge c. Thaïlande)*	1959-1962
[2] *Sud-Ouest Africain (Ethiopie c. Afrique du Sud)*	1960-1966
[2] *Sud-Ouest Africain (Libéria c. Afrique du Sud)*	1960-1966
[2] *Cameroun septentrional (Cameroun c. Royaume-Uni)*	1961-1963
[2] *Barcelona Traction, Light and Power Company, Limited (nouvelle requête : 1962) (Belgique c. Espagne)*	1962-1970
[1] *Plateau continental de la mer du Nord (République fédérale d'Allemagne/Danemark)*	1967-1969
[1] *Plateau continental de la mer du Nord (République fédérale d'Allemagne/Pays-Bas)*	1967-1969
[1] *Appel concernant la compétence du Conseil de l'OACI (Inde c. Pakistan)*	1971-1972
[1] *Compétence en matière de pêcheries (Royaume-Uni c. Islande)*	1972-1974
[1] *Compétence en matière de pêcheries (République fédérale d'Allemagne c. Islande)*	1972-1974
[2] *Essais nucléaires (Australie c. France)*	1973-1974
[2] *Essais nucléaires (Nouvelle-Zélande c. France)*	1973-1974
[4] *Procès de prisonniers de guerre pakistanais (Pakistan c. Inde)*	1973
[2] *Plateau continental de la mer Egée (Grèce c. Turquie)*	1976-1978
[1] *Plateau continental (Tunisie/Jamahiriya arabe libyenne)*	1978-1982
[1] *Personnel diplomatique et consulaire des Etats-Unis à Téhéran (Etats-Unis d'Amérique c. Iran)*	1979-1981

Titre	Dates
[1] *Délimitation de la frontière maritime dans la région du golfe du Maine (Canada/Etats-Unis d'Amérique)* [affaire portée devant une chambre]	1981-1984
[1] *Plateau continental (Jamahiriya arabe libyenne/Malte)*	1982-1985
[1] *Différend frontalier (Burkina Faso/République du Mali)* [affaire portée devant une chambre]	1983-1986
[1] *Activités militaires et paramilitaires au Nicaragua et contre celui-ci (Nicaragua c. Etats-Unis d'Amérique)*	1984-1991
[1] *Demande en revision et en interprétation de l'arrêt du 24 février 1982 en l'affaire du* Plateau continental (Tunisie/Jamahiriya arabe libyenne) *(Tunisie c. Jamahiriya arabe libyenne)*	1984-1985
[4] *Actions armées frontalières et transfrontalières (Nicaragua c. Costa Rica)*	1986-1987
[4] *Actions armées frontalières et transfrontalières (Nicaragua c. Honduras)*	1986-1992
[1] *Différend frontalier terrestre, insulaire et maritime (El Salvador/Honduras; Nicaragua (intervenant))* [affaire portée devant une chambre][46]	1986-1992
[1] *Elettronica Sicula S.p.A. (ELSI) (Etats-Unis d'Amérique c. Italie)* [affaire portée devant une chambre]	1987-1989
[1] *Délimitation maritime dans la région située entre le Groenland et Jan Mayen (Danemark c. Norvège)*	1988-1993
[4] *Incident aérien du 3 juillet 1988 (République islamique d'Iran c. Etats-Unis d'Amérique)*	1989-1996
[4] *Certaines terres à phosphates à Nauru (Nauru c. Australie)*	1989-1993
[1] *Sentence arbitrale du 31 juillet 1989 (Guinée-Bissau c. Sénégal)*	1989-1991
[1] *Différend territorial (Jamahiriya arabe libyenne/Tchad)*	1990-1994
[2] *Timor oriental (Portugal c. Australie)*	1991-1995
[4] *Délimitation maritime entre la Guinée-Bissau et le Sénégal (Guinée-Bissau c. Sénégal)*	1991-1995
[4] *Passage par le Grand-Belt (Finlande c. Danemark)*	1991-1992
[1] *Délimitation maritime et questions territoriales entre Qatar et Bahreïn (Qatar c. Bahreïn)*	1991-2001
[4] *Questions d'interprétation et d'application de la convention de Montréal de 1971 résultant de l'incident aérien de Lockerbie (Jamahiriya arabe libyenne c. Royaume-Uni)*	1992-2003
[4] *Questions d'interprétation et d'application de la convention de Montréal de 1971 résultant de l'incident aérien de Lockerbie (Jamahiriya arabe libyenne c. Etats-Unis d'Amérique)*	1992-2003

---

[46] Le Nicaragua a été autorisé à intervenir le 13 septembre 1990.

Titre	Dates
[1] *Plates-formes pétrolières (République islamique d'Iran c. Etats-Unis d'Amérique)*	1992-2003
[1] *Application de la convention pour la prévention et la répression du crime de génocide (Bosnie-Herzégovine c. Yougoslavie)*	1993-2007
[5] *Projet Gabčíkovo-Nagymaros (Hongrie/Slovaquie)*	1993-
[1] *Frontière terrestre et maritime entre le Cameroun et le Nigéria (Cameroun c. Nigéria ; Guinée équatoriale (intervenant))*[47]	1994-2002
[2] *Compétence en matière de pêcheries (Espagne c. Canada)*	1995-1998
[2] *Demande d'examen de la situation au titre du paragraphe 63 de l'arrêt rendu par le Cour le 20 décembre 1974 dans l'affaire des* Essais nucléaires (Nouvelle-Zélande c. France)	1995
[1] *Ile de Kasikili/Sedudu (Botswana/Namibie)*	1996-1999
[4] *Convention de Vienne sur les relations consulaires (Paraguay c. Etats-Unis d'Amérique)*	1998
[2] *Demande en interprétation de l'arrêt du 11 juin 1998 en l'affaire de la* Frontière terrestre et maritime entre le Cameroun et le Nigéria (Cameroun c. Nigéria), exceptions préliminaires (Nigéria c. Cameroun)	1998-1999
[1] *Souveraineté sur Pulau Ligitan et Pulau Sipadan (Indonésie/ Malaisie)*	1998-2002
[1] *Ahmadou Sadio Diallo (République de Guinée c. République démocratique du Congo)*	1998-2012
[1] *LaGrand (Allemagne c. Etats-Unis d'Amérique)*	1999-2001
[2] *Licéité de l'emploi de la force (Serbie-et-Monténégro c. Belgique)*	1999-2004
[2] *Licéité de l'emploi de la force (Serbie-et-Monténégro c. Canada)*	1999-2004
[2] *Licéité de l'emploi de la force (Serbie-et-Monténégro c. France)*	1999-2004
[2] *Licéité de l'emploi de la force (Serbie-et-Monténégro c. Allemagne)*	1999-2004
[2] *Licéité de l'emploi de la force (Serbie-et-Monténégro c. Italie)*	1999-2004
[2] *Licéité de l'emploi de la force (Serbie-et-Monténégro c. Pays-Bas)*	1999-2004
[2] *Licéité de l'emploi de la force (Serbie-et-Monténégro c. Portugal)*	1999-2004
[3] *Licéité de l'emploi de la force (Yougoslavie c. Espagne)*	1999
[2] *Licéité de l'emploi de la force (Serbie-et-Monténégro c. Royaume-Uni)*	1999-2004
[3] *Licéité de l'emploi de la force (Yougoslavie c. Etats-Unis d'Amérique)*	1999
[4] *Activités armées sur le territoire du Congo (République démocratique du Congo c. Burundi)*	1999-2001
[5] *Activités armées sur le territoire du Congo (République démocratique du Congo c. Ouganda)*	1999-

---

[47] La Guinée équatoriale a été autorisée à intervenir le 21 octobre 1999.

Titre	Dates
[4] *Activités armées sur le territoire du Congo (République démocratique du Congo c. Rwanda)*	1999-2001
[1] *Application de la convention pour la prévention et la répression du crime de génocide (Croatie c. Serbie)*	1999-2015
[2] *Incident aérien du 10 août 1999 (Pakistan c. Inde)*	1999-2000
[1] *Différend territorial et maritime entre le Nicaragua et le Honduras dans la mer des Caraïbes (Nicaragua c. Honduras)*	1999-2007
[1] *Mandat d'arrêt du 11 avril 2000 (République démocratique du Congo c. Belgique)*	2000-2002
[1] *Demande en revision de l'arrêt du 11 juillet 1996 en l'affaire relative à l'Application de la convention pour la prévention et la répression du crime de génocide (Bosnie-Herzégovine c. Yougoslavie), exceptions préliminaires (Yougoslavie c. Bosnie-Herzégovine)*	2001-2003
[2] *Certains biens (Liechtenstein c. Allemagne)*	2001-2005
[1] *Différend territorial et maritime (Nicaragua c. Colombie)*	2001-2012
[1] *Différend frontalier (Bénin/Niger)* [affaire portée devant une chambre]	2002-2005
[2] *Activités armées sur le territoire du Congo (nouvelle requête: 2002) (République démocratique du Congo c. Rwanda)*	2002-2006
[2] *Demande en revision de l'arrêt du 11 septembre 1992 en l'affaire du Différend frontalier terrestre, insulaire et maritime (El Salvador/Honduras; Nicaragua (intervenant)) (El Salvador c. Honduras)* [affaire portée devant une chambre]	2002-2003
[1] *Avena et autres ressortissants mexicains (Mexique c. Etats-Unis d'Amérique)*	2003-2004
[4] *Certaines procédures pénales engagées en France (République du Congo c. France)*	2003-2010
[1] *Souveraineté sur Pedra Branca/Pulau Batu Puteh, Middle Rocks et South Ledge (Malaisie/Singapour)*	2003-2008
[1] *Délimitation maritime en mer Noire (Roumanie c. Ukraine)*	2004-2009
[1] *Différend relatif à des droits de navigation et des droits connexes (Costa Rica c. Nicaragua)*	2005-2009
[4] *Statut vis-à-vis de l'Etat hôte d'un envoyé diplomatique auprès de l'Organisation des Nations Unies (Commonwealth de Dominique c. Suisse)*	2006
[1] *Usines de pâte à papier sur le fleuve Uruguay (Argentine c. Uruguay)*	2006-2010
[1] *Certaines questions concernant l'entraide judiciaire en matière pénale (Djibouti c. France)*	2006-2008
[1] *Différend maritime (Pérou c. Chili)*	2008-2014
[4] *Epandages aériens d'herbicides (Equateur c. Colombie)*	2008-2013

Titre	Dates
[1] *Demande en interprétation de l'arrêt du 31 mars 2004 en l'affaire* Avena *et autres ressortissants mexicains (Mexique c. Etats-Unis d'Amérique) (Mexique c. Etats-Unis d'Amérique)*	2008-2009
[2] *Application de la convention internationale sur l'élimination de toutes les formes de discrimination raciale (Géorgie c. Fédération de Russie)*	2008-2011
[1] *Application de l'Accord intérimaire du 13 septembre 1995 (ex-épublique yougoslave de Macédoine c. Grèce)*	2008-2011
[1] *Immunités juridictionnelles de l'Etat (Allemagne c. Italie; Grèce (intervenant))*[48]	2008-2012
[1] *Questions concernant l'obligation de poursuivre ou d'extrader (Belgique c. Sénégal)*	2009-2012
[4] *Certaines questions en matière de relations diplomatiques (Honduras c. Brésil)*	2009-2010
[4] *Compétence judiciaire et exécution des décisions en matière civile et commerciale (Belgique c. Suisse)*	2009-2011
[1] *Chasse à la baleine dans l'Antarctique (Australie c. Japon; Nouvelle-Zélande (intervenant))*[49]	2010-2014
[1] *Différend frontalier (Burkina Faso/Niger)*	2010-2013
[1] *Certaines activités menées par le Nicaragua dans la région frontalière (Costa Rica c. Nicaragua)*	2010-2018
[1] *Demande en interprétation de l'arrêt du 15 juin 1962 en l'affaire du Temple de Préah Vihéar (Cambodge c. Thaïlande) (Cambodge c. Thaïlande)*	2011-2013
[1] *Construction d'une route au Costa Rica le long du fleuve San Juan (Nicaragua c. Costa Rica)*	2011-2015
[1] *Obligation de négocier un accès à l'océan Pacifique (Bolivie c. Chili)*	2013-2018
[5] *Question de la délimitation du plateau continental entre le Nicaragua et la Colombie au-delà de 200 milles marins de la côte nicaraguayenne (Nicaragua c. Colombie)*	2013-
[5] *Violations alléguées de droits souverains et d'espaces maritimes dans la mer des Caraïbes (Nicaragua c. Colombie)*	2013-
[4] *Questions concernant la saisie et la détention de certains documents et données (Timor-Leste c. Australie)*	2013-2015
[1] *Délimitation maritime dans la mer des Caraïbes et l'océan Pacifique (Costa Rica c. Nicaragua)*	2014-2018

[48] La Grèce a été autorisée à intervenir le 4 juillet 2011.

[49] Par une ordonnance en date du 6 février 2013, la Cour a dit que la déclaration d'intervention, déposée par la Nouvelle-Zélande au titre du paragraphe 2 de l'article 63 du Statut, était recevable.

Titre	Dates
[2] *Obligations relatives à des négociations concernant la cessation de la course aux armes nucléaires et le désarmement nucléaire (Iles Marshall c. Inde)*	2014-2016
[2] *Obligations relatives à des négociations concernant la cessation de la course aux armes nucléaires et le désarmement nucléaire (Iles Marshall c. Pakistan)*	2014-2016
[2] *Obligations relatives à des négociations concernant la cessation de la course aux armes nucléaires et le désarmement nucléaire (Iles Marshall c. Royaume-Uni)*	2014-2016
[5] *Délimitation maritime dans l'océan Indien (Somalie c. Kenya)*	2014-
[5] *Différend concernant le statut et l'utilisation des eaux du Silala (Chili c. Bolivie)*	2016-
[5] *Immunités et procédures pénales (Guinée équatoriale c. France)*	2016-
[5] *Certains actifs iraniens (République islamique d'Iran c. Etats-Unis d'Amérique)*	2016-
[1] *Frontière terrestre dans la partie septentrionale d'Isla Portillos (Costa Rica c. Nicaragua)*	2017-2018
[5] *Application de la convention internationale pour la répression du financement du terrorisme et de la convention internationale sur l'élimination de toutes les formes de discrimination raciale (Ukraine c. Fédération de Russie)*	2017-
[4] *Demande en revision de l'arrêt du 23 mai 2008 en l'affaire relative à la* Souveraineté sur Pedra Branca/Pulau Batu Puteh, Middle Rocks et South Ledge (Malaisie/Singapour) *(Malaisie c. Singapour)*	2017-2018
[5] *Jadhav (Inde c. Pakistan)*	2017-
[4] *Demande en interprétation de l'arrêt du 23 mai 2008 en l'affaire relative à la* Souveraineté sur Pedra Branca/Pulau Batu Puteh, Middle Rocks et South Ledge (Malaisie/Singapour) *(Malaisie c. Singapour)*	2017-2018
[5] *Sentence arbitrale du 3 octobre 1899 (Guyana c. Venezuela)*	2018-
[5] *Application de la convention internationale sur l'élimination de toutes les formes de discrimination raciale (Qatar c. Emirats arabes unis)*	2018-
[5] *Appel concernant la compétence du conseil de l'OACI en vertu de l'article 84 de la convention relative à l'aviation civile internationale (Arabie saoudite, Bahreïn, Egypte et Emirats arabes unis c. Qatar)*	2018-
[5] *Appel concernant la compétence du conseil de l'OACI en vertu de l'article II, section 2, de l'accord de 1944 relatif au transit des services aériens internationaux (Bahreïn, Egypte et Emirats arabes unis c. Qatar)*	2018-

Titre	Dates
[5] Violations alléguées du traité d'amitié, de commerce et de droits consulaires conclu en 1955 (République islamique d'Iran c. Etats-Unis d'Amérique)	2018-
[5] Transfert de l'ambassade des Etats-Unis à Jérusalem (Palestine c. Etats-Unis d'Amérique)	2018-

Procédures consultatives

Titre	Dates
Conditions de l'admission d'un Etat comme Membre des Nations Unies (article 4 de la Charte)	1947-1948
Réparation des dommages subis au service des Nations Unies	1948-1949
Interprétation des traités de paix conclus avec la Bulgarie, la Hongrie et la Roumanie[50]	1949-1950
Compétence de l'Assemblée générale pour l'admission d'un Etat aux Nations Unies	1949-1950
Statut international du Sud-Ouest africain	1949-1950
Réserves à la convention pour la prévention et la répression du crime de génocide	1950-1951
Effet de jugements du Tribunal administratif des Nations Unies accordant indemnité	1953-1954
Procédure de vote applicable aux questions touchant les rapports et pétitions relatifs au territoire du Sud-Ouest africain	1954-1955
Jugements du Tribunal administratif de l'OIT sur requêtes contre l'Unesco	1955-1956
Admissibilité de l'audition de pétitionnaires par le Comité du Sud-Ouest africain	1955-1956
Composition du Comité de la sécurité maritime de l'Organisation intergouvernementale consultative de la navigation maritime	1959-1960
Certaines dépenses des Nations Unies (article 17, paragraphe 2, de la Charte)	1961-1962
Conséquences juridiques pour les Etats de la présence continue de l'Afrique du Sud en Namibie (Sud-Ouest africain) nonobstant la résolution 276 (1970) du Conseil de sécurité	1970-1971
Demande de réformation du jugement n° 158 du Tribunal administratif des Nations Unies	1972-1973
Sahara occidental	1974-1975
Interprétation de l'accord du 25 mars 1951 entre l'OMS et l'Egypte	1980
Demande de réformation du jugement n° 273 du Tribunal administratif des Nations Unies	1981-1982
Demande de réformation du jugement n° 333 du Tribunal administratif des Nations Unies	1984-1987
Applicabilité de l'obligation d'arbitrage en vertu de la section 21 de l'accord du 26 juin 1947 relatif au siège de l'Organisation des Nations Unies	1988
Applicabilité de la section 22 de l'article VI de la convention sur les privilèges et immunités des Nations Unies	1989

---

[50] La Cour a, dans cette procédure, rendu deux avis consultatifs en date des 30 mars 1950 et 18 juillet 1950, respectivement.

Titre	Dates
Licéité de l'utilisation des armes nucléaires par un Etat dans un conflit armé	1993-1996
Licéité de la menace ou de l'emploi d'armes nucléaires	1994-1996
Différend relatif à l'immunité de juridiction d'un rapporteur spécial de la Commission des droits de l'homme	1998-1999
Conséquences juridiques de l'édification d'un mur dans le territoire palestinien occupé	2003-2004
Conformité au droit international de la déclaration unilatérale d'indépendance relative au Kosovo	2008-2010
Jugement n° 2867 du Tribunal administratif de l'Organisation internationale du Travail sur requête contre le Fonds international de développement agricole	2010-2012
Effets juridiques de la séparation de l'archipel des Chagos de Maurice en 1965	2017-

Bibliographie sommaire

AMR, M. S. M., *The Role of the International Court of Justice as the Principal Judicial Organ of the United Nations*, La Haye [etc.], Kluwer Law International, 2003.

APOSTOLIDIS, Ch. (dir. publ.), *Les arrêts de la Cour internationale de Justice*, Dijon, Editions universitaires de Dijon, 2005.

BALA, C., *International Court of Justice: Its Functioning and Settlement of International Disputes*, New Delhi, Deep and Deep Publications, 1997.

BOWETT, W., J. P. GARDNER et C. WICKREMASINGHE (dir. publ.), *The International Court of Justice: Process, Practice and Procedure*, Londres, B.I.I.C.L., 1997.

CRAWFORD J., et A. KEENE (dir. publ.), Actes du séminaire tenu à l'occasion du soixante-dixième anniversaire de la Cour internationale de Justice: bilan et perspectives, «Special Issue: The international Court of Justice at 70», *Journal of International Dispute Settlement*, 2016, vol. 7, n° 2.

DAHLHOFF, G. (dir. publ.), *International Court of Justice: Digest of Judgments and Advisory Opinions, Canon and Case Law 1946-2012*, Leyde, Brill, 2012.

DE VISSCHER, C., *Aspects récents du droit procédural de la Cour internationale de Justice*, Paris, Pedone, 1966.

DUBUISSON, M., *La Cour internationale de Justice*, Paris, L.G.D.J., 1964.

EISEMANN, P. M., et P. PAZARTZIS (dir. publ.), *La jurisprudence de la Cour internationale de Justice*, Paris, Pedone, 2008.

ELIAS, T. O., *The International Court of Justice and Some Contemporary Problems*, La Haye, Martinus Nijhoff, 1983.

FITZMAURICE, G., *The Law and Procedure of the International Court of Justice*, Cambridge, Grotius Publications Ltd., 1995.

GAJA, G., et J. GROTE STOUTENBURG (dir. publ.), *Enhancing the Rule of Law through the International Court of Justice*, Leyde, Martinus Nijhoff, 2014.

GUILLAUME, G., *La Cour internationale de Justice à l'aube du XXIe siècle. Le regard d'un juge*, Paris, Pedone, 2003.

GUYOMAR, G., *Commentaire du Règlement de la Cour internationale de Justice adopté le 14 avril 1978 — Interprétation et pratique*, Paris, Pedone, 1983.

HAMBRO, E., et A. W. ROVINE, *La jurisprudence de la Cour internationale — The Case Law of the International Court*, 1952-1974, 12 vol., Leyde, A. W. Sijthoff.

HUDSON, M. O., *The Permanent Court of International Justice 1920-1942*, rééd., New York, Londres, Arno Press, 1972.

JENNINGS, R. Y., « The Role of the International Court of Justice », *British Year Book of International Law*, vol. 68, 1997, p. 1-63.

KDHIR, M., *Dictionnaire juridique de la Cour internationale de Justice*, 2ᵉ éd. rev., Bruxelles, Bruylant, 2000.

KOLB, R., *La Cour internationale de Justice*, Paris, Pedone, 2013.

La CIJ au service de la paix et de la justice. Conférence à l'occasion du centenaire du Palais de la Paix, 23 septembre 2013, Médiathèque de droit international des Nations Unies/*The ICJ in the Service of Peace and Justice*. Conference on the Occasion of the Centenary of the Peace Palace, 23 September 2013, United Nations Audiovisual Library of International Law. [http://legal.un.org/avl/ls/ICJ_Conference_CT.html]

LAUTERPACHT, H., *The Development of International Law by the International Court*, Cambridge University Press, 1982.

LEE, T.-G., *La Cour internationale de Justice*, Anyang, University of Anyang, 1998. [En chinois.]

LOWE V., et M. FITZMAURICE (dir. publ.), *Fifty Years of the International Court of Justice. Essays in Honour of sir Robert Jennings*, Cambridge University Press, 1996.

MOSQUERA IRURITA, T., *La Corte internacional de Justicia*, Bogotá, Editorial Ternis, 1988.

ODA, S., « The International Court of Justice Viewed from the Bench (1976-1993) », *Recueil des cours de l'Académie de droit international*, vol. 244, 1993, p. 9-190.

PASTOR RIDRUEJO, J. A., *La jurisprudencia del Tribunal Internacional de La Haya*, Madrid, Ed. Rialp, 1962.

PATEL, B., *The World Court Reference Guide. Judgments, Advisory Opinions and Orders of the Permanent Court of International Justice and the International Court of Justice (1922-2000)*, La Haye, Kluwer Law International, 2002.

PATEL, B., *The World Court Reference Guide and Case-Law Digest. Judgments, Advisory Opinions and Orders of the Permanent Court of International Justice and the International Court of Justice (2001-2010) and Case-Law Digest (1992-2010)*, La Haye, Brill/Martinus Nijhoff, 2014.

PECK, C., et R. S. LEE (dir. publ.), *Increasing the Effectiveness of the International Court of Justice. Proceedings of the ICJ/UNITAR Colloquium to Celebrate the 50th Anniversary of the Court*, La Haye [etc.], Springer, 1997.

ROSENNE, S., *The World Court — What It Is and How It Works*, 5ᵉ éd. rev., Dordrecht, Martinus Nijhoff, 1995.

SHAW, M., *Rosenne's Law and Practice of the International Court, 1920-2015*, Leyde, Martinus Nijhoff, 2016.

SCHENK VON STAUFFENBERG, B., *Statut et Règlement de la Cour permanente de Justice internationale — Eléments d'interprétation*, Berlin, C. Heymann, 1934.

TAMS, C. J., et J. SLOAN (dir. publ.), *The Development of International Law by the International Court of Justice*, Oxford University Press, 2013.

TAMS C. J., et M. FITZMAURICE (dir. publ.), *Legacies of the Permanent Court of International Justice*, Leyde, Martinus Nijhoff, 2013.

THIRLWAY, H., *The Law and Procedure of the International Court of Justice: Fifty Years of Jurisprudence*, Oxford University Press, 2013.

THIRLWAY, H., *The International Court of Justice*, Oxford University Press, 2016.

Un dialogue à la Cour. Actes du colloque CIJ/UNITAR organisé à l'occasion du 60e anniversaire de la Cour internationale de Justice, au Palais de la Paix, les 10 et 11 avril 2006, La Haye, 2006/*A Dialogue at the Court*. Proceedings of the ICJ/UNITAR Colloquium held on the occasion of the 60th Anniversary of the International Court of Justice, at the Peace Palace, on 10 and 11 April 2006, The Hague, 2006.

ZIMMERMANN, A., K. OELLERS-FRAHM, C. TOMUSCHAT et C. J. TAMS (dir. publ.), *The Statute of the International Court of Justice: A Commentary*, 3e éd., Oxford University Press, 2019.

Index

Le présent index contient des renvois aux articles de la Charte des Nations Unies et du Statut et du Règlement de la Cour (précédés des lettres C, S ou R), et/ou aux pages du présent volume *(p.)*. Il ne couvre le chapitre 8 qu'en ce qu'il renvoie à la pagination des résumés d'affaires, par la mention du titre de celles-ci.